大学赤本シリーズ

347

東京薬科大学

生命科学部

JN062799

教学社

東京薬科大学

生命と薬学

は　し　が　き

　おかげさまで，大学入試の「赤本」は，今年で創刊70周年を迎えました。

　これまで，入試問題や資料をご提供いただいた大学関係者各位，掲載許可をいただいた著作権者の皆様，各科目の解答や対策の執筆にあたられた先生方，そして，赤本を使用してくださったすべての読者の皆様に，厚く御礼を申し上げます。

　以下に，創刊初期の「赤本」のはしがきを引用します。これからも引き続き，受験生の目標の達成や，夢の実現を応援してまいります。

　本書を活用して，入試本番では持てる力を存分に発揮されることを心より願っています。

編者しるす

＊　　　＊　　　＊

　学問の塔にあこがれのまなざしをもって，それぞれの志望する大学の門をたたかんとしている受験生諸君！　人間として生まれてきた私たちは，自己の欲するままに，美しく，強く，そして何よりも人間らしく生きることをねがっている。しかし，一朝一夕にして，この純粋なのぞみが達せられることはない。私たちの行く手には，絶えずさまざまな試練がまちかまえている。この試練を克服していくところに，私たちのねがう真に人間的な世界がはじめて開かれてくるのである。

　人生最初の最大の試練として，諸君の眼前に大学入試がある。この大学入試は，精神的にも身体的にも，大きな苦痛を感ぜしめるであろう。あるスポーツに熟達するには，たゆみなき，はげしい練習を積み重ねることが必要であるように，私たちは，計画的・持続的な努力を払うことによって，この試練を克服し，次の一歩を踏みだすことができる。厳しい試練を経たのちに，はじめて満足すべき成果を獲得できるのである。

　本書は最近の入学試験の問題に，それぞれ解答を付し，さらに問題をふかく分析することによって，その大学独特の傾向や対策をさぐろうとした。本書を一般の参考書とあわせて使用し，まとはずれのない，効果的な受験勉強をされるよう期待したい。

（昭和35年版「赤本」はしがきより）

挑む人の、いちばんの味方

赤本創刊70周年

1954年に大学入試の過去問題集を刊行してから70年。赤本は大学に入りたいと思う受験生を応援しつづけてきました。これからも，苦しいとき落ち込むときにそばで支える存在でいたいと思います。

そして，勉強をすること，自分で道を決めること，努力が実ること，これらの喜びを読者の皆さんが感じることができるよう，伴走をつづけます。

そもそも赤本とは…

受験生のための大学入試の過去問題集！

70年の歴史を誇る赤本は，500点を超える刊行点数で全都道府県の370大学以上を網羅しており，過去問の代名詞として受験生の必須アイテムとなっています。

・・・・・・・・ なぜ受験に過去問が必要なのか？ ・・・・・・・・

大学入試は大学によって問題形式や頻出分野が大きく異なるからです。

赤本の掲載内容

傾向と対策

これまでの出題内容から，問題の「**傾向**」を分析し，来年度の入試に向けて具体的な「**対策**」の方法を紹介しています。

問題編・解答編

- 年度ごとに問題とその解答を掲載しています。

- 「**問題編**」ではその年度の試験概要を確認したうえで，実際に出題された過去問に取り組むことができます。

- 「**解答編**」には高校・予備校の先生方による解答が載っています。

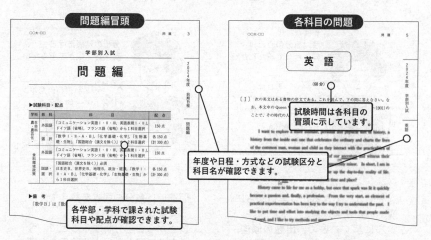

他にも，大学の基本情報や，先輩受験生の合格体験記，在学生からのメッセージなどが載っていることがあります。

掲載内容について

著作権上の理由やその他編集上の都合により問題や解答の一部を割愛している場合があります。なお，指定校推薦入試，社会人入試，編入学試験，帰国生入試などの特別入試，英語以外の外国語科目，商業・工業科目は，原則として掲載しておりません。また試験科目は変更される場合がありますので，あらかじめご了承ください。

受験勉強は

過去問に始まり，

STEP 1 なにはともあれ

まずは
解いてみる

しずかに…
今，自分の心と
向き合ってるんだから

ムーン

それは
問題を解いて
からだホン！

過去問は，**できるだけ早いうちに
解くのがオススメ！**
実際に解くことで，**出題の傾向，
問題のレベル，今の自分の実力**が
つかめます。

STEP 2 じっくり具体的に

弱点を
分析する

分析の結果だけど
英・数・国が苦手みたい

スリー

必須科目だホン
頑張るホン

間違いは自分の弱点を教えてくれ
る**貴重な情報源。**
弱点から自己分析することで，**今
の自分に足りない力や苦手な分野**
が見えてくるはず！

合格者があかす 赤本の使い方

傾向と対策を熟読
（Fさん／国立大合格）

大学の出題傾向を調べる
ために，赤本に載ってい
る「傾向と対策」を熟読
しました。

繰り返し解く
（Tさん／国立大合格）

1周目は問題のレベル確認，2周
目は苦手や頻出分野の確認に，3
周目は合格点を目指して，と過去
問は繰り返し解くことが大切です。

過去問に終わる。

STEP 3

苦手分野の重点対策

参考書や問題集を活用して，苦手分野の**重点対策**をしていきます。**過去問を指針に**，合格へ向けた具体的な学習計画を立てましょう！

STEP 1 ▶ 2 ▶ 3

実践を繰り返す

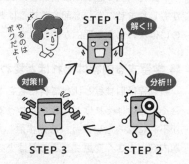

STEP 1～3を繰り返し，実力アップにつなげましょう！**出題形式に慣れる**ことや，**時間配分を考える**ことも大切です。

目標点を決める
（Yさん／私立大合格）

赤本によっては合格者最低点が載っているので，それを見て目標点を決めるのもよいです。

時間配分を確認
（Kさん／私立大学合格）

赤本は時間配分や解く順番を決めるために使いました。

添削してもらう
（Sさん／私立大学合格）

記述式の問題は先生に添削してもらうことで自分の弱点に気づけると思います。

新課程入試 Q&A

2022年度から新しい学習指導要領（新課程）での授業が始まり，2025年度の入試は，新課程に基づいて行われる最初の入試となります。ここでは，赤本での新課程入試の対策について，よくある疑問にお答えします。

Q1. 赤本は新課程入試の対策に使えますか？

A. もちろん使えます！

旧課程入試の過去問が新課程入試の対策に役に立つのか疑問に思う人もいるかもしれませんが，心配することはありません。旧課程入試の過去問が役立つのには次のような理由があります。

● 学習する内容はそれほど変わらない

新課程は旧課程と比べて科目名を中心とした変更はありますが，学習する内容そのものはそれほど大きく変わっていません。また，多くの大学で，既卒生が不利にならないよう「経過措置」がとられます（Q3参照）。したがって，出題内容が大きく変更されることは少ないとみられます。

● 大学ごとに出題の特徴がある

これまでに課程が変わったときも，各大学の出題の特徴は大きく変わらないことがほとんどでした。入試問題は各大学のアドミッション・ポリシーに沿って出題されており，過去問にはその特徴がよく表れています。過去問を研究してその大学に特有の傾向をつかめば，最適な対策をとることができます。

出題の特徴の例	・英作文問題の出題の有無
	・論述問題の出題（字数制限の有無や長さ）
	・計算過程の記述の有無

新課程入試の対策も，赤本で過去問に取り組むところから始めましょう。

Q2. 赤本を使う上での注意点はありますか？

A. 志望大学の入試科目を確認しましょう。

過去問を解く前に，過去の出題科目（問題編冒頭の表）と2025年度の募集要項とを比べて，課される内容に変更がないかを確認しましょう。ポイントは以下のとおりです。科目名が変わっていても，実際は旧課程の内容とほとんど同様のものもあります。

英語・国語	科目名は変更されているが，実質的には変更なし。 ▶▶ ただし，リスニングや古文・漢文の有無は要確認。
地歴	科目名が変更され，「歴史総合」「地理総合」が新設。 ▶▶ 新設科目の有無に注意。ただし，「経過措置」(Q3参照)により内容は大きく変わらないことも多い。
公民	「現代社会」が廃止され，「公共」が新設。 ▶▶ 「公共」は実質的には「現代社会」と大きく変わらない。
数学	科目が再編され，「数学C」が新設。 ▶▶ 「数学」全体としての内容は大きく変わらないが，出題科目と単元の変更に注意。
理科	科目名も学習内容も大きな変更なし。

数学については，科目名だけでなく，どの単元が含まれているかも確認が必要です。例えば，出題科目が次のように変わったとします。

旧課程	「数学Ⅰ・数学Ⅱ・数学A・数学B（数列・ベクトル)」
新課程	「数学Ⅰ・数学Ⅱ・数学A・**数学B（数列)・数学C（ベクトル)**」

この場合，新課程では「数学C」が増えていますが，単元は「ベクトル」のみのため，実質的には旧課程とほぼ同じであり，過去問をそのまま役立てることができます。

Q3. 「経過措置」とは何ですか？

A. 既卒の旧課程履修者への対応です。

　多くの大学では，既卒の旧課程履修者が不利にならないように，出題において「経過措置」が実施されます。措置の有無や内容は大学によって異なるので，募集要項や大学のウェブサイトなどで確認しておきましょう。

○旧課程履修者への経過措置の例

● 旧課程履修者にも配慮した出題を行う。
● 新・旧課程の共通の範囲から出題する。
● 新課程と旧課程の共通の内容を出題し，共通範囲のみでの出題が困難な場合は，旧課程の範囲からの問題を用意し，選択解答とする。

　例えば，地歴の出題科目が次のように変わったとします。

旧課程	「日本史 B」「世界史 B」から 1 科目選択
新課程	「歴史総合，日本史探究」「歴史総合，世界史探究」から 1 科目選択※ ※旧課程履修者に不利益が生じることのないように配慮する。

　「歴史総合」は新課程で新設された科目で，旧課程履修者には見慣れないものですが，上記のような経過措置がとられた場合，新課程入試でも旧課程と同様の学習内容で受験することができます。

新課程の情報は WEB もチェック！
より詳しい解説が赤本ウェブサイトで見られます。
https://akahon.net/shinkatei/

科目名が変更される教科・科目

	旧 課 程	新 課 程
国語	国 語 総 合 国 語 表 現 現 代 文 A 現 代 文 B 古 典 A 古 典 B	現 代 の 国 語 言 語 文 化 論 理 国 語 文 学 国 語 国 語 表 現 古 典 探 究
地歴	日 本 史 A 日 本 史 B 世 界 史 A 世 界 史 B 地 理 A 地 理 B	歴 史 総 合 日 本 史 探 究 世 界 史 探 究 地 理 総 合 地 理 探 究
公民	現 代 社 会 倫 理 政 治 ・ 経 済	公 共 倫 理 政 治 ・ 経 済
数学	数 学 I 数 学 II 数 学 III 数 学 A 数 学 B 数 学 活 用	数 学 I 数 学 II 数 学 III 数 学 A 数 学 B 数 学 C
外国語	コミュニケーション英語基礎 コミュニケーション英語 I コミュニケーション英語 II コミュニケーション英語 III 英 語 表 現 I 英 語 表 現 II 英 語 会 話	英語コミュニケーション I 英語コミュニケーション II 英語コミュニケーション III 論 理 ・ 表 現 I 論 理 ・ 表 現 II 論 理 ・ 表 現 III
情報	社 会 と 情 報 情 報 の 科 学	情 報 I 情 報 II

大学のサイトも見よう

目　次

2024 年度 問題と解答

2023 年度 問題と解答

2022 年度
問題と解答

掲載内容についてのお断り

- 一般選抜はＢ方式（2022・2023 年度はＢ方式Ⅰ期）のみ掲載しています。
- 一般選抜Ｔ方式，Ｃ方式は掲載していません。Ｔ方式およびＣ方式は東京薬科大学公式ホームページ（入試情報）で閲覧できます（英語を除く）。

基本情報

 学部・学科の構成

大　学

● **薬学部** ［6年制］
　薬学科
● **生命科学部**
　分子生命科学科
　応用生命科学科
　生命医科学科

大学院

薬学研究科 / 生命科学研究科

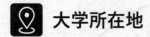

大学所在地

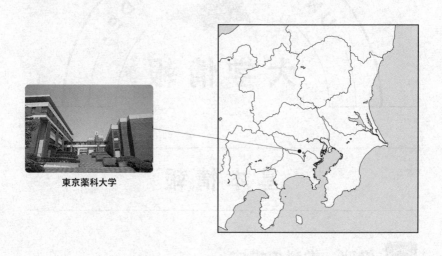

東京薬科大学

〒192-0392　東京都八王子市堀之内 1432-1

入 試 デ ー タ

📊 入試状況

○競争率は受験者数÷合格者数で算出。
○個別学力試験を課さない大学入学共通テスト利用入試は1カ年分のみ掲載。
○2024年度より，男子部・女子部は廃止となった。
○T方式は2024年度より実施。

(薬学部)

●学校推薦型選抜（一般公募制）　　　　　　　　　　　　（　）内は女子内数

年度	区　　分	募集人員	志願者数	受験者数	合格者数	競争率
2024		50	271(204)	264(200)	181(145)	1.5
2023	男　子　部	25	83	81	60	1.4
	女　子　部	25	174	173	98	1.8
2022	男　子　部	25	88	87	42	2.1
	女　子　部	25	173	173	76	2.3
2021	男　子　部	25	69	69	41	1.7
	女　子　部	25	167	167	65	2.6

●一般選抜B方式（本学個別試験）　　　　　　　　　　　（　）内は女子内数

年度	区　　分		募集人員	志願者数	受験者数	合格者数	競争率	合格者最低点／満点
2024			130	907(525)	866(508)	177(107)	4.9	245／350
2023	男子部	Ⅰ期	65	396	375	173	2.2	212／350
		Ⅱ期	20	222	141	66	2.1	151／300
	女子部	Ⅰ期	65	538	525	139	3.8	255／350
		Ⅱ期	20	265	188	80	2.4	168／300

（表つづく）

年度	区　　分	募集人員	志願者数	受験者数	合格者数	競争率	合格者最低点／満点
2022	男　子　部	65	499	477	166	2.9	211／350
	女　子　部	65	480	455	134	3.4	228／350
2021	男　子　部	65	472	446	167	2.7	197／350
	女　子　部	65	551	526	130	4.0	223／350

●一般選抜Ｔ方式（薬・生命統一選抜）　　　　　　　　（　）内は女子内数

年度	募集人員	志願者数	受験者数	合格者数	競争率	合格者最低点／満点
2024	40	390(217)	313(176)	89(48)	3.5	168／300

●一般選抜Ａ方式（大学入学共通テスト利用）　　　　　　（　）内は女子内数

年度	募集人員	志願者数	受験者数	合格者数	競争率	合格者最低点／満点
2024	30	783(473)	782(472)	303(182)	2.6	390／600

生命科学部

●学校推薦型選抜（一般公募制）

年度	区　　分	学　　科	募集人員	志願者数	受験者数	合格者数	競争率
2024	専願制	分子生命科	8	5	5	4	1.3
		応用生命科	6	4	4	3	1.3
		生 命 医 科	10	11	11	9	1.2
	併願制	分子生命科	10	23	23	18	1.3
		応用生命科	9	21	21	15	1.4
		生 命 医 科	13	36	36	28	1.3
2023	専願制	分子生命科	8	13	13	9	1.4
		応用生命科	6	1	1	1	1.0
		生 命 医 科	10	12	12	9	1.3
	併願制	分子生命科	10	26	26	22	1.2
		応用生命科	9	15	15	14	1.1
		生 命 医 科	13	34	33	24	1.4

（表つづく）

年度	区 分	学 科	募集人員	志願者数	受験者数	合格者数	競争率
2022	専願制	分子生命科	8	11	10	10	1.0
		応用生命科	6	6	6	5	1.2
		生命医科	10	10	10	9	1.1
	併願制	分子生命科	10	26	25	21	1.2
		応用生命科	9	21	20	17	1.2
		生命医科	13	31	30	28	1.1
2021	専願制	分子生命科	8	8	8	8	1.0
		応用生命科	6	4	4	4	1.0
		生命医科	10	14	14	13	1.1
	併願制	分子生命科	10	31	31	25	1.2
		応用生命科	9	29	28	22	1.3
		生命医科	13	33	33	26	1.3

（備考）上記合格者には，第2志望の合格者は含まない。

●一般選抜B方式（本学個別試験）

年度	区分	学 科	募集人員	志願者数	受験者数	合格者数	競争率	合格者最低点／満点
2024		分子生命科	13	136	134	34	3.9	182／300
		応用生命科	12	131	121	33	3.7	183／300
		生命医科	17	133	127	35	3.6	186／300
2023	Ⅰ期	分子生命科	13	123	117	33	3.5	186／300
		応用生命科	12	131	122	41	3.0	177／300
		生命医科	17	141	128	38	3.4	191／300
	Ⅱ期	分子生命科	8	120	113	32	3.5	123／200
		応用生命科	7	118	111	39	2.8	113／200
		生命医科	10	128	119	28	4.3	123／200
2022	Ⅰ期	分子生命科	13	142	130	35	3.7	174／300
		応用生命科	12	137	123	47	2.6	172／300
		生命医科	17	144	130	38	3.4	185／300
	Ⅱ期	分子生命科	8	113	107	31	3.5	121／200
		応用生命科	7	128	115	42	2.7	115／200
		生命医科	10	127	114	29	3.9	123／200

（表つづく）

年度	区分	学　　科	募集人員	志願者数	受験者数	合格者数	競争率	合格者最低点／満点
2021	Ⅰ期	分子生命科	13	144	138	39	3.5	179／300
		応用生命科	12	157	144	44	3.3	165／300
		生命医科	17	139	131	33	4.0	192／300
	Ⅱ期	分子生命科	8	100	94	28	3.4	128／200
		応用生命科	7	92	87	31	2.8	109／200
		生命医科	10	94	90	32	2.8	122／200

（備考）合格者最低点は，参考値で表示されているが，実際の合否判定は，科目ごとの平均点で差がつかないように素点を補正して行っている。

●一般選抜 C 方式（本学個別試験）

年度	学　　科	募集人員	志願者数	受験者数	合格者数	競争率	合格者最低点／満点
2024	分子生命科	5	36	27	19	1.4	99／200
	応用生命科	3	15	10	7	1.4	100／200
	生命医科	7	32	26	19	1.4	105／200
2023	分子生命科	5	28	20	10	2.0	116／200
	応用生命科	3	23	16	4	4.0	128／200
	生命医科	7	46	34	9	3.8	142／200
2022	分子生命科	5	13	11	5	2.2	86／200
	応用生命科	3	11	8	6	1.3	95／200
	生命医科	7	34	26	14	1.9	93／200
2021	分子生命科	5	30	22	6	3.7	116／200
	応用生命科	3	17	12	4	3.0	102／200
	生命医科	7	29	24	9	2.7	109／200

（備考）
・上記合格者には，第 2，第 3 志望の合格者は含まない。

●一般選抜 T 方式（薬・生命統一選抜）

年度	学　　科	募集人員	志願者数	受験者数	合格者数	競争率	合格者最低点／満点
2024	分子生命科	8	152	132	31	4.3	174／300
	応用生命科	7	158	135	29	4.7	188／300
	生命医科	10	154	133	32	4.2	183／300

（備考）合格者最低点は，参考値で表示されているが，実際の合否判定は，科目ごとの平均点で差がつかないように素点を補正して行っている。

●一般選抜Ａ方式（大学入学共通テスト利用）

年度	区分	学　　科	募集人員	志願者数	受験者数	合格者数	競争率	合格者最低点／満点
2024	Ｉ期	分子生命科	7	129	129	78	1.7	361／600
		応用生命科	5	198	198	127	1.6	353／600
		生命医科	8	210	210	132	1.6	376／600
	Ⅱ期	分子生命科	4	8	8	6	1.3	183／300
		応用生命科	3	11	11	9	1.2	195／300
		生命医科	6	22	22	17	1.3	193／300

募集要項（出願書類）の入手方法

　すべての入試で，インターネット出願が導入されています。詳細は，大学ホームページをご確認ください。

問い合わせ先

東京薬科大学　入試・広報センター

　〒192-0392　東京都八王子市堀之内 1432-1

　 0120-50-1089（直通）

　ホームページアドレス　https://www.toyaku.ac.jp/

　入試・広報センターお問い合わせフォーム

　https://www.toyaku.ac.jp/inquiry/mail/form01.html

東京薬科大学のテレメールによる資料請求方法

| スマートフォンから | QRコードからアクセスしガイダンスに従ってご請求ください。 |
| パソコンから | 教学社 赤本ウェブサイト(akahon.net)から請求できます。 |

TREND & STEPS

傾向 と 対策

科目ごとに問題の「傾向」を分析し，具体的にどのような「対策」をすればよいか紹介しています。まずは出題内容をまとめた分析表を見て，試験の概要を把握しましょう。

―――― 注 意 ――――

「傾向と対策」で示している，出題科目・出題範囲・試験時間等については，2024 年度までに実施された入試の内容に基づいています。2025 年度入試の選抜方法については，各大学が発表する学生募集要項を必ずご確認ください。

―――― 掲載日程・方式・学部 ――――

2024 年度入試では，「一般選抜Ｂ方式Ⅰ期」が「一般選抜Ｂ方式」に名称変更された。

英　語

▶学校推薦型選抜一般公募制（併願制）：基礎学力試験

年度	番号	項　目	内　容
2024 ●	〔1〕	文法・語彙	空所補充
	〔2〕	文法・語彙	空所補充
	〔3〕	会　話　文	空所補充，内容説明，同意表現
	〔4〕	読　　　解	空所補充，同意表現，内容説明
	〔5〕	読　　　解	空所補充，内容説明
2023 ●	〔1〕	文法・語彙	空所補充
	〔2〕	文法・語彙	空所補充
	〔3〕	会　話　文	空所補充，同意表現，内容説明
	〔4〕	読　　　解	内容説明，空所補充，同意表現
	〔5〕	読　　　解	空所補充，内容説明，内容真偽
2022 ●	〔1〕	文法・語彙	空所補充
	〔2〕	文法・語彙	空所補充
	〔3〕	会　話　文	内容説明，空所補充，同意表現
	〔4〕	読　　　解	空所補充，同意表現，内容説明
	〔5〕	読　　　解	空所補充，内容説明，内容真偽

（注）　●印は全問，◑印は一部マークセンス方式採用であることを表す。

読解英文の主題

年度	番号	主　題
2024	〔4〕	ドローン
	〔5〕	似ているが異なる英単語
2023	〔4〕	SDGs（持続可能な開発目標）
	〔5〕	高所恐怖症
2022	〔4〕	代名詞の歴史的変化
	〔5〕	昆虫食

▶一般選抜Ｂ方式

年度	番号	項　目	内　容
2024 ●	〔1〕	文法・語彙	空所補充
	〔2〕	読　　解	空所補充，語句整序，文整序
	〔3〕	会　話　文	空所補充，同意表現，内容説明
	〔4〕	読　　解	内容説明，同意表現，空所補充
	〔5〕	読　　解	同意表現，内容説明，空所補充，内容真偽
2023 ●	〔1〕	文法・語彙	空所補充
	〔2〕	読　　解	空所補充，語句整序，文整序
	〔3〕	会　話　文	空所補充，同意表現，内容説明
	〔4〕	読　　解	空所補充，同意表現，内容説明，内容真偽
	〔5〕	読　　解	空所補充，同意表現，内容説明，内容真偽
2022 ●	〔1〕	文法・語彙	空所補充
	〔2〕	読　　解	空所補充，語句整序，文整序
	〔3〕	会　話　文	内容説明，空所補充
	〔4〕	読　　解	内容説明，空所補充，同意表現，内容真偽
	〔5〕	読　　解	同意表現，内容説明，空所補充，内容真偽

（注）　●印は全問，◑印は一部マークセンス方式採用であることを表す。

読解英文の主題

年度	番号	主　題
2024	〔2〕	AI アプリを使った英語学習
	〔4〕	カーボンフットプリントを減らす
	〔5〕	細胞培養で魚肉を作る
2023	〔2〕	天ぷらの歴史
	〔4〕	カビの生えやすさの実験
	〔5〕	辛さとは
2022	〔2〕	蚊取り線香
	〔4〕	辞書とは
	〔5〕	チョコレートの歴史

選択式で読解力，文法・語彙力を試す

01 出題形式は？

〔学校推薦型選抜一般公募制（併願制）〕

　全問マークセンス方式で，大問数は5題。試験時間は2科目100分である。

〔一般選抜B方式〕

　全問マークセンス方式で，大問数は5題である。試験時間は60分。

02 出題内容はどうか？

〔学校推薦型選抜一般公募制（併願制）〕

　読解問題は2題で，設問は空所補充，内容説明，同意表現などが英問英答形式で出題されている。ほかに空所補充形式の文法・語彙問題が2題と，内容説明，空所補充，同意表現を問う英問英答形式の会話文問題が1題出題されている。

〔一般選抜B方式〕

　読解問題は3題で，例年〔2〕はプレゼンテーションの原稿という設定である。設問は空所補充，語句整序，文整序，内容説明，同意表現，本文内容に合うものを1～2つ選ぶなどの内容真偽が出題されている。例年，文法・語彙問題は空所補充の1題のみである。会話文問題は英問英答形式で，空所補充のほかに内容説明や同意表現なども問われる。

03 難易度は？

　すべて選択式による出題なので，慎重さを必要とする。ここ数年は，読解問題の英文が難化傾向にあり，設問も多岐に及んでいる。特に，内容説明や空所補充は，前後の文脈を正確に読み取らないと正答を得るのは難しいだろう。ただし，選択肢の中には問題箇所の易しい言い換えなどが含まれているものもあり，受験生に対する配慮もうかがえる。全体の分量を考

えると，試験時間内にすべての問題に解答するには相当の集中力を必要とする。

01 読解問題対策

全体の時間配分を考えると，長文読解問題を，1題15分強くらいで解くことが要求されている。そのため，設問内容を考慮しながら，段落ごとの要点を整理するパラグラフ・リーディングが大切になる。この技術を身につけるには，まず段落ごとに全訳をし，要点をまとめる訓練を続けることである。エッセーから論説文にいたるまで，さまざまなジャンルの英文を要約する練習を続けていけば，本番でその効果が間違いなく発揮されるはずである。

02 文法・語彙問題対策

文法・語彙問題対策としては，まず，『大学入試 すぐわかる英文法』（教学社）のような標準的な文法書や問題集を2，3回反復してやっておくとよい。反復することで，弱点分野を極力減らしておくことが大切である。また，語彙力の強化は，日頃の読解演習で出てくる単語・熟語を，文脈の中で一つ一つ覚えていくというのが，遠回りのようで実は最も効果的な方法である。あせらず一歩一歩，語彙を増やすという姿勢で学習に取り組むのがよい。

03 会話文問題対策

科学的テーマに関する会話文がよく出題されているので，頻出のテーマと会話表現はおさえておきたい。英問英答形式の出題が多いので，英文の設問文がどのようなものか，過去問で必ずチェックしておこう。

04　英作文問題対策

　英作文や和文英訳問題はこの 3 年間ではみられないが，文法・語彙力の強化にもつながるので，英作文対策も行っておくとよいだろう。語句整序については本書や問題集で反復学習しておこう。

数　学

▶学校推薦型選抜一般公募制（併願制）：基礎学力試験

年度	番号	項　目	内　容	
2024	〔1〕	数　　　列	漸化式，階差数列，数列の和	
	〔2〕	対 数 関 数	底の変換，対数の値の計算	⊘証明
	〔3〕	三 角 関 数	加法定理，三角形の面積	
	〔4〕	微・積分法	放物線の接線，放物線と直線で囲まれた領域の面積	
2023	〔1〕	数　　　列	数学的帰納法による不等式の証明	⊘証明
	〔2〕	指 数 関 数，対 数 関 数	累乗根の指数と対数の値の計算	
	〔3〕	ベ ク ト ル	座標空間内の二等辺三角形における三角比の値	
	〔4〕	微・積分法	2次関数の導関数の方程式と定積分の値	
2022	〔1〕	小 問 2 問	(1)指数計算を含む2次方程式　(2)係数に三角比を含む2次方程式	
	〔2〕	指 数 関 数	指数不等式	
	〔3〕	数　　　列	相似な図形の面積による数列	
	〔4〕	微・積分法	放物線の接線，放物線と直線で囲まれた図形の面積	

▶一般選抜B方式

年度	番号	項　目	内　容
2024 ●	〔1〕	小 問 4 問	(1)剰余の定理　(2)等比数列　(3)ベクトルの成分表示　(4)データの分析
	〔2〕	ベ ク ト ル	内積，ベクトルの大きさ，三角形の面積とその最小値
	〔3〕	微 分 法	3次関数の極大値・極小値，3次方程式が異なる3個の実数解をもつ条件，3次関数の最大・最小
	〔4〕	確　　　率	さいころの目に従って移動する点の作る三角形についての確率
	〔5〕	小 問 3 問	(1)関数の極限　(2)極座標で表された図形　(3)指数関数のグラフとその接線およびy軸で囲まれた図形の面積，回転体の体積

2023 ●	〔1〕	小 問 4 問	(1)数列の和の計算 (2)対数関数の最大値・最小値 (3)データの分析 (4)必要・十分条件
	〔2〕	図形と方程式	三角形の面積，加法定理を用いた点の座標と直線の方程式
	〔3〕	微・積分法	直円錐の体積の最大値と内接する円柱の体積の最大値
	〔4〕	確　　　率	さいころを投げて出た目の和や積についての確率
	〔5〕	微・積分法	関数の微分と極値，グラフと x 軸で囲まれた図形の面積
2022 ●	〔1〕	小 問 3 問	(1)式と計算 (2)同じものを含む順列 (3)三角方程式の解の個数
	〔2〕	小 問 3 問	(1)放物線と直線で囲まれた部分の面積 (2)指数不等式 (3)連立方程式が実数解をもつ条件
	〔3〕	ベ ク ト ル	空間ベクトルの成分と内積，五面体の体積
	〔4〕	整 数 の 性 質	2 数の積が 6 の倍数となるときの 2 数の性質
	〔5〕	微・積分法	対数関数・無理関数の導関数，三角関数・分数関数の不定積分，極限

(注)　〔4〕〔5〕のいずれか 1 題を選んで解答。
　　　●印は全問，◗印は一部マークセンス方式採用であることを表す。

出題範囲の変更

　2025 年度入試より，数学は新教育課程での実施となります。詳細については，大学から発表される募集要項等で必ずご確認ください（以下は本書編集時点の情報）。

	2024 年度（旧教育課程）	2025 年度（新教育課程）
学校推薦型選抜一般公募制（併願制）	「数学Ⅰ・Ⅱ・Ａ・Ｂ」※数列，三角・指数・対数関数，微分積分を中心に出題する	数学Ⅰ・Ⅱ・Ａ・Ｂ
一般選抜Ｂ方式	「数学Ⅰ・Ⅱ・Ａ（場合の数と確率，図形の性質）・Ｂ（数列，ベクトル）」および選択問題として「数学Ⅲ」を含む問題と含まない問題を用意	「数学Ⅰ・Ⅱ・Ａ・Ｂ」必須，および選択問題として 1 問，「数学Ⅲ・Ｃ」を含む問題と含まない問題を用意

基本・標準問題が広範囲から出題される
微・積分法が頻出

01 出題形式は？

〔学校推薦型選抜一般公募制（併願制）〕

　大問 4 題の出題で，全問記述式である。2023・2024 年度には証明問題

も出題されている。試験時間は他の1科目とあわせて2科目100分となっている。解答用紙には問題と解答欄があり，適切なスペースである。

〔一般選抜B方式〕

　例年大問5題で，〔4〕〔5〕は選択問題であり，全部で4題を解答する。全問マークセンス方式。試験時間は60分。空所補充形式のマークセンス方式であるが，該当する数字をマークする問題と，選択肢から正答を選択してマークする問題があるので注意が必要である。選択問題〔4〕〔5〕はどちらか一方を選択してマークし，選択した方の問題を解答する。「マーク欄にマークがない場合は採点されない」とあるため注意が必要である。

02 出題内容はどうか？

　出題分野については，特定の範囲に偏ることなく広範囲から出題されているが，「数学Ⅱ」の微・積分法がよく出題されている。

03 難易度は？

　例年，基本から標準程度の出題となっており，特に難しい問題は出題されていない。しかし，設問数が多く，計算力を要する問題も出題されておりスピードが要求されるので，つまずくと時間が不足してしまう。したがって，易しい問題や得意な分野の問題から手をつけ，複雑な問題や苦手な分野の問題には，後でとりかかる方がよいであろう。

対　策

01 基本事項の完全理解と解法パターンの習得

　難問はあまり出題されていないが，スピードと正確さを要求する問題が多いので，基本的な概念・定理・公式などを完全に理解し，確実に使えるようにしておくことが大切である。基本から標準レベルの問題をできるだけ多くくり返し解くことにより，典型的な問題はすぐ解法が頭に浮かぶよ

うにしておきたい。

02　教科書学習の徹底

　教科書の例題や章末問題レベルの問題が多いため，基礎・基本をしっか
りと身につけることが大切である。また，定理や公式を正しく理解し，使
えるようにしておくこと。各分野の典型的な問題は，教科書，傍用問題集
等でくり返し練習することが重要である。参考書では『黄チャート 解法
と演習』シリーズや『白チャート 基礎と演習』シリーズ（いずれも数研
出版）の例題などをしっかり押さえておけば十分である。

03　苦手分野の克服

　特定の分野に偏ることなく幅広くいろいろな分野から出題されているの
で，苦手分野の克服が大切である。苦手分野があるなら，その分野の基本
事項からくり返し演習していこう。
　特に，微・積分法は確実な得点源になるよう，徹底して演習しておくこ
と。また，円・直線・放物線・接線によって囲まれた図形の面積など図形
に関する問題もよく出題されているので，日頃から図形に関する問題に多
くあたるようにしておきたい。

04　正確で迅速な計算力と注意力の養成

　小問が多いことと，計算力を要する問題もあるので，正確で速い計算力
の養成が必要である。また，問題を解き終わったあとで必ず見直しをする
（たとえば，方程式の解なら代入してみるなど）習慣をつけておこう。ミ
スをしたら，その原因を追究して正解が得られるまでやり直すこと。同じ
ミスをしないように，徹底的に見直す丁寧な学習を心がけよう。

05　解答形式に慣れる

　推薦は基本的な問題であるが全問記述式であり，解答に至る根拠を示す

必要がある。限られた試験時間の中で整理された解答を書くことは容易ではない。過去問演習で時間配分をつかんでおこう。日頃の問題演習においても，本番での答案作成を意識して，単なる式の羅列ではなく，語句を補って筋の通った解答や証明を書く練習や，グラフを描く練習もしておくこと。

　一般選抜Ｂ方式は，全問マークセンス方式であるから，この形式への対策を立てておくことが必要である。マークセンス方式対策用の問題集を用いて，できるだけ多くの問題にあたり，典型的な問題をくり返し練習すること。

物　理

▶一般選抜Ｂ方式

年度	番号	項　目	内　容
2024 ◗	〔1〕	電　磁　気	磁場中を運動する導体棒，ローレンツ力，誘導起電力，コンデンサー　　　　　　　　　　　　　　　　　☑描図
	〔2〕	熱　力　学	気体の状態変化，ばねのついたピストン，内部エネルギー，p–V図，熱力学第一法則　　　　　　　　　　☑描図
	〔3〕	力　　　学	地球の周りの人工衛星，第一宇宙速度，ケプラーの法則，力学的エネルギー保存則
2023 ◗	〔1〕	力　　　学	斜面上で連結された2物体の運動，運動方程式　☑描図
	〔2〕	電　磁　気	コンデンサーを含む直流回路，ホイートストンブリッジ
	〔3〕	波　　　動	気柱の共鳴，開管と閉管内の定常波，ドップラー効果　　　　　　　　　　　　　　　　　　　　　　　☑描図
2022 ◗	〔1〕	力　　　学	床上の箱とその中の物体の運動，力積，衝突，運動量保存則
	〔2〕	電　磁　気	磁場中を通過するコイル，誘導起電力，外力のする仕事　　　　　　　　　　　　　　　　　　　　　☑描図
	〔3〕	熱　力　学	気体の状態方程式，風船の浮力，断熱変化と等温変化　　　　　　　　　　　　　　　　　　　　　　☑描図

（注）　●印は全問，◗印は一部マークセンス方式採用であることを表す。

基本・標準的な問題の理解力を問う
描図問題が頻出

01 出題形式は？

　大問3題の出題で，試験時間は60分となっている。マークセンス方式による選択式が多いが，描図問題も頻出である。過去には論述などの記述式問題も出題されている。計算問題は答えの文字式を選んでマークする形式がほとんどで，前問の結果を利用する場合が多い。大問がそれぞれ2〜3の中間で構成されていて，互いに関連する内容になっていることもある。

描図問題や描図のうえ解答する問題も出題されている。

02 出題内容はどうか？

出題範囲は「物理基礎・物理」である。力学分野と電磁気分野から各1題，波動分野または熱力学分野から1題の出題が続いている。

03 難易度は？

いずれも基本的かつ標準的内容で構成されており，教科書の範囲を超えるような難問・奇問は出題されていない。計算問題では，解答のみが採点対象となる形式がほとんどなので，計算ミスをしないよう注意したい。また，論述問題も過去には出題されており，一定の時間を要するので，日頃から慣れておくことが望まれる。前問の結果を利用する問題が多く出題されているので，全体の問題の流れをつかむことも必要になる。余裕ある時間配分が重要となるだろう。

対 策

01 基本事項の徹底をはかる

基本的な内容の理解度を問う問題が中心なので，教科書と『リード α 物理基礎・物理』（数研出版）や『セミナー物理基礎・物理』（第一学習社）などの傍用問題集の例題や練習問題の復習を徹底しよう。一つの単元に集中するよりも，なるべく多くの単元で，基本〜標準レベルの問題演習を行うことが合格への近道となる。基本問題でつまずく，公式が覚えられないという人は，参考書で基本的な考え方・解法をマスターしながら問題演習を行うとよい。

02 計算力を伸ばす

　基本的な考え方をマスターしたら，実戦で使えるよう，教科書や基本的な問題集の練習問題で演習をくり返し行おう。解答のみが採点対象となったり，また前問の計算結果を利用する小問が多く出題されるため，計算ミスは合否に大きく影響する。普段から確実さを心がけて計算を行おう。

03 描図・論述問題の対策も

　描図問題がよく出題されるほか，過去には論述問題も出されている。いずれも難しいものではないが，現象や物理的状況を簡潔に説明できるよう日頃より意識しておこう。縦軸・横軸に注意して教科書のグラフなども確認しておくこと。問題演習の際，記述式の問題にも必ずあたり，描図・論述問題について積極的に演習を積んでおこう。

04 過去問演習で応用力を養う

　基本的な問題が解けるようになれば，時間配分に注意して過去問演習を行おう。問題集や参考書の解説の表面的な理解だけでは，実力はなかなかつかない。問題を解きながら「どうしてこの式を立てるのか」を考える過程で実力が伸びる。また，間違えた問題は，現在の自分に何が足りないか，どこを伸ばせば合格に近づくのかを教えてくれる。印をつけておき，解けるようになるまで，何度も復習をくり返そう。問題演習の際には，必ず図を描き，問題で与えられた速度・運動量・エネルギーなどの情報を書き込む習慣をつけたい。描図問題対策になるのはもちろんのこと，解法のポイントがつかめる，ミスが減るなど，学習効果が高まるであろう。

化　学

▶学校推薦型選抜一般公募制（併願制）：基礎学力試験

年度	番号	項　目	内　容	
2024	〔1〕	構造・無機	同位体，電子配置，化学結合，貴ガス，密度	✓計算
	〔2〕	変　化	塩の性質，反応速度，平衡移動，電離平衡	✓計算
	〔3〕	変　化	酸化数，酸化還元，鉛蓄電池	✓論述・計算
	〔4〕	有　機	元素分析，C_5H_8 の異性体	✓計算
2023	〔1〕	構　造	周期表，同位体と同素体，電子配置，極性分子，イオン結合，物質量	✓計算
	〔2〕	構　造	化学反応式と反応量	✓計算
	〔3〕	変化・構造	酸・塩基の定義，モル濃度，pH	✓計算
	〔4〕	変　化	酸化数，酸化剤と還元剤の性質，酸化還元滴定	✓計算
2022	〔1〕	構　造	同素体，原子とイオンの構造，分子の構造，化学結合，溶液の濃度	✓計算
	〔2〕	変　化	酸化還元反応	✓計算
	〔3〕	構　造	プロパノールの完全燃焼と量的関係	✓計算
	〔4〕	変　化	酸・塩基の定義，pH，中和の量的関係	✓計算

▶一般選抜Ｂ方式

年度	番号	項　目	内　容	
2024 ◑	〔1〕	構造・無機	化学結合と結晶の性質，無機工業化学，化学反応と反応量	✓計算
	〔2〕	変　化	食酢の中和滴定	✓計算
	〔3〕	変　化	熱化学方程式，混合気体の燃焼熱	✓計算
	〔4〕	有　機	有機化合物の構造決定と反応量	✓計算
	〔5〕	高　分　子	糖類の性質，アミノ酸の性質，油脂のけん化，タンパク質の反応	✓計算

2023 ◑	〔1〕	構造・無機	周期表と電子配置，イオン結晶，気体の性質，平均分子量	⊘**計算**
	〔2〕	状　　態	水上置換法と気体の状態方程式	⊘**計算**
	〔3〕	変　　化	化学変化と熱量，熱化学方程式と結合エネルギー	⊘**計算**
	〔4〕	有機・構造	$C_4H_8O_2$ の構造決定と反応量	⊘**計算**
	〔5〕	高 分 子	アミノ酸の性質，糖類の性質，アミノ酸の配列決定，反応量	⊘**計算**
2022 ◑	〔1〕	構造・変化	原子の構造，物質の沸点，周期表，溶液の濃度，イオン化傾向	⊘**計算**
	〔2〕	構造・状態	気体の燃焼と気体の圧力	⊘**計算**
	〔3〕	変　　化	化学平衡，溶解度積	⊘**計算**
	〔4〕	有　　機	芳香族化合物の分離	
	〔5〕	高分子・構造	糖類，アミノ酸，油脂	⊘**計算**

(注)　●印は全問，◑印は一部マークセンス方式採用であることを表す。

計算問題やや多い
一般では有機化合物の構造決定，天然高分子が頻出

01 出題形式は？

〔学校推薦型選抜一般公募制（併願制）〕

　大問数は4題で，解答形式は選択式と記述式の併用である。記述式では化学反応式がよく出題されている。また，計算問題は結果のみを求められることが多い。試験時間は2科目で100分であり，問題量は多くないものの時間に余裕はない。

〔一般選抜B方式〕

　大問数は5題，試験時間は60分である。マークセンス方式による選択式と記述式による出題で，選択式の割合が大きい。計算問題では，計算過程を示すことは求められていない。記述式では，化学反応式，有機化合物の構造式を書かせる問題などがある。

02 出題内容はどうか？

　出題範囲は，推薦は2023年度までは「化学基礎」であったが，2024年度は「化学基礎・化学（「高分子化合物の性質と利用」の範囲を除く）」と

なっている。一般選抜B方式は「化学基礎・化学」である。

　なお，2025年度は，推薦の出題範囲が「化学基礎・化学（「高分子化合物」と「化学が果たす役割」を除く）」になる予定である（本書編集時点）。

　推薦では，量的関係に関する計算問題がやや重視されている。また，2024年度は論述問題が出題され，過去にはグラフの描図問題が出題されたこともあるので注意しておきたい。一般選抜B方式では，理論，有機に重点が置かれ，無機の出題は比較的少ない。理論では，酸化還元滴定，化学平衡，反応速度が頻出である。有機では有機化合物の構造決定，異性体に関する問題がよく出題されている。また，有機の大問として，糖類・アミノ酸とタンパク質に関する問題が毎年出題されている。2023年度はアミノ酸の配列決定，2024年度は油脂のけん化価の計算が出題された。

03 難易度は？

　標準的な問題が多いが，中には難しい問題も含まれている。推薦では計算問題，一般選抜B方式では，有機化合物の構造決定などの問題に時間がかかる。見直しのための時間も考慮すると，解ける問題から素早く処理していくべきである。

対 策

01 理 論

　理論では標準的な問題が多いので，共通テストと同程度の，基本〜標準レベルの問題を数多く演習することが望ましい。『共通テスト新課程攻略問題集　化学』（教学社）を利用するとよい。理論の問題は全範囲にわたって出題されているが，特に酸と塩基，酸化還元，電池と電気分解，反応速度，化学平衡，化学反応式を利用して物質の生成量を求める問題に関しては重点的に勉強しておきたい。また，酸化還元滴定と中和滴定は最重要テーマである。反応速度と化学平衡の出題率も高いので，過去問を中心に十分な演習が必要である。

02 無 機

　例年出題は少なめだが，油断できない。教科書レベルの内容はきちんと
おさえておきたい。特に，周期表の性質，気体発生と金属イオンの沈殿に
ついては，十分に演習をしておくことが大事である。

03 有 機

　例年，一般選抜B方式では有機化合物の構造決定が必ずといってよいほ
ど出題されている。元素分析，有機化合物の性質と反応に関連した問題を
数多く演習しておこう。また，天然有機化合物に関する問題も演習を十分
行っておくこと。

04 過去問の研究

　いずれの分野も，類似した問題が過去に出題されている。したがって，
本書を利用し，収載されている問題を1題でも多く解いておくこと。でき
なかった問題は，2，3週間程度の時間をおいて必ず見直しておくことが
大事である。また，薬学部の問題も出題傾向が似ているので，目を通して
おくとよい。

生　物

▶学校推薦型選抜一般公募制（併願制）：基礎学力試験

年度	番号	項　目	内　容
2024	〔1〕	総　　　合	DNAとRNA，DNAの複製，転写と翻訳，細胞の構造とはたらき　⊘計算
	〔2〕	代　　　謝	光合成のしくみと反応段階，ヒルの実験，さまざまな炭酸同化　⊘計算
	〔3〕	総　　　合	神経系のしくみとはたらき，膜電位，脳と植物状態，恒常性
2023	〔1〕	細胞，代謝	生物の共通性と多様性，細胞小器官，代謝，酵素とその性質
	〔2〕	遺 伝 情 報	アミノ酸とタンパク質，転写と翻訳，ヒトゲノム，DNAの構造　⊘計算
	〔3〕	体 内 環 境	血糖濃度の調節とホルモン，糖尿病とインスリン　⊘論述
	〔4〕	体 内 環 境	適応免疫，抗体，二次応答とワクチン，造血幹細胞
2022	〔1〕	細　　　胞，遺 伝 情 報	細胞の構造と細胞小器官，DNAの構造とはたらき，ヒトゲノム　⊘計算
	〔2〕	遺 伝 情 報，体 内 環 境	細胞の分化，造血幹細胞，細胞周期
	〔3〕	体 内 環 境	恒常性，体液，肝臓，血液循環，酸素解離曲線
	〔4〕	総　　　合	物質の構成成分，物質循環とエネルギーの流れ，光合成速度　⊘計算

▶一般選抜B方式

年度	番号	項　目	内　容
2024 ◐	〔1〕	細胞，代謝	タンパク質の構造とアミノ酸，酵素の性質とはたらき
	〔2〕	遺 伝 情 報	DNAの構造，半保存的複製，転写，遺伝暗号表とその解読
	〔3〕	植 物 の 反 応，生　　　態	植物の光受容体，光発芽種子，花芽形成，遷移，光-光合成曲線
	〔4〕	体 内 環 境	自律神経系と内分泌系，フィードバック調節，血糖濃度の調節
	〔5〕	体 内 環 境	免疫と血球，マウスの皮膚移植実験と拒絶反応

2023 ◑	〔1〕	遺 伝 情 報	ベクター, PCR 法, 電気泳動法	⊘計算
	〔2〕	発 　　　生	母性効果遺伝子, ホメオティック遺伝子, シュペーマンの実験	
	〔3〕	植物の反応	植物ホルモンと細胞の伸長成長, 重力屈性, オーキシンの感受性	
	〔4〕	進化・系統	進化と突然変異, ハーディ・ワインベルグの法則, 分子進化	⊘計算
	〔5〕	進化・系統	分類の階級, 種分化, 分子系統樹, ドメイン, 動物の分類	⊘計算
2022 ◑	〔1〕	細 　　　胞	細胞分画法, 細胞骨格	
	〔2〕	代 　　　謝	窒素同化, 窒素固定細菌	
	〔3〕	遺 伝 情 報	DNA の複製, シャルガフの法則, 遺伝暗号表	⊘計算
	〔4〕	遺 伝 情 報	遺伝と組換え, 減数分裂と DNA 量の変化	⊘計算
	〔5〕	植物の反応	光周性, 花芽形成と限界暗期, フィトクロム, フロリゲン	

（注） ●印は全問, ◑印は一部マークセンス方式採用であることを表す。

傾　向　標準レベルの出題
計算問題は頻出

01 　出題形式は？

〔学校推薦型選抜一般公募制（併願制）〕

　例年大問 4 題であったが, 2024 年度は大問 3 題となった。ただし, 試験時間は変わらず 2 科目で 100 分である。出題形式は選択式と記述式の併用であり, 語句を答える問題, 正誤問題, 計算問題などが出題されている。2023 年度には 1 行程度で答える論述問題が出題され, 2023・2024 年度には計算式が必要な計算問題も出題されている。過去には, グラフの描図問題が出題されたこともある。

〔一般選抜 B 方式〕

　大問 5 題, 試験時間 60 分となっている。解答形式はマークセンス方式による選択式と記述式の併用。過去には適語を記入する問題に加え, 論述問題が出されたこともある。2024 年度は計算問題は出題されなかったが, 2022・2023 年度は計算式とともに解答する計算問題が出題された。

02 出題内容はどうか？

〔学校推薦型選抜一般公募制（併願制）〕

　出題範囲は，2023 年度までは「生物基礎」であったが，2024 年度は「生物基礎・生物（「生態と環境」と「生物の進化と系統」を除く）」となっている。

　なお，2025 年度は，出題範囲が「生物基礎・生物（「生態と環境」を除く）」になる予定である（本書編集時点）。

　2024 年度は大問が 3 題になったことから，総合的な出題形式が増え，大問のテーマに対して多角的な知識と思考力が求められるようになった。また，出題内容は基本的なものが多いが，必要とされる知識範囲が 2023 年度よりも広くなっているので，難度は上がっている。出題範囲全体をしっかり学習して臨みたい。

〔一般選抜 B 方式〕

　出題範囲は「生物基礎・生物」である。

　遺伝情報からよく出題されており，バイオテクノロジー（遺伝子組換えや PCR 法）に関する問題が多く出題される傾向がある。また，細胞や植物の反応も頻出である。やや高度な実験・観察のデータを示して考察させる問題も出題されている。選択肢の中から適切なものをすべて選ぶ問題もあり，正確な知識や判断が必要である。

03 難易度は？

　基本的な問題が多く，難易度は標準といえよう。しかし，中には詳細な知識を要求する問題や紛らわしい選択肢がある問題もあるので注意が必要である。また，推薦では出題範囲が拡大されているので，特に注意しておこう。ケアレスミスに気をつけて，落ち着いて解答するようにしたい。

01　教科書の徹底理解

　基本的事項を理解していることを前提とした上で，教科書の中でもやや高度な部分も出題対象になっている。教科書準拠の問題集などを利用して，まず教科書の内容を確実に理解すること。資料集や参考書なども活用して，やや詳しい内容も学習するとよい。また，典型的な計算問題は速く，正確に解けるようになるまで何度も練習する必要がある。

02　思考力の養成

　出題は論理的に，かつ緻密に構成されている。授業で学んだことを思い出し，提示されたデータをよく見て，一つの手がかりから次の手がかりを引き出すようにしてじっくりと取り組んでいけば，正解に達することができる。問題演習を通して，論理的な思考力と，あきらめない粘り強さを養成しておこう。

03　過去問の練習

　実戦力を身につけるため，過去問を試験時間内で解く練習をすることが大切である。過去問の練習には，時間配分の感覚をつかむ，出題の個性に慣れる，難問に腰をすえて取り組むことができる，という3つの大きな意義がある。推薦は，2024年度から「生物」も出題範囲に加わったため，一般選抜B方式の過去問も参考にしてほしい。

問題と解答

学校推薦型選抜一般公募制（併願制）：基礎学力試験

問 題 編

▶試験科目・配点

区　分	教　科	科　　　　目	配　点
併願制	選　択	「コミュニケーション英語Ⅰ・Ⅱ・Ⅲ，英語表現Ⅰ・Ⅱ」，「数学Ⅰ・Ⅱ・A・B」，「化学基礎・化学」，「生物基礎・生物」から2科目選択（理科2科目の組み合わせは不可）。	200点（各100点）

▶備　考

- 基礎学力試験，個別面接（10分），出願書類（推薦書，調査書，自己推薦書）を総合的に評価し，合格者を決定する。面接および書類審査の配点は合計40点。
- 数学は，数列，三角・指数・対数関数，微分積分を中心に出題する。
- 「化学」は「高分子化合物の性質と利用」を除く。
- 「生物」は「生態と環境」「生物の進化と系統」を除く。

基礎学力試験

◀英　語▶

（2科目100分）

【1】1~8 の各文の（　　　）内に入れるのに最も適切な語（句）を a~d から1つ選び，その記号を解答欄にマークしなさい．

1. You should start (　　　) your stuff. The moving company will be here any minute.

    a. pack
    b. to be packed
    c. packing
    d. packed

2. Did you hear the news? It was (　　　) to us.

    a. so surprised
    b. little surprisingly
    c. surprised mostly
    d. really surprising

3. Some students (　　　) the basic mechanism of the system.

    a. aren't understood
    b. don't understand
    c. rarely understands
    d. never understanding

4. I have too (　　　) in my room.

    a. many furnitures
    b. a lot of furniture
    c. lots of furnitures
    d. much furniture

２０２４年度 学校推薦型 基礎学力試験

5. To buy a new bike, I worked hard ( ) the whole summer.

    a. during

    b. while

    c. under

    d. within

6. There are some items you ( ) allowed to take into the exam room with you.

    a. won't be

    b. may not

    c. don't be

    d. cannot

7. When you leave the house, don't forget ( ) the front and back doors.

    a. locking

    b. for lock

    c. to lock

    d. to locking

8. The police are now ( ) the car accident.

    a. looked by

    b. looking into

    c. look for

    d. looked about

【2】 9~16 の各文の （   ） 内に入れるのに最も適切な語句を a~d から１つ選び，
その記号を解答欄にマークしなさい.

9. If someone (   ), can you call me?

   a. comes to see me when I'm away

   b. came to see me not being here

   c. come and see me after leaving

   d. sees me to come for a while

10. We bought (   ) his birthday.

   a. this cap to our father on

   b. this cap for our father in

   c. our father to this cap on

   d. our father this cap for

11. I ride a bus (   ) twenty minutes.

   a. from here for school with

   b. at here toward school of

   c. here until school in

   d. from here to school for

12. Have you ever (   ) a medicine?

   a. had a severe reaction in

   b. severe experienced reaction with

   c. experienced a severe reaction to

   d. a severe reaction experience of

13. It's better to (   ) we may have to wait.

   a. take a lunch reservation on next Saturday if

   b. make a reservation for lunch next Saturday, otherwise

   c. see the next Saturday's reservation for lunch, just in case

   d. reserve lunch seats on next Saturday because

14. ( ) arrive at the airport?

    a. When you think will we

    b. Do you think how long to

    c. At what o'clock will you think for us to

    d. What time do you think we will

15. Abby and Kyoko meet ( ) for violin practice.

    a. herself every week

    b. once a week

    c. each other once week

    d. every once week

16. Mr. Takeda is the biology ( ) our school last month.

    a. teacher, that took part in

    b. teacher which came to

    c. teacher who joined

    d. teacher, who was participated

【 3 】 Read the following conversation and answer the questions 17~26 by marking the most appropriate answer choice.

Julie:　Hi, guys. The cafeteria's really crowded today. Would you mind if I sat here?

Taiki:　(　17　)

Hiro:　We're discussing which manga helped us to learn or inspired us when we were kids.

Julie:　Oh! You mean (18)edutainment manga! My Japanese teacher told me about them.

Taiki:　Right. Hiro was just telling me about one that helped him.

Hiro:　(19)I had a really hard time in math class. Fortunately, my sixth-grade teacher introduced a manga to me that explained math simply. Now I love math.

Julie:　I'm still struggling with math. Maybe I should read it.

Hiro:　(　20　), read it, but I think your math level is probably too high for it.

Julie:　(21)That's not the case at all. What about you, Taiki? Did any manga inspire you?

Taiki:　In high school, I (22)found a very exciting one about cells. The red blood cells were a cute girl, and the white blood cells were a man who fights against the bad guys, like bacteria and viruses.

Julie:　(　23　) Reading it must have been really fun and inspiring.

Taiki:　It was. It made me want to study cells, which is why I'm at this university.

Hiro:　Did you read any manga when you were a kid, Julie?

Julie:　I loved the *Magic School Bus* books, and they were made into animation. They're kind of like edutainment manga.

Hiro:　(　24　)

Julie:　Lots of different things, but my favorite one was when Ms. Frizzle, the crazy teacher, drove the school bus inside the human body.

Taiki:　I guess, that's why you're interested in life sciences and medicine?

Julie:　(25)That's one of the reasons for sure.

Hiro:　Well, I'd better (　26　), or I'll be late for class. See you!

17.　Which choice does NOT fit gap (17)?

　　　a.　Not at all. Let me move my bag.

　　　b.　You're welcome to sit with us.

　　　c.　Of course not. Pull up a chair.

　　　d.　Yes, we do. Please sit at our table.

18. Which two words are put together to make the underlined word (18)?

    a. edamame and complaint

    b. education and entertainment

    c. edge and mountain

    d. schedule and paint

19. Based on the underlined part (19), what does Hiro mean?

    a. Hiro always enjoyed math.

    b. Math was simple for Hiro.

    c. Hiro could hardly wait for math class.

    d. Math was a difficult subject for Hiro.

20. Which choice fits gap (20) the best?

    a. By the way

    b. Not at all

    c. By all means

    d. Never mind

21. Based on the underlined part (21), what does Julie imply?

    a. Julie's math ability is lower than Hiro imagines.

    b. Julie is much better at math than Hiro is.

    c. Hiro will be shocked by Julie's excellent math skills.

    d. Taiki didn't get any inspiration from manga.

22. Which choice can replace the underlined word (22)?

    a. came across

    b. came back

    c. came out

    d. came into

23. Which choice fits gap (23) the best?

  a. What is that for?

  b. Such a boring story.

  c. What a clever manga!

  d. How about it?

24. Which choice fits gap (24) the best?

  a. What were they about?

  b. What's the title of your favorite book?

  c. How are they similar?

  d. They sound cool!

25. Based on the underlined part (25), what does Julie imply?

  a. At university, Julie is interested in studying life sciences, medicine, and at least one more subject.

  b. Julie will certainly become a medical doctor in the future.

  c. *The Magic School Bus* book is not the only reason Julie's interested in life sciences and medicine.

  d. Taiki guessed correctly—Julie is studying life sciences and medicine.

26. Which choice does NOT fit gap (26)?

  a. take off

  b. leave now

  c. get going

  d. go away with

【4】 Read the following passage and answer the questions 27~34 by marking the most appropriate answer choice.

Drones, unmanned aircraft that are remotely controlled by people on the ground, were originally planned and developed for military purposes. They have played big roles in recent battlefields. Along with the demand for (27), orders for non-military drones are increasing every year. Commercial drones are used for photography for real estate, university research, and Hollywood movies. Farmers use drones to get a perspective on which parts of their fields (28)are short of water or fertilizer, and use other unmanned aircraft to spray chemicals. Construction and utility companies use unmanned aircraft for inspections, and some companies are operating solar-powered high-altitude drones that can (29) as stations for internet services.

Drones cost less to operate than manned aircraft, and that is why some traditional tasks in the air as well as some new kinds of work are opening up to (30)these vehicles. Drones are cheaper because they are usually smaller than traditional planes and cost far less to build, (31)maintain and manage. In addition, it takes less (32) to train people to operate drones. A license to operate manned aircraft requires tens of thousands of dollars and many months of training.

(33), drones are becoming increasingly popular. Their use has multiplied, for purposes ranging from aerial photography to firefighting and delivery of medical supplies. This high-tech device, however, is attractive to terrorists and criminals as well. Many cases of (34) have been reported. Proper laws are essential in order to enjoy the benefits of this technology.

real estate 不動産　fertilizer 肥料　altitude 高度　aerial 空からの
firefighting 消火活動

27. Which choice fits gap (27) the best?

   a. developed purposes

   b. big roles

   c. military drones

   d. recent battlefields

28. What does the underlined part (28) mean?

   a. are flooding

   b. lack water

   c. need spray

   d. shorten water

出典追記：Voice of America

29. Which choice does NOT fit gap (29)?

    a. work

    b. function

    c. serve

    d. use

30. What does the underlined part (30) refer to?

    a. drones

    b. manned aircraft

    c. traditional tasks in the air

    d. traditional planes

31. What does the underlined part (31) mean?

    a. keep the machines in good condition

    b. use the machines hardly

    c. paint the machines nicely

    d. load the machines with sufficient operating tools

32. Which choice fits gap (32) the best?

    a. task and place

    b. cost and license

    c. time and money

    d. effort and people

33. Which choice fits gap (33) the best?

    a. As it takes longer to become a drone-operator than to earn a pilot license

    b. Even though the demand for drones has constantly been on the rise

    c. Despite their high cost and the complicated process of earning an operating license

    d. Because of their extensive range of uses and their affordable prices

34. Which choice fits gap (34) the best?

    a. firefighters taking pictures of forest fires using drones

    b. lawyers using the technology for on-the-spot inspections

c. drones being operated from remote stations

d. the technology being used wrongly by criminals

【 5 】 Read the following passage and answer the questions 35~40 by marking the most appropriate answer choice.

There are many words in Japanese that have the same pronunciation but are written with completely different kanji and have different meanings. English also has words that are pronounced the same but written differently and words that are written the same but have different meanings. Homographs, homophones, and homonyms are the (35) that describe such words. They are similar in many ways, but there are differences. Here, I will describe the basic meaning of each term.

Homographs are words that are spelled the same but have two or more different meanings, many of (36)which are pronounced differently. The word "homograph" is composed of two parts: "homo-" which means "same" and "-graph" which means "written," both parts originated in Greek. One example of a homograph is the word *object*. It can refer to a thing or an item, but it is also used as a verb that means (37).

Homophones are words that (38) but are spelled differently and have different meanings. The word "homophone" also came from Greek and consists of two parts: "homo-" meaning "same" and "-phone" meaning "sound." For example, the words *meat* and *meet* are homophones. They have the same pronunciation but different spellings and different meanings. (39)

Homonyms have characteristics of both homographs and homophones. The word "homonym" can be divided into two parts: "homo-" (same) and "-nym" meaning "name" in Greek. Words with the same spelling and pronunciation but with different meanings belong to this category. The word *bank* is a good example of a homonym. It has multiple meanings including the place you borrow money from, the ground along a river, or even a set of elevators.

35. Which choice fits gap (35) the best?

    a. pronunciation

    b. dictionaries

    c. structures

    d. terms

36. What does the underlined part (36) refer to in this passage?

    a. meanings

    b. homographs

    c. pronunciations

    d. English

37. Which choice fits gap (37) the best?

    a. to cause a particular action

    b. to emphasize a word

    c. to express disagreement

    d. to do something

38. Which choice fits gap (38) the best?

    a. sound the same

    b. are pronounced together

    c. are sounded together

    d. have pronounced the same

39. Which choice fits gap (39) the best?

    a. Surprisingly, however, these two words sometimes have the same meaning.

    b. *Color* and *caller* are also homophones.

    c. Words that are spelled differently between British English and American English belong to this category.

    d. The former refers to a part of an animal, and the latter is a verb that means to encounter someone.

40. According to the passage, which choice is a good example of homonyms?

    a. *bat*: a flying animal / *bat*: baseball equipment

    b. *flower*: a part of a plant / *flour*: a kind of powder made by grinding wheat

    c. *tear*: to rip something apart / *tear*: a drop of liquid from the eye

    d. *present*: to show something to others / *present*: a gift given to someone

◀数 学▶

（2 科目 100 分）

（注） 解答欄には，結果だけでなく解答に至る根拠も示すこと。

1 次のように定められた数列$\{a_n\}$について以下の問いに答えなさい．

$$a_1 = 1, \qquad a_{n+1} = a_n + 12n \quad (n = 1,2,3,\cdots)$$

(1) 一般項a_nを求めなさい．

(2) 初項から第n項までの和S_nを求めなさい．

2

(1) $\log_4 9 = \log_2 3$が成り立つことを示しなさい．

(2) $2^{\log_4 9}$を計算しなさい．

3 鋭角三角形 ABC の辺 AB 上に点 D があり，CD= 1，△ACD :△BCD= 1:6で，

∠ACD= α, ∠BCD= βに対して$\sin \alpha = \dfrac{3}{5}$, $\sin \beta = \dfrac{\sqrt{2}}{2}$とする．

(1) $\sin(\alpha + \beta)$の値を求めなさい．

(2) 辺 BC の長さをxとして，△BCD の面積をxを用いて表しなさい．

(3) 辺 AC と辺 BC の長さを求めなさい．

4 座標平面において$y = 2x^2 + 4x + 3$で表される放物線をC_1，$y = 3x^2 + 2x + 1$で表される放物線をC_2，C_1の点$(1,9)$における接線をlとする.

(1) lの方程式を求めなさい.

(2) C_2とlの交点の座標を求めなさい.

(3) C_2とlで囲まれる領域の面積を求めなさい.

２０２４年度　学校推薦型　基礎学力試験

◀化　学▶

（2科目100分）

必要があれば次の数値を用いなさい.
原子量：H = 1.00, C = 12.0, O = 16.0, S = 32.0, Cl = 35.5, Pb = 207 とする.

1 以下の問1〜問5に答えなさい.

問1　次の原子①〜⑤のうち，互いに同位体の関係にあるものを<u>すべて</u>選びなさい. ただし，元素記号はすべてAで表してある.

① $^{36}_{17}A$　　② $^{36}_{18}A$　　③ $^{40}_{18}A$　　④ $^{40}_{19}A$　　⑤ $^{40}_{20}A$

問2　次の分子①〜⑥のうち，非共有電子対をもたないものを<u>すべて</u>選びなさい.

① 窒素　　　　② 塩化水素　　③ メタン
④ アンモニア　⑤ 水　　　　　⑥ 二酸化炭素

問3　次の記述①〜⑥のうち，正しいものを<u>二つ</u>選びなさい.

① ダイヤモンドは，各炭素原子が4個の価電子を隣接する4個の炭素原子と共有しているため，電気伝導性がある.
② NaClの結晶は，Na^+とCl^-が電子親和力で結合してできたイオン結合結晶（イオン結晶）である.
③ F^-とNa^+のイオン半径は，F^-の方が大きい.
④ FとClは元素の周期表の17族に属する同素体である.
⑤ NH_4Clは，イオン結合，共有結合，配位結合が関与している.
⑥ NH_3のN−H結合には極性があるが，3つのN−H結合が同一平面上にあって極性を打ち消し合うため，無極性分子である.

問4　ヘリウム，ネオン，アルゴンに関する次の記述①～⑥のうち，<u>誤りを含む</u><u>もの</u>を<u>二つ</u>選びなさい．

① 元素の周期表の 18 族元素である．
② 原子の価電子の数は 0 個である．
③ 単体は常温・常圧で気体である．
④ 単体は常温・常圧では二原子分子として存在する．
⑤ 原子の第一イオン化エネルギーが最も小さいのはヘリウムである．
⑥ 空気中に最も多く含まれているのはアルゴンである．

問5　ある金属（原子量 M）の単体は密度が d〔g/cm^3〕である．この金属 1 cm^3 中に含まれる金属原子の数を表すものを，次の①～⑧から一つ選びなさい．ただし，アボガドロ定数は N_A〔/mol〕とする．

① $\dfrac{dN_A}{M}$　　② $\dfrac{MN_A}{d}$　　③ $\dfrac{d}{MN_A}$　　④ $\dfrac{M}{dN_A}$

⑤ $\dfrac{dM}{N_A}$　　⑥ $\dfrac{N_A}{dM}$　　⑦ $\dfrac{1}{dMN_A}$　　⑧ dMN_A

2 物質の変化と平衡に関する以下の問1～問4に答えなさい.

問1 以下の塩①～⑥のうち, 水溶液が酸性を示すものを二つ選びなさい.

   ① KNO_3 ② $(NH_4)_2SO_4$ ③ Na_2CO_3

   ④ $NaNO_3$ ⑤ $NaHCO_3$ ⑥ $NaHSO_4$

問2 化学反応の速さに関する次の記述①～⑥のうち, 誤りを含むものを二つ選びなさい.

   ① 反応速度定数は, 反応する物質の濃度が一定であれば, 異なる温度でも一定の値をとる.

   ② 反応する物質が固体である場合, その表面積が大きいほど反応速度は大きくなる.

   ③ 反応速度は単位時間あたりの反応物の減少量, または生成物の増加量で表す.

   ④ 触媒により反応速度が大きくなる反応では, 反応熱も大きくなる.

   ⑤ 反応物を活性化状態にするために必要な最小のエネルギーを活性化エネルギーといい, 活性化エネルギーが小さいほど反応速度が大きくなる.

   ⑥ 反応する物質が気体どうしの場合では, 分圧と濃度は比例するので, 分圧が大きくなると粒子どうしの衝突回数は増加する.

問3 次の反応が平衡状態にあるとき, 以下の①～④の操作を行った場合に, 平衡が左に移動するものをすべて選びなさい.

$$N_2 （気） + 3H_2 （気） = 2NH_3 （気） + 92\ kJ$$

   ① 温度一定で, 圧力を上げる.

   ② 圧力一定で, 温度を上げる.

   ③ 温度と体積を一定に保ったまま, アルゴンを加える.

   ④ 温度と圧力を一定に保ったまま, アルゴンを加える.

問4　ある温度におけるアンモニア水中のアンモニアの電離定数 K_b は，
1.8×10^{-5} mol/L である．この温度における 0.020 mol/L のアンモニア水について，次の設問（1）と（2）に答えなさい．

（1）このアンモニアの電離度 α として，最も適するものを次の①〜⑥から選びなさい．ただし，アンモニアは弱塩基のため，α は1よりも非常に小さく，$1-\alpha \fallingdotseq 1$ と近似できるものとする．

　　① 0.0030　② 0.0060　③ 0.0090　④ 0.030　⑤ 0.060　⑥ 0.090

（2）このアンモニア水中の水酸化物イオン濃度として，最も適するものを次の①〜⑥から選びなさい．

　　① 6.0×10^{-5} mol/L　② 1.2×10^{-5} mol/L　③ 1.8×10^{-4} mol/L
　　④ 6.0×10^{-4} mol/L　⑤ 1.2×10^{-4} mol/L　⑥ 1.8×10^{-3} mol/L

3　酸化・還元に関する以下の問1〜問3に答えなさい．

問1　次の化学式で表される物質について，下線の原子の酸化数を求めなさい．

（1）H$\underline{N}$O$_3$　（2）K$\underline{Mn}$O$_4$　（3）$\underline{S}$O$_2$　（4）$\underline{Fe}_2$O$_3$

問2　次の (a) 〜 (d) の反応において，酸化剤としてはたらく物質をそれぞれ選び，その化学式を応えなさい．

(a) H$_2$O$_2$ + SO$_2$ → H$_2$SO$_4$
(b) C$_3$H$_8$ + 5O$_2$ → 3CO$_2$ + 4H$_2$O
(c) H$_2$ + I$_2$ → 2HI
(d) Zn + H$_2$SO$_4$ → ZnSO$_4$ + H$_2$

問3　鉛蓄電池に関する以下の設問（1）〜（3）に答えなさい．ただし，ファラデー定数は 9.65×10^4 C/mol とする．

（1）空欄 a〜d に該当する物質をそれぞれ次の①〜⑩から選びなさい．

　　鉛蓄電池は，負極には（ a ），正極には（ b ），電解質に（ c ）が利用される．放電することにより，どちらの極にも（ d ）が付着し起電力が低下する．

①　Pb　　　　②　PbO　　　　③　PbO_2　　　④　$Pb(OH)_2$　　⑤　$PbSO_4$
⑥　$PbCl_2$　　⑦　Na_2SO_4　　⑧　H_2SO_4　　⑨　HCl　　　　⑩　HNO_3

（2）放電によって，電解質の濃度はどのように変化するか答えなさい．

（3）1.93×10^4 C の電気量が流れたとき，負極，正極の質量はそれぞれ何 g 変化したか答えなさい．なお，増加すると考える場合には＋，減少すると考える場合には－の符号を数値に付けて書くこと．

4　以下の問1と問2に答えなさい．

問1　分子量 68 の化合物 A (3.4 mg)を完全に燃焼させたところ，二酸化炭素 11.0 mg と水 3.6 mg が得られた．化合物 A の分子式を答えなさい．

問2　化合物 A は三重結合をもつことが明らかとなった．化合物 A として可能性のある構造式をすべて書きなさい．

◀生　物▶

（2科目100分）

1　遺伝情報の発現に関する以下の文章［Ⅰ］と［Ⅱ］を読み，問1〜11に答えなさい．

［Ⅰ］真核生物のDNAは，4種類のヒストンの複合体のまわりに巻き付いて（　ア　）を形成している．（　ア　）のつながりは折りたたまれ，（　イ　）という構造を形成している．(A) DNAの遺伝情報は，mRNAの配列に写し取られ，その情報を基にタンパク質が合成される．

問1　（　ア　）と（　イ　）に入る最も適切な語を答えなさい．

問2　下線部（A）の真核生物での転写に関して，正しいものを次の①〜⑤からすべて選びなさい．

① 遺伝子の転写が起こるときには，その遺伝子と周辺部分の DNA がほどけた状態になる．
② きつく折りたたまれた DNA がほどけると，RNA ポリメラーゼが DNA に結合しやすくなる．
③ 十分にほどけた DNA では，RNA ポリメラーゼとヌクレオチドだけが存在すれば素早く転写が起こる．
④ 転写の開始を助けるタンパク質が細胞内に存在する．
⑤ 転写を調節するタンパク質は，転写を促進するものだけではなく，転写を抑制するものも存在する．

問3　DNA において，RNA ポリメラーゼが結合する配列を何というか，最も適切な語を答えなさい．

問4　RNA についての記述として，正しいものを次の①〜⑥から3つ選びなさい．

① RNA に含まれる糖であるリボースは，5個の炭素のうち2番目の C（2'の C）に OH が結合している．
② RNA では，塩基としてウラシルが使われている．
③ mRNA は，RNA ポリメラーゼによって合成されるが，tRNA の合成には RNA

　　　ポリメラーゼは使われない.

④ tRNA は，転写の過程でアミノ酸を運ぶ.

⑤ tRNA は，タンパク質には翻訳されない.

⑥ rRNA は，リボソームタンパク質に翻訳され，タンパク質の合成に関与する.

問5　RNA をゲノムとしてもつ RNA ウイルスの一部は，RNA を鋳型として，RNA と相補的な塩基配列をもつ DNA を合成する酵素をもつ. この酵素を何というか，最も適切な語を答えなさい.

問6　原核生物の遺伝情報の説明として，誤っているものを次の①～⑤から１つ選びなさい.

① DNA の転写の途中から mRNA にリボソームが付着して翻訳が始まることが多い.

② 原核生物の DNA には，イントロンが含まれないことがほとんどである.

③ 調節タンパク質が DNA のオペレーターに結合することにより，遺伝子の転写が制御されることがある.

④ 原核生物のゲノム DNA は，一般的に環状であり，複製起点（複製開始点）が多数ある.

⑤ 原核生物のゲノム DNA の長さは，一般的に真核生物のゲノム DNA より短い.

問7　ある細菌（大腸菌 X 株）のゲノムサイズは，464 万塩基対である. この細菌の DNA ポリメラーゼは，１秒間に 800 ヌクレオチドの速度で DNA を合成することができる. この細菌の DNA の複製は，開始してから完了するまでに何分かかるか. 式と答えを記しなさい. 答えの値の有効数字は３桁とする.

［Ⅱ］真核生物では，核で完成した mRNA は，細胞質基質に出て（　ウ　）と結合し，タンパク質合成が始まる. 細胞膜に輸送されるタンパク質は，（　エ　）内に移動したのち，（　オ　）へと運ばれる.（　オ　）へ運ばれたタンパク質には，（　オ　）内で処理され，濃縮されて (B) 細胞外へと分泌されるものがある. また，細胞外には分泌されず，(C) 細胞膜にとどまるものもある.

問8　（　ウ　）～（　オ　）にあてはまる最も適切な細胞内構造体の名称を答えなさい.

問9　（　ウ　）～（　オ　）のうち，膜を含む構造体をすべて選び，（　ウ　）～（　オ　）で答えなさい.

問10 下線部 (B) のように主に細胞外に分泌されるタンパク質と，下線部 (C) のように主に細胞膜にとどまるタンパク質を，それぞれ次の①〜⑤からすべて選びなさい．

① アクアポリン　　　② コーディン　　　③ サイトカイン
④ ナトリウムチャネル　　⑤ ミオシン

問11 下線部 (B) において，小胞に取り込まれたタンパク質は，細胞質基質とは膜で隔てられた状態を維持したまま細胞外に分泌される．このような物質の分泌の過程を何というか，最も適切な語を答えなさい．

2　代謝とエネルギーに関する以下の文章［I］〜［III］を読み，問1〜9に答えなさい．

［I］植物や藻類の光合成の場は葉緑体である．光合成の反応は，(A) 葉緑体の（　ア　）で行われる光が直接関係する反応段階と，(B)（　イ　）で行われる光が直接関係しない反応段階の2つに大きく分けられる．（　ア　）での反応は，光エネルギーによって引き起こされる，（　ウ　）から（　エ　）へとつながる電子伝達である．光化学系で伝達された電子は，最終的に（　オ　）に渡され，（　カ　）が生産される．一方，電子伝達と結びついた（　キ　）合成により，光エネルギーが化学エネルギーに変換される．（　イ　）での反応は，酵素によって進行する炭酸同化である．反応経路はカルビン・ベンソン回路と呼ばれ，（　ア　）での反応でつくられた（　カ　）と（　キ　）を用いて，二酸化炭素が糖に変換される．

問1　（　ア　）と（　イ　）にあてはまる最も適切な語を答えなさい．

問2　（　ウ　）〜（　キ　）にあてはまる最も適切な語を次の①〜⑨から選びなさい．なお，同じ語を複数回用いてはならない．

① NAD⁺　　　② NADH　　　③ NADP⁺
④ NADPH　　⑤ ADP　　　⑥ AMP
⑦ ATP　　　⑧ 光化学系 I　　⑨ 光化学系 II

［II］下線部(A)に関して，イギリスのヒルは以下の実験を行った．葉をすりつぶし，葉緑体を含む抽出液を調製して，これに光を照射した．このとき，抽出液にシュウ酸鉄を加えておくと，空気を抜いて密閉した場合にも，酸素が発生することを

発見した.

問3 この実験の説明として適切なものを，次の①〜⑤から2つ選びなさい.

① この実験でシュウ酸鉄は酸化された.
② この実験でシュウ酸鉄は還元された.
③ この実験でシュウ酸鉄は触媒としてはたらいた.
④ 光合成で発生する酸素は二酸化炭素由来であると考えられた.
⑤ 光合成で発生する酸素は水由来であると考えられた.

[Ⅲ] 下線部(B)に関して，アメリカのカルビンとベンソンは以下の実験を行った. 二酸化炭素がどのようにして有機物になるかを，単細胞緑藻を用いて調べた. 炭素の放射性同位体である ^{14}C をもつ二酸化炭素を含む液中で緑藻に光合成を行わせ，どのような物質に ^{14}C が取り込まれるかを調べた. 光照射を始めてから，いろいろな時間に緑藻を熱したアルコールに移して，光合成を止めた. その後，緑藻をすりつぶして得た抽出液をろ紙の原点につけ，二次元ペーパークロマトグラフィーで展開した. これを X 線フィルムに感光させることにより，どの物質に ^{14}C が含まれているかということがわかる. 時間を変えて同様な実験を繰り返すことにより，光合成で炭素が固定される代謝の経路を明らかにした.

問4 この実験では，たとえば図1下のような結果が得られた場合，二酸化炭素 →（ ク ）→（ ケ ）→（ コ ）と物質が変化したことがわかる.（ ク ）〜（ コ ）にあてはまる最も適切なものを図1のa〜fから選びなさい.

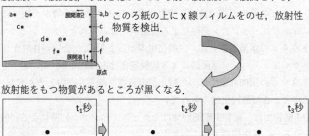

図1 二次元ペーパークロマトグラフィーの原理と放射性物質の検出

左上の図は，^{14}C を与えて数分経過した後の結果であり，下の図の t_1〜t_3 秒の結果はそれよりも短い時間の結果である.

問5　カルビンとベンソンの実験では，取り込まれた ^{14}C はいくつかの物質を経由して再びホスホグリセリン酸に取り込まれることがわかった．彼らが発見した経路の説明として適切なものを，次の①〜⑦から2つ選びなさい．

① 二酸化炭素と C_2 化合物から C_3 化合物が1分子つくられる．
② 二酸化炭素と C_3 化合物から C_4 化合物が1分子つくられる．
③ 二酸化炭素と C_5 化合物から C_3 化合物が2分子つくられる．
④ 二酸化炭素と C_5 化合物から C_2 化合物が3分子つくられる．
⑤ 二酸化炭素固定の回路では，回路上の化合物が，回路から出ることはなく，回路内で有機物合成に利用される．
⑥ 二酸化炭素固定の回路では，回路上の化合物ホスホグリセリン酸の一部が回路から出て有機物合成に利用される．
⑦ 二酸化炭素固定の回路では，回路上の化合物グリセルアルデヒド3-リン酸の一部が回路から出て有機物合成に利用される．

問6　この実験で懸濁液 2.0 mL を取って有機物に取り込まれた ^{14}C の量を測定し，反応溶液に加えた ^{14}C を含む二酸化炭素の割合から固定された全炭素の量を求めたところ，15秒間で 0.10 µg の炭素が固定されていた．この実験では，光合成速度（単位懸濁液量あたり単位時間あたりの炭素固定速度）は，懸濁液 1 L，1 時間あたり何 mg となるか．式と答えを記しなさい．答えの値の有効数字は2桁とする．

問7　カルビン・ベンソン回路による炭酸同化に関して，正しいものを次の①〜⑥から2つ選びなさい．

① サトウキビの葉肉細胞では，二酸化炭素からまず C_3 化合物が合成されるので，カルビン・ベンソン回路による炭酸同化はみられない．
② サトウキビの葉肉細胞では，二酸化炭素からまず C_4 化合物が合成されるので，カルビン・ベンソン回路による炭酸同化はみられない．
③ サトウキビの葉肉細胞では，二酸化炭素濃度を低くしないとカルビン・ベンソン回路による炭酸同化はみられない．
④ CAM 植物では，維管束鞘細胞ではカルビン・ベンソン回路による炭酸同化がみられるが，葉肉細胞ではみられない．
⑤ CAM 植物では，昼間にカルビン・ベンソン回路による炭酸同化がみられる．
⑥ CAM 植物では，夜間にカルビン・ベンソン回路による炭酸同化がみられる．

問8　炭酸同化には，光合成以外に無機物の酸化反応で放出されたエネルギーを用いて行われる同化がある．このような反応を何というか．最も適切な語を答えなさい．

問9　問8の炭酸同化を行う生物を，次の①〜⑦から<u>すべて</u>選びなさい．

① 亜硝酸菌　　② 硫黄細菌　　③ 酵母菌　　④ 硝酸菌
⑤ 被子植物　　⑥ 脊椎動物　　⑦ 大腸菌

3　動物の刺激の受容と反応に関する以下の文章［Ⅰ］と［Ⅱ］を読み，問1〜10に答えなさい．

［Ⅰ］　動物は，音，味など体外環境からの物理的，化学的刺激を，耳，舌などの受容器［（　ア　）器］にある特定の細胞によって受容する．受容した情報は，（　ア　）神経を介して（　イ　）神経系に伝わり，（　イ　）神経系からの命令は（　ウ　）神経系や運動神経を介して，（　エ　）器へ伝えられる．
　　ヒトの神経系を構成する細胞にはニューロンと（　オ　）細胞の2種類がある．ニューロンは，電気的信号を発生しそれを伝えることに特化した細胞で，核のある（　カ　）とそこから伸びる突起からなる．突起には，枝分かれし，ほかの細胞からの信号を受け取り，（　カ　）へ伝える（　キ　）と，長く伸びて離れた場所に信号を伝える1本の（　ク　）がある．（　ク　）の末端は，せまいすきまを隔てて他のニューロンや（　エ　）器と連絡しており，この部分は（　ケ　）とよばれる．ニューロンでは，電気的信号の伝達以外に，(A) <u>タンパク質などを含む小胞や代謝産物などを運ぶ物質輸送も行われている</u>．
　　ニューロンが伝える電気的信号は細胞膜で発生する．(B) <u>ニューロンの内外でイオン濃度が異なることから，その細胞膜は膜電位を有する</u>．(C) <u>ほかの細胞から信号を受け取ると，膜電位が変化し，短時間でもとの電位に戻る</u>．

問1　（　ア　）〜（　ケ　）にあてはまる最も適切な語を答えなさい．

問2　ニューロンは，体内での存在部位や，伝える情報の種類によって分類され，（　ア　）神経を構成するニューロンは，（　ア　）ニューロンとよばれるが，（　イ　）神経を構成するニューロンは何ニューロンとよばれるか．その名称を答えなさい．

問3　下線部（A）に関して，ニューロン内に存在し，その上をモータータンパク質が移動することで，物質輸送の足場となる細胞骨格の名称を答えなさい．

問4   下線部 (B) に関して, 正しい記述を次の①〜⑧から **2つ**選びなさい.

① 細胞内では細胞外と比較してナトリウムイオン濃度が低く, カルシウムイオン濃度が高い.

② 細胞内では細胞外と比較してナトリウムイオン濃度が高く, カリウムイオン濃度が低い.

③ 細胞内では細胞外と比較してナトリウムイオン濃度が低く, カリウムイオン濃度が高い.

④ 細胞内では細胞外と比較してナトリウムイオン濃度が高く, カルシウムイオン濃度が低い.

⑤ 静止状態のニューロンでは, 細胞膜のカリウムチャネルは一部開いているため, カリウムイオンが細胞外に移動しようとする.

⑥ 静止状態のニューロンでは, 細胞膜のナトリウムチャネルは一部開いているため, ナトリウムイオンが細胞外に移動しようとする.

⑦ 静止状態のニューロンでは, 細胞膜のカリウムチャネルは一部開いているため, カリウムイオンが細胞内に移動しようとする.

⑧ 静止状態のニューロンでは, 細胞膜のナトリウムチャネルは一部開いているため, ナトリウムイオンが細胞内に移動しようとする.

問5　下線部（C）に関して，あてはまる最も適切な図を次の①〜⑨から1つ選びなさい.

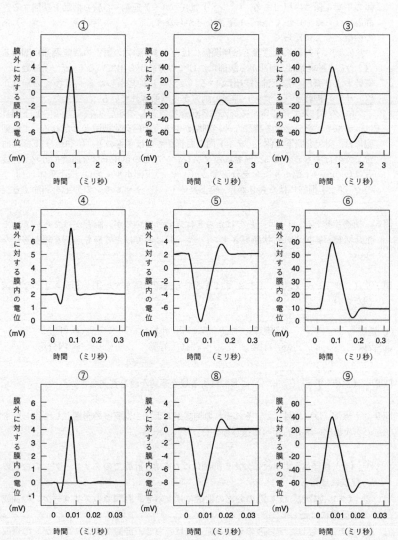

図2　活動電位

[Ⅱ] 脳は大きく（　コ　），（　サ　），脳幹に分けられ，脳幹は間脳, 中脳,（　シ　）などからなる.（　コ　）は高度な精神活動の中枢で,（　サ　）は運動を調節し，体の平衡を保つ中枢である.（　シ　）は（　ス　）運動, 心臓の拍動を調節する. 間脳は（　セ　）と（　セ　）下部などからなり,（　ソ　）神経系と（　タ　）系の中枢としてはたらく.

　　（　ソ　）神経系は意識とは無関係にはたらき, 動物の器官の機能調節に関わる.（　ソ　）神経系は, 胸部から腰部にかけての脊髄から出ている（　チ　）神経と，脳幹および脊髄の最下部から出ている（　ツ　）神経からなる. (D) <u>多くの器官が（　チ　）神経と（　ツ　）神経の両方から調節されている.</u>

　　（　タ　）系では, ホルモンが情報伝達物質としてはたらく.（　セ　）下部には, ホルモンを分泌する特殊な神経細胞があり, 神経分泌細胞とよばれる. この細胞には, 突起を脳下垂体（　テ　）内の血管までのばすものと,（　セ　）下部の血管までのばすものがある. 前者はバソプレシンなどのホルモンを血管に分泌し, 後者は（　セ　）下部ホルモンを分泌する.（　セ　）下部ホルモンは, 脳下垂体（　ト　）の（　タ　）細胞にはたらきかけ, 脳下垂体（　ト　）ホルモンの分泌を調節する.

問6　植物状態とは,（　コ　）のはたらきは失われているが, 脳幹がはたらいていて生命活動が維持された状態をさす.（　コ　）にあてはまる最も適切な語を答えなさい.

問7　（　サ　）～（　タ　）にあてはまる最も適切な語を次の①～⑧から1つずつ選びなさい.

| ① 延髄 | ② 眼球 | ③ 小脳 | ④ 呼吸 |
| ⑤ 視床 | ⑥ 自律 | ⑦ 脊髄 | ⑧ 内分泌 |

問8　（　チ　）～（　ト　）にあてはまる最も適切な語を答えなさい.

問9　下線部（D）に関して, それぞれの神経がおよぼす器官への影響として正しいものを次の①～⑥から<u>すべて</u>選びなさい.

① （チ）神経は, すい液の分泌の抑制にはたらき, 肝臓でのグリコーゲンの合成の促進にはたらく.
② （ツ）神経は, すい液の分泌の促進にはたらき, 肝臓でのグリコーゲンの合成の促進にはたらく.
③ （チ）神経は, すい液の分泌の促進にはたらき, 肝臓でのグリコーゲンの合成の促進にはたらく.
④ （ツ）神経は, すい液の分泌の促進にはたらき, 肝臓でのグリコーゲンの分解の促進にはたらく.
⑤ （チ）神経は, 気管支の拡張にはたらき, 瞳孔の拡大にはたらく.
⑥ （ツ）神経は, 気管支の拡張にはたらき, 瞳孔の拡大にはたらく.

問10　細胞がホルモンの信号を受けとるしくみに関する記述のうち，正しくない記述
　　を次の①〜⑤から2つ選びなさい.

　　① 脂溶性ホルモンの受容体は標的細胞の細胞表面に存在するものが多い.
　　② 水溶性ホルモンの受容体は標的細胞の細胞表面に存在するものが多い.
　　③ 脂溶性ホルモンは標的細胞の細胞内に存在する受容体と結合することが多い.
　　④ 水溶性ホルモンは標的細胞の細胞内に存在する受容体と結合することが多い.
　　⑤ 脂溶性ホルモンと結合した受容体は特定の遺伝子発現を調節することが多い.

解 答 編

基礎学力試験

◀英　語▶

① **解答**　1−c　2−d　3−b　4−d　5−a　6−a
　　　　　7−c　8−b

解説

1.「〜し始める」の start は動名詞も to 不定詞も目的語にすることができるが，b は受動態になっているので不可。

2.「(物が) 驚くべき」は surprising,「(人が) 驚いている」は surprised である。b は副詞なので入らない。

3. a は受動態になっているので不可。c は動詞に三人称単数現在の s がついているが，主語が複数なので rarely understand でなくてはならないので不可。

4. furniture は不可算名詞で，much, (a) little で修飾する。a 〜 c の many, a lot of, lots of はいずれも可算名詞を修飾する。

5. 特定の期間を表す前置詞は during である。while は接続詞なので b は選べない。

6. 空所の次に過去分詞があるので受動態の文であり，空所には be 動詞が入る。you (are not) allowed か you (won't be) allowed である。

7. forget to *do* は「〜し忘れる」，forget *doing* は「〜したのを忘れる」で，ここでは「家を出るときには〜するのを忘れないで」なので to 不定詞のほうである。

8. be 動詞が前にあるので動詞の原形である c は入らない。b を入れて進行形にする。look into 〜「〜を調べる」

② 解答

9—a **10**—d **11**—d **12**—c **13**—b **14**—d **15**—b **16**—c

━━━━━━━ 解説 ━━━━━━━

9. if 節（条件節）は，内容的には未来のことでも現在時制で表す。c は主語が三人称単数の場合に必要な s が動詞にない。come to see ～，come and see ～ で「～に会いに来る」の意。

10. buy *A B* = buy *B* for *A*「*A* に *B* を買ってやる」 b は前置詞の in がおかしい。

11. from *A* to *B*「*A* から *B* まで」

12. 経験を表す現在完了時制。reaction to ～「～に対する反応，副作用」

13. make a reservation「レストランの予約をする」 otherwise は「さもなければ」という意味の，つなぎ言葉として使われる副詞。

14.「何時に空港に着くと思いますか？」は Yes / No では答えることができない疑問文。「～と思いますか」の do you think は疑問詞（句）の直後に挿入され，疑問詞（句）+ do you think + 平叙文？　という語順になる。

15.「アビーとキョウコは〔週に1回／毎週／隔週〕ヴァイオリンの練習のために落ち合う」という意味の文にする。a は herself という目的語が正しくない。もしくは不必要。c は once a week の a がない。d は every other week「隔週」であれば可。

16. a の that はコンマの付いた継続用法はない。b は関係代名詞が不適切。d の participate は自動詞で受動態にはならない。participate in ～「～に参加する，～に関与する」

③ 解答

17—d **18**—b **19**—d **20**—c **21**—a **22**—a **23**—c **24**—a **25**—c **26**—d

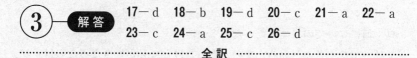

········· 全訳 ·········

《エデュテインメントマンガ》

ジュリー：どうも，みなさん。カフェテリア，今日は本当に混んでるわね。ここに座ってもかまわない？

タイキ：もちろん，僕の荷物をどけるね。

ヒロ：子供のとき勉強に役に立ったり，刺激を受けたりしたマンガはどれか，話しているところなんだ。

ジュリー：ああ！　エデュテインメントマンガのことね！　私の日本語の
　　　　　先生がそのことを話していたわ。

タイキ：そうだよ。今ちょうどヒロが，勉強に役立ったマンガのことを話
　　　　していたところなんだ。

ヒロ：僕は数学の授業で本当に苦労していたんだ。幸い6年生のときの先
　　　生が，数学をやさしく説明してあるマンガを紹介してくれたんだ。今
　　　じゃ数学が大好きになった。

ジュリー：私はいまだに数学で苦労しているわ。そのマンガを読んだほう
　　　　　がいいかもね。

ヒロ：ぜひ読んでみて。でも君の数学のレベルは高いから，たぶんこのマ
　　　ンガは合わないと思うよ。

ジュリー：全然そんなことないわ。タイキ，あなたはどう？　刺激になっ
　　　　　たマンガとかある？

タイキ：高校時代に，細胞についてのとてもおもしろいマンガを見つけた
　　　　よ。赤血球はかわいい女の子で，白血球はバクテリアやウイルスのよ
　　　　うな悪人と戦う男だったんだ。

ジュリー：何て頭のいいマンガでしょう！　そんなマンガを読むのは，本
　　　　　当におもしろくて刺激的だったでしょうね。

タイキ：そうだったよ。そのマンガのおかげで，細胞の研究をしたくなっ
　　　　たんだ。だから今この大学にいるというわけ。

ヒロ：ジュリー，君は子供のころマンガを読んだかい？

ジュリー：私は『マジック・スクール・バス』のシリーズが大好きだった
　　　　　んだけど，それがアニメ化されたの。あれも一種のエデュテインメン
　　　　　トマンガよね。

ヒロ：何についてのアニメだったの？

ジュリー：たくさん，いろんなのがあったけど，私が好きだったのは，フ
　　　　　リズル先生というめちゃくちゃな先生が，人体の中でスクールバスを
　　　　　運転する話ね。

タイキ：たぶん，だから君は，生命科学と医学に関心があるんだね。

ジュリー：確かにそれが理由の一つね。

ヒロ：さて，もう行かなくちゃ。授業に遅れちゃうから。じゃあね！

===== 解 説 =====

17. 直前のジュリーの Would you mind if …? は,「私がここに座ったらいやですか」という意味なので, 肯定文で答えるといやがっていることになってしまう。上記の全訳は, 選択肢 a の訳である。

18. edutainment とは education と entertainment の合成語で, 教育娯楽用のテレビ番組, 映画, ソフトウェア, 図書を指す。

20. c. By all means「ぜひとも」という意味の慣用句。「読んでみて」と勧めている。

21. ここでの case は「実情」の意味で, 下線部は「それは実情とは違う」。つまり, ヒロが思うほどジュリーは数学が得意ではないということ。

22. come across ～「(人が)(事・物)を(偶然)見つける」

23. 直後の文でほめているので, 肯定的なものを選ぶと c しかない。

24. 直後にジュリーが「たくさんのいろいろなこと」と答えているので, そのマンガが取り上げる内容について聞くのが自然。選択肢 a の what は about の目的語で「何について?」と尋ねている。

25. 本文の「(『マジック・スクール・バス』で人体について読んだことが生命科学や医学に興味を持った)数ある理由の一つだ」は, c の「『マジック・スクール・バス』が, 生命科学や医学に興味を持った唯一の理由ではない」と同義。

26. a・b・c ともに「立ち去る」の意味の慣用句。d. go away with ～「～を持ち逃げする, 連れて行く」

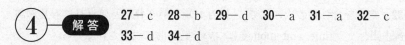

④ 　解答　　**27**—c　**28**—b　**29**—d　**30**—a　**31**—a　**32**—c
　　　　　33—d　**34**—d

·· 全 訳 ··

《ドローン》

① 　ドローンとは, 地上の人間により遠隔操作される無人の航空機を指すが, 本来は軍事目的で計画・開発された。ドローンは近年の戦場で, 大きな役割を果たしてきた。軍事用ドローンの需要とともに, 非軍事用ドローンの注文も毎年増えている。商業用ドローンは, 不動産用や, 大学の研究, あるいはハリウッド映画のための写真撮影をするのに使われる。農家はドローンを使って, 農地のどの部分に水や肥料が不足しているかを把握し, 農

薬を散布するためにまた別の無人機を使う。建設会社や，電気やガスの会
社は点検のために無人機を使い，またインターネットの中継局として機能
する，太陽電池式の高高度ドローンを運用している会社もある。

② 　ドローンは有人機よりも運営費用が少ないため，新しいタイプの作業だ
けでなく，昔から行われている空中の作業もドローンで行われるようにな
りつつある。ドローンが安上がりなのは，通常従来の飛行機よりも小型で，
製造や維持・管理の費用もはるかに安いからだ。そのうえ，ドローンを操
作する訓練にも，さほど時間と金を必要としない。有人機を操縦する免許
を取るには，何万ドルもの費用と，何カ月にも及ぶ訓練が必要なのだ。

③ 　用途が広く価格も手ごろなので，ドローンはますます人気が高まってい
る。航空写真から消火活動や医療用品の配達まで，その用途は多岐にわた
っている。しかしながらこのハイテク装置は，テロリストや犯罪者にとっ
ても魅力的である。この技術が犯罪者によって悪用される，多くの事例が
報告されている。この技術の恩恵を享受するためには，適切な法律が不可
欠である。

━━━━━━━━━━━━━ 解説 ━━━━━━━━━━━━━

27. 直前の「battlefields で大きな役割を果たしている」を受け，「（　27
　）の需要とともに non-military drones の注文も増えている」とあるの
で，「非軍事用」との対比となる c．「軍事用ドローン」が入る。

29. a 〜 c はいずれも自動詞で「機能する，用をなす」という意味。d の
use は be used と受動態でなければならない。

30. vehicle は「乗り物」の意で，下線部は同文の主語 Drones を指す。

32. 空所を含む文の次の文で，「何万ドルという費用と何カ月にも及ぶ訓
練」と，c．time and money について具体的に説明されている。

33. 空所の後の主文が肯定的な内容なので，d．「用途が広く価格も手ご
ろなので」というプラスの理由を表すものが入る。extensive「広範囲の」
b は Even though「〜ではあるが」という接続詞が不適切。c は「操縦
免許を取る費用が高く，手順が複雑」という内容が本文と不一致，または
記述がない。

34. 空所を含む文は，直前の「このハイテク装置は，テロリストや犯罪者
にとっても魅力的である」の事例を挙げている。

⑤　**解答**　**35**—d　**36**—b　**37**—c　**38**—a　**39**—d　**40**—a

┈┈┈┈┈┈┈┈┈┈┈┈┈┈ **全訳** ┈┈┈┈┈┈┈┈┈┈┈┈┈┈

《似ているが異なる英単語》

① 　日本語には，発音は同じでもまったく違う漢字で書き，意味も違う単語がたくさんある。英語にも，同じように発音されてもつづりが違う単語や，つづりは同じでも意味の違う単語がある。同形異義語，異形同音異義語や同形同音異義語はそのような語を表す用語である。それらは多くの点で似ているが，違いもある。ここで，それぞれの用語の基本的な意味を述べてみたい。

② 　同形異義語は，つづりは同じだが，2つ以上の異なる意味を持つ単語であり，その多くは発音が異なる。"homograph" という単語は2つの部分から成っている。つまり「同じ」を意味する "homo-" と「書かれた」を意味する "-graph" であり，そのどちらもギリシャ語に起源がある。同形異義語の例の一つは *object* という単語である。この単語は物や品を指すこともあるが，異議を唱えることを意味する動詞としても使われる。

③ 　異形同音異義語は，同じ発音だがつづりが違い，意味も異なる単語である。"homophone" という単語もギリシャ語由来で，「同じ」を意味する "homo-" と「音」を意味する "-phone" の2つの部分から成る。たとえば *meat* と *meet* は異形同音異義語だ。発音は同じだがつづりと意味は異なる。前者は動物の体の一部を指し，後者は誰かに出会うことを意味する動詞である。

④ 　同形同音異義語は同形異義語と異形同音異義語の両方の特徴を持つ。"homonym" という単語は2つの部分に分割できる。"homo-"（同じ）とギリシャ語で「名前」を意味する "-nym" だ。つづりも発音も同じだが，意味の異なる単語がこの部類に属する。*bank* という単語は同形同音異義語のよい例である。この単語は，お金を借りる場所，川沿いの土地，また階数でグループ分けされたエレベーターのまとまりなど，多くの意味を持つ。

═══════════════ **解説** ═══════════════

37. *object* は「反対する」という，不同意を示す動詞としても使えるということ。

38. 空所のある文に続く第3段第2文（The word "homophone"…）よ

り homophone は，homo-「同じ」と -phone「音」からなり，同段第 3 文
（For example, …）の *meat* と *meet* という具体例からもわかるように，
音が同じでつづりと意味が異なる語であり，a.「同じに聞こえる」が正
解。sound は「～に聞こえる」という意味の動詞。

39. d の The former は「前者」つまり *meat* を指し，the latter は「後
者」で *meet* のことを指す。

40. homonym は第 4 段で説明されており，つづりも発音も同じだが，意
味の異なる単語を探す。a の bat はコウモリと野球のバットという異なる
意味を持つ。b は homophone「異形同音異義語」。c，d は homograph
「同形異義語」で，両方とも発音も違う。

２０２４年度　学校推薦型　基礎学力試験

◀数 学▶

① **解答** (1) $a_{n+1}-a_n=12n$ より, 数列 $\{a_n\}$ の階差数列を $\{b_n\}$ とすると $b_n=12n$ であり, $n\geqq2$ のとき

$$a_n=a_1+\sum_{k=1}^{n-1}12k=1+12\cdot\frac{1}{2}(n-1)(n-1+1)$$

$$=1+6(n-1)n$$

$$=6n^2-6n+1$$

これは $n=1$ のときにも成り立つ。

よって　　$a_n=6n^2-6n+1$　……(答)

(2)　$S_n=\sum_{k=1}^{n}(6k^2-6k+1)$

$$=6\sum_{k=1}^{n}k^2-6\sum_{k=1}^{n}k+\sum_{k=1}^{n}1$$

$$=6\cdot\frac{1}{6}n(n+1)(2n+1)-6\cdot\frac{1}{2}n(n+1)+n$$

$$=n\{(n+1)(2n+1)-3(n+1)+1\}$$

$$=n(2n^2+3n+1-3n-3+1)$$

$$=n(2n^2-1)$$　……(答)

=========== 解 説 ===========

《漸化式, 階差数列, 数列の和》

(1)　階差数列が等差数列である数列の一般項を求める。数列 $\{a_n\}$ の階差数列を $\{b_n\}$ とすると, $n\geqq2$ のとき $a_n=a_1+\sum_{k=1}^{n-1}b_k$ であることから, 数列 $\{a_n\}$ の一般項を求める。

(2)　(1)で求めた一般項より数列 $\{a_n\}$ の初項から第 n 項までの和 S_n をシグマ記号を用いて表し, S_n を求めることができる。

② **解答** (1)　底の変換公式より

$$\log_49=\frac{\log_29}{\log_24}=\frac{\log_23^2}{2}=\frac{2\log_23}{2}=\log_23$$　　　　　　（証明終）

別解　$\log_4 9 = p$　……① とすると，対数の定義より

$$4^p = 9 \qquad (2^2)^p = 3^2 \qquad (2^p)^2 = 3^2$$

$2^p > 0$ より　　$2^p = 3$

これは $\log_2 3 = p$　……② であることを示しているから

①，②より　　　$\log_4 9 = \log_2 3$

(2)　(1)より　　$2^{\log_4 9} = 2^{\log_2 3} = 3$　……(答)

<hr>

解　説

《底の変換，対数の値の計算》

(1)　底の変換公式によって底を 2 に変換する。

(2)　対数の定義 $a^{\log_a b} = b$ と(1)の結果を用いる。

3　**解答**　(1)　$0 < \angle\mathrm{ACB} < \dfrac{\pi}{2}$ より $0 < \alpha < \dfrac{\pi}{2}$，$0 < \beta < \dfrac{\pi}{2}$ であるから

$$\cos\alpha > 0, \quad \cos\beta > 0$$

ゆえに，$\sin\alpha = \dfrac{3}{5}$，$\sin\beta = \dfrac{\sqrt{2}}{2}$ のとき

$$\cos\alpha = \sqrt{1 - \sin^2\alpha} = \sqrt{1 - \left(\frac{3}{5}\right)^2} = \sqrt{1 - \frac{9}{25}} = \sqrt{\frac{16}{25}} = \frac{4}{5}$$

$$\cos\beta = \sqrt{1 - \sin^2\beta} = \sqrt{1 - \left(\frac{\sqrt{2}}{2}\right)^2} = \sqrt{1 - \frac{2}{4}} = \sqrt{\frac{2}{4}} = \frac{\sqrt{2}}{2}$$

したがって，加法定理より

$$\sin(\alpha + \beta) = \sin\alpha\cos\beta + \cos\alpha\sin\beta$$

$$= \frac{3}{5} \cdot \frac{\sqrt{2}}{2} + \frac{4}{5} \cdot \frac{\sqrt{2}}{2}$$

$$= \frac{7\sqrt{2}}{10} \quad \cdots\cdots(\text{答})$$

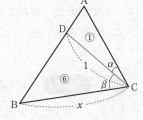

(2)　$\triangle\mathrm{BCD} = \dfrac{1}{2} \cdot \mathrm{CD} \cdot \mathrm{CB} \cdot \sin\beta$

$$= \frac{1}{2} \cdot 1 \cdot x \cdot \frac{\sqrt{2}}{2} = \frac{\sqrt{2}}{4}x \quad \cdots\cdots(\text{答})$$

(3)　$\triangle\mathrm{ACD} : \triangle\mathrm{BCD} = 1 : 6$ であるから

$$\triangle ACD = \frac{1}{6} \triangle BCD$$

$$\triangle ACD + \triangle BCD = \frac{1}{6} \triangle BCD + \triangle BCD = \frac{7}{6} \triangle BCD$$

$$= \frac{7}{6} \times \frac{\sqrt{2}}{4} x = \frac{7\sqrt{2}}{24} x \quad \cdots\cdots①$$

$$\triangle ABC = \frac{1}{2} CA \cdot CB \cdot \sin(\alpha+\beta) = \frac{1}{2} \cdot CA \cdot x \cdot \frac{7\sqrt{2}}{10} \quad \cdots\cdots②$$

$\triangle ACD + \triangle BCD = \triangle ABC$ であるから，①，②より

$$\frac{7\sqrt{2}}{24} x = \frac{1}{2} \cdot CA \cdot x \cdot \frac{7\sqrt{2}}{10} \qquad \frac{1}{24} = \frac{1}{2} \cdot CA \cdot \frac{1}{10}$$

$$AC = \frac{20}{24} = \frac{5}{6} \quad \cdots\cdots(答)$$

これより

$$\triangle ACD = \frac{1}{2} \cdot CD \cdot CA \cdot \sin\alpha = \frac{1}{2} \cdot 1 \cdot \frac{5}{6} \cdot \frac{3}{5} = \frac{1}{4}$$

$$\triangle BCD = 6\triangle ACD = \frac{6}{4}$$

(2)の結果より

$$\frac{\sqrt{2}}{4} x = \frac{6}{4} \qquad x = 3\sqrt{2}$$

$$BC = 3\sqrt{2} \quad \cdots\cdots(答)$$

=========== 解　説 ===========

《加法定理，三角形の面積》

(1)　三角形 ABC は鋭角三角形であることから，$\angle ACD = \alpha$，$\angle BCD = \beta$ はともに鋭角であり，$\cos\alpha$，$\cos\beta$ はともに正である。

(3)　$\triangle ACD$ および $\triangle ABC$ の面積を(2)で得た $\triangle BCD$ の面積を用いて表すことができる。さらに(1)で求めた $\sin(\alpha+\beta)$ つまり $\sin\angle ACB$ の値より $\triangle ABC$ の面積を求めて，それらより AC や BC の長さを求めることができる。

 **④** **解答**　(1)　$f(x) = 2x^2 + 4x + 3$ とすると
$$f'(x) = 4x + 4$$

　　点 $(1,9)$ における接線の傾きは $f'(1)=4\cdot1+4=8$ であるから，接線 l の方程式は

$$y-9=8(x-1)$$

　すなわち　　　$y=8x+1$　……(答)

(2)　曲線 $C_2：y=3x^2+2x+1$ と直線 l との交点は

$$3x^2+2x+1=8x+1$$

として

$$3x^2-6x=0　　3x(x-2)=0$$

$$x=0,\ 2$$

　よって，交点の座標は　　$(0,1)$，$(2,17)$　……(答)

(3)　曲線 C_2 と直線 l で囲まれる領域の面積を S とすると，右図の網かけ部分のようになる。

$$S=\int_0^2\{8x+1-(3x^2+2x+1)\}dx$$

$$=\int_0^2(-3x^2+6x)dx$$

$$=\Big[-x^3+3x^2\Big]_0^2$$

$$=-8+12=4　……(答)$$

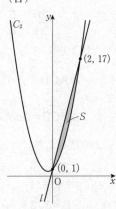

───────────── 解　説 ─────────────

《放物線の接線，放物線と直線で囲まれた領域の面積》

(1)　$f(x)$ の導関数 $f'(x)$ から得られる微分係数 $f'(1)$ より，求める接線 l は傾き8で，点 $(1,9)$ を通ることから方程式を求めることができる。

(2)・(3)　接線 l の方程式と曲線 C_2 の方程式を連立して解くことにより，曲線 C_2 と接線 l の共有点の座標を求めることができる。それらの位置関係から囲まれる部分の面積を定積分で表し，定積分の計算により面積を求める。また，公式 $\int_\alpha^\beta(x-\alpha)(x-\beta)dx=-\dfrac{1}{6}(\beta-\alpha)^3$ を用いて

$$S=-3\int_0^2x(x-2)dx=-3\cdot\Big(-\frac{1}{6}\Big)(2-0)^3$$

としても S を求めることができる。

◀化 学▶

① 解答 問1．②・③ 問2．③ 問3．③・⑤
問4．④・⑤ 問5．①

解説

《同位体，電子配置，化学結合，貴ガス，密度》

問1．同位体は原子番号が同じで，質量数が異なる原子である。

問2．それぞれの電子式は以下の通り。

① N::N ② H:Cl: ③ H:C:H（上下にH）

④ H:N:H（下にH） ⑤ H:O:H ⑥ :O::C::O:

問3．①誤文。ダイヤモンドには電気伝導性はない。

②誤文。電子親和力ではなく，クーロン力である。

④誤文。F と Cl は同素体ではなく，同族元素である。

⑥誤文。アンモニアの分子の形は三角錐形で，極性分子である。

問4．④誤文。貴ガスは全て単原子分子である。

⑤誤文。ヘリウムは，第一イオン化エネルギーが最も大きい。

問5．求める個数を n 個とする。密度 $d[\text{g/cm}^3]$ で，$1\,\text{cm}^3$ の金属の質量は，$d \times 1 = d[\text{g}]$ である。n 個の物質量と $d[\text{g}]$ の物質量が等しいので

$$\frac{n}{N_A} = \frac{d}{M} \quad \therefore \quad n = \frac{dN_A}{M}$$

②  問1．②・⑥ 問2．①・④ 問3．②・④
問4．(1)―④ (2)―④

解説

《塩の性質，反応速度，平衡移動，電離平衡》

問1．②は強酸と弱塩基からなる正塩であり，水溶液は酸性を示す。⑤と⑥は酸性塩だが，水溶液の性質は，⑤の $NaHCO_3$ は塩基性，⑥の $NaHSO_4$ は酸性である。

問2.①誤文。温度が高くなると反応速度定数は大きくなる。

④誤文。触媒は活性化エネルギーを小さくするだけで，反応熱は変わらない。

問3.①圧力を上げると物質量の減少する方向（右向き）に移動する。

②温度を上げると吸熱反応の方向（左向き）に移動する。

③体積一定ならば，反応しない気体を加えた場合，平衡移動は起きない。

④圧力一定で，反応しない気体を加えた場合，反応に関係する気体の分圧の和が下がるため，物質量が増加する方向（左向き）に移動する。

問4.(1)　$1-\alpha \fallingdotseq 1$ と近似できるので，アンモニア水のモル濃度を $C[\mathrm{mol/L}]$ とすると，α を求める公式は，$\alpha=\sqrt{\dfrac{K_\mathrm{b}}{C}}$ より

$$\alpha=\sqrt{\frac{1.8\times10^{-5}}{0.020}}=\sqrt{9.0\times10^{-4}}=0.030$$

(2)　$[\mathrm{OH^-}]=0.020\times0.030=6.0\times10^{-4}[\mathrm{mol/L}]$

---

③ 解答

問1.(1)$+5$　(2)$+7$　(3)$+4$　(4)$+3$

問2.(a)$\mathrm{H_2O_2}$　(b)$\mathrm{O_2}$　(c)$\mathrm{I_2}$　(d)$\mathrm{H_2SO_4}$

問3.(1)a－①　b－③　c－⑧　d－⑤

(2)放電すると，電解質の濃度は小さくなる。

(3)負極：$+9.60\,\mathrm{g}$　正極：$+6.40\,\mathrm{g}$

===================== 解　説 =====================

《酸化数，酸化還元，鉛蓄電池》

問1.(1)　$\mathrm{HNO_3}$：全体が0，Hが$+1$，Oが-2なので，Nは$+5$。

(2)　$\mathrm{KMnO_4}$：全体が0，Kが$+1$，Oが-2なので，Mnは$+7$。

(3)　$\mathrm{SO_2}$：全体が0，Oが-2なので，Sは$+4$。

(4)　$\mathrm{Fe_2O_3}$：全体が0，Oが-2なので，Feは$+3$。

問2.酸化剤としてはたらく物質は酸化数が減少する。

(a)　$\mathrm{H_2O_2}$のOは，-1から-2。

(b)　$\mathrm{O_2}$のOは，0から-2。

(c)　$\mathrm{I_2}$のIは，0から-1。

(d)　$\mathrm{H_2SO_4}$のHは，$+1$から0。

問3.(3)　流れた電子の物質量は

$$\frac{1.93 \times 10^4}{9.65 \times 10^4} = 0.200 \text{[mol]}$$

鉛蓄電池の負極と正極の反応式は

　　負極：$Pb + SO_4{}^{2-} \longrightarrow PbSO_4 + 2e^-$

　　正極：$PbO_2 + 4H^+ + SO_4{}^{2-} + 2e^- \longrightarrow PbSO_4 + 2H_2O$

これより，負極の式量は 96.0 増加し，正極の式量は 64.0 増加する。よって，負極と正極の質量の変化はそれぞれ次のようになる。

　　負極：$0.200 \div 2 \times 96.0 = 9.60 \text{[g]}$

　　正極：$0.200 \div 2 \times 64.0 = 6.40 \text{[g]}$

（4）　解答　　問1．C_5H_8

問2．$H-C{\equiv}C-CH_2-CH_2-CH_3$,　$CH_3-C{\equiv}C-CH_2-CH_3$,

$H-C{\equiv}C-\underset{\underset{\displaystyle CH_3}{|}}{CH}-CH_3$

===== 解　説 =====

《元素分析，C_5H_8 の異性体》

問1．炭素の質量は　　　$11.0 \times \dfrac{12.0}{44.0} = 3.0 \text{[mg]}$

　水素の質量は　　　$3.6 \times \dfrac{2.00}{18.0} = 0.40 \text{[mg]}$

よって，それぞれの原子の物質量の比は

　　$C : H = \dfrac{3.0}{12.0} : \dfrac{0.40}{1.00} = 0.25 : 0.40 = 5 : 8$

よって，組成式は，C_5H_8 となる。

C_5H_8 の式量は 68 なので，分子式も同じく C_5H_8 である。

問2．炭素が5個の骨格は以下の3通り。そのうち，三重結合が入るのは矢印の位置である。炭素の結合は4本なので，枝分かれがある部分に三重結合は入らない。

◀生　物▶

①　**解答**　問1．**ア**．ヌクレオソーム
　　　　　　　　　　　イ．クロマチン（クロマチン繊維）

問2．①・②・④・⑤

問3．プロモーター

問4．①・②・⑤

問5．逆転写酵素

問6．④

問7．　4640000÷（800×2）＝2900〔秒〕
　　　　2900〔秒〕÷60＝48.33≒48.3〔分〕　……（答）

問8．ウ．リボソーム　**エ**．（粗面）小胞体　**オ**．ゴルジ体

問9．エ・オ

問10．細胞外に分泌されるタンパク質：②・③

細胞膜にとどまるタンパク質：①・④

問11．エキソサイトーシス（開口分泌）

――――――― 解説 ―――――――

《DNA と RNA，DNA の複製，転写と翻訳，細胞の構造とはたらき》

問2．①正文。転写時には，RNA ポリメラーゼが DNA の2本鎖を一時的にほどきながら移動し，mRNA を伸長する。

②正文。凝縮したクロマチン中の DNA には，転写に必要なタンパク質が結合しにくいが，クロマチンの構造が緩められると結合できるようになり，転写が促進される。

③誤文。④・⑤正文。真核生物では転写が開始される際に，RNA ポリメラーゼとともにプロモーターに結合する基本転写因子と呼ばれるタンパク質が必要になる。また，真核生物では転写調節領域がプロモーターから離れた場所に散在し，調節タンパク質が転写調節領域に結合したり，さまざまな作用を引き起こすことで転写を促進したり抑制したりしている。

問4．①正文。DNA に含まれる糖であるデオキシリボースの2’の C には －H が結合しているのに対し，RNA に含まれる糖であるリボースの2’の C には －OH が結合している。したがって，デオキシリボースはリボ

ースと比べて O が 1 つ少ない。

②正文。DNA の塩基はアデニン，チミン，グアニン，シトシンの 4 種類なのに対し，RNA の塩基はアデニン，ウラシル，グアニン，シトシンの 4 種類である。

③誤文。tRNA の情報も DNA 上に存在しているので，その DNA の塩基配列に基づいて RNA ポリメラーゼによって合成され，細胞質に運ばれる。

④誤文。tRNA は「転写」ではなく翻訳の過程でアミノ酸を運ぶ。

⑤正文。tRNA のもつそれぞれ特有の塩基配列（アンチコドン）の部分で mRNA のコドンと相補的に結合する必要があるので，tRNA 自身は塩基配列のまま存在し，タンパク質に翻訳されない。

⑥誤文。リボソームは，rRNA とリボソームタンパク質から構成されている。rRNA がリボソームタンパク質に翻訳されるわけではない。

問 5. RNA を鋳型として DNA が合成される反応を逆転写といい，逆転写にはたらく酵素を逆転写酵素という。逆転写酵素をもつ RNA ウイルスをレトロウイルスといい，逆転写によって合成された DNA は宿主の DNA に挿入され，宿主の細胞とともに増殖する。さらに，これをもとに RNA やタンパク質が合成され，新たなウイルスがつくられる。

問 6. ④誤文。原核細胞の DNA やプラスミドなどの DNA は環状をしており，複製起点は 1 カ所のみである。

問 7. 大腸菌（原核細胞）は環状 DNA であり，複製は 1 カ所の複製起点（問 6 より）から両方向に同時に進行する。この細菌の DNA ポリメラーゼは 1 秒間に 800 ヌクレオチドの速度で進行するので，両方向への同時進行だと 1 秒間に 800×2＝1600 ヌクレオチドの速度で進行することになる。したがって，大腸菌 X 株は 464 万塩基対なので

$$4640000 \div (800 \times 2) = 2900 〔秒〕$$

$$2900〔秒〕\div 60 = 48.33 ≒ 48.3〔分〕 （有効数字 3 桁）$$

なお，大腸菌の DNA 複製は，複製開始から終了まで約 40 分というのが一般的である（37℃ の条件下）。

問 8・問 9. ウ. タンパク質合成の場であるリボソームは，rRNA とリボソームタンパク質から構成されている直径 25 nm 程度の小粒であり，膜を含む構造体ではない。

エ. 小胞体は管状または袋状の一重膜構造であり，表面にリボソームが付

着した粗面小胞体と，リボソームが付着していない滑面小胞体とがある。このうち，リボソームで合成されたタンパク質を取り込み，ゴルジ体へ輸送するのは粗面小胞体のはたらきであり，滑面小胞体では脂質やステロイドの合成，毒物の解毒，カルシウムイオンの貯蔵などが行われている。

オ. ゴルジ体は扁平な円板状の一重膜でできている袋（ゴルジのう）が重なった構造と，周囲の球状構造からなる。

問10. ①アクアポリンは，水分子を特異的に透過させる輸送タンパク質（膜タンパク質）である。

②コーディンは，形成体が分泌するタンパク質であり，胞胚の表皮誘導を阻害し，神経分化を引き起こすように作用する。

③サイトカインは免疫細胞などが合成・分泌するシグナル分子の一種で，細胞間の情報伝達にはたらくタンパク質の総称である。

④ナトリウムチャネルなど，チャネルと呼ばれる輸送タンパク質は，イオンのように小さいが電荷をもった物質の通路になっており，受動輸送に関わる。

⑤ミオシンは，アクチンフィラメント上を移動するモータータンパク質である。アクチンフィラメントは細胞骨格の一種で，細胞の形の維持や変化に関与するため細胞膜直下に多く存在しているが，細胞膜直下以外にも存在しているので，その上を移動するミオシンは細胞膜にとどまるわけではない。

問11. ゴルジ体から分離した小胞は，細胞膜と融合し，内部の物質を細胞外に放出する。これをエキソサイトーシス（開口分泌）という。反対に，大きな分子や細菌などの異物を，細胞膜が内部に陥入することで細胞内に取り込む現象をエンドサイトーシス（飲食作用）といい，マクロファージの食作用などが挙げられる。

② 解答　**問1. ア.** チラコイド　**イ.** ストロマ
問2. ウ—⑨　**エ**—⑧　**オ**—③　**カ**—④　**キ**—⑦

問3. ②・⑤

問4. ク—d　**ケ**—f　**コ**—a

問5. ③・⑦

問6. $0.10[\mu g] \times \dfrac{60}{15} \times 60 \times \dfrac{1000}{2} = 12000[\mu g] = 12[mg]$　……（答）

問7. ②・⑤

問8. 化学合成

問9. ①・②・④

════════ **解説** ════════

《光合成のしくみと反応段階，ヒルの実験，さまざまな炭酸同化》

問1・問2. 光合成の過程では，まず葉緑体のチラコイドにあるクロロフィルなどの光合成色素が光エネルギーを吸収する反応（光捕集反応）が起こり，クロロフィルが活性化して放出される電子により NADPH と ATP が生成される。次いでストロマのカルビン・ベンソン回路で，NADPH の還元の力と ATP のエネルギーによって二酸化炭素を還元し，有機物を合成する反応が起こる。

問3. 空気を抜いて密閉したことから二酸化炭素がないにもかかわらず，シュウ酸鉄(Ⅲ)などの電子受容体を加えて光を照射すると酸素が発生することから，光合成で発生する酸素は二酸化炭素由来ではないことが

$$H_2O \xrightarrow{\quad 2H^+ \quad} \frac{1}{2}O_2$$
$$2Fe^{3+} \xrightarrow{\quad 2e^- \quad} 2Fe^{2+}$$

確認された実験である。したがって，酸素は水由来であると考えられる。よって，④誤文，⑤正文。また，このとき Fe^{3+} は右上のように還元（電子を受け取る）されるので，酸化剤としてはたらいている。よって，①・③誤文，②正文。

　なお，光合成で発生する酸素が水由来であることが明確に確認されたのは，正確には，ヒルの実験（1939年）の2年後のルーベンの実験（1941年）である。

問4. t_1 秒から t_3 秒にかけて，d→f→a の順に ^{14}C が検出されたことから，この順で変化していったと考えられる。

問5. ③・⑦正文。カルビン・ベンソン回路に二酸化炭素が取り込まれるとき，C_5 化合物のリブロースビスリン酸（RuBP）と結合して，C_3 化合物のホスホグリセリン酸（PGA）が2分子つくられる。このとき，ルビスコと呼ばれる酵素が作用している。次いで，PGA は ATP のエネルギーと NADPH の還元を受けてグリセルアルデヒドリン酸（GAP）となる。そして，この GAP の一部が有機物の合成に使われ，残りは ATP のエネルギーによって再び RuBP に戻る。

問6. 15秒間で $0.10\,\mu g$ の炭素が固定されるので

1分間（60秒間）では　　　$0.10 (\mu g) \times \dfrac{60}{15} = 0.40 (\mu g)$

1時間（60分間）では　　　$0.40 (\mu g) \times 60 = 24 (\mu g)$

の炭素が固定される。

　これは懸濁液 2.0 mL での固定量なので，懸濁液 1L あたりの固定量は

$$24 (\mu g) \times \dfrac{1000}{2} = 12000 (\mu g) = 12 (mg)$$

となる（有効数字2桁）。

問7. ①誤文。②正文。サトウキビやトウモロコシなどの C_4 植物は，葉肉細胞で C_4 回路，維管束鞘細胞でカルビン・ベンソン回路と，2段階に分けて光合成を行う。まず，葉肉細胞で二酸化炭素が C_3 化合物（PGA）ではなくリンゴ酸などの C_4 化合物として取り込まれる。その後，リンゴ酸の脱炭酸で生じる十分量の二酸化炭素を維管束鞘細胞のカルビン・ベンソン回路に送り込むため，高温・乾燥で気孔を閉じやすく葉中の二酸化炭素濃度が低下しやすい熱帯・亜熱帯環境下でも効率よく光合成を行うことができる。

③誤文。C_4 植物の二酸化炭素の取り込みに関与する PEP カルボキシラーゼと呼ばれる酵素は，ルビスコに比べ，低い二酸化炭素濃度でも高い活性を示すが，低くしないと活性化しないわけではない。

④・⑥誤文。⑤正文。サボテンやベンケイソウなどの CAM 植物では，夜間に C_4 回路，昼間にカルビン・ベンソン回路と，2段階に分けて光合成を行うが，どちらも同じ葉肉細胞で行われる。

問8・問9. 生物が二酸化炭素を吸収し，これを炭素源として有機物をつくるはたらきを炭酸同化という。炭酸同化は光合成と化学合成に分けられる。

			生物群	炭素源	エネルギー源
独立栄養	炭酸同化	光合成	全ての植物，藻類 シアノバクテリア 光合成細菌	CO_2	光エネルギー
		化学合成	化学合成細菌	亜硝酸菌		無機物の酸化による 化学エネルギー
				硝酸菌		
				硫黄細菌		
				鉄細菌		
				水素細菌		

③ **解答**　**問1．ア.** 感覚　**イ.** 中枢　**ウ.** 自律　**エ.** 効果
オ. グリア（神経膠）　**カ.** 細胞体　**キ.** 樹状突起
ク. 軸索　**ケ.** シナプス
問2． 介在ニューロン
問3． 微小管
問4． ③・⑤
問5． ③
問6． 大脳
問7．サ—③　**シ**—①　**ス**—④　**セ**—⑤　**ソ**—⑥　**タ**—⑧
問8．チ. 交感　**ツ.** 副交感　**テ.** 後葉　**ト.** 前葉
問9． ②・⑤
問10． ①・④

=========== 解　説 ===========

《神経系のしくみとはたらき，膜電位，脳と植物状態，恒常性》

問1．オ. グリア細胞（神経膠細胞）は，ニューロン（神経細胞）を支持
したり，ニューロンに栄養分を与えたりする細胞で，シュワン細胞やアス
トログリア，オリゴデンドログリアなどがある。

問2． 感覚神経を構成するのは感覚ニューロン（求心性ニューロン），運
動神経を構成するのは運動ニューロン（遠心性ニューロン）である。そし
て，主に脳や脊髄などの中枢神経系を構成するのが介在ニューロンであり，
介在ニューロンどうしがつながり合うことによって複雑な神経のネットワ
ークを形成している。

問3． ニューロン内では，多くの微小管が細胞体から軸索末端まで同じ方
向に並んでいる。モータータンパク質のキネシンは主に＋端方向へ移動し，
細胞体から軸索末端方向へ軸索末端での情報伝達に必要な物質などを輸送
している。一方，ダイニンは−端方向へ移動し，軸索末端から細胞体方向
へ輸送している。

問4． ③・⑤正文。静止時のニューロンの細胞膜では，ナトリウムポンプ
が能動的に Na^+ を細胞外にくみ出し，K^+ を細胞内にくみ入れているた
め，細胞内は Na^+ が少なく，K^+ が多い。またこのとき，非電位依存性
カリウムチャネルは常にはたらいているので，K^+ が非電位依存性カリウ
ムチャネルを通って細胞外に出ていき，細胞内は負になる。これを静止電

位という。

問5.・始め（静止電位）は細胞膜の外側に対し，内側の方が−になっている（約 −60mV）。

・刺激を受けると電位が逆転し，細胞膜の内側が＋になる（約 +40mV）。

・その後，急激に電位が元に戻り，内側が−になる。このとき，K^+ が過流出して過分極が起こる。

・2〜4ミリ秒ほどで変化が起こる。

　以上の条件に全て当てはまるグラフは③である。

問6. 脳幹を含む脳全体の機能が失われた状態を脳死という。脳死では自発呼吸ができないため，人工呼吸器等で呼吸を維持させてもやがて心停止する。一方，植物状態は，大脳が機能せず意識はないが，脳幹は機能するため自発呼吸ができる状態である。

問8.　テ. 脳下垂体後葉では，視床下部の神経分泌細胞でつくられた後葉ホルモン（バソプレシンなど）を蓄え，必要に応じて血液中に分泌する。

ト. 脳下垂体前葉は，視床下部の神経分泌細胞でつくられた放出ホルモンや放出抑制ホルモンによって調節を受け，前葉ホルモン（成長ホルモン，副腎皮質刺激ホルモンなど）を分泌する。

問9. 交感神経は主としてエネルギーを消費する方向・活発な行動・興奮や緊張時にはたらき，反対に副交感神経は主としてエネルギーを蓄積や保持する方向・安静時・疲労回復時にはたらく。このように，交感神経と副交感神経は互いに反対の作用をもたらし（拮抗作用），一方がはたらくときはもう一方は休んだ状態になる。選択肢中の「肝臓でのグリコーゲンの合成／分解」を「血糖値の低下／上昇」とすると，交感神経と副交感神経のはたらきは下表のようにまとめられる。

	すい液の分泌	血糖値	気管支	瞳　孔
交感神経	抑　制	上　昇	拡　張	拡　大
副交感神経	促　進	低　下	収　縮	縮　小

問10. タンパク質ホルモンなどの水溶性ホルモンは，生体膜のリン脂質二重層を通過できないため，受容体は標的細胞の細胞表面に存在するものが多い。したがって，②正文，④誤文。一方，ステロイドホルモンなどの脂溶性ホルモンは生体膜を通過できるため，受容体は標的細胞の細胞内または

は核内に存在することが多く，核内の受容体との結合によって遺伝子発現を調節するものも多い。したがって，①誤文，③・⑤正文。

一般選抜（B方式）

問　題　編

▶試験科目・配点

教　科	科　　　　　目	配　点
英　語	コミュニケーション英語Ⅰ・Ⅱ・Ⅲ，英語表現Ⅰ・Ⅱ	100点
数　学	「数学Ⅰ・Ⅱ・A・B」および選択問題として「数学Ⅲ」を含む問題と含まない問題を用意。	100点
理　科	「物理基礎・物理」，「化学基礎・化学」，「生物基礎・生物」から1科目選択。	100点

▶備　考

- 上記の学力試験の成績および調査書により，入学志願者の能力・適性等を総合的に評価し，合格者を決定する。
- 「数学A」は「場合の数と確率」と「図形の性質」から出題する。
- 「数学B」は「数列」と「ベクトル」から出題する。
- 理科には，理数系の基礎的な思考能力や技能を判断するため，一部記述式問題がある。

英　語

（60 分）

1　1 ～ 10 の空欄に入れるのに最も適切なものを a ～ d からそれぞれ 1 つ選び，解答欄 1 ～ 10 にマークしなさい.

1.　I see a beautiful bird （　　） the tree.

 a.　the top of

 b.　at top

 c.　on top of

 d.　in the top

2.　There is plenty of food here. So, please （　　）.

 a.　help yourselves

 b.　keep a lot

 c.　enjoy delicious

 d.　have a fun

3.　You don't （　　） to any specific group to participate in the party.

 a.　have to belong

 b.　be belonging

 c.　need belong

 d.　have to be belonged

4.　We can't hire a person with （　　） knowledge of computer science.

 a.　a bit

 b.　nothing

 c.　a few

 d.　little

5. Since we can pay with so many electronic devices, I (　　) use cash to take the train.

    a. rarely

    b. mostly

    c. perfectly

    d. often

6. (　　) let us stay at their house, they also made us delicious pancakes the next morning.

    a. Not only

    b. Not they only

    c. Not only did they

    d. They only not

7. "I have to finish reading this book by Monday."

   "(　　) on now?"

    a. Which chapter you read

    b. Do you read which chapter

    c. Are which chapter you

    d. Which chapter are you

8. If I (　　) my math teacher in high school, I wouldn't have majored in economics in college.

    a. am meeting

    b. didn't meet

    c. hadn't met

    d. have never met

9. Since the team was definitely going to lose, many of their fans started leaving the stadium before (　　) of the game.

    a. end

    b. an end

    c. the end

    d. ends

10. The city has to listen carefully to what the citizens say (   ) move the
    development project forward.

    a. to it for in order

    b. in order for it to

    c. for it to order in

    d. in order to it for

2   次のプレゼンテーションの原稿を読んで，1～7の問いに答えなさい．

Good morning, everyone! My name is Hiroko Watanabe. Today, (1   ), or
Artificial Intelligence, and how we can use it to improve our English. Here, AI
refers to the simulation of human intelligence in machines that are programed to
think and learn like humans. (2   ), there are several computer applications
that make use of AI. I will describe three different types of AI applications that
could potentially be used for language learning.

Have you ever wondered what sentence structure to use when writing an English
composition? Let's try using AI translation software you're all familiar with.
(3   ), and it will be translated into English. But if you write your whole
composition using translation software, you will not be able to learn English. So, if
you want to improve your English, make sure you use it as a reference tool, not as a
private tutor doing your work in secret.

If you want to practice English conversation, you can use an AI voice chat
application. Just talk to your smartphone and ask a question in English; AI will
answer you in English—just like a real English conversation. It's very nice for
people who don't have a friend who speaks English. Unlike humans, however, it
cannot process bad pronunciation, so (4   ) going.
The good thing about AI voice chat is that AI will not be offended if you say
something rude. It always replies to you in a very polite manner. Thus, you may be
able to learn polite language.

```
┌─────────────────────────────────────────────────────┐
│                      (5)                            │
│                                                     │
└─────────────────────────────────────────────────────┘
```
Since AI is still under development, the information you receive may not be factually correct. So, by reading the output, you can practice critical reading skills. Don't believe everything it says. Instead, examine the content as much as possible. This will help you develop critical reading skills.

Let me (6) what I talked about today. I introduced three different types of AI applications that can help you learn English. For writing, use an AI translation application. For listening and speaking, AI voice chat is helpful. And, for reading, try generative AI. You can practice English with these applications. But please remember that (7), because you are learning English to communicate with real people.

simulation（コンピューターによる）シミュレーション

1. 空欄（ 1 ）に入れるのに最も適切なものをa〜dから1つ選び, 解答欄1にマークしなさい.
   a. I go talking about AI
   b. I will talk AI
   c. I am going to talk about AI
   d. I am talking to AI

2. 空欄（ 2 ）に入れるのに最も適切なものをa〜dから1つ選び, 解答欄2にマークしなさい.
   a. Given that AI stage is still research and development
   b. Although AI is still in the research and development stage
   c. AI is still being under research and development
   d. Such being the case AI is still more researched and developed

3. 空欄（ 3 ）に入れるのに最も適切なものをa〜dから1つ選び, 解答欄3にマークしなさい.

a. A Japanese sentence is being typed

b. A Japanese sentence is typing

c. Typing in a Japanese sentence

d. Type in a Japanese sentence

4. 以下のa〜gを並べ替え空欄（ 4 ）に入れて文を完成させるとき,4番目にくる
ものを解答欄4にマークしなさい.全ての選択肢を使うこと.

a. accurately to　　　　　　　　e. the conversation

b. keep　　　　　　　　　　　　f. pronounce

c. make sure　　　　　　　　　 g. words

d. you

5. 以下のa〜eを並べ替え空欄（ 5 ）に入れるとき,3番目にくるものを解答
欄5にマークしなさい.

a. Specifically, generative AI that produces written text can be useful for
your English practice.

b. Type a question in English for the AI program on the web, and it will
immediately give you a very informative answer written in English.

c. Third, and most interesting, is generative AI, which refers to the use of AI
to create new content such as text, images, music, audio, and video.

d. This way, you can get your own reading material without much effort.

e. Let me show you how it works.

6. 空欄（ 6 ）に入れるのに最も適切なものをa〜dから1つ選び,解答欄6にマー
クしなさい.

a. collect

b. find

c. comprehend

d. summarize

7. 空欄（ 7 ）に入れるのに最も適切なものをa〜dから1つ選び,解答欄7にマー
クしなさい.

a. real people will replace those AI applications in a future

b. AI will probably replace real people

c. the best teachers are real people

d. real teachers will be like AI

3 Read the following conversation and answer the questions by marking the most appropriate answer choice.

Natsuho: Have you found a topic for your poster presentation on sustainable sources of protein?

Peter: Maybe. I just read an article about a company in California that's producing protein from an aquatic plant called lemna.

Natsuho: I'm unfamiliar with that term. Do you mean a plant that grows in (1)?

Peter: Yeah. You probably know it. Lemna is also (2) as duckweed. It's that tiny green plant that floats on the surface of ponds. It looks like masses of tiny round leaves.

Natsuho: Oh, I know it! It's *uki-kusa*. I often see it growing in (3) rice paddies.

Peter: Apparently, the plant is the source of the most abundant protein on earth, Rubisco, which is also a complete protein. In other words, it contains all nine essential amino acids our bodies can't produce.

Natsuho: Amazing! So, is the company making veggie burgers out of that plant?

Peter: Not yet. Right now they're growing lemna and (4)extracting the protein from it. They still need to find a way to process the protein quickly and economically.

Natsuho: Since it lives in water, I wonder if it's really sustainable. I thought parts of the U.S. are running out of water.

Peter: That's right, but compared to soybeans or beef, growing lemna is both sustainable and efficient.

Natsuho: How so?

Peter: Well, it requires ten times (5-1) water than growing soybeans and almost one hundred times (5-2) than beef. And, get this, the company's website also says lemna takes in ten times (5-3) CO_2 than a healthy forest.

Natsuho: That's pretty impressive. Maybe lemna will be both a good （　6　） to meat and better for the environment.

Peter: I hope so. In 2021, global meat consumption reached a record high. (7)As people's incomes rise, so does their meat consumption. We really need a good plant-based meat.

Natsuho: Yeah. But, （　8　）, I don't like the way alternative meats taste and feel in my mouth.

Peter: (9)That's what prevents them from being popular. But Rubisco is different. It feels the same way butter, eggs, or meat do in our mouths.

Natsuho: Well, let's hope they figure out an economic way to process Rubisco soon!

　　　　　　sustainable 持続可能な　　　　　　　abundant 豊富にある

1.　Which choice fits gap (1) the best?
　　a.　company
　　b.　protein
　　c.　water
　　d.　California

2.　Which choice fits gap (2) the best?
　　a.　called
　　b.　known
　　c.　notified
　　d.　signed

3.　Which choice fits gap (3) the best?
　　a.　dried-up
　　b.　harvested
　　c.　water-filled
　　d.　golden

4.　Which phrase replaces the underlined part (4) the best?
　　a.　following up
　　b.　taking out

c. searching for

d. pushing in

5. Which choice fits gaps (5-1), (5-2), and (5-3) the best?

	(5-1)	(5-2)	(5-3)
a.	less	less	less
b.	more	less	less
c.	less	less	more
d.	more	more	less
e.	more	more	more

6. Which choice fits gap (6) the best?

a. choice

b. reserve

c. option

d. alternative

7. What does Peter mean by the underlined part (7)?

a. Wealthy people always eat meat, but poor people never do.

b. It is only when people have a lot of money that they purchase less meat.

c. People eat fewer vegetables if they have more money.

d. The amount of meat people eat increases as they earn more money.

8. Which choice fits gap (8) the best?

a. that's why

b. to tell the truth

c. in conclusion

d. to sum up

9. Based on the underlined part (9), why aren't alternative meats popular?

a. They feel like butter and eggs instead of meat.

b. They have an unappealing odor and taste.

c. Their color and shape are too different from real meat.

d. Many people dislike their mouthfeel and flavor.

4 次の文章を読み，1～7の問いに答えなさい．

A carbon footprint estimates the total volume of greenhouse gases such as carbon dioxide (CO_2) that are generated by our actions. It is a simple way to express the impact of greenhouse gas emissions on the environment. The increase of greenhouse gases affects the global climate, causing floods, droughts, and extreme heat waves. Companies or entire industries have carbon footprints as well, but first, let us focus on (1)those of an individual.

According to recent data, the average carbon footprint per person in the U.S. is 16 tons a year, 7.6 tons in Japan, and 2 tons in India. In the 2015 Paris Agreement on climate change, it was declared that limiting the global temperature increase in this century to 2℃ is (2)a must to avoid a climate crisis. In order to achieve (3)this goal, the average global carbon footprint needs to drop to 2 tons per person or less by 2050. The larger your footprint, the (4) the stress on the environment.

Then how can we lower our individual carbon footprint? Just making small changes in our actions makes a difference. Using public transportation instead of driving to work is an often-mentioned way to reduce greenhouse gas emissions. Consuming local produce rather than ingredients transported long distances contributes to its reduction as well. Instead of using a dryer, hanging our clothes outside to dry uses (5), which results in less carbon dioxide. Some companies are using carbon labels to show how much CO_2 has been generated while making their products. (6)Paying attention to carbon labelling on the products we buy is also an effective way to lower our carbon footprint. In this way, by (7), we can play a part in realizing a carbon-neutral society.

1. 下線部 (1) が指し示すものとして最も適切なものを a～d から 1 つ選び，解答欄 1 にマークしなさい．

    a. carbon footprints

    b. greenhouse gases

    c. carbon dioxide

    d. companies and industries

2. 下線部 (2) を言い換えるのに最も適切なものを a ～ d から 1 つ選び，解答欄 2 に
　 マークしなさい．

    a. a right

    b. have to

    c. impossible

    d. essential

3. 下線部 (3) が指し示すものとして最も適切なものを a ～ d から 1 つ選び，解答
　 欄 3 にマークしなさい．

    a. the 2015 Paris Agreement

    b. the climate crisis

    c. limiting the global temperature increase in this century to 2℃

    d. to drop the carbon footprint to 2 tons per person or less by 2050

4. 空欄（　4　）に入れるのに最も適切なものを a ～ d から 1 つ選び，解答欄 4 にマー
　 クしなさい．

    a. lightest

    b. lower

    c. greater

    d. strong

5. 空欄（　5　）に入れるのに最も適切なものを a ～ d から 1 つ選び，解答欄 5 にマー
　 クしなさい．

    a. more CO_2

    b. more oxygen

    c. less water

    d. less electricity

6. 下線部 (6) の内容に合致しているものを a ～ d から 1 つ選び，解答欄 6 にマーク
　 しなさい．

    a. When a consumer examines carbon labels carefully and chooses goods
       produced with less carbon emissions, it may be better for the environment.

    b. As a label stuck on the product can be reused many times, it helps to reduce our carbon footprint.

  c. Product labels made of carbon and other eco-friendly materials do not harm the environment as old-type paper labels did.

  d. When we buy products with carbon labels, our carbon footprint is automatically reduced, which leads to the protection of the environment.

7. 空欄（　7　）に入れるのに最も適切なものをa〜dから1つ選び, 解答欄7にマークしなさい.

  a. getting along with our carbon footprint

  b. consuming carbon dioxide

  c. maintaining a carbon-related world

  d. changing our daily actions

5　次の文章を読み, 1〜5の問いに答えなさい.

An Israeli company says it has 3D-printed the first ready-to-cook fish fillet using animal cells grown in a laboratory. Lab-grown beef and chicken have drawn attention as a way (1)to get around the environmental issues linked to farming. But few companies have explored lab-grown seafood.

Israel's Steakholder Foods has worked with Singapore-based Umami Meats to make fish fillets. Umami Meats takes cells from a kind of fish called grouper and grows them into muscle and fat. Steakholder Foods then adds them to a 'bio-ink' that works with special 3D printers. (2)The result is a narrow fillet that is almost like sea-caught fish. Umami hopes to bring its first products to market next year. Singapore will be first, and then countries like the United States and Japan will follow after official approval.

The lab-grown fish is developed in a process known as cell cultivation. Cell cultivation alone is still too costly to match the cost of traditional seafood. So, for now, the fish cells are mixed with plant-based substances in the bio-ink. Inside the 3D printer, a glass dish moves back and forth. As the dish moves, the size of the fish fillet increases. It breaks apart easily like normal fish. When seasoned and fried, it is hard to tell the difference. "(　3　), the complexity and level of these products will be higher, and the prices linked to producing them will decrease," said Arik Kaufman of Steakholder Foods.

The process is simpler than with beef, but there are some difficulties. (4)Cow stem cells have been studied a lot, but much less is known about fish. Umami Meats still has to figure out what the cells like to eat, how they like to grow, and there's just not much literature to start from. The number of scientists working on fish stem cell biology is very small compared to those working on animal cells and human cells.

Umami has figured out a process for grouper and eel and hopes to add three other species in the coming months. Competing with the price of fish from the sea is a key difficulty, but they hope to eventually lower the cost. The company wants buyers to choose their product based on how it tastes and what it can do for the environment.

grouper ハタ科の食用魚   eel うなぎ

1. 下線部（1）を言い換えるのに最も適切なものをa〜dから1つ選び,解答欄1にマークしなさい.
   a. to meet up with
   b. to deal with
   c. to look around
   d. to turn around

2. 下線部（2）の結果を得るために必要なものは何か. 最も適切なものをa〜fから3つ選び, 解答欄2にマークしなさい.
   a. a fish fillet   d. chicken steak
   b. a special 3D printer   e. cow cells
   c. bio-ink   f. grouper cells

3. 空欄（ 3 ）に入れるのに最も適切なものをa〜dから1つ選び,解答欄3にマークしなさい.
   a. When times go off
   b. Because times go by
   c. As time goes by
   d. While time goes

出典追記：Voice of America

4. 下線部 (4) を言い換えるのに最も適切なものを a ～ d から1つ選び, 解答欄4に
    マークしなさい.

    a. They have studied fish stem cells well compared to those of cows.

    b. Fish stem cells have not been studied at all although fish fillet samples
        were made.

    c. Cow stem cells have been studied much more than fish stem cells.

    d. Fish stem cells have been studied as much as cow stem cells.

5. 本文の内容と合致するものを a ～ e から2つ選び, 解答欄5にマークしなさい.

    a. Several companies have produced a special 3D printer using fish cells
        grown in a laboratory.

    b. An Israel-based company will sell the first 3D-printed fish fillet in Japan the
        following year.

    c. To add more flavor, the fish cells are mixed with plant-based materials.

    d. The company expects that the 3D-printed fish fillet will be on the market
        soon.

    e. The 3D-printed fish fillet cannot be easily distinguished from normal fish
        after being seasoned and fried.

数　学

（60分）

（注） 選択問題 ④ と ⑤ はどちらか一方を選択してマーク欄にマークし，選択した方の問題を解答すること（マーク欄にマークがない場合は採点されない）。

解答上の注意

1. 分数形で解答するときは，既約分数（それ以上約分ができない分数）で答えなさい。たとえば，$\dfrac{3}{4}$ と答えるところを，$\dfrac{6}{8}$ のように答えてはならない。

2. 根号を含む形で解答するときは，根号の中に現れる自然数が最小となる形で答えなさい。たとえば，$\boxed{ア}\sqrt{\boxed{イ}}$，$\dfrac{\sqrt{\boxed{ウ}}}{\boxed{エ}}$ に $4\sqrt{2}$，$\dfrac{\sqrt{2}}{2}$ と答えるところを，$2\sqrt{8}$，$\dfrac{\sqrt{8}}{4}$ のように答えてはならない。

3. たとえば，$-\boxed{オ}x^2+\boxed{カ}$ に $-x^2+3$ と答えるときは，$\boxed{オ}$ に 1 を $\boxed{カ}$ に 3 をマークしなさい。また $x^{\boxed{キ}}-\boxed{ク}$ に $x-3$ と答えるときは，$\boxed{キ}$ に 1 を $\boxed{ク}$ に 3 をマークしなさい。また $\dfrac{\boxed{ケ}}{\boxed{コ}}\pi$ に $\dfrac{\pi}{3}$ と答えるときは，$\boxed{ケ}$ に 1 を $\boxed{コ}$ に 3 をマークしなさい。

$\boxed{1}$ 以下の空欄 $\boxed{ア}$ ～ $\boxed{チ}$ に入る数字を解答欄にマークしなさい.

問1   整式 $P(x)$ を $x+1$ で割った余りが 5, $x-7$ で割った余りが 3 であるとき,

$P(x)$ を $(x+1)(x-7)$ で割った余りは $-\dfrac{1}{\boxed{ア}}\, x + \dfrac{\boxed{イウ}}{\boxed{エ}}$ である.

問2   第3項が 4, 第4項が $b\,(b>0)$, 第5項が64の等比数列の公比は $\boxed{オ}$

であり, $b = \boxed{カキ}$ である. この数列の初項から第 n 項までの和は,

$\dfrac{\boxed{ク}^{\,n}-1}{\boxed{ケコ}}$ である.

問3 xy平面において, 直線 $y=3$ に垂直で, 大きさが 2 で, 負の成分をもた

ないベクトルの成分は $\left(\boxed{サ},\ \boxed{シ}\right)$ である.

問4   200人のテストの点数 $x_1, x_2, x_3, \ldots, x_{200}$ において, 以下の2つの式が成立

するとき, このテストの点数の平均値は $\boxed{スセ}$, 分散は $\boxed{ソタチ}$ である.

$$\sum_{i=1}^{200} x_i = 12400$$

$$\sum_{i=1}^{200} x_i^{\,2} = 813800$$

2 三角形 OAB は ∠AOB = 90°, OA = OB = 3 を満たす. 0 < t < 1 のとき,

3辺 OA, AB, BO を t : (1 − t) の比に分ける点を, それぞれ C, D, E とする.

以下の空欄 ア ～ ハ に入る数字を解答欄にマークしなさい.

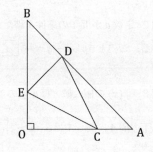

問1 $t = \dfrac{2}{3}$ のとき,

$$\overrightarrow{OD} = \frac{\boxed{ア}}{\boxed{イ}}\,\overrightarrow{OA} + \frac{\boxed{ウ}}{\boxed{エ}}\,\overrightarrow{OB}$$

$$\overrightarrow{CE} = -\frac{\boxed{オ}}{\boxed{カ}}\,\overrightarrow{OA} + \frac{\boxed{キ}}{\boxed{ク}}\,\overrightarrow{OB}$$

$$\overrightarrow{OD} \cdot \overrightarrow{CE} = \boxed{ケ}$$

問2 $$\left|\overrightarrow{OD}\right|^2 = \boxed{コサ}\,t^2 - \boxed{シス}\,t + \boxed{セ}$$

問3 三角形 CDE の面積 S を t を用いて表わすと,

$$S = \frac{\boxed{ソタ}}{\boxed{チ}}\,t^2 - \frac{\boxed{ツテ}}{\boxed{ト}}\,t + \frac{\boxed{ナ}}{\boxed{ニ}}$$

である.

問4 $t = \dfrac{\boxed{ヌ}}{\boxed{ネ}}$ のとき, 問3で求めた S は最小値 $\dfrac{\boxed{ノ}}{\boxed{ハ}}$ をとる.

$\boxed{3}$ 関数 $f(x) = x^3 - 6x^2 - 3ax + ab$（$a, b$ は定数）は極大値と極小値をもつ.
空欄 $\boxed{ア}$ 〜 $\boxed{シ}$ に入る数字を解答欄にマークしなさい.

問1 定数 a のとり得る値の範囲は，$a > -\boxed{ア}$ である.

問2 定数 a が問1の条件を満たすとき，$f(x)$ は $x = p$ で極大，$x = q$ で極小になる. このとき，$p - q = -\boxed{イ} \sqrt{a + \boxed{ウ}}$ である.

問3 $f(x)$ の極大値と極小値の差が 108 のとき，$a = \boxed{エ}$ である.

以下の問4，問5では，$a = \boxed{エ}$ とする.

問4 $f(x) = 0$ が異なる3個の実数解をもつときの定数 b のとり得る値の範囲は，
$-\dfrac{\boxed{オ}}{\boxed{カ}} < b < \boxed{キク}$ である.

問5 $-2 \leqq x \leqq 2$ において $f(x)$ の最大値が 54 であるとき，$b = \dfrac{\boxed{ケコ}}{\boxed{サ}}$ であり，

このxの範囲内で $f(x)$ の最小値は $\boxed{シ}$ である.

選択問題 (4 か 5 の, いずれか1問を選んで解答しなさい. 解答用紙に選んだ問題の番号をマークしなさい.)

4 図のように, 南北の3本の道と東西の3本の道が直交している. 交差点をA〜I とする. 隣接する交差点間の距離はすべて1とする. ある交差点にいるときに, さいころを投げて次の規則にしたがって行動する.

規則

- 1の目が出たら北へ1進む.   ・2の目が出たら東へ1進む.
- 3の目が出たら南へ1進む.   ・4の目が出たら西へ1進む.
- 5か6の目が出たら動かない.
- 指定の方向に道がない場合は動かない.
  (たとえば, Bにいて, 1の目が出た場合は動かない.)

花子さんは最初, 交差点Aにいる. さいころを1回投げて規則に従って行動した後, 花子さんがいる交差点を P_1 とする.

花子さんが P_1 にいて, さらにさいころを1回投げて規則に従って行動した後, 花子さんがいる交差点を P_2 とする. 同様の方法で P_3, P_4 を定義する.

以下の空欄 ア 〜 ス に入る数字を解答欄にマークしなさい.

問1 $P_1 = B$ である確率は $\dfrac{1}{\boxed{ア}}$ である.

問2 $P_2 = E$ である確率は $\dfrac{1}{\boxed{イ ウ}}$, $P_2 = A$ である確率は $\dfrac{1}{\boxed{エ}}$ である.

花子さんがさいころを4回投げたときの3点 A, P_2, P_4 を結んだ線分が三角形を作るとき, その面積を S, 三角形の外接円の直径を d とする. 三角形を作らない場合 (たとえば3点が一直線上にあるような場合) は, $S = 0$, $d = 0$ とする.

問3 S がとり得る値は $\boxed{オ}$ 通りあり, S の最大値 S_1 は $\boxed{カ}$ である. 花子さんがさいころを4回投げたとき, $S = S_1$ となる確率は $\dfrac{1}{\boxed{キ ク ケ}}$ である.

問4 d がとり得る値は $\boxed{コ}$ 通りある. d の最大値は $\sqrt{\boxed{サ シ}}$ であり, 3番目に大きい値は $\sqrt{\boxed{ス}}$ である.

5　以下の空欄　ア　～　オ　に入る数字を解答欄にマークし，　カ　～　ツ

に入る選択肢の番号を解答欄にマークしなさい.

問1

（1）$\displaystyle\lim_{x \to 1} \frac{x-1}{\sqrt{x}-1} = $　ア　　　　　　　（2）$\displaystyle\lim_{x \to 0} \frac{\sin 7x}{\sin 5x} = \frac{イ}{ウ}$

（3）$\displaystyle\lim_{x \to 1} \frac{エ\sqrt{x}-オ}{x-1} = 2$

問2　平面において極座標 (r, θ) を用いた方程式のうち，直線を表すものは
　　　カ　である.

　カ　の選択肢

①$r^2 \sin 2\theta = 2$　　　　②$r = 2\sin\theta$　　　　③$r(\sin\theta - \cos\theta) = 1$

④$r = 2(\cos\theta + \sin\theta)$　　　⑤$r = \dfrac{4}{1+\cos\theta}$

問3　C は定数とする. $\log x$ は自然対数をあらわす.

（1）$\displaystyle\int \log x\, dx = $　キ　$-$　ク　$+ C$

（2）$\displaystyle\int (\log x)^2 dx = $　ケ　$\left(\right.$　コ　$\left.\right)^2 - 2$　サ　$+ 2$　シ　$+ C$

（3）曲線 $y = e^x$ を K とし，K 上の点 $(1, e)$ における接線を ℓ とする.

　　　K，ℓ，および y 軸で囲まれた図形の面積は $\dfrac{ス}{セ} - $　ソ　である.

　　　また，この図形を y 軸の周りに1回転させてできる立体の体積は

　　　$2\pi\left(\right.$　タ　$- \dfrac{チ}{ツ}\left.\right)$ である.

　キ　～　ツ　の選択肢（同じ選択肢を複数回選んでもよい）

⓪ 0　　　　　① 1　　　　　② 2　　　　　③ 3　　　　　④ π

⑤ e　　　　　⑥ x　　　　　⑦ e^x　　　　⑧ $\log x$　　　⑨ $x\log x$

物 理

（60 分）

1 　図1−1の回路において，l の間隔で水平に置かれた2本の平行で十分に長い導線レールの左端を電気容量 C のコンデンサーとスイッチ S でつないである．この回路を鉛直下向き（紙面の表から裏）の磁束密度の大きさ $B\,(B>0)$ の一様な磁場内に置き，さらに2本のレール上に抵抗率 ρ で断面積 A の導体棒をレールと直交するように置いた．はじめスイッチ S は開いた状態で，コンデンサー

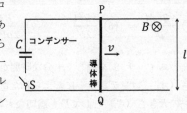

図1−1

は帯電していない．電子の電気量の大きさを e とする．さらに導体棒とレールの間の摩擦はなく，導体棒はレールと常に直交した状態を保つものとする．また，回路を流れる電流がつくる磁場や，レールおよびスイッチの電気抵抗は無視する．

スイッチSを閉じた後も，導体棒が一定の速さ v で矢印の方向に動くように，導体棒に外から加える力を調整する．この状態でスイッチ S を閉じた．

問1　1個の電子が矢印の方向に速さ v で動いているときに磁場から受ける力の大きさ（ア），および導体棒に生じる誘導起電力の大きさ（イ）として最も適切なものを次の選択肢からそれぞれ1つ選び，解答欄にマークしなさい．

⓪ Bl 　　　① vB 　　　② ev 　　　③ eA 　　　④ eB

⑤ evA 　　⑥ evB 　　⑦ evl 　　⑧ vAl 　　⑨ vBl

問2　スイッチ S を閉じた瞬間に導体棒に流れる電流の大きさ（ウ），および導体棒に外から加えている力の大きさ（エ）として最も適切なものを次のそれぞれの選択肢から1つ選び，解答欄にマークしなさい．

ウの選択肢

⓪ $\dfrac{2vBA}{\rho l}$　　① $\dfrac{4vBA}{\rho l}$　　② $\dfrac{vBA}{\rho l}$　　③ $\dfrac{vBA}{\rho}$　　④ $\dfrac{vBA}{2\rho}$

⑤ $\dfrac{\rho}{2vBA}$　　⑥ $\dfrac{2\rho}{evA}$　　⑦ $\dfrac{BA}{2\rho l^2 v}$　　⑧ $\dfrac{BA}{\rho l^2 v}$　　⑨ $\dfrac{vA}{2\rho l}$

エの選択肢

⓪ $\dfrac{vBA}{\rho l}$　　① $\dfrac{2vBA}{\rho l}$　　② $\dfrac{BA}{\rho}$　　③ $\dfrac{vBA}{\rho}$　　④ $\dfrac{v^2 B^2 A}{2\rho}$

⑤ $\dfrac{vB^2 Al}{\rho}$　　⑥ $\dfrac{vB^2 l}{2\rho}$　　⑦ $\dfrac{BA}{2\rho l^2 v}$　　⑧ $\dfrac{BA}{\rho l^2 v}$　　⑨ $\dfrac{\rho}{2vB^2}$

問3　スイッチ S を閉じて十分な時間が経過した後の導体棒に流れる電流の大きさ（オ），コンデンサーに蓄えられた電気量の大きさ（カ）および静電エネルギーの大きさ（キ）として最も適切なものを次のそれぞれの選択肢から1つ選び，解答欄にマークしなさい．

オの選択肢

⓪ 0　　① $\dfrac{vA}{\rho l}$　　② $\dfrac{2vA}{\rho l}$　　③ $\dfrac{vA}{2\rho l}$　　④ $\dfrac{3vA}{\rho l}$

⑤ $\dfrac{vBA}{\rho l}$　　⑥ $\dfrac{vBA}{2\rho l}$　　⑦ $\dfrac{vBA}{\rho}$　　⑧ $\dfrac{vBA}{2\rho}$　　⑨ $\dfrac{vBA}{4\rho}$

カの選択肢

⓪ Cv　　① $2Cv$　　② CvB　　③ $2CvB$　　④ Cvl

⑤ CBl　　⑥ $CvBl$　　⑦ $\dfrac{CBA}{\rho}$　　⑧ $\dfrac{CvBA}{\rho}$　　⑨ $\dfrac{CvBA}{2\rho}$

キの選択肢

⓪ $\dfrac{1}{2}CBl$　　① CBl　　② $2CBl$　　③ $\dfrac{1}{2}CB^2 l^2$　　④ $CB^2 l^2$

⑤ $2CB^2 l^2$　　⑥ $\dfrac{1}{2}Cv^2 B^2 l^2$　　⑦ $Cv^2 B^2 l^2$　　⑧ $2Cv^2 B^2 l^2$　　⑨ $C^2 B^2 l^2$

問4　図1-2を解答欄Aに書き写し，スイッチSを閉じた直後($t=0$)から十分な時間が経過した状態までのコンデンサーの充電過程を表すグラフの概形を書きなさい．補足的な説明があれば，解答欄Bに書きなさい．ただし，横軸を時間 t，縦軸をコンデンサーにかかる電圧 V_c（$V_c \geqq 0$）とする．

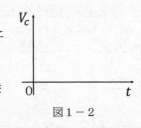

図1-2

2　図2-1に示すように，ピストンによって隔てられた断面積 S のシリンダーがあり，上部は真空であるが，下部に単原子分子の理想気体 1 mol を封入し，ヒーターでふたをしている．シリンダーの側面とピストンは断熱材でできており，熱の交換はないが，ヒーターによって気体に熱を与えることが可能である．ピストンの質量は M であり，シリンダー内部をなめらかに動くことができる．気体分子全体の質量はピストンの質量に比べて無視できるほど小さい．ヒーターは外部との熱の出入りはないとする．ピストンやシリンダーは，熱により変形や膨張はしないとする．気体定数を R，単原子分子の理想気体の定積モル比熱を $\frac{3}{2}R$，重力加速度の大きさを g とする．

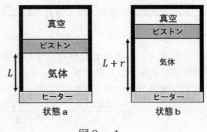

図2-1

実験 I

　ヒーターを稼働せず，気体へ熱を与えていない状態で，ピストン下部はシリンダー底面から L の高さ（$L>0$）で静止していた（状態 a）．

　状態 a からヒーターを稼働させ，十分に時間をかけて気体に熱を与えたところ，気体の体積が膨張し，ピストン下部がヒーター上部から $L+r$（$r>0$）の高さでピストンは静止した．このときの状態を状態 b とする．

問1　状態 a での気体の圧力として最も適切なものを次の選択肢から1つ選び，解答欄（ア）にマークしなさい．

⓪ 0　　　　① $\dfrac{ML}{S}$　　　② $\dfrac{MgL}{S}$　　　③ $\dfrac{Mg}{S}$　　　④ $\dfrac{Mg}{SL}$

⑤ $\dfrac{S}{Mg}$　　　⑥ $\dfrac{S}{M}$　　　⑦ $\dfrac{S}{g}$　　　⑧ $Mg-S$　　　⑨ $\dfrac{Mg}{L}$

問2　状態aでの気体の内部エネルギーとして最も適切なものを次の選択肢から1つ選び，解答欄（イ）にマークしなさい．

⓪ $\dfrac{MgLR}{3}$　　① $\dfrac{MgLR}{2}$　　② $\dfrac{2MgLR}{3}$　　③ $MgLR$　　④ $\dfrac{3MgLR}{2}$

⑤ $\dfrac{MgL}{3}$　　⑥ $\dfrac{MgL}{2}$　　⑦ $\dfrac{2MgL}{3}$　　⑧ MgL　　⑨ $\dfrac{3MgL}{2}$

問3　状態bでの気体の絶対温度として最も適切なものを次の選択肢から1つ選び，解答欄（ウ）にマークしなさい．

⓪ 0　　① $\dfrac{Mgr}{2S}$　　② $\dfrac{Mg(L+r)}{S}$　　③ $\dfrac{Mgr}{S}$　　④ $\dfrac{Mg}{S}$

⑤ $\dfrac{S^2Mg(L+r)}{R}$　　⑥ $\dfrac{Mgr}{R}$　　⑦ $\dfrac{Mg(L+r)}{R}$　　⑧ $\dfrac{2Mg(L+r)}{R}$　　⑨ $\dfrac{3Mgr}{2R}$

問4　状態aから状態bに移るときの気体の内部エネルギーの増加（エ），および気体がピストンにした仕事（オ）として最も適切なものを次の選択肢からそれぞれ1つ選び，マークしなさい．

⓪ 0　　① $\dfrac{2Mgr}{5}$　　② $\dfrac{2Mgr}{3}$　　③ Mgr　　④ $\dfrac{3Mgr}{2}$

⑤ $\dfrac{2MgL}{5}$　　⑥ $\dfrac{2MgL}{3}$　　⑦ MgL　　⑧ $\dfrac{3MgL}{2}$　　⑨ $\dfrac{5MgL}{2}$

実験Ⅱ

　図2-2のように，状態aと同様の状態でピストン下部とヒーター上部をばね（ばね定数 k，自然長 L）で結合したところ，そのままつりあった（状態c）．ヒーター上部からピストン下面の高さは，ばねの長さと常に一致しているとする．ばねの質量と体積は無視できるとする．

　状態cからヒーターを稼働させ，十分に時間をかけて気体に熱を与

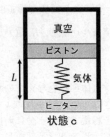 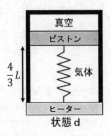

図2-2

えたところ，気体の体積が膨張し，ピストン下部がヒーター上部から $\dfrac{4}{3}L$ の高さでピストンは静止した．このときの状態を状態dとする．

問5　状態 d での気体の圧力として最も適切なものを次の選択肢から1つ選び，解答欄（カ）にマークしなさい.

⓪ 0
① $\dfrac{Mg+3kL}{S}$
② $\dfrac{3MgL}{4S}$
③ $\dfrac{4Mg}{3S}$
④ $\dfrac{3Mg+kL}{3S}$

⑤ $\dfrac{Mg+kL}{S}$
⑥ $\dfrac{Mg+2kL}{2S}$
⑦ $\dfrac{Mg+kL}{2S}$
⑧ $\dfrac{3Mg+kL}{4S}$
⑨ $\dfrac{Mg}{S}$

問6　ピストンが容器の底面より高さ $L+x$

$\left(0 \leqq x \leqq \dfrac{1}{3}L\right)$ にあるときの力のつり合いの式を立

て，解答欄 E に書きなさい. ただし気体の圧力 p を
用いてよい.　図2-3を解答欄 C に書き写し，状
態 c から状態 d への変化を図に示しなさい. V は気
体の体積である. 状態 c と状態 d の圧力と体積の値
を明確に記載すること.

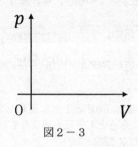

図2-3

問7　状態 c から状態 d の間に気体が吸収した熱量として最も適切なものを次の
選択肢から1つ選び，解答欄（キ）にマークしなさい.

⓪ $\dfrac{5MgL}{6}+\dfrac{2kL}{9}$
① $\dfrac{2MgL}{3}+\dfrac{5kL}{6}$
② $\dfrac{2MgL}{3}+\dfrac{kL}{2}$

③ $\dfrac{MgL}{2}+\dfrac{5kL}{6}$
④ $\dfrac{2MgL}{3}+\dfrac{11kL}{18}$
⑤ $\dfrac{5MgL}{6}+\dfrac{2kL^2}{9}$

⑥ $\dfrac{2MgL}{3}+\dfrac{5kL^2}{6}$
⑦ $\dfrac{MgL}{2}+\dfrac{2kL^2}{3}$
⑧ $\dfrac{5MgL}{6}+\dfrac{13kL^2}{18}$

⑨ $\dfrac{MgL}{2}+\dfrac{kL^2}{3}$

3 　地球を質量M，半径Rの均一な球とみなし，その自転の周期をT_Eとする．万有引力定数をGとし，空気抵抗，大気の圧力，および他の天体の影響は無視する．また人工衛星は質点（大きさを考えない物体）として扱う．

I．質量mの人工衛星が赤道上の地表に固定されている．

問1 　人工衛星にはたらく万有引力の大きさとして最も適切なものを次の選択肢から1つ選び，解答欄（ア）にマークしなさい．

⓪ 0 　　　① MRm 　　　② $\dfrac{Mm}{R}$ 　　　③ $\dfrac{Mm}{R^2}$ 　　　④ $\dfrac{Mm}{R^3}$

⑤ $GMRm$ 　　⑥ $\dfrac{GMm}{R}$ 　　⑦ $\dfrac{GMm}{R^2}$ 　　⑧ $\dfrac{GMm}{R^3}$ 　　⑨ GMm

問2 　地球とともに運動している観測者から見た人工衛星にはたらく遠心力の大きさとして最も適切なものを次の選択肢から1つ選び，解答欄（イ）にマークしなさい．

⓪ 0 　　　① mRT_E 　　② $mRT_E{}^2$ 　　③ $\dfrac{2\pi mR}{T_E}$ 　　④ $\dfrac{2\pi mR}{T_E{}^2}$

⑤ $\dfrac{4\pi^2 mR}{T_E}$ 　⑥ $\dfrac{4\pi^2 mR}{T_E{}^2}$ 　⑦ $\dfrac{mR}{T_E}$ 　⑧ $\dfrac{mR}{T_E{}^2}$ 　⑨ $mMRT_E{}^3$

問3 　地表すれすれに円軌道を描いてまわる人工衛星の速さを第一宇宙速度という．第一宇宙速度として最も適切なものを次の選択肢から1つ選び，解答欄（ウ）にマークしなさい．

⓪ 0 　　① $\sqrt{\dfrac{GM}{2R}}$ 　　② $\sqrt{\dfrac{GM}{R}}$ 　　③ $\sqrt{\dfrac{3GM}{2R}}$ 　　④ $\sqrt{\dfrac{2GM}{R}}$

⑤ $\sqrt{\dfrac{R}{2GM}}$ 　⑥ $\sqrt{\dfrac{R}{GM}}$ 　⑦ $\sqrt{\dfrac{3R}{2GM}}$ 　⑧ $\sqrt{\dfrac{2R}{GM}}$ 　⑨ $\sqrt{\dfrac{5R}{2GM}}$

II．人工衛星が赤道上の地表からロケットで打ち上げられた．人工衛星はロケットから分離した後，地球の重心を中心として**地表から$2R$**の高さを保ちつつ，円軌道を描いて周回している．このときの人工衛星の速さを v_c とする．

問4 　v_c として最も適切なものを次の選択肢からそれぞれ1つ選び，解答欄（エ）にマークしなさい．

⓪ 0　　　① $\sqrt{\dfrac{GM}{3R}}$　　　② $\sqrt{\dfrac{2GM}{3R}}$　　　③ $\sqrt{\dfrac{GM}{R}}$　　　④ $\sqrt{\dfrac{4GM}{3R}}$

⑤ $\sqrt{\dfrac{R}{3GM}}$　　　⑥ $\sqrt{\dfrac{2R}{3GM}}$　　　⑦ $\sqrt{\dfrac{R}{GM}}$　　　⑧ $\sqrt{\dfrac{4R}{3GM}}$　　　⑨ $\sqrt{\dfrac{3R}{2GM}}$

問5　ロケットが人工衛星にした仕事として最も適切なものを次の選択肢から1つ選び，解答欄（オ）にマークしなさい．

⓪ 0　　　① $-\dfrac{GMm}{3R}$　　　② $\dfrac{GMm}{6R}-\dfrac{2\pi^2 mR^2}{T_E{}^2}$　　　③ $\dfrac{GMm}{6R}-\dfrac{4\pi^2 mR^2}{T_E{}^2}$

④ $\dfrac{GMm}{6R}$　　　⑤ $\dfrac{2GMm}{3R}$　　　⑥ $\dfrac{5GMm}{6R}-\dfrac{2\pi^2 mR^2}{T_E{}^2}$　　　⑦ $\dfrac{5GMm}{6R}-\dfrac{4\pi^2 mR^2}{T_E{}^2}$

⑧ $-\dfrac{2\pi^2 mR^2}{T_E{}^2}$　　　⑨ $-\dfrac{4\pi^2 mR^2}{T_E{}^2}$

問6　地表から $2R$ の高さを保ちながら円軌道を描いて周回している人工衛星が，地球からの万有引力を振り切って，無限の遠方に飛び去る最小の速さは v_c の何倍か．最も適切な数値を次の選択肢から1つ選び，解答欄（カ）にマークしなさい．

⓪ $\dfrac{1}{2}$　　　① 1　　　② $\sqrt{\dfrac{6}{5}}$　　　③ $\sqrt{\dfrac{5}{4}}$　　　④ $\sqrt{\dfrac{4}{3}}$

⑤ $\sqrt{\dfrac{3}{2}}$　　　⑥ $\sqrt{2}$　　　⑦ $\sqrt{\dfrac{5}{2}}$　　　⑧ $\sqrt{\dfrac{7}{3}}$　　　⑨ $\sqrt{\dfrac{13}{6}}$

Ⅲ．図3のように，Ⅱの円軌道を周回している人工衛星が点Aにおいて瞬間的に減速し，その速さが v_c から v_A に変化した．その結果，人工衛星は地球の重心を焦点の1つとする楕円（だえん）軌道に移った．この時，新しい楕円軌道上で地球に最も近い点Bは，地表からの高さが R であった．

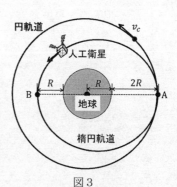

図3

問7　楕円軌道を周回する人工衛星の周期は，Ⅱの円軌道のときの周期 T_c の何倍か．ケプラーの第三法則を使って計算し，最も適切な数値を次の選択肢から1つ選び，解答欄（キ）にマークしなさい．

⓪ $\dfrac{1}{2}$ ① 1 ② $\dfrac{25}{36}$ ③ $\dfrac{\sqrt{2}}{2}$ ④ $\dfrac{5\sqrt{30}}{36}$

⑤ $\dfrac{5}{6}$ ⑥ $\dfrac{6}{7}$ ⑦ $\dfrac{6}{5}$ ⑧ $\dfrac{6\sqrt{30}}{25}$ ⑨ $\dfrac{36}{25}$

問8　点Aにおける人工衛星の速さ v_A は v_c の何倍か．ケプラーの第二法則と点Aと点Bにおける人工衛星の力学的エネルギー保存則を用いて計算し，その途中経過と解答を，解答欄Dに記入しなさい．解答欄が足りない場合は横の解答欄G，Hを使用してよい．なおケプラーの第二法則によれば，地球の重心と人工衛星を結ぶ線分が単位時間に描く面積は一定である．単位時間に描く面積は面積速度と呼ばれ，点Aと点Bでは $\dfrac{1}{2}rv$ である（ r は地球の重心から人工衛星までの距離，v は人工衛星の速さ）．

化　学

（60分）

必要があれば次の数値を用いなさい.
原子量：H = 1.0，C = 12，N = 14，O = 16，Na = 23，Br = 80

1 以下の問1～問5に答えなさい.

問1　次の記述 a～c の正誤について最も適する組み合わせを，表1の①～⑧から
　　一つ選びなさい.（解答欄1－ア）

a　炭素の単体であるダイヤモンドと黒鉛の性
　　質が異なるのは，結晶の構造が異なるため
　　である.
b　互いに同位体の原子どうしは，陽子，電子
　　の数がそれぞれ同じである.
c　Na$^+$ と Mg^{2+} で，イオンの半径が大きいのは
　　Mg^{2+} である.

表1

	a	b	c
①	正	正	正
②	正	正	誤
③	正	誤	正
④	正	誤	誤
⑤	誤	正	正
⑥	誤	正	誤
⑦	誤	誤	正
⑧	誤	誤	誤

問2　次の三つの分子に関する以下の記述 a～c の正誤について最も適する組み合わ
　　せを，表2の①～⑧から一つ選びなさい.（解答欄1－イ）

H_2O, CH_4, NH_3

a 電子の数が同じである.

b 非共有電子対をもつ分子は二つである.

c 水素結合を形成できる分子は二つである.

表2

	a	b	c
①	正	正	正
②	正	正	誤
③	正	誤	正
④	正	誤	誤
⑤	誤	正	正
⑥	誤	正	誤
⑦	誤	誤	正
⑧	誤	誤	誤

問3 次の記述 a～c の正誤について最も適する組み合わせを，表3の①～⑧から一つ選びなさい.（解答欄1-ウ）

a ドライアイスが常温で昇華するのは，二酸化炭素分子中の炭素原子と酸素原子がファンデルワールス力で結びついているためである.

b 塩素原子は電子親和力が大きく，陰イオンになりやすい.

c ケイ素の単体は半導体の性質を示すので，ケイ素は両性元素である.

表3

	a	b	c
①	正	正	正
②	正	正	誤
③	正	誤	正
④	正	誤	誤
⑤	誤	正	正
⑥	誤	正	誤
⑦	誤	誤	正
⑧	誤	誤	誤

問4 金属に関する次の記述 a～c の正誤について最も適する組み合わせを，表4の①～⑧から一つ選びなさい.（解答欄1-エ）

a アルミニウムは，工業的には高炉（溶鉱炉）にボーキサイト，コークス，石灰岩を入れて熱風を吹き込み，コークスの燃焼で生じる一酸化炭素でアルミニウムの酸化物を還元して製造される.

b 白金が，アンモニアを酸化して一酸化窒素を生成する反応で触媒として用いられるのは，反応熱を下げて反応速度を大きくするはたらきがあるためである.

c 金属に他の金属や非金属を融かしこんだものを合金といい，黄銅やステンレス鋼は合金である.

表4

	a	b	c
①	正	正	正
②	正	正	誤
③	正	誤	正
④	正	誤	誤
⑤	誤	正	正
⑥	誤	正	誤
⑦	誤	誤	正
⑧	誤	誤	誤

問5　一般式が $C_nH_{2n+2}O$ で表される有機化合物 1 mol を完全燃焼させる際に，過不足なく反応する酸素は何 mol か．次の①～⑧から適するものを一つ選びなさい．（解答欄 1 ‐オ）

①　$\dfrac{3n}{2}$　　　　　②　$\dfrac{3n+1}{2}$　　　　③　$3n+1$

④　$\dfrac{2n+1}{2}$　　　　⑤　$\dfrac{3n-2}{2}$　　　　⑥　n

⑦　$2n$　　　　　　　⑧　$3n$

2　以下の問1と問2に答えなさい．

問1　0.63 g のシュウ酸二水和物 $(COOH)_2 \cdot 2H_2O$ を水に溶かして 100 mL にした．この水溶液を 12 mL 量り取り，濃度が不明の水酸化ナトリウム水溶液で滴定したところ，図1のような滴定曲線が得られた．以下の(1)と(2)に答えなさい．

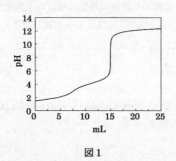

図1

（1）シュウ酸水溶液のモル濃度〔mol/L〕はいくらか．最も近い値を次の①～⑧から一つ選びなさい．（解答欄 2 ‐ア）

①　0.0012　　②　0.0050　　③　0.0070　　④　0.010
⑤　0.050　　　⑥　0.070　　　⑦　0.10　　　⑧　0.68

（2）この滴定に用いた水酸化ナトリウム水溶液のモル濃度〔mol/L〕はいくらか．最も近い値を次の①～⑧から一つ選びなさい．（解答欄 2 ‐イ）

①　0.0038　　②　0.0082　　③　0.016　　④　0.032
⑤　0.040　　　⑥　0.080　　　⑦　0.11　　　⑧　0.16

問2　問1の水酸化ナトリウム水溶液を用いて，以下の手順により食酢中の酢酸の濃度を求めた．ただし，食酢中には酢酸以外の酸は含まれていないものとする．まず，食酢を水で10倍に希釈した後，ホールピペットで20.0 mLを採取してコニカルビーカーに移した．指示薬のフェノールフタレインをコニカルビーカーに加えてから，ビュレットを用いて水酸化ナトリウム水溶液を滴下すると，終点においてビュレットの液面は図2のようになった．なお，滴定開始直前のビュレットの目盛りは10.00 mLを示していた．以下の(1)～(3)に答えなさい．

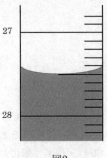

図2

(1) この滴定において，食酢中の酢酸の中和に要した水酸化ナトリウム水溶液の量は何 mL か．最も近い値を次の①～⑧から一つ選びなさい．(解答欄2-ウ)

　①　7.40　　②　17.40　　③　17.50　　④　18.40
　⑤　18.50　　⑥　27.40　　⑦　27.50　　⑧　28.50

(2) 食酢中の酢酸のモル濃度〔mol/L〕はいくらか．最も近い値を次の①～⑧から一つ選びなさい．(解答欄2-エ)

　①　0.060　　②　0.065　　③　0.070　　④　0.075
　⑤　0.60　　⑥　0.65　　⑦　0.70　　⑧　0.75

(3) 食酢中の酢酸の質量パーセント濃度〔%〕はいくらか．最も近い値を次の①～⑥から一つ選びなさい．なお，食酢の密度は1.02 g/cm³とし，小数第二位まで解答すること．(解答欄2-オ)

　①　3.89　　②　3.95　　③　4.04　　④　4.12
　⑤　4.24　　⑥　4.36

3 次の熱化学方程式①〜④を用いて，以下の問1〜問4に答えなさい．

$$2C\ (黒鉛) + 3H_2(気) = C_2H_6(気) + 84\ kJ \cdots\cdots ①$$

$$C\ (黒鉛) + O_2(気) = CO_2(気) + 394\ kJ \cdots\cdots ②$$

$$H_2(気) + \frac{1}{2}O_2(気) = H_2O\ (液) + 286\ kJ \cdots\cdots ③$$

$$C\ (黒鉛) + \frac{1}{2}O_2(気) = CO\ (気) + 111\ kJ \cdots\cdots ④$$

問1 エタンの生成熱は何 kJ/mol か．最も近い値を次の①〜⑧から一つ選びなさい．(解答欄3-ア)

① 42 ② 84 ③ 108 ④ 111
⑤ 197 ⑥ 286 ⑦ 310 ⑧ 394

問2 炭素（黒鉛）6.0 g が完全燃焼するときに放出される熱量〔kJ〕として，最も近い値を次の①〜⑧から一つ選びなさい．(解答欄3-イ)

① 84 ② 99 ③ 111 ④ 131
⑤ 197 ⑥ 286 ⑦ 309 ⑧ 394

問3 一酸化炭素の燃焼熱は何 kJ/mol か．最も近い値を次の①〜⑧から一つ選びなさい．(解答欄3-ウ)

① 71 ② 141 ③ 175 ④ 283
⑤ 397 ⑥ 478 ⑦ 680 ⑧ 791

問4 エタン，一酸化炭素および水素の混合気体が 0.20 mol ある．この混合気体を十分な酸素の存在下で完全に燃焼させたところ，0.080 mol の水と 0.16 mol の二酸化炭素が生じた．以下の(1)と(2)に答えなさい．

(1) 最初の混合気体中のエタンの物質量〔mol〕として，最も近い値を次の①〜⑧から一つ選びなさい．(解答欄3-エ)

① 0.010 ② 0.020 ③ 0.030 ④ 0.040
⑤ 0.050 ⑥ 0.060 ⑦ 0.070 ⑧ 0.080

(2) 最初の混合気体を完全に燃焼させたときに発生する熱量〔kJ〕として，最も近い値を次の①〜⑧から一つ選びなさい．ただし，燃焼によって生成する水はすべて液体とする．(解答欄3-オ)

① 17.5　　② 23.0　　③ 34.5　　④ 52.0
⑤ 69.5　　⑥ 87.0　　⑦ 122　　⑧ 139

4 以下の問1と問2に答えなさい.

問1　分子式C_4H_8で表される炭化水素はいくつあるか. 次の①～⑧から一つ選びなさい. ただし, 立体異性体を含めるものとする. (解答欄4-ア)

① 1　② 2　③ 3　④ 4　⑤ 5　⑥ 6　⑦ 7　⑧ 8

問2　次のⅠ～Ⅴの記述を読み, 以下の(1) ～ (3)に答えなさい.

Ⅰ　化合物Aは分子式C_4H_8の鎖状炭化水素であり, 化合物Bは化合物Aよりも分子量が14小さい鎖状炭化水素である.

Ⅱ　化合物Aに臭素を付加反応させると, 不斉炭素原子を一つもつ化合物Cが生じた.

Ⅲ　化合物Bとベンゼンを, $AlCl_3$などの触媒を用いて反応させると化合物Dが生じた.

Ⅳ　化合物Dを空気酸化した後, 希硫酸で分解すると化合物Eとアセトンが生じた.

Ⅴ　化合物Eは塩化鉄(Ⅲ)水溶液と反応し, 紫色を呈した.

(1) 上記のⅡにおいて, 140 mgの化合物Aに完全に臭素を付加させるために最低限必要な臭素の質量は何mgか. 最も近い値を次の①～⑧から一つ選びなさい. (解答欄4-イ)

① 100　　② 200　　③ 300　　④ 400
⑤ 500　　⑥ 600　　⑦ 700　　⑧ 800

(2) 化合物Eに関する記述として正しいものを, 次の①～⑤から二つ選びなさい. (解答欄4-ウ)

① 水に少し溶けて弱塩基性を示す.
② 無水酢酸と反応してエステルを生成する.
③ 炭酸水素ナトリウム水溶液を加えると, 二酸化炭素が発生する.
④ 水酸化ナトリウム水溶液を加えると, 水溶性の塩を生じる.
⑤ 穏やかに酸化するとアルデヒドとなり, さらに酸化するとカルボン酸になる.

（3）化合物 A, B, C, D, E の構造式をそれぞれ解答用紙裏面の**解答欄 C, D, E, F, G** に書きなさい.

　　化合物 A（解答欄 C に書きなさい）
　　化合物 B（解答欄 D に書きなさい）
　　化合物 C（解答欄 E に書きなさい）
　　化合物 D（解答欄 F に書きなさい）
　　化合物 E（解答欄 G に書きなさい）

---

5 以下の問 1〜問 4 に答えなさい.

問 1　糖類に関する記述として<u>誤っているもの</u>を, 次の①〜⑥から<u>二つ</u>選びなさい.
（解答欄 5 - ア）

　①　グルコースの水溶液が還元性を示すのは, 鎖状構造の中にホルミル基（アルデヒド基）が存在するためである.

　②　フルクトースは, 果実などに存在する甘味の強い単糖である.

　③　ヨウ素デンプン反応は, 呈色した状態で加熱すると色が消え, 冷却すると再び呈色する.

　④　グリコーゲンは, ヨウ素デンプン反応では呈色しない.

　⑤　セルロースは, 希硫酸を加えて十分に加熱すると, 加水分解されてグルコースになる.

　⑥　アミロースは, α - グルコースが 1,4 位と 1,6 位で結合した枝分かれ構造をしている.

問 2　アミノ酸とペプチドに関する記述として<u>誤っているもの</u>を, 次の①〜⑥から<u>三つ</u>選びなさい.（解答欄 5 - イ）

　①　アミノ基とカルボキシ基が同一の炭素原子に結合しているアミノ酸を α - アミノ酸という.

　②　アラニンにメタノールを反応させてカルボキシ基をエステル化すると, 酸としての性質がなくなる.

　③　pH 5 の緩衝液中では, 大部分のリシンは陰イオンになっている.

　④　グリシン水溶液の pH が等電点であるとき, 陽イオン, 双性イオンおよび陰イオンの各イオンの濃度はすべて等しい.

　⑤　グルタミン酸は, 分子内に 2 個のカルボキシ基をもつ酸性アミノ酸である.

⑥　二つの別々のペプチドが，ジスルフィド結合で結合するには，それぞれのペプチド中に二つ以上のシステインが存在する必要がある.

問3　油脂のエステル結合を塩基で加水分解することをけん化といい，1gの油脂を完全にけん化するのに必要な水酸化カリウムの質量〔mg〕をけん化価という. 油脂Aは，グリセリン1分子に3分子のオレイン酸（分子量282）がエステル結合をしている油脂である. 油脂Aのけん化価として最も近い値を，次の①～⑥から一つ選びなさい. なお，水酸化カリウムの式量は56.0とする.（解答欄5－ウ）

①　63.3　　　②　168　　　③　179　　　④　183　　　⑤　190　　　⑥　198

問4　タンパク質に関する以下の(1)と(2)に答えなさい.

(1) タンパク質の水溶液に，水酸化ナトリウム水溶液を加えて塩基性にしたのち，少量の (a) 水溶液を加えると，赤紫色を呈する. この反応を (b) 反応といい，アミノ酸(c)分子以上からなるペプチドの場合にみられる.

　　(a) ～ (c) に入るものとして最も適するものを，次の①～⑨からそれぞれ一つずつ選びなさい. (a：解答欄5－エ), (b：解答欄5－オ), (c：解答欄5－カ)

①　2　　　　　　　　　②　濃硝酸　　　　　　　③　硫酸銅(II)
④　ビウレット　　　　　⑤　ニンヒドリン　　　　⑥　3
⑦　キサントプロテイン　⑧　濃塩酸　　　　　　　⑨　酢酸鉛(II)

(2) タンパク質の水溶液に(d)を加えて熱すると黄色になり，さらにアンモニア水などを加えて塩基性にすると，橙黄色になる. この反応を (e) 反応という. この反応は，(f)の(g)化により起こり，芳香族アミノ酸が含まれていることを示す.

　　(d) ～ (g) に入るものとして最も適するものを，次の⓪～⑨からそれぞれ一つずつ選びなさい. (d：解答欄5－キ), (e：解答欄5－ク), (f：解答欄5－ケ), (g：解答欄5－コ)

⓪　濃塩酸　　　　　①　ベンゼン環　　　　②　アセチル
③　濃硝酸　　　　　④　ニトロ　　　　　　⑤　脂肪族
⑥　アミノ基　　　　⑦　ニンヒドリン　　　⑧　キサントプロテイン
⑨　塩素

生　物

（60分）

1 タンパク質の構造と酵素に関する以下の文章 [Ⅰ] 〜 [Ⅲ] を読み, 問1〜9に答えなさい（解答欄 ア 〜 ク , A ）.

[Ⅰ] タンパク質は生体の構造と機能にかかわっており, 生体に含まれる物質の中で最も種類が多く, ヒトの場合,（ア）種類程度あると考えられている. タンパク質はすべて遺伝子の情報をもとにつくられている.

　　タンパク質は, 多数のアミノ酸がつながって, 複雑な立体構造をとっている分子であり, 短いもので数十個, 長いもので数千個以上のアミノ酸が結合している.

問1　文中の（ア）にあてはまる最も適切な数値を, 次の①〜⑧から1つ選び, 解答欄 ア にマークしなさい.

① 1000　　　　② 2000　　　　③ 1万　　　　④ 2万
⑤ 10万　　　　⑥ 20万　　　　⑦ 100万　　　⑧ 200万

問2　図1は, アミノ酸の基本構造を示したものである. 図1の (a) 〜 (d) にあてはまる元素記号の組み合わせとして最も適切なものを, 次の①〜⑧から1つ選び, 解答欄 イ にマークしなさい.

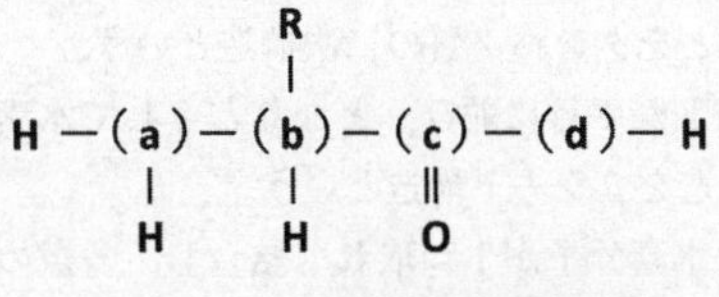

$$H-(a)-(b)-(c)-(d)-H$$

（R は (b) の上, H は (a)(b) の下, O は (c) の下に結合）

図1　アミノ酸の基本構造
R は側鎖を示す.

	(a)	(b)	(c)	(d)
①	C	O	C	N
②	C	O	N	C
③	O	C	C	N
④	O	C	N	C
⑤	C	N	O	C
⑥	C	N	C	O
⑦	N	C	O	C
⑧	N	C	C	O

問3　タンパク質を構成しているアミノ酸は約20種類あるが，その中で，側鎖に
　　　カルボキシ基をもつ酸性のアミノ酸が2つある．それら2つのアミノ酸の名称を
　　　解答欄 Ａ に記載しなさい．

問4　成人のヒトが合成できない必須アミノ酸を，次の①～⑥から1つ選び，解答欄
　　　ウ にマークしなさい．

　　　① グリシン　　　② アラニン　　　③ システイン
　　　④ ロイシン　　　⑤ プロリン　　　⑥ アルギニン

問5　タンパク質の構造に関する次の①～⑥の説明のうち，誤っているものを1つ選
　　　び，解答欄 エ にマークしなさい．

　① ポリペプチドにおいて数十から長いものでは数千個以上つながったアミノ酸
　　　の配列のことをタンパク質の一次構造という．
　② タンパク質の立体構造の中にみられる，部分的に特徴のある構造や折りたた
　　　みのパターンのことをタンパク質の二次構造という．
　③ 複数のポリペプチドが平行に並び，となりどうしで水素結合してびょうぶ状
　　　に折れ曲がった構造をβシート構造という．
　④ アミノ酸どうしは水素分子が1つ取れて結合し，多数のアミノ酸が結合する
　　　ことでポリペプチドとなる．
　⑤ タンパク質が分子全体でとる固有の立体構造を三次構造といい，その構造は
　　　タンパク質を構成するアミノ酸どうしの相互作用によって安定化される．
　⑥ 三次構造をとったポリペプチドがいくつか集合してできたタンパク質の複合
　　　体がつくる立体構造を四次構造という．

［Ⅱ］　生体内で進行するさまざまな化学反応は，酵素とよばれるタンパク質によって促進されている．酵素は反応を促進する触媒としてはたらき，(A)反応に必要なエネルギーを変化させる．この性質により，生体内では常温常圧のもとでも円滑に化学反応が進行する．

問6　酵素に関する次の①〜⑥の説明のうち，最も適切なものを1つ選び，解答欄　オ　にマークしなさい．

　①　酵素が特定の生成物のみに作用する性質を基質特異性という．
　②　酵素は反応の前後でそれ自体は変化することなく，基質を生成物に変換する．
　③　酵素－基質複合体は，酵素のアロステリック部位に基質が結合することで形成される．
　④　酵素の基質特異性は，生成物の立体構造によって決まる．
　⑤　酵素の反応速度は，反応温度には依存しない．
　⑥　酵素の反応速度は，基質濃度には依存しない．

［Ⅲ］　カタラーゼは，過酸化水素を水と酸素に分解する酵素で，ヒトやウシでは赤血球や肝臓に多く存在する．カタラーゼの性質を調べるため以下の手順で実験を行った．

　手順1　ウシの肝臓を乳鉢ですりつぶし，水を加えて，酵素液とした．
　手順2　5% 過酸化水素水，水，5% 塩酸，5% 水酸化ナトリウム水溶液を，以下の表1に示すように各2 mL ずつ試験管①〜⑨に加えた．
　手順3　試験管①〜③に酵素液 0.1 mL を加え，泡の出方を観察した．
　手順4　試験管④を氷水（0℃），試験管⑤をぬるま湯（40℃），試験管⑥を熱い湯（70℃）に浸した．あらかじめ同じ温度（それぞれ 0℃，40℃，70℃）にしておいた酵素液 0.1 mL をそれぞれの試験管に加え，泡の出方を観察した．
　手順5　試験管⑦を氷水（0℃），試験管⑧をぬるま湯（40℃），試験管⑨を熱い湯（70℃）に浸した．これら試験管に少量の酸化マンガン（Ⅳ）を加え，泡の出方を観察した．

　　ただし，溶液の % 濃度は，いずれも質量 % とする．

表1　試験管内の反応液中の内容物，添加物および温度

試験管	内容物	添加物	温度
①	過酸化水素水，水	酵素液	25℃
②	過酸化水素水，塩酸	酵素液	25℃
③	過酸化水素水，水酸化ナトリウム	酵素液	25℃
④	過酸化水素水，水	酵素液	0℃
⑤	過酸化水素水，水	酵素液	40℃
⑥	過酸化水素水，水	酵素液	70℃
⑦	過酸化水素水，水	酸化マンガン（Ⅳ）	0℃
⑧	過酸化水素水，水	酸化マンガン（Ⅳ）	40℃
⑨	過酸化水素水，水	酸化マンガン（Ⅳ）	70℃

問7　手順3において，一定時間内に最も多くの酸素が生成すると考えられる試験管を表1の①～③から1つ選び，解答欄 カ にマークしなさい．

問8　手順4において，一定時間内に最も多くの酸素が生成すると考えられる試験管を表1の④～⑥から1つ選び，解答欄 キ にマークしなさい．

問9　手順5において，一定時間内に最も多くの酸素が生成すると考えられる試験管を表1の⑦～⑨から1つ選び，解答欄 ク にマークしなさい．

2 DNA の構造と複製および遺伝情報の発現に関する以下の文章 [I] ～ [IV] を読み, 問 1 ～ 10 に答えなさい (解答欄 ア ～ ソ , B).

[I] DNA は, ヌクレオチド鎖 2 本が互いに向かいあい, 内側に突き出た塩基どうしが (ア) 結合して全体にねじれた二重らせん構造をしている. (A) DNA の構成単位はヌクレオチドであり, ヌクレオチドはリン酸と糖と塩基からなる. ヌクレオチド鎖は, ヌクレオチドが糖とリン酸の部分で多数つながってできている. したがって, ヌクレオチド鎖の一方の端は (イ) で, 他方の端は (ウ) である. このように, ヌクレオチド鎖には方向性があり, (イ) 側の末端は 5' 末端, (ウ) 側の末端は 3' 末端とよばれる.

問 1 本文中の (ア) ～ (ウ) にあてはまる最も適切な語を, 次の ①～⑧ から 1 つずつ選び, 解答欄 ア ～ ウ にマークしなさい.

① 共有 ② 金属 ③ グアニン ④ 脂質
⑤ シトシン ⑥ 水素 ⑦ 糖 ⑧ リン酸

問 2 下線部 (A) のヌクレオチドに関する記述として最も適切なものを, 次の ①～④ から 1 つ選び, 解答欄 エ にマークしなさい.

① 塩基はアデニン, ウラシル, グアニン, シトシンの 4 種類である.
② 塩基はアラニン, チミン, グアニン, シトシンの 4 種類である.
③ 糖としてデオキシリボースをもつ.
④ 糖としてリボースをもつ.

[II] 細胞分裂の際, 母細胞の DNA が複製され, 娘細胞に分配される. (B) DNA が複製されるとき, もとの DNA の 2 本のヌクレオチド鎖がそれぞれ鋳型鎖となって, 相補的な塩基配列をもつヌクレオチド鎖が新しくつくられる. まず, (オ) とよばれる部分で塩基間の結合が切れる. そこに (カ) という酵素が結合して二重らせん構造がほどかれる. 一本鎖になった鋳型鎖で新たなヌクレオチド鎖の合成が起こる. DNA の合成に使われる (キ) が塩基の部分で結合し, 続いてそこからいくつかのリン酸が取れ, 伸長中の新生鎖の 3' 末端に結合する. この反応は, (ク) のはたらきによって起こる.

問3　本文中の (オ) 〜 (ク) にあてはまる最も適切な語を，次の ①〜⑨ から 1 つずつ
選び，解答欄 オ 〜 ク にマークしなさい.

① 開始コドン
② DNA ヘリカーゼ
③ DNA ポリメラーゼ
④ デオキシリボヌクレオシド二リン酸
⑤ デオキシリボヌクレオシド三リン酸
⑥ 転写開始点
⑦ 複製開始点（または複製起点）
⑧ リボヌクレオシド二リン酸
⑨ リボヌクレオシド三リン酸

問4　下線部 (B) の説明として適切なものを，次の ①〜⑤ から 2 つ選び，解答欄 ケ
にマークしなさい.

① 鋳型鎖から合成された新しい 2 本のヌクレオチド鎖が対合し，新たな DNA
となる.
② 一方の鎖では 5′ 末端から 3′ 末端の方向に新たな DNA が合成されるが，もう
一方の鎖では 3′ 末端から 5′ 末端の方向に合成される.
③ DNA の合成開始に RNA は関与しない.
④ DNA の合成では合成鎖が 5′ 末端から 3′ 末端の方向にしか進行しない.
⑤ 断続的な DNA 合成により生じる DNA 断片をつなげる酵素がある.

問5　大腸菌を，窒素源をすべて ^{14}N よりも重い ^{15}N でおきかえた栄養分を含む培地
で培養し，大腸菌内の窒素をほぼ全て ^{15}N におきかえた. 大腸菌から DNA を抽
出し，遠心分離をすると，^{15}N からなる DNA は重いので，^{14}N からなる DNA よ
りも遠心管の下方にバンドがみられた. 次に，窒素源がすべて ^{14}N である培地に
おきかえて大腸菌を 1 回細胞分裂させてから DNA を抽出し，遠心分離をしたと
ころ，^{15}N のみからなる DNA と ^{14}N のみからなる DNA の中間の位置にだけバ
ンドが観察された. この実験結果の考察として最も適切なものを，次の ①〜④ か
ら 1 つ選び，解答欄 コ にマークしなさい.

① 分裂後，全ての大腸菌は ^{14}N と ^{15}N からなる 2 本鎖 DNA を保有する.
② 分裂後，全ての大腸菌は ^{14}N のみからなる 2 本鎖 DNA と ^{15}N のみからなる 2
本鎖 DNA を保有する.
③ 分裂後，半分の大腸菌は ^{14}N のみからなる 2 本鎖 DNA を保有する.
④ 分裂後，半分の大腸菌は ^{15}N のみからなる 2 本鎖 DNA を保有する.

問6 問5の実験において，窒素源がすべて ^{14}N である培地におきかえてから，大腸菌が2回分裂後と3回分裂後に DNA を抽出し，遠心分離を行った．2回分裂後，3回分裂後の大腸菌から抽出した DNA に含まれる，

    [^{15}N のみからなる DNA]：[中間の重さの DNA]：[^{14}N のみからなる DNA]

の比として最も適切なものを，次の①〜⑥から1つずつ選び，2回分裂後は解答欄 $\boxed{サ}$ に，3回分裂後は解答欄 $\boxed{シ}$ にマークしなさい．

    ① 0：1：1   ② 1：1：1
    ③ 0：1：2   ④ 0：1：3
    ⑤ 0：1：4   ⑥ 0：1：5

[Ⅲ] 遺伝情報は DNA の塩基配列に存在し，DNA の4種類の塩基の配列が，アミノ酸の種類，配列順序，数を指定することによって，どのようなタンパク質が合成されるかを決めている．真核生物では，タンパク質の情報をコードする DNA の塩基配列には，翻訳されない配列 (a) と翻訳される部分を含む配列 (b) があり，真核生物の多くの遺伝子では，複数の (b) が (a) で分断された構造をしている．そのため，(c)転写によってできた RNA は，(a) の領域が除かれ (b) の領域がつながれる過程を経て完成した (c) となる．この過程を (d) という．

問7 (a)〜(d) にあてはまる語を，解答欄 $\boxed{B}$ に解答例のように記載しなさい．

    解答例：
$$\boxed{\begin{array}{l} \text{B} \quad \text{(a) 遺伝情報} \\ \quad\quad \text{(b) DNA} \\ \quad\quad \text{(c) 塩基} \\ \quad\quad \text{(d) アミノ酸} \end{array}}$$

問8 下線部 (C) に関する記述として最も適切なものを，次の①〜⑤から1つ選び，解答欄 $\boxed{ス}$ にマークしなさい．

① RNA 合成酵素が DNA 鋳型鎖を 3'→5' の方向に移動し，RNA が 5'→3' の方向に順に合成されていく．

② RNA 合成酵素が DNA のテロメア領域に達することで RNA 合成が終了し，RNA が DNA から離れる．

③ 合成された RNA の塩基配列は，DNA の鋳型鎖と同じ塩基配列である．

④ 真核生物において，転写は主に細胞質基質内で行われる．

⑤ DNA に存在するオペロンとよばれる特別な塩基配列をもつ領域に RNA 合成酵素が結合する．

[Ⅳ]　タンパク質の合成に必要なものがすべて含まれている大腸菌抽出液に，人工的に合成した RNA を加えると，人工 RNA が mRNA の代わりとしてはたらき，人工 RNA のランダムな位置からポリペプチドが合成される．特定の塩基配列をもつ人工 RNA を用いて次の実験 1～4 を行った．

実験 1．CCCCCC…（C だけからなる）の塩基配列をもつ人工 RNA からは，プロリンだけからなるポリペプチドが合成された．

実験 2．CACACA…（CA の繰り返し）の塩基配列をもつ人工 RNA からは，トレオニンとヒスチジンが交互に配列したポリペプチドが合成された．

実験 3．AACAAC…（AAC の繰り返し）の塩基配列をもつ人工 RNA からは，アスパラギン，グルタミン，トレオニンのいずれかだけからなる 3 種類のポリペプチドが合成された．

実験 4．CCACCA…（CCA の繰り返し）の塩基配列をもつ人工 RNA からは，トレオニン，ヒスチジン，プロリンのいずれかだけからなる 3 種類のポリペプチドが合成された．

ただし，CCA はプロリンをコードするコドンの 1 つである．

問 9　CCCACCCA…（CCCA の繰り返し）の塩基配列をもつ人工 RNA から合成されたポリペプチドには何種類のアミノ酸が含まれるか，最も適切なものを，次の①～⑧から 1 つ選び，解答欄 セ にマークしなさい．

① 1　　　　　② 2　　　　　③ 3　　　　　④ 4
⑤ 5　　　　　⑥ 6　　　　　⑦ 7　　　　　⑧ 8

問 10　実験 1～4 の結果より推定される，ヒスチジンをコードするコドンとして最も適切なものを，次の①～⑦から 1 つ選び，解答欄 ソ にマークしなさい．

① AAC　　　② ACA　　　③ ACC　　　④ CAA
⑤ CAC　　　⑥ CCA　　　⑦ CCC

3 植物の環境応答に関する以下の文章［I］と［II］を読み，問1〜6に答えなさい（解答欄 ア 〜 カ ）.

［I］吸水後に光を浴びることで発芽が促進される種子を光発芽種子という. これに対し，発芽に光の作用を必要としない種子を暗発芽種子という. 光発芽種子の発芽に対する光の効果は，波長によって大きく異なる. (A)促進効果があるのは赤色光であり，遠赤色光にはこの効果を打ち消す作用がある. この現象では，フィトクロムが光受容体として，光を感知する役割を果たしている. また，フィトクロムは花芽形成や茎の伸長成長でも，重要な役割を果たしている.

多くの植物にとって，(B)日長は花芽形成を左右する. 日長にどのように反応して花芽を形成するかによって，短日植物と長日植物に分けられる. 植物にとって重要な日長の情報は，日の長さではなく，夜（連続した暗期）の長さである. フィトクロムは暗期の途中で赤色光を受容する役割を果たしており，花芽形成に影響を与える.

問1 下線部(A)に関して，光発芽種子の発芽の説明として適切なものを，次の①〜⑤から2つ選び，解答欄 ア にマークしなさい.

① 光発芽種子の発芽が赤色光で促進され，遠赤色光で抑制されるということは，ほかの植物に覆われている光の弱い地表でよく発芽することを示している.

② 光発芽種子の発芽が赤色光で促進され，遠赤色光で抑制されるということは，ほかの植物に覆われていない開けた地表でよく発芽することを示している.

③ レタスの種子を吸水させた後，赤色光を照射して暗所におくと発芽しにくい.

④ レタスの種子を吸水させた後，赤色光，遠赤色光の順に照射して暗所におくと発芽しにくい.

⑤ レタスの種子を吸水させた後，赤色光，遠赤色光，赤色光の順に照射して暗所におくと発芽しにくい.

問2 下線部(B)に関して，図2のような24時間の日長条件で短日植物と長日植物を栽培したとき，それぞれの条件で花芽を形成するかどうかを，○と×で表している. ○は花芽を形成することを，×は花芽を形成しないことを示す.

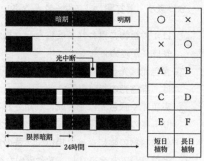

×: 花芽を形成しない ○: 花芽を形成する

図2 日長と花芽形成

図中の A ～ F にあてはまる記号として，次の①～⑧から最も適切な組み合わせを1つ選び，解答欄 $\boxed{イ}$ にマークしなさい.

① A: × B: ○ C: ○ D: × E: × F: ○
② A: × B: ○ C: ○ D: × E: × F: ×
③ A: × B: ○ C: ○ D: × E: ○ F: ×
④ A: × B: ○ C: ○ D: ○ E: ○ F: ×
⑤ A: ○ B: × C: × D: ○ E: × F: ○
⑥ A: ○ B: × C: ○ D: ○ E: × F: ○
⑦ A: ○ B: × C: × D: ○ E: ○ F: ×
⑧ A: ○ B: × C: × D: ○ E: ○ F: ○

［Ⅱ］一般に，茎の伸長成長は赤色光や青色光で抑えられ，遠赤色光で促進される.赤色光と遠赤色光の作用にかかわるのは，光発芽の場合と同じくフィトクロムである.また，青色光は(ウ)によって受容され，伸長成長の抑制にはたらく.
　　伸長した植物は，葉の位置により光環境が異なる. (c) 日当たりの良い場所を好んで生育する植物を陽生植物という. また，弱い光の場所を好んで生育する植物を陰生植物というが，同じ1個体の植物種でも (D) 日当たりの良い場所につく葉を陽葉，弱い光の場所につく葉を陰葉とよぶ.

問3　文中の (ウ) にあてはまる最も適切な語を次の①～⑥から1つ選び，解答欄 $\boxed{ウ}$ にマークしなさい.

① フォトトロピン　　　　② クリプトクロム　　　　③ ロドプシン
④ クロロフィル　　　　　⑤ オプシン　　　　　　　⑥ キサントフィル

問4　光による茎の伸長成長に関する次の①～⑤の説明のうち，誤っているものを2つ選び，解答欄 $\boxed{エ}$ にマークしなさい.

① ほかの植物に覆われて陰になった場所では，遠赤色光の割合が高く，茎の伸長成長が速められる.
② 青色光は光合成に利用されるため，ほかの植物に覆われて陰になった場所では，青色光の割合が低い.
③ 赤色光や緑色光は光合成に利用されないため，光合成に利用される青色光よりも茎の伸長成長の制御に強く影響する.
④ 他の植物の陰になった場所で，茎の伸長成長が速められるのは，周囲の植物と競争して背を高くし，光合成のための光を確保するという意味がある.
⑤ 茎の伸長成長は遠赤色光と青色光の割合で制御されている.

問5　下線部(C)に関して，樹木における陽生植物（陽樹）と陰生植物（陰樹）の説明として最も適切なものを，次の①〜⑤から1つ選び，解答欄 **オ** にマークしなさい.

①　陰樹は極相に達した森林を構成する樹種には少なく，陽樹の森の林床でのみ生育する.

②　明るい環境では陽樹は陰樹に比べて葉の面積あたりのCO_2吸収速度（光合成速度）は低いが，成長は速い.

③　明るい草原にまず侵入する樹木は，明るい環境でも暗い環境でも関係なく速く成長する陰樹である.

④　陽樹の芽生えや幼木は，日陰では光合成による物質生産を十分に行えない.

⑤　陽樹の森では地表に届く光が少なくなるが，陽樹の芽生えは陰樹の芽生えよりも生育速度が速いので，その後，陰樹を主とした林に遷移することはない.

問6　下線部(D)に関して，図3は陽葉と陰葉の葉の面積あたりのCO_2吸収速度（光合成速度）を光の強さを変えながら測定した結果である．陽葉と陰葉の測定結果として最も適切なものを，次の①〜④から1つ選び，解答欄 **カ** にマークしなさい.

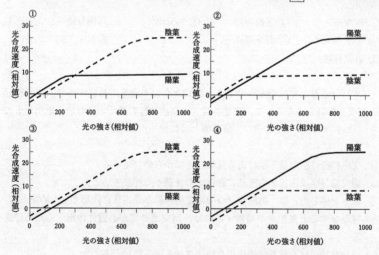

図3　陽葉と陰葉の光－光合成曲線

4 体内環境の調節に関する以下の文章［Ⅰ］と［Ⅱ］を読み，問1～7に答えなさ
い（解答欄 ア ～ タ ， C ）．

［Ⅰ］ヒトなどの動物は体の内部の状態を調節し，体内環境を安定させようとするし
くみをもっている．この体内環境を一定に保とうとする調節のしくみを恒常性と
いう．血液の状態や体温などの体内環境の情報は間脳の一部である（ア）で感知
され神経系と（イ）系という2つのしくみによって各器官に伝えられている．神
経系は（ウ）が多数集まって構成されるネットワークであり，中枢神経系と末梢
神経系とに分けられる．末梢神経系のうち，おもに体内環境の調節にかかわるの
が（エ）系である．（イ）系は，血管などを通って全身を循環する体液を通じて，
伝達物質がある器官から別の器官へ伝えられる．この伝達物質を（オ）と呼ぶ．
多くの（オ）は，(A)最終的なはたらきの効果が逆になるように前の段階にはたら
きかけるしくみによって，分泌量が調節されている．

問1　文中の（ア）～（オ）にあてはまる最も適切な語を，次の①～⑨からそれぞれ
1つずつ選び，解答欄 ア ～ オ にマークしなさい．

① ホルモン　　　② 運動神経　　　③ 外分泌　　　④ 内分泌
⑤ サイトカイン　⑥ 脳下垂体　　　⑦ ニューロン　⑧ 視床下部
⑨ 自律神経

問2　（エ）は意識してはたらかせることのできない不随意の神経であり，交感神経
と副交感神経からなる．この交感神経と副交感神経の説明のうち最も適切なもの
を，次の①～⑤から1つ選び，解答欄 カ にマークしなさい．

① 交感神経は脳の最下部にある延髄の下部から伸びている．
② 副交感神経は胸部から腰部にかけての脊髄から伸びている．
③ 寒さを感じたとき，鳥肌が立つのは交感神経が立毛筋に作用するためである．
④ 運動をすると脈拍数が増加するのは，副交感神経が心臓に作用するためであ
る．
⑤ 副交感神経は交感神経の作用を増強させるようにはたらく．

問3　下線部（A）にあてはまる調節機構の名称を解答欄 C に記載しなさい．

問4　下線部（A）の調節機構に関する説明のうち最も適切なものを，次の①～④から1つ選び，解答欄 キ にマークしなさい.

①　甲状腺刺激ホルモン放出ホルモンは，甲状腺に直接はたらき，チロキシンの分泌を促進する.

②　視床下部や脳下垂体では血液中のチロキシン濃度を感知している.

③　寒冷などの刺激によって視床下部は甲状腺刺激ホルモンを分泌する.

④　血液中のチロキシン濃度が低くなると，甲状腺刺激ホルモンの分泌量が減少する.

［Ⅱ］ヒト血液中のグルコース濃度（血糖値）が上昇すると，視床下部の血糖調節中枢がそれを感知する．その刺激は，（ク）神経を介して，すい臓のランゲルハンス島の（ケ）に伝えられる．それとともに，高血糖の血液は直接ランゲルハンス島の（ケ）を刺激し，そこから（コ）が分泌される．(B)（コ）は血流に乗って運ばれ，肝臓や筋肉などの標的細胞にはたらきかけ，血糖値を低下させる．血糖値の低下も，視床下部の血糖調節中枢によって感知される．その刺激は（サ）神経や脳下垂体に伝わり，副腎髄質からはアドレナリンが分泌される．また，低血糖の血液はランゲルハンス島の（シ）を刺激して，そこから（ス）が分泌される．(C)アドレナリンや（ス）は肝臓などの標的細胞にはたらきかけ，血糖値を上昇させる．このように，視床下部からの情報が伝わると血糖値が変化し，その変化を視床下部が感じ取って再び調節が行われる.

問5　文中の（ク）～（ス）にあてはまる最も適切な語を，次の①～⑧からそれぞれ1つずつ選び，解答欄 ク ～ ス にマークしなさい.

①　糖質コルチコイド　　②　B細胞　　　　　③　副交感
④　サイトカイン　　　　⑤　交感　　　　　　⑥　グルカゴン
⑦　A細胞　　　　　　　⑧　インスリン

問6　下線部 (B) および (C) に関して，それぞれどのようなメカニズムで血糖値を制御するか．最も適切なものを，次の①〜④からそれぞれ1つずつ選び，下線部 (B) の解答を解答欄 セ に，下線部 (C) の解答を解答欄 ソ にマークしなさい．

① グルコースの取り込みを高める．
② グルコースが取り込まれないようにする．
③ グリコーゲンの分解を促進させる．
④ グリコーゲンの血中放出を促進する．

問7　糖負荷試験とは空腹時にグルコースを摂取し，経時的に血糖値を測定することで，血糖値を正常に保つ能力を調べる検査である．図4のグラフは糖負荷試験における糖摂取前後の血糖値と血中インスリンの濃度の変化を示したグラフである．以下のグラフのうち，血糖値（血糖濃度）を正常に保つことができる健康な人のグラフはどれか．最も適切なものを次の①〜④から1つ選び，解答欄 タ にマークしなさい．

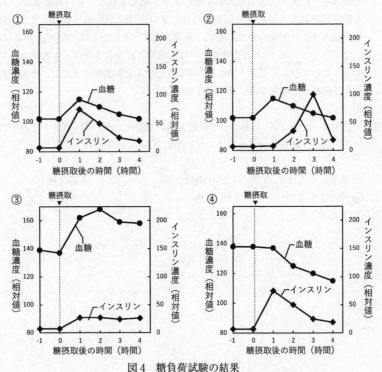

図4　糖負荷試験の結果

5　免疫に関する以下の文章［Ⅰ］と［Ⅱ］を読み，問1〜6に答えなさい
　　（解答欄 ア 〜 シ , D ）.

［Ⅰ］ヒトの皮膚は異物の侵入を物理的に阻止するはたらきがあるが，この防御をす
　　　りぬけて体に侵入した異物は，第二の防御として (A) 白血球の一種である好中球
　　　のほか，（ア）やマクロファージなどの食細胞に貪食される．（ア）やマクロファー
　　　ジは，異物を取り込み分解した後，抗原提示することで，リンパ球に異物の情
　　　報を伝える．提示された抗原を異物と認識したリンパ球は活性化し，増殖する
　　　ことで免疫反応が発動する．リンパ球は，主に機能の異なる（イ）と（ウ）に分け
　　　られる．（イ）は抗原に特異的な（エ）をつくる細胞に分化する．（エ）は抗原と特
　　　異的に結合することで抗原を無毒化するなどの作用をもつ．また，刺激を受け
　　　た（イ）の一部は体内に長期間残り，一度侵入したことのある異物に対してすば
　　　やく反応し，発病を抑える．一方，胸腺由来の（ウ）には，種々の活性物質をつくっ
　　　たり，抗原と直接反応したり，他の免疫系の細胞の機能を調節するはたらきがあ
　　　る．リンパ球による免疫反応には（エ）によって異物を排除する（オ）と，それと
　　　は違うリンパ球が病原体に感染した細胞などに作用して排除する（カ）の2種類
　　　がある．この (B) リンパ球による免疫反応の特徴の1つは一度体内に侵入した異
　　　物に対する情報が長期間記憶されることである．

問1　本文中の（ア）〜（カ）にあてはまる最も適切な語を，次の①〜⑨からそれぞれ
　　　1つずつ選び，解答欄 ア 〜 カ にマークしなさい.

　　　① 樹状細胞　　　　② 血小板　　　　③ NK 細胞　　　　④ フィブリン
　　　⑤ 抗体　　　　　　⑥ B 細胞　　　　⑦ T 細胞　　　　　⑧ 体液性免疫
　　　⑨ 細胞性免疫

問2　本文中の下線部 (A) のように過去の感染の経験によらず，即座にさまざまな
　　　病原体に対して幅広くはたらく免疫反応の名称を解答欄 D に記載しなさい.

問3　リンパ球に関する記述のうち最も適切なものを，次の①〜⑤から1つ選び，解
　　　答欄 キ にマークしなさい.

　　　① リンパ球はリンパ節に存在する造血幹細胞から分化する.
　　　② リンパ球はマクロファージの食作用には関与しない.
　　　③ 1つの T 細胞は1種類の抗原しか認識できない.
　　　④ 形質細胞は B 細胞に変わることで抗体をさかんに分泌するようになる.
　　　⑤ 好中球は樹状細胞に提示された抗原を認識してウイルス感染細胞を攻撃する.

問4　下線部 (B) が関係する事柄の例として適切なものを, 次の①〜⑥から2つ選び, 解答欄 ク にマークしなさい.

　①2型糖尿病　　②血液凝固　　③アナフィラキシー
　④パンデミック　⑤ワクチン　　⑥好中球の貪食作用

[Ⅱ] A系統およびB系統という2種類の異なる系統のマウスを使い皮膚の移植実験を行った. まず, A系統あるいはB系統同士で皮膚の移植を行ったところ, どちらも移植した皮膚片は定着した. 次にA系統のマウスにB系統のマウスの皮膚片を移植したところ, (C)皮膚片は10日後に拒絶反応により脱落した. このB系統のマウスの皮膚が移植され, その後脱落したA系統のマウスをaマウス, A系統のマウスとB系統のマウスを交配して得られたマウスをcマウスとし, 以下の実験1〜3を行った. なお, 遺伝的に均質な個体からなる個体群を系統という.

　　実験1：aマウスに再びB系統のマウスの皮膚を移植する.
　　実験2：A系統のマウスにaマウスのT細胞を注射し, その後B系統のマウスの皮膚を移植する.
　　実験3：cマウスに, B系統のマウスの皮膚を移植する.

問5　生後まもなく胸腺を除去したA系統のマウスが成長した後にB系統のマウスの皮膚を移植すると, 移植した皮膚は定着した. このことから, 下線部 (C) の皮膚片の拒絶反応に直接関与する免疫反応の名称に関して最も適切なものを, 次の①〜④から1つ選び, 解答欄 ケ にマークしなさい.

　①体液性免疫　　②貪食作用　　③アナフィラキシー　　④細胞性免疫

問6　実験1〜3において, 移植された皮膚片はどうなると考えられるか. 最も適切なものを, 次の①〜④からそれぞれ1つずつ選び, 実験1の結果を コ に, 実験2の結果を サ に, 実験3の結果を シ にそれぞれマークしなさい. なお, 同じ番号を複数回選択してもよい.

　①10日で脱落する.
　②10日より長い期間で脱落する.
　③10日より短い期間で脱落する.
　④生着する.

解 答 編

英 語

① 解答 1−c 2−a 3−a 4−d 5−a 6−c
7−d 8−c 9−c 10−b

━━━━ 解説 ━━━━

1. on top of ～「～の上に，てっぺんに」

2. help *oneself*「自由に取って食べる」「楽しむ」は have fun で，冠詞は入らない。fun は不可算名詞。よって d は不適。

3. c の need は助動詞の用法もあるが，直前に don't があるので一般動詞であり，need to という形でなければならない。d は受動態なので不適。

4. 空所には形容詞が入り，knowledge という不可算名詞を修飾するのは little である。

5. 前半に「いろいろな電子決済ができるので」とあるので，否定の意味になるように選ぶ。rarely を入れて「電車に乗るのに現金はめったに使わない」とする。

6.「家に泊まらせてくれただけでなく」 They not only let us stay at their house の not only を強調のために文頭に移すと，疑問文と同じ倒置語順が生じる。

7. 空所直後の on に着目する。「私は今この章を読んでいます」は I am on this chapter と言う。したがって，「あなたは今どの章を読んでいますか？」は d になる。なお，「どの章を読んでいますか？」という疑問文は〈Which chapter＋疑問文〉の語順となることからも d 以外は不適切。

8. 仮定法過去完了の基本形で，if 節内の動詞は過去完了形になる。

9.「～の最後」なので定冠詞がつく。

10. in order to *do*「～するために」に，不定詞の意味上の主語を表す

for it が to 不定詞の前に入ったもの。「それ（＝市）が開発プロジェクト
を前に進めるためには」

② 解答　1－c　2－b　3－d　4－g　5－e　6－d　7－c

·········· 全訳 ··········

《AI アプリを使った英語学習》

① おはようございます！　私の名はワタナベヒロコです。今日は AI，つまり人工知能について，そして英語力を向上させるために AI をどう利用できるかについて，お話しいたします。ここで言う AI とは，人間のように考えたり学んだりするようにプログラムされた機械の中で，人間の知性を模倣することを指します。AI はまだ研究開発段階ではありますが，AI を活用したコンピュータのアプリがいくつか存在します。言語学習に利用できる可能性のある，3 タイプの AI アプリのことを，これからお話ししたいと思います。

② 英作文を書くときに，どんな文構造を使ったらよいか，悩んだことはありますか？　みなさんが全員よくご存じの，AI 翻訳ソフトを試しに使ってみましょう。日本語の文を入力すれば，英語に翻訳されます。しかし英作文を書くのに全部，翻訳ソフトを使ってしまっては，英語ができるようにはならないでしょう。ですから，英語力を向上させたいなら，ソフトを，こっそり宿題をやってくれる家庭教師としてでなく，参照するためのツールとして使うようにしてください。

③ 英会話の練習をしたいなら，AI 音声チャットアプリが利用できます。スマートフォンに向かってちょっと話しかけて，英語の質問をしてみてください。AI が英語で答えてくれるでしょう——ちょうど現実の英会話のように。英語を話す友達がいない人にとっては，とてもよいアプリです。しかしながら，人間と違って，アプリは発音が悪いと処理できませんので，会話を続けるためには，必ず単語を正確に発音するようにしなくてはいけません。AI 音声チャットのよいところは，失礼なことを言われても怒ったりしないことです。いつも非常に丁寧な口調で答えてくれます。ですから，丁寧な言葉遣いができるようになるでしょう。

④ 3 番目の，最も興味深い AI アプリは生成 AI です。生成 AI とは，文

章，画像，音楽，音声，動画のような新しいコンテンツを作り出すために，AI を利用することを指します。特に，文章を作り出す生成 AI は，英語の練習に役立つでしょう。その仕組みをお示ししましょう。ウェブ上の AI プログラムに英語で質問を打ち込んでください。すると AI はすぐに英語で書かれた，とても勉強になる答えを返してきます。こうすることで，自分独自の読解の教材を簡単に手にすることができるわけです。AI はまだ開発段階ですので，受け取る情報は事実としては正確でないかもしれません。ですから，出力されたものを読むことによって，批判的な読解の技術を訓練することができます。AI の言うことを全部信じてはいけません。そうではなくて，内容をできるだけ吟味しましょう。そうすれば，批判的な読解技術を向上させるのに役立つでしょう。

⑤　今日お話ししたことを要約いたします。英語の学習の手助けになる 3 タイプの AI アプリを紹介しました。ライティングのためは，AI 翻訳アプリを使いましょう。リスニングとスピーキングのためには，AI 音声チャットが役立ちます。そしてリーディングのためには生成 AI を試してください。これらのアプリを使って英語の練習ができます。しかし，最良の先生は実際の人間であることを，覚えておいてください。なぜなら，みなさんは実際の人間と意思疎通するために，英語を学んでいるわけですから。

===================== 解　説 =====================

1.「AI についてお話しします」という意味になるものを選ぶ。be going to *do*「〜するつもりである」　talk about 〜「〜について話す」

2.「AI はまだ研究開発段階だ」と「AI を活用したコンピュータのアプリがいくつか存在する」は逆接となるので，従属接続詞 although「〜だけれども」でつなぐ。c は文頭に従属接続詞がない。

3.〈命令文, and＋SV〉「もし〜すれば…だ」の形にする。この形が第 3 段第 2 文 (Just talk to …)，および第 4 段第 4 文となる設問 5．選択肢 b (Type a question …) でも繰り返されている。

4. 並べ替えた英文は次の通り。make sure you pronounce <u>words</u> accurately to keep the conversation (going.)

「AI は発音が悪いと処理できないので」の後ろなので，「正確に」「発音する」必要がある，といった内容がくるとわかる。また文末が going なので，keep the conversation (going) という文末の固まりができる。make sure は make sure（that）S V で「必ず～しなさい」。

5. 第1段最終文（I will describe …）で示された three different types of AI applications の最初のものが第2段で，2番目のものが第3段で示された。それを受けてcの「3番目のものは（Third, …）」で始める。続いてaで「文章，画像，音楽，…」の中で，「特に（Specifically …）文章を作る生成 AI」が英語学習に役に立つことが語られ，さらにeで前置きしたうえで，bの具体的な利用方法につながっていく。

6. 最終段である第5段は全体をまとめている。

7. 空所直後の「あなたは本物の人間と意思疎通をするために，英語を学んでいるのだから」より，c.「最良の教師は実際の人間」が適切。他の選択肢は逆の内容となっている。

③ **解答**　1-c　2-b　3-c　4-b　5-c　6-d
7-d　8-b　9-d

························· **全訳** ·························

《水生植物由来のタンパク質》

ナツホ：持続可能なタンパク源についての，ポスタープレゼンテーションのテーマは決まった？

ピーター：たぶんね。レムナという水生植物からタンパク質を作っている，カリフォルニアの会社についての記事を今読んだところだよ。

ナツホ：レムナって私の知らない言葉だわ。水中で育つ植物なの？

ピーター：そうだよ。たぶん君も知っているんじゃないかな。ダックウィードという名前でも知られているよ。池の表面に浮いている，小さな緑の植物だよ。小さな丸い葉っぱのかたまりのように見えるよ。

ナツホ：なるほど，知っているわ！　ウキクサね。水を張った田んぼに生えているのをよく見かけるわ。

ピーター：どうやらその植物から，地球上で最も豊富に存在するタンパク質である，ルビスコが取れるようなんだ。ルビスコは完全タンパク質でもあるんだ。つまり，ぼくたちの体が作れない，9種類の必須アミノ酸すべてを含んでいるんだ。

ナツホ：すごいわ！　それじゃあその会社は，その植物から野菜ハンバーグを作っているの？

ピーター：いや，まだだよ。今はレムナを栽培して，そこからタンパク質を取り出している段階だ。まだそのタンパク質をすばやく，安価に加工する方法を見つける必要がある。

ナツホ：水生植物だということは，本当に持続可能と言えるのかしら。アメリカには水不足に陥っているところもあると思っていたわ。

ピーター：その通りだよ，でも大豆や牛肉に比べれば，レムナ栽培は持続可能でかつ効率的なんだ。

ナツホ：どうしてそうなの？

ピーター：そうだな，レムナ栽培は大豆を育てるのと比べて10分の1，牛肉のほぼ100分の1の水しか必要としないんだ。それにね，いいかい，よく聞いてくれよ，会社のウェブサイトによれば，レムナはまた，健全な森の10倍もCO$_2$を吸収するらしい。

ナツホ：とても感動的ね。ひょっとしたらレムナは，優れた肉の代用品で，なおかつ肉よりも環境にいいものになるかもしれないわね。

ピーター：ぼくもそう思うよ。2021年には，世界の肉消費量は過去最高になる。人は収入が増えるにつれて，肉の消費も増えるからね。優れた植物由来の肉が，本当に必要なんだ。

ナツホ：そうね。でも実は私，代替肉の味と食感は好きじゃないわ。

ピーター：そこが，代替肉の人気が出ない理由だね。でもルビスコは違う。ルビスコはバターや卵や肉と同じ食感がするんだ。

ナツホ：そうなのね。ルビスコを加工する安価な方法が，早く見つかることを期待しましょう！

===== 解 説 =====

1. 直前のピーターの発言にaquatic plant「水生植物」とある。aquaticの意味がわからなくても，次のピーターの発言のfloats on the surface of ponds「池の水面に浮く」から推測可能。

2. be known as ～「～として知られている」 a. calledの場合はasが不要になる。

3. ピーターの2番目の発言第4文（It's that tiny …）より，「池の水面に浮かんでいる」のだから，ナツホがレムナを見たのは「水を張った」水田でなければならない。

5. 環境によいという話をしているのだから，栽培に必要な水の量は少な

く，吸収する CO_2 は多くないといけない。

7. As S' V' は「～するにつれて」，so does S は「S もまたそうである」だから，「収入が増えるにつれて，その人の肉の消費も増える」という意味である。

9. 下線部の That は，直前のナツホの発言の「代替肉の味と食感は好きじゃない」を受けるので d が正解。b は「食感」がなく，代わりに odor「におい」が入っているので不可。

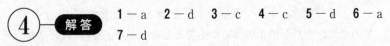

④　解答　　　1－a　2－d　3－c　4－c　5－d　6－a
　　　　　　　7－d

⋯⋯⋯⋯⋯⋯⋯⋯⋯⋯⋯⋯⋯⋯⋯⋯⋯⋯ 全訳 ⋯⋯⋯⋯⋯⋯⋯⋯⋯⋯⋯⋯⋯⋯⋯⋯⋯⋯⋯

《カーボンフットプリントを減らす》

① カーボンフットプリントは，私たちの活動によって生み出された，二酸化炭素（CO_2）のような温室効果ガスの総量を推計する。それは，温室効果ガスの排出が環境に与える影響を表す，わかりやすい方法である。温室効果ガスの増加は地球の気候に影響し，洪水や干ばつ，極端な熱波を引き起こす。個々の企業や，あるいは産業界全体にもカーボンフットプリントがあるが，まずは個々の人間のカーボンフットプリントに焦点を当ててみよう。

② 最近のデータによれば，アメリカの一人当たりのカーボンフットプリントの平均は 1 年に 16 トン，日本は 7.6 トン，インドは 2 トンである。2015 年の気候変動に関するパリ協定で，今世紀の地球の気温上昇を 2 度までに制限することが，気候危機を回避するためには不可欠であると宣言された。この目標を達成するためには，2050 年までに，地球全体のカーボンフットプリントの平均を，一人当たり 2 トン以下に下げる必要がある。個人のカーボンフットプリントが大きければ大きいほど，それだけ環境への負荷も大きくなるのだ。

③ それでは個人のカーボンフットプリントは，どうやったら下げることができるのだろう？　私たちの行動をほんの少し変えるだけで，違いが生じる。職場に車で行かないで公共交通機関を使うことは，温室効果ガスの排出を減らす方法としてよく話題になる。長距離輸送される材料よりも地元の農産物を消費することも，削減に貢献する。乾燥機を使う代わりに服を

外干しすれば電気使用量が減り，その結果二酸化炭素を減らせる。製品製造の過程で生み出される CO_2 の量を示すために，製品にカーボンラベルを貼る企業もある。私たちの買う製品に貼ってあるカーボンラベルに注目することもまた，私たちのカーボンフットプリントを減らす効果的な方法である。このように，私たちの日々の行動を変えることによって，カーボンニュートラルな社会の実現に一役買うことができるのだ。

=========== 解説 ===========

1．「個々の企業，あるいは産業界全体にもカーボンフットプリントがあるが，まずは個々の人間の<u>それ</u>に焦点を当ててみよう」の「それ」は同じ文中のカーボンフットプリントのこと。

2． a must は「不可欠なもの」という名詞で，形容詞に言い換えると essential である。

3．「この目標を達成するためには」の「この目標」に当たるものは，直前の文（In the 2015 …）の it was declared that … の that 節の主語の部分「今世紀の地球の気温上昇を2度までに制限すること」である。

4． the＋比較級～，the＋比較級…「～すればするほど，それだけ一層…」の構文であること，そして「カーボンフットプリントが大きければ大きいほど，環境への負荷は」「大きい」ので，b. lower でなく c. greater である。

5． 乾燥機を使わずに洗濯物を外干しすれば，電気使用量は減る。

6． 下線部前半の「買う製品につけられたカーボンラベルに注意すること」がaでは「消費者がカーボンラベルをよく見て，カーボンの排出量のより少ない製品を選ぶと」，また下線部後半の「私たちのカーボンフットプリントを減らす効果的な方法だ」がaでは「環境によいであろう」と言い換えられている。

7． 空所を含む文は第3段の最終文で，同段およびこのエッセー全体を結論付ける文である。第3段はカーボンニュートラルな社会の実現のために個人としてできることを述べている。通勤に公共交通機関を使うこと，地元産の食材を使うこと，洗濯物を乾かすのに乾燥機を使わないこと，買い物をする際カーボンラベルに注意すること，これらはすべてdの「日々の行動を変えること」の具体例である。

⑤　解答　1−b　2−b・c・f　3−c　4−c
5−d・e

━━━━━━━━━━━━━━ 全訳 ━━━━━━━━━━━━━━

《細胞培養で魚肉を作る》

① イスラエルのある企業によると，同社は，実験室で培養した動物の細胞を使って，初めて，すぐに調理できる魚の切り身を3Dプリンターで作ることに成功した。実験室育ちの牛肉や鶏肉は，畜産に関係した環境問題を回避する方法として注目を集めている。しかし，実験室育ちの海産物の研究をした企業はほとんどない。

② イスラエルのステークホルダー・フーズ社は，シンガポールに拠点のあるウマミミーツ社と共同で，魚の切り身を作った。ウマミミーツ社はハタという種類の魚の細胞を取り出して，その細胞を培養して筋肉と脂肪にした。それからステークホルダー・フーズ社が，培養細胞を特別な3Dプリンターで用いる「バイオインク」に加えた。その結果できた切り身は，海で取れた魚とほとんど変わらない細長い切り身だった。ウマミ社はその最初の製品を来年市場に出すことを望んでいる。シンガポールが最初で，それから正式な許可が下りれば，アメリカや日本といった国々がその後に続くだろう。

③ この実験室育ちの魚は，細胞培養として知られる過程で作られる。細胞培養だけでは，まだ現時点では費用が高すぎて，従来の海産物には太刀打ちできない。したがって現時点では，魚の細胞はバイオインクの中で植物由来の物質と混ぜられている。3Dプリンターの中で，ガラス皿が前後に動く。その動きにつれて，魚の切り身も大きくなっていくのだ。この切り身はふつうの魚と同じように，簡単に分けることができる。味付けして油で調理してしまえば，見分けるのは難しい。「時が経つにつれ，これらの製品の複雑さとレベルは増していき，製造関連の価格は下がっていくだろう」とステークホルダー・フーズ社のアリク＝カウフマンは言った。

④ 細胞培養の過程は牛肉の場合よりも単純であるが，困難なこともある。牛の幹細胞は十分研究されてきたが，魚についてわかっていることははるかに少ないのだ。ウマミミーツ社は細胞の好む栄養分は何か，どう成長するのを好むかを，まだまだ突き止める必要があり，そして研究の出発点となる文献が少ないのだ。魚の幹細胞生物学を研究している科学者の数は，

動物や人間の細胞を研究している科学者の数に比べると，きわめて少ないのだ。

⑤　ウマミ社はハタやうなぎの培養過程を解明し，今後数カ月で，他にも3種の魚を追加したいと考えている。海で取れる魚の価格との競争が重要な問題だが，最終的にはコストを下げられると考えている。ウマミ社は，買い手がその製品の味と環境への貢献に基づいて判断し，同社の製品を選んでくれることを望んでいる。

=== 解説 ===

1． get around ～ は，「～を回避する」の他に「～に対処する」という意味もあり，deal with と同義。

2． 直前の2文（Umami Meats takes …）に，「ハタという種類の魚の細胞を取り出す」「特別な3Dプリンターで用いる『バイオインク』に加える」とある。

3． c．「時が経つにつれて」go by「（時・期間が）過ぎる」

4．「牛の幹細胞については多くの研究がなされてきたが，魚についてははるかに知られていない」ということは，c．「牛の幹細胞は魚の幹細胞よりはるかに多く研究されてきた」である。much less「はるかに少ないこと」

5． d．「その会社はまもなく3Dプリンターで作った魚の切り身を，市場に出すことを期待している」

第2段最後から2文目（Umami hopes to …）に一致。

e．「3Dプリンターで作った魚の切り身は，味付けして油で調理してしまえば，ふつうの魚と簡単には区別できない」

第3段最後から2文目（When seasoned and …）に一致。

a．特殊な3Dプリンターを製造した企業については，記述がない。

b．「最初の3Dプリンターでできた魚の切り身を売り出す」のは，第2段より，イスラエルのステークホルダー・フーズ社ではなく，シンガポールのウマミミーツ社であり，最初に売り出す国は日本ではなくシンガポールである。

c．「もっと風味を加えるために」が誤り。第3段第2・3文（Cell cultivation alone … in the bio-ink.）にある通り，植物由来の物質と混ぜるのは価格を下げるためである。

数 学

① 解答　問1. ア. 4　イウ. 19　エ. 4
　　　　　問2. オ. 4　カキ. 16　ク. 4　ケコ. 12
問3. サ. 0　シ. 2　問4. スセ. 62　ソタチ. 225

=== 解 説 ===

《小問4問》

問1. 整式 $P(x)$ を $x+1$ で割った余りが5，$x-7$ で割った余りが3であるから，剰余の定理より $P(-1)=5$，$P(7)=3$ である。

　整式 $P(x)$ を $(x+1)(x-7)$ で割った商を $Q(x)$，余りを $ax+b$ とすれば

$$P(x)=(x+1)(x-7)Q(x)+ax+b \quad \cdots\cdots ①$$

と表せる。

　①に $x=-1$，7をそれぞれ代入して

$$P(-1)=-a+b=5 \quad \cdots\cdots ②$$
$$P(7)=7a+b=3 \quad \cdots\cdots ③$$

③－②より　$8a=-2$　$a=-\dfrac{1}{4}$

また，②より　$\dfrac{1}{4}+b=5$　$b=\dfrac{19}{4}$

よって，求める余りは　$-\dfrac{1}{4}x+\dfrac{19}{4}$　→ア～エ

問2. 与えられた等比数列を $\{a_n\}$ とし，初項を a，公比を r とすると，条件より次の式が成り立つ。

$$\begin{cases} a_3=ar^2=4 & \cdots\cdots① \\ a_4=ar^3=b & \cdots\cdots② \\ a_5=ar^4=64 & \cdots\cdots③ \end{cases}$$

①，③より　$\dfrac{a_5}{a_3}=\dfrac{ar^4}{ar^2}=\dfrac{64}{4}$

これより　$r^2=16$　$\cdots\cdots④$

①，②および $b>0$ であることから $r>0$ であり，④より

$r=4$ →オ

また，①より $16a=4$ $a=\dfrac{1}{4}$

②より $b=\dfrac{1}{4}\times4^3=16$ →カキ

$\{a_n\}$ は初項 $a=\dfrac{1}{4}$，公比 $r=4$ の等比数列であるから，初項から第 n 項までの和は

$$\dfrac{\dfrac{1}{4}(4^n-1)}{4-1}=\dfrac{4^n-1}{12} \quad →ク～コ$$

問3. 直線 $y=3$ に垂直であることより，求めるベクトルの x 成分は 0 であり，大きさが 2 で，負の成分をもたないことから，求めるベクトルの成分は $(0,\ 2)$ である。 →サ・シ

問4. $\displaystyle\sum_{i=1}^{200}x_i=12400$ より，200 人のテストの点数の合計点は 12400 であるから，その平均値 $\bar{x}$ は

$$\bar{x}=\dfrac{12400}{200}=62 \quad →スセ$$

分散を V とすれば，$V=\overline{x^2}-(\bar{x})^2$ であるから，$\displaystyle\sum_{i=1}^{200}x_i{}^2=813800$ より

$$V=\dfrac{813800}{200}-62^2=4069-3844=225 \quad →ソ～チ$$

②　**解答** **問1.** **ア.** 1 **イ.** 3 **ウ.** 2 **エ.** 3 **オ.** 2
カ. 3 **キ.** 1 **ク.** 3 **ケ.** 0
問2. **コサ.** 18 **シス.** 18 **セ.** 9
問3. **ソタ.** 27 **チ.** 2 **ツテ.** 27 **ト.** 2 **ナ.** 9 **ニ.** 2
問4. **ヌ.** 1 **ネ.** 2 **ノ.** 9 **ハ.** 8

═══════════ 解説 ═══════════

《内積，ベクトルの大きさ，三角形の面積とその最小値》

問1. $t=\dfrac{2}{3}$ のとき，D は AB を $\dfrac{2}{3}:\dfrac{1}{3}$ に内分する点なので

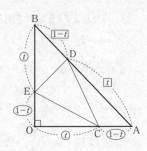

$$\overrightarrow{\mathrm{OD}}=\frac{1}{3}\overrightarrow{\mathrm{OA}}+\frac{2}{3}\overrightarrow{\mathrm{OB}}\quad\cdots\cdots①\quad ア～エ$$

また，$\mathrm{OC}=\dfrac{2}{3}\mathrm{OA}$，$\mathrm{OE}=\dfrac{1}{3}\mathrm{OB}$ であるから

$$\overrightarrow{\mathrm{CE}}=\overrightarrow{\mathrm{CO}}+\overrightarrow{\mathrm{OE}}=-\frac{2}{3}\overrightarrow{\mathrm{OA}}+\frac{1}{3}\overrightarrow{\mathrm{OB}}$$

$$\cdots\cdots②\quad →オ～ク$$

$\mathrm{OA}\perp\mathrm{OB}$ より $\overrightarrow{\mathrm{OA}}\cdot\overrightarrow{\mathrm{OB}}=0$ であるから，①，②より

$$\overrightarrow{\mathrm{OD}}\cdot\overrightarrow{\mathrm{CE}}=-\frac{2}{9}|\overrightarrow{\mathrm{OA}}|^2+\left(\frac{1}{9}-\frac{4}{9}\right)\overrightarrow{\mathrm{OA}}\cdot\overrightarrow{\mathrm{OB}}+\frac{2}{9}|\overrightarrow{\mathrm{OB}}|^2$$

$$=-\frac{2}{9}|\overrightarrow{\mathrm{OA}}|^2-\frac{1}{3}\overrightarrow{\mathrm{OA}}\cdot\overrightarrow{\mathrm{OB}}+\frac{2}{9}|\overrightarrow{\mathrm{OB}}|^2$$

$$=-\frac{2}{9}\times3^2-\frac{1}{3}\times0+\frac{2}{9}\times3^2=0\quad →ケ$$

問2． $\overrightarrow{\mathrm{OD}}=(1-t)\overrightarrow{\mathrm{OA}}+t\overrightarrow{\mathrm{OB}}$ より

$$|\overrightarrow{\mathrm{OD}}|^2=(1-t)^2|\overrightarrow{\mathrm{OA}}|^2+2t(1-t)\overrightarrow{\mathrm{OA}}\cdot\overrightarrow{\mathrm{OB}}+t^2|\overrightarrow{\mathrm{OB}}|^2$$

$$=(1-t)^2\times3^2+2t(1-t)\times0+t^2\times3^2$$

$$=9(1-t)^2+9t^2$$

$$=9(1-2t+t^2)+9t^2$$

$$=18t^2-18t+9\quad →コ～セ$$

問3． $\triangle\mathrm{OAB}$ は $\mathrm{OA}=\mathrm{OB}=3$，$\angle\mathrm{AOB}=90°$ の直角二等辺三角形であるから，$\angle\mathrm{OAB}=\angle\mathrm{OBA}=45°$，$\mathrm{AB}=3\sqrt{2}$ であり

$$\triangle\mathrm{BDE}=\frac{1}{2}\mathrm{BE}\cdot\mathrm{BD}\times\sin\angle\mathrm{OBA}$$

$$=\frac{1}{2}\times3t\times3\sqrt{2}\,(1-t)\times\sin45°$$

$$=\frac{1}{2}\times3t\times3\sqrt{2}\,(1-t)\times\frac{1}{\sqrt{2}}$$

$$=\frac{1}{2}\times3t\times3(1-t)$$

$$=\frac{9}{2}t(1-t)\quad\cdots\cdots③$$

$$\triangle \text{OEC} = \frac{1}{2}\text{OE} \cdot \text{OC} = \frac{1}{2} \times 3(1-t) \times 3t$$

$$= \frac{9}{2}t(1-t) \quad \cdots\cdots④$$

$$\triangle \text{ADC} = \frac{1}{2}\text{AC} \cdot \text{AD} \times \sin\angle \text{OAB}$$

$$= \frac{1}{2} \times 3(1-t) \cdot 3\sqrt{2}\,t \times \sin 45°$$

$$= \frac{1}{2} \times 3(1-t) \cdot 3\sqrt{2}\,t \times \frac{1}{\sqrt{2}}$$

$$= \frac{9}{2}t(1-t) \quad \cdots\cdots⑤$$

③～⑤より，三角形 CDE の面積 S は

$$S = \triangle \text{OAB} - (\triangle \text{BDE} + \triangle \text{OEC} + \triangle \text{ADC})$$

$$= \frac{1}{2} \times 3 \times 3 - 3 \times \frac{9}{2}t(1-t)$$

$$= \frac{9}{2} - \frac{27}{2}t(1-t)$$

$$= \frac{27}{2}t^2 - \frac{27}{2}t + \frac{9}{2} \quad →ソ～ニ$$

問4. $S = \dfrac{27}{2}t^2 - \dfrac{27}{2}t + \dfrac{9}{2} = \dfrac{27}{2}(t^2 - t) + \dfrac{9}{2} = \dfrac{27}{2}\left\{\left(t - \dfrac{1}{2}\right)^2 - \dfrac{1}{4}\right\} + \dfrac{9}{2}$

$$= \frac{27}{2}\left(t - \frac{1}{2}\right)^2 - \frac{27}{8} + \frac{36}{8} = \frac{27}{2}\left(t - \frac{1}{2}\right)^2 + \frac{9}{8}$$

これより，$t = \dfrac{1}{2}$ のとき，S は最小値 $\dfrac{9}{8}$ をとる。　→ヌ～ハ

③ **解答**　問1. **ア.** 4　問2. **イ.** 2　**ウ.** 4　問3. **エ.** 5
　　　　　問4. **オ.** 8　**カ.** 5　**キク.** 20
問5. **ケコ.** 46　**サ.** 5　**シ.** 0

══════════ 解説 ══════════

《3次関数の極大値・極小値，3次方程式が異なる3個の実数解をもつ条件，3次関数の最大・最小》

問1. $f(x) = x^3 - 6x^2 - 3ax + ab$ を x で微分して

$$f'(x)=3x^2-12x-3a$$

関数 $f(x)$ が極大値と極小値をもつのは2次方程式 $f'(x)=0$ が異なる2つの実数解をもつときであり，2次方程式 $3x^2-12x-3a=0$ ……① の判別式を D とすると

$$\frac{D}{4}=(-6)^2-3(-3a)=36+9a>0$$

$$9a>-36$$

すなわち $a>-4$ →ア

問2. ①の2解が p および q であり，$p<q$ である。2次方程式の解と係数の関係より

$$p+q=-\frac{-12}{3}=4,\quad pq=\frac{-3a}{3}=-a$$

であるから

$$(p-q)^2=(p+q)^2-4pq=4^2-4(-a)=16+4a$$

$p-q<0$ であるから

$$p-q=-\sqrt{16+4a}=-\sqrt{4(4+a)}=-2\sqrt{a+4}\quad →イ・ウ$$

問3. $f(p)$ が極大値，$f(q)$ が極小値であるから

x	$\cdots$	p	$\cdots$	q	$\cdots$
$f'(x)$	+	0	−	0	+
$f(x)$	↗	極大	↘	極小	↗

$$f(p)-f(q)=p^3-6p^2-3ap+ab$$
$$\qquad -(q^3-6q^2-3aq+ab)$$
$$=p^3-q^3-6(p^2-q^2)-3a(p-q)$$
$$=(p-q)(p^2+pq+q^2)-6(p-q)(p+q)-3a(p-q)$$
$$=(p-q)\{p^2+pq+q^2-6(p+q)-3a\}$$
$$=(p-q)\{(p+q)^2-pq-6(p+q)-3a\}$$
$$=-2\sqrt{a+4}(4^2+a-6\times4-3a)$$
$$=-2\sqrt{a+4}(-2a-8)$$
$$=4\sqrt{a+4}(a+4)$$
$$=4(a+4)^{\frac{3}{2}}$$

$f(p)-f(q)=108$ であるから

$$4(a+4)^{\frac{3}{2}}=108\quad (a+4)^{\frac{3}{2}}=27=3^3\quad (a+4)^{\frac{1}{2}}=3$$
$$\sqrt{a+4}=3\quad a+4=9$$

よって　　$a=5$　→エ

別解　$f(p)-f(q)=\int_q^p f'(x)dx$

$$=3\int_q^p (x-p)(x-q)dx$$

$$=3\cdot\left(-\frac{1}{6}\right)(p-q)^3$$

$$=-\frac{1}{2}\cdot(-2\sqrt{a+4})^3=4(a+4)^{\frac{3}{2}}$$

（以下は〔解説〕と同じ）

問4.　$a=5$ のとき

$$f(x)=x^3-6x^2-15x+5b$$

$$f'(x)=3x^2-12x-15$$

であり

x	$\cdots$	-1	$\cdots$	5	$\cdots$
$f'(x)$	$+$	0	$-$	0	$+$
$f(x)$	↗	極大	↘	極小	↗

$$f'(x)=3(x^2-4x-5)=3(x+1)(x-5)$$

であるから，右の増減表より $f(x)$ は $x=-1$ で極大，$x=5$ で極小となる。

　$f(x)=0$ が異なる3個の実数解をもつのは

$$\begin{cases} f(-1)>0 & \cdots\cdots② \\ f(5)<0 & \cdots\cdots③ \end{cases}$$

となるときであり，②より

$$f(-1)=(-1)^3-6(-1)^2-15\times(-1)+5b$$

$$=5b+8>0$$

$$b>-\frac{8}{5}$$

③より

$$f(5)=5^3-6\times5^2-15\times5+5b=125-150-75+5b$$

$$=5b-100<0$$

$$b<20$$

　よって　　$-\frac{8}{5}<b<20$　→オ～ク

問5.　$-2\leqq x\leqq2$ の範囲においては $f(-1)$ で最大値をとるから

$$f(-1)=5b+8=54 \quad より \quad 5b=46$$

x	-2	$\cdots$	-1	$\cdots$	2
$f'(x)$	$+$	$+$	0	$-$	$-$
$f(x)$	44	↗	極大	↘	0

すなわち $b=\dfrac{46}{5}$ →ケ～サ

このとき，$f(x)=x^3-6x^2-15x+46$ であり

$f(-2)=(-2)^3-6(-2)^2-15\times(-2)+46=-8-24+30+46=44$

$f(2)=2^3-6\times2^2-15\times2+46=8-24-30+46=0$

したがって，この x の範囲内での $f(x)$ の最小値は 0 である。 →シ

 解答 問1．ア．6 問2．イウ．18 エ．2

問3．オ．4 カ．2 キクケ．648

問4．コ．6 サシ．10 ス．5

===== 解説 =====

《さいころの目に従って移動する点の作る三角形についての確率》

北，東，南，西へ 1 移動することをそれぞれ N，E，S，W で表し，動かないことを Z で表す。

問1． $P_1=B$ となるのは E の移動，すなわちさいころの目が 2 である場合であるから，その確率は $\dfrac{1}{6}$ →ア

問2． $P_2=E$ となるのは ES または SE の移動の場合であり，その確率は

$$\dfrac{1}{6}\times\dfrac{1}{6}+\dfrac{1}{6}\times\dfrac{1}{6}=\dfrac{2}{36}=\dfrac{1}{18} \quad →イウ$$

$P_2=A$ となるのは EW または SN または ZZ の場合であり，その確率は

$$\dfrac{1}{6}\times\dfrac{1}{6}+\dfrac{1}{6}\times\dfrac{1}{6}+\dfrac{4}{6}\times\dfrac{4}{6}=\dfrac{18}{36}=\dfrac{1}{2} \quad →エ$$

問3． $S\neq0$ のとき，作られる三角形の底辺，高さはそれぞれ 1 または 2 をとり得るから，三角形の面積 S のとり得る値は 0，$\dfrac{1}{2}$，1，2 の 4 通りある。 →オ

S の最大値 S_1 は底辺，高さがともに 2 のときであり

$$S_1=\dfrac{1}{2}\times2\times2=2 \quad →カ$$

$S_1=2$ となる三角形は △ACI，△ACH，△ACG，△AGI，△AGF が考えられるが，そのうち △ACH，△ACG，△AGF は不可能であるから

△ACI, △AGI の 2 通りについて，その移動は EESS, SSEE であり，求める確率は

$$\left(\frac{1}{6}\right)^4 \times 2 = \frac{1}{648} \quad \rightarrow \text{キ〜ケ}$$

問 4． 3 点 A，P_2，P_4 が作る三角形には下図の①〜⑤の場合がある。

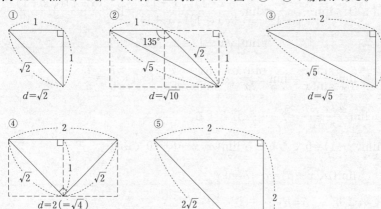

①，③，④，⑤は直角三角形なので d は斜辺の長さに等しい。②の d については，正弦定理から

$$d = \frac{\sqrt{5}}{\sin 135°} = \frac{\sqrt{5}}{\frac{1}{\sqrt{2}}} = \sqrt{10}$$

d がとり得る値について，$d=0$ のときと，上図①〜⑤の三角形の場合を考えて 6 通りである。　→コ

d の最大値については，②の場合の

$$d = \sqrt{10} \quad \rightarrow \text{サシ}$$

3 番目に大きい d の値は，③の場合の

$$d = \sqrt{5} \quad \rightarrow \text{ス}$$

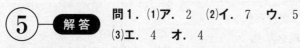 **解答**　**問 1．** (1)**ア．** 2　(2)**イ．** 7　**ウ．** 5
(3)**エ．** 4　**オ．** 4

問 2．　カ—③

問3. (1)キー⑨　ク—⑥　(2)ケ—⑥　コ—⑧　サ—⑨　シ—⑥

(3)ス—⑤　セ—②　ソ—①　タ—①　チ—⑤　ツ—③

====== 解 説 ======

《小問3問》

問1. (1) $\displaystyle\lim_{x\to 1}\frac{x-1}{\sqrt{x}-1}=\lim_{x\to 1}\frac{(x-1)(\sqrt{x}+1)}{(\sqrt{x}-1)(\sqrt{x}+1)}=\lim_{x\to 1}\frac{(x-1)(\sqrt{x}+1)}{x-1}$

$\displaystyle\qquad\qquad=\lim_{x\to 1}(\sqrt{x}+1)=2\quad\to\mathcal{ア}$

(2) $\displaystyle\lim_{x\to 0}\frac{\sin 7x}{\sin 5x}=\lim_{x\to 0}\frac{\sin 7x}{7x}\cdot\frac{5x}{\sin 5x}\cdot\frac{7}{5}=1\times 1\times\frac{7}{5}=\frac{7}{5}\quad\to\mathcal{イ}\cdot\mathcal{ウ}$

(3) $\displaystyle\lim_{x\to 1}\frac{a\sqrt{x}-b}{x-1}=2\quad\cdots\cdots$① とする。

$\displaystyle\lim_{x\to 1}(x-1)=0$ であるから $\displaystyle\lim_{x\to 1}(a\sqrt{x}-b)=0$ であり

$\displaystyle\qquad\lim_{x\to 1}(a\sqrt{x}-b)=a-b=0$

これより　　$b=a$　……②

が得られ，これを①に代入すると

$\displaystyle\qquad\lim_{x\to 1}\frac{a\sqrt{x}-a}{x-1}=\lim_{x\to 1}\frac{a(\sqrt{x}-1)}{x-1}=\lim_{x\to 1}\frac{a(\sqrt{x}-1)(\sqrt{x}+1)}{(x-1)(\sqrt{x}+1)}$

$\displaystyle\qquad\qquad=\lim_{x\to 1}\frac{a(x-1)}{(x-1)(\sqrt{x}+1)}=\lim_{x\to 1}\frac{a}{\sqrt{x}+1}=\frac{a}{2}=2$

これより　　$a=4$　→エ

②より　　$b=4$　→オ

問2. 極座標 $(r,\ \theta)$ で表される点の直交座標を $(x,\ y)$ とすると

$$r=\sqrt{x^2+y^2},\quad\begin{cases}\cos\theta=\dfrac{x}{r}\\[2mm]\sin\theta=\dfrac{y}{r}\end{cases}$$

が成り立つ。

① $r^2\sin 2\theta=2$ より

$\qquad r^2\times 2\sin\theta\cos\theta=2\qquad r\sin\theta\times r\cos\theta=1$

これより，$xy=1$ が得られる。

これは直角双曲線を表す。

② $r=2\sin\theta$ より

$$r=2\times\dfrac{y}{r} \qquad r^2=2y \qquad x^2+y^2=2y \qquad x^2+y^2-2y=0$$

$$x^2+(y-1)^2=1$$

これは中心 $(0, 1)$，半径 1 の円を表す。

③ $r(\sin\theta-\cos\theta)=1$ より

$$r\sin\theta-r\cos\theta=1 \qquad y-x=1 \quad つまり \quad y=x+1$$

これは傾き 1，y 切片 1 の直線を表す。

④ $r=2(\cos\theta+\sin\theta)$ より

$$r=2\left(\dfrac{x}{r}+\dfrac{y}{r}\right) \qquad r^2=2(x+y) \qquad x^2+y^2=2(x+y)$$

$$(x-1)^2+(y-1)^2=2$$

これは中心 $(1, 1)$，半径 $\sqrt{2}$ の円を表す。

⑤ $\dfrac{4}{1+\cos\theta}=r$ より

$$\dfrac{4}{1+\dfrac{x}{r}}=r \qquad \dfrac{4r}{r+x}=r \qquad \dfrac{4}{r+x}=1 \qquad r+x=4$$

$$r=4-x \qquad \sqrt{x^2+y^2}=4-x$$

両辺を 2 乗して

$$x^2+y^2=16-8x+x^2$$

$$y^2=16-8x$$

これは放物線を表す。

以上より，直線を表すものは③である。　→カ

問3. (1) $\displaystyle\int\log x\,dx=\int 1\cdot\log x\,dx=\int x'\log x\,dx$

$$=x\log x-\int x\cdot\dfrac{1}{x}\,dx$$

$$=x\log x-x+C \quad →キ・ク$$

(2) $\displaystyle\int(\log x)^2\,dx=\int(\log x)^2\cdot x'\,dx$

$$=x(\log x)^2-\int 2\cdot(\log x)\dfrac{1}{x}\cdot x\,dx+C$$

$$=x(\log x)^2-2\int\log x\,dx+C$$

$$=x(\log x)^2-2(x\log x-x)+C$$

$$=x(\log x)^2-2x\log x+2x+C \quad \rightarrow ケ\sim シ$$

(3) $f(x)=e^x$ とすると $f'(x)=e^x$ であり，曲線 $K：y=e^x$ 上の点 $(1,\ e)$ における接線 l は，傾き $f'(1)=e^1=e$ であるから，その方程式は

$$y-e=e(x-1) \quad すなわち \quad y=ex$$

である。

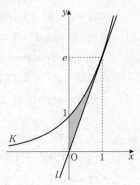

K, l および y 軸で囲まれた図形の面積を S とすると，右図より

$$S=\int_0^1 (e^x-ex)\,dx=\left[e^x-\frac{e}{2}x^2\right]_0^1$$

$$=e-\frac{e}{2}-(e^0-0)=\frac{e}{2}-1 \quad \rightarrow ス\sim ソ$$

$y=ex$ より $x=\dfrac{y}{e}$，また $y=e^x$ より $x=\log y$ であり，K, l および y 軸で囲まれた図形を y 軸の周りに 1 回転させてできる立体の体積 V は

$$V=\frac{1}{3}\cdot\pi\cdot 1^2\cdot e-\pi\int_1^e (\log y)^2\,dy=\frac{\pi}{3}e-\pi\int_1^e (\log y)^2\,dy$$

$$=\frac{\pi}{3}e-\pi\left[y(\log y)^2-2y\log y+2y\right]_1^e$$

$$=\frac{\pi}{3}e-\pi\{e\cdot 1^2-2e\cdot 1+2e-(0-0+2)\}$$

$$=\frac{\pi}{3}e-\pi(e-2)=2\pi-\frac{2}{3}\pi e$$

$$=2\pi\left(1-\frac{e}{3}\right) \quad \rightarrow タ\sim ツ$$

物　理

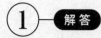**解　答**

問1．(ア)―⑥　(イ)―⑨　問2．(ウ)―③　(エ)―⑤
問3．(オ)―⓪　(カ)―⑥　(キ)―⑥

問4．

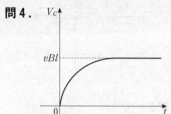

時間とともにコンデンサーに電荷が蓄えられ，次第に電圧 vBl に近づく。

=== 解　説 ===

《磁場中を運動する導体棒，ローレンツ力，誘導起電力，コンデンサー》

問1．(ア)　電子が磁場から受けるローレンツ力の大きさ f は

$$f=evB$$

(イ)　誘導起電力の大きさ V は

$$V=vBl$$

問2．(ウ)　このとき，コンデンサーの電気量は 0 であるから，導線とみなせる。導体棒の抵抗 R は，$R=\rho\dfrac{l}{A}$ なので，流れる電流の大きさ I は，オームの法則より

$$I=\frac{V}{R}=\frac{vBl}{\rho\dfrac{l}{A}}=\frac{vBA}{\rho}$$

(エ)　$v＝$一定なので導体棒にはたらく力は常につり合っている。外力の大きさを F とおくと

$$F=IBl=\frac{vBA}{\rho}Bl=\frac{vB^2Al}{\rho}$$

問3．(オ)　十分時間がたつとコンデンサーは充電されて，回路に電流が流れなくなる。つまり電流は 0 である。

(カ)　電気量を Q とおくと

$$Q=CV=CvBl$$

(キ) 静電エネルギー U は

$$U=\frac{1}{2}CV^2=\frac{1}{2}C(vBl)^2=\frac{1}{2}Cv^2B^2l^2$$

問4. 導体棒に発生した誘導起電力のため，回路に電流が流れ，右図のようにコンデンサーは充電される。したがって，V_C と時間 t の関係は〔解答〕のようになる。

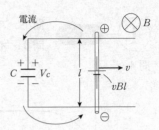

② **解答** 問1. ③ 問2. ⑨ 問3. ⑦
問4. (エ)―④ (オ)―③

問5. ④

問6. $pS-Mg-kx=0$

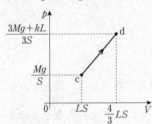

問7. ⑧

━━━━━━ 解 説 ━━━━━━

《気体の状態変化，ばねのついたピストン，内部エネルギー，p-V 図，熱力学第一法則》

問1. ピストンにはたらく力のつり合いより，気体の圧力を p とおくと

$$pS-Mg=0 \qquad p=\frac{Mg}{S} \quad \cdots\cdots(\mathrm{i})$$

問2. 内部エネルギー U は，気体の温度を T とおくと

$$U=\frac{3}{2}RT$$

ここで，理想気体の状態方程式 $pV=RT$ および(i)と $V=LS$ より

$$U=\frac{3}{2}pV=\frac{3}{2}\times\frac{Mg}{S}\times LS=\frac{3MgL}{2}$$

問3. 理想気体の状態方程式より，状態 b での体積を $V'=(L+r)S$，絶対温度を T' とおくと，圧力 p は変化しないので

$$pV'=RT'$$

$$\therefore\quad T'=\frac{pV'}{R}=\frac{\dfrac{Mg}{S}(L+r)S}{R}=\frac{Mg(L+r)}{R}$$

問4. (エ) 上式で $r=0$（状態 a）と r（状態 b）のときでの温度変化 ΔT は

$$\Delta T=\frac{Mg(L+r)}{R}-\frac{MgL}{R}=\frac{Mgr}{R}$$

なので，内部エネルギーの変化 ΔU は

$$\Delta U=\frac{3}{2}R\Delta T=\frac{3Mgr}{2}$$

(オ) 気体のした仕事 W は，状態 a→状態 b での体積の増加を ΔV とおくと

$$W=p\cdot\Delta V=\frac{Mg}{S}\times rS=Mgr$$

問5. 求める気体の圧力 p は，ピストンにはたらく力のつり合いより

$$pS-Mg-k\times\frac{L}{3}=0$$

$$\therefore\quad p=\frac{3Mg+kL}{3S}$$

問6. 問5と同様に，力のつり合いの式は

$$pS-Mg-kx=0$$

$$\therefore\quad p=\frac{Mg}{S}+\frac{k}{S}x$$

となり，圧力はばねの伸び x に対して直線的に変化することがわかる。p-V 図は〔解答〕のようになる。

問7. 状態 c，状態 d の温度をそれぞれ T_c，T_d とおくと，理想気体の状態方程式より

$$\frac{Mg}{S} \times LS = R \cdot T_c \qquad \therefore \quad T_c = \frac{MgL}{R}$$

$$\frac{3Mg+kL}{3S} \times \frac{4}{3}LS = R \cdot T_d \qquad \therefore \quad T_d = \frac{4(3Mg+kL)L}{9R}$$

よって，$\Delta T = T_d - T_c$ なので，内部エネルギーの変化 ΔU を求めると

$$\Delta U = \frac{3}{2}R(T_d - T_c)$$

$$= \frac{3}{2}R\left\{\frac{4(3Mg+kL)L}{9R} - \frac{MgL}{R}\right\}$$

$$= \frac{1}{2}MgL + \frac{2}{3}kL^2$$

また，状態 c →状態 d の間に気体のした仕事 W は，$p\text{-}V$ 図の面積に等しいので，台形の面積を考えると

$$W = \frac{1}{2} \times \left(\frac{Mg}{S} + \frac{3Mg+kL}{3S}\right) \times \left(\frac{4}{3}LS - LS\right)$$

$$= \frac{1}{3}MgL + \frac{1}{18}kL^2$$

よって，熱力学第一法則より，気体が吸収した熱量 Q は
$\Delta U = Q - W$ より

$$Q = \Delta U + W = \left(\frac{1}{2}MgL + \frac{2}{3}kL^2\right) + \left(\frac{1}{3}MgL + \frac{1}{18}kL^2\right)$$

$$= \frac{5MgL}{6} + \frac{13kL^2}{18}$$

③ 解答　問1．⑦　問2．⑥　問3．②　問4．①　問5．⑥
　　　　　　　問6．⑥　問7．④

問8. 点 B における人工衛星の速さを v_B とすると，点 A と点 B で力学的エネルギー保存則より

$$\frac{1}{2}mv_A{}^2 + \left(-G\frac{mM}{3R}\right) = \frac{1}{2}mv_B{}^2 + \left(-G\frac{mM}{2R}\right)$$

ケプラーの第二法則より

$$\frac{1}{2} \times 3Rv_A = \frac{1}{2} \times 2Rv_B \qquad \therefore \quad v_B = \frac{3}{2}v_A$$

上式に代入し v_A を求めると，$v_A = \dfrac{2}{\sqrt{15}}\sqrt{\dfrac{GM}{R}}$ となる。

一方，問4より $v_C = \sqrt{\dfrac{GM}{3R}}$ なので

$$\frac{v_A}{v_C} = \frac{\dfrac{2}{\sqrt{15}}\sqrt{\dfrac{GM}{R}}}{\sqrt{\dfrac{GM}{3R}}} = \frac{2}{\sqrt{5}} = \frac{2\sqrt{5}}{5}$$

となり，v_A は v_C の $\dfrac{2\sqrt{5}}{5}$ 倍。 ……(答)

━━━━━━━━━ 解説 ━━━━━━━━━

《地球の周りの人工衛星，第一宇宙速度，ケプラーの法則，力学的エネルギー保存則》

問1. 万有引力の大きさ F は

$$F = G\frac{Mm}{R^2}$$

問2. 人工衛星の角速度 $\omega = \dfrac{2\pi}{T_E}$ なので，遠心力の大きさ f は

$$f = mR\omega^2 = mR\left(\frac{2\pi}{T_E}\right)^2 = \frac{4\pi^2 mR}{T_E^2}$$

問3. 第一宇宙速度を v とおくと，人工衛星は，地表すれすれに円軌道を描いてまわるので，円軌道の半径は地球の半径 R にほぼ等しく，運動方程式は

$$m\frac{v^2}{R} = G\frac{Mm}{R^2} \qquad \therefore \quad v = \sqrt{\frac{GM}{R}}$$

問4. 運動方程式は

$$m\frac{v_C^2}{3R} = G\frac{Mm}{(3R)^2}$$

$$\therefore \quad v_C = \sqrt{\frac{GM}{3R}} \quad \cdots\cdots(\text{i})$$

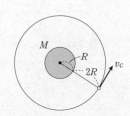

問5. ロケットが人工衛星にした仕事 W は，力学的エネルギーの変化 ΔE に等しいので

$$W = \Delta E$$

$$= \left(\frac{1}{2}mv_C^2 - G\frac{Mm}{3R}\right) - \left\{\frac{1}{2}m(R\omega)^2 - G\frac{Mm}{R}\right\}$$

(i)と $\omega = \dfrac{2\pi}{T_E}$ を代入して整理すると

$$W = \frac{5GMm}{6R} - \frac{2\pi^2 mR^2}{T_E{}^2}$$

問6. 人工衛星の無限の遠方に飛び去る最小の速さを $xv_C \,(x>0)$ とおいて，力学的エネルギー保存則を用いると，無限遠での万有引力の位置エネルギーは 0 なので

$$\frac{1}{2}m(xv_C)^2 - G\frac{Mm}{3R} = \frac{1}{2}m\cdot 0^2 - 0 = 0$$

(i)を代入して

$$\frac{1}{2}m\frac{GM}{3R}\times x^2 - G\frac{Mm}{3R} = 0 \qquad x^2 = 2$$

$$\therefore\quad x = \sqrt{2}$$

問7. 楕円軌道を周回する人工衛星の周期を T とおくと，ケプラーの第三法則より

$$\frac{T_C{}^2}{(3R)^3} = \frac{T^2}{\left(\dfrac{5}{2}R\right)^3}$$

$$\therefore\quad \frac{T}{T_C} = \sqrt{\frac{\left(\dfrac{5}{2}R\right)^3}{(3R)^3}} = \sqrt{\frac{5^3}{2^3\cdot 3^3}} = \frac{5}{6}\sqrt{\frac{5}{6}} = \frac{5\sqrt{30}}{36}$$

化　学

① **解答** 問1. ② 問2. ① 問3. ⑥ 問4. ⑦ 問5. ①

解説

《化学結合と結晶の性質，無機工業化学，化学反応と反応量》

問1. c．誤文。同じ電子配置では，陽子数が多いほどイオン半径が小さい。

問2. a．正文。どの分子の電子数も10である。

b．正文。電子式は以下の通りで，非共有電子対をもたないのは，メタンである。

$$H\!:\!\overset{\cdot\cdot}{\underset{\cdot\cdot}{O}}\!:\!H \qquad H\!:\!\overset{\overset{\textstyle H}{\cdot}}{\underset{\underset{\textstyle H}{\cdot}}{C}}\!:\!H \qquad H\!:\!\overset{\cdot\cdot}{\underset{\underset{\textstyle H}{\cdot}}{N}}\!:\!H$$

c．正文。水素結合を形成するのは，H_2O と NH_3 である。

問3. a．誤文。二酸化炭素の分子間にファンデルワールス力がはたらき，結合している。

c．誤文。ケイ素は，半導体の性質は示すが，両性元素ではない。

問4. a．誤文。この工業的製法はアルミニウムではなく鉄である。鉄は鉄鉱石とコークス，石灰岩を溶鉱炉に入れて加熱する。

b．誤文。触媒は活性化エネルギーを下げて，反応速度を大きくする。

c．正文。黄銅は銅と亜鉛，ステンレス鋼は鉄とクロムとニッケルの合金である。

問5. 酸素の係数を x とすると，完全燃焼の反応式は

$$C_nH_{2n+2}O+xO_2 \longrightarrow nCO_2+(n+1)H_2O$$

両辺の酸素の数は等しいので

$$1+2x=2n+(n+1) \qquad \therefore \quad x=\frac{3n}{2}$$

よって，求める酸素の物質量は $\dfrac{3n}{2}$ [mol] となる。

② **解答**　問1．(1)—⑤　(2)—⑥
　　　　　　問2．(1)—③　(2)—⑦　(3)—④

====== 解　説 ======

《食酢の中和滴定》

問1. (1)　$(COOH)_2 \cdot 2H_2O$ の式量は，126 なので

$$\frac{0.63}{126} \times \frac{1000}{100} = 0.050\,[mol/L]$$

(2)　水酸化ナトリウム水溶液のモル濃度を $x\,[mol/L]$ とすると，中和の公式より

$$x \times \frac{15}{1000} \times 1 = 0.050 \times \frac{12}{1000} \times 2 \qquad x = 0.080\,[mol/L]$$

問2. (1)　終点のビュレットの目盛りは 27.50 mL，滴定開始前の目盛りが 10.00 mL なので，滴下した体積は

$$27.50 - 10.00 = 17.50\,[mL]$$

(2)　$y\,[mol/L]$ の酢酸を 10 倍に希釈すると，$\dfrac{y}{10}\,[mol/L]$ である。中和の公式より

$$\frac{y}{10} \times \frac{20.0}{1000} \times 1 = 0.080 \times \frac{17.50}{1000} \times 1 \qquad y = 0.70\,[mol/L]$$

(3)　酢酸の質量パーセント濃度を $z\,[\%]$ とすると

$$1.02 \times 1000 \times \frac{z}{100} \times \frac{1}{60} = 0.70$$

$$z = 4.117 ≒ 4.12\,[\%]$$

③ **解答**　問1．②　問2．⑤　問3．④
　　　　　　問4．(1)—①　(2)—⑤

====== 解　説 ======

《熱化学方程式，混合気体の燃焼熱》

問1. エタンの生成熱を表すのは式①である。

問2. 式②より，黒鉛の燃焼熱は 394 kJ/mol なので，求める熱量は

$$\frac{6.0}{12} \times 394 = 197\,[kJ]$$

問3. 式②－式④より

$$CO(気)+\frac{1}{2}O_2(気)=CO_2(気)+283\,kJ$$

問4. (1) エタンの燃焼熱を $Q[kJ/mol]$ とすると

$$C_2H_6(気)+\frac{7}{2}O_2(気)=2CO_2(気)+3H_2O(液)+Q[kJ]\quad\cdots\cdots⑤$$

$$H_2(気)+\frac{1}{2}O_2(気)=H_2O(液)+286\,kJ\quad\cdots\cdots③$$

エタン，一酸化炭素，水素のそれぞれの物質量を，$x[mol]$，$y[mol]$，$z[mol]$ とすると，混合気体の物質量より

$$x+y+z=0.20$$

水の物質量より

$$3x+z=0.080$$

二酸化炭素の物質量より

$$2x+y=0.16$$

この3式を解いて

$$x=0.010[mol],\ y=0.14[mol],\ z=0.050[mol]$$

(2) （反応熱）＝（右辺の生成熱の和）−（左辺の生成熱の和）より，式⑤を使って

$$Q=2\times394+3\times286-84=1562[kJ/mol]$$

混合気体を完全に燃焼させたときに発生する熱量は

$$0.010\times1562+0.14\times283+0.050\times286=69.54≒69.5[kJ]$$

④ **解答**　　**問1.** ⑥
　　　　　　　問2. (1)—④　(2)—②・④

(3)**A**：$CH_2=CH-CH_2-CH_3$　　　**B**：$CH_2=CH-CH_3$

C：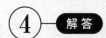　　**D**：$CH_3-CH-CH_3$　　**E**：　OH

=============== **解説** ===============

《有機化合物の構造決定と反応量》

問1. 分子式が C_4H_8 の異性体は以下の通り。

$$CH_2=CH-CH_2-CH_3$$

$$CH_2=C-CH_3 \qquad CH_2-CH_2 \qquad CH_2$$
$$\qquad\ \ CH_3 \qquad\quad\ CH_2-CH_2 \qquad CH_2-CH-CH_3$$

問2. (1)　化合物 A に臭素が付加するときの反応式は

$$C_4H_8+Br_2 \longrightarrow C_4H_8Br_2$$

化合物 A の分子量は 56 なので

$$\frac{140}{56}\times160=400 \text{[mg]}$$

(2)・(3)　I より，化合物 B は分子式 C_3H_6 のプロペンまたはシクロプロペンである。

　II より，化合物 A に臭素を付加させると不斉炭素原子を 1 個だけもつ化合物 C が生じるので，化合物 A は 1-ブテンである。2-ブテンに臭素を付加させると不斉炭素原子（*C）を 2 個もつ化合物になる。

$$CH_3-CH=CH-CH_3+Br_2 \longrightarrow CH_3-{}^*CH-{}^*CH-CH_3$$
$$\qquad\qquad\qquad\qquad\qquad\qquad\qquad\ \ Br \qquad Br$$

　イソブテンに臭素を付加させた化合物は不斉炭素原子をもたない。

　III より，プロペンとベンゼンを触媒存在下で反応させると，クメンが生じる。よって，化合物 B はプロペン，化合物 D はクメンである。

　IV より，クメンを酸化するとクメンヒドロペルオキシドが生じ，これを希硫酸で分解すると，フェノールとアセトンが生じる。よって，化合物 E は，フェノールである。

①誤文。フェノールは弱酸性である。

②正文。無水酢酸でアセチル化すると，酢酸フェニルができる。

③誤文。フェノールは，炭酸よりも弱い酸なので，炭酸水素ナトリウムとは反応しない。

④正文。フェノールは弱酸性なので，水酸化ナトリウム水溶液と中和反応して，ナトリウムフェノキシドを生じる。

⑤誤文。フェノール性ヒドロキシ基は，アルコール性ヒドロキシ基と違い，酸化できない。

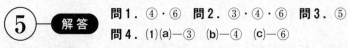

⑤ **解　答**　　**問1.** ④・⑥　**問2.** ③・④・⑥　**問3.** ⑤

問4. (1)(a)―③　(b)―④　(c)―⑥

(2)(d)―③　(e)―⑧　(f)―①　(g)―④

=== 解 説 ===

《糖類の性質，アミノ酸の性質，油脂のけん化，タンパク質の反応》

問1. ④誤文。グリコーゲンはヨウ素デンプン反応で褐色に呈色する。
⑥誤文。枝分かれ構造をもつのは，アミロペクチンである。

問2. ③誤文。pH5では，リシンは主に陽イオンになっている。
④誤文。等電点ではほとんどが双性イオンで，残りの陽イオンと陰イオンの濃度が等しい。
⑥誤文。システインは1個ずつ存在すればよい。

問3. グリセリンと3分子のオレイン酸の油脂**A**の分子量は

$$92+282\times3-18\times3=884$$

よって，けん化価は

$$\frac{1}{884}\times3\times56.0=0.1900\fallingdotseq0.190\text{[g]}=190\text{[mg]}$$

問4. ⑴ ビウレット反応をするのは，トリペプチド以上のポリペプチドである。

⑵ キサントプロテイン反応は，ベンゼン環のニトロ化により起こる。

生 物

(1) **解答** 問1. ⑤ 問2. ⑧
問3. アスパラギン酸, グルタミン酸 問4. ④
問5. ④ 問6. ② 問7. ① 問8. ⑤ 問9. ⑨

===== 解説 =====

《タンパク質の構造とアミノ酸, 酵素の性質とはたらき》

問2. アミノ酸は, 1個の炭素原子 (C) にアミノ基 (−NH₂), カルボキシ基 (−COOH), 水素原子 (−H), および側鎖 (−R) が結合したものである。側鎖の部分の構造は, アミノ酸の種類によって異なる。

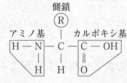

問3. 酸性アミノ酸は, 側鎖中にもカルボキシ基 (−COOH) を含み, 細胞中で負の電荷を帯びやすい。

問4. ヒト (成人) の必須アミノ酸は, バリン, ロイシン, イソロイシン, メチオニン, フェニルアラニン, トリプトファン, リシン, ヒスチジン, トレオニンの9種類である。また, 幼少期にはこれにアルギニンを加えた10種類が必須アミノ酸となる。

問5. ④誤文。アミノ酸どうしの結合は, 隣り合うアミノ酸の間で, アミノ基から −H が, カルボキシ基から −OH がとれ, 1分子の水 (H₂O) となって脱水縮合が起きて結合する。この結合をペプチド結合という。

$$R \quad\quad\quad R$$
$$H-N-C-C-\boxed{OH \; H}-N-C-C-OH$$
$$| \quad | \quad || \quad\quad\quad | \quad | \quad ||$$
$$H \quad H \quad O \quad \underset{H_2O}{\downarrow} \quad H \quad H \quad O$$

$$R \quad\quad\quad R$$
$$H-N-C-C-\boxed{C-N}-C-C-OH$$
$$| \quad | \quad || \quad | \quad | \quad ||$$
$$H \quad H \quad O \quad H \quad H \quad O$$

ペプチド結合

問6. ①誤文。酵素が特定の基質（反応物）のみに作用する性質を基質特異性という。

③誤文。酵素－基質複合体は，酵素の活性部位に基質が結合することで形成される。また，活性部位とは別の部位（アロステリック部位）に物質が結合することで，酵素の活性・不活性が調節される酵素がある。この酵素をアロステリック酵素という。

④誤文。酵素の基質特異性は，酵素の活性部位の立体構造によって決まる。

⑤誤文。温度が高くなると分子の運動が活発になるため，同じ時間でも基質と酵素が衝突する回数が増え，反応速度が速くなる。ただし，最適温度より高温になると，主成分であるタンパク質が変性するため，酵素の活性が低下し，反応速度は遅くなる。

⑥誤文。基質濃度が高いほど，酵素との結合の機会が増えるため，反応速度は速くなる。

問7. カタラーゼは，強い酸性やアルカリ性の条件下でははたらかなくなる。

問8. 触媒作用は温度の上昇に伴って活発になるので，0℃よりも40℃の方がよく反応する。ただし，酵素であるカタラーゼはタンパク質が主成分であるため，高温条件下では熱変性によって活性を失ってしまう。

問9. 酸化マンガン(Ⅳ)などの無機触媒は，高温になっても変性しないため，温度が高くなるほど触媒作用は活発になる。

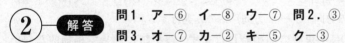

2 解答　　問1．ア—⑥　イ—⑧　ウ—⑦　問2．③
　　　　　　　問3．オ—⑦　カ—②　キ—⑤　ク—③

問4. ④・⑤　**問5.** ①　**問6.** サ—①　シ—④

問7. (a)イントロン　(b)エキソン　(c)mRNA　(d)スプライシング

問8. ①　**問9.** ③　**問10.** ⑤

━━━━━━━━━━━━━━━ 解　説 ━━━━━━━━━━━━━━━

《DNA の構造，半保存的複製，転写，遺伝暗号表とその解読》

問1. ア. アデニン（A）とチミン（T）の間では2カ所の，グアニン（G）とシトシン（C）の間では3カ所の水素結合でつながっている。

イ・ウ. ヌクレオチドの糖（デオキシリボース）を構成する炭素原子には，1'から5'までの番号がつけられている。1つのヌクレオチドをみると，

5' の炭素原子にリン酸が結合しており，ヌクレオチドどうしが結合するときには，このリン酸が1つ前のヌクレオチドの3' の炭素原子と結合する。この炭素原子の番号5' と3' がヌクレオチド鎖の方向を示す名前として用いられており，リン酸側の末端を5' 末端，糖側の末端を3' 末端とよぶ。

問2. DNAとRNAではヌクレオチドの構成成分が異なる。

ヌクレオチド	DNA	RNA
塩　基	アデニン　　チミン グアニン　　シトシン	アデニン　　ウラシル グアニン　　シトシン
糖	デオキシリボース	リボース

②のアラニンはアミノ酸の一種である。

問3.キ. DNAの合成に使われるヌクレオチドは，リン酸が3つ結合したデオキシリボヌクレオシド三リン酸であり，リン酸どうしの結合が切れる際に放出されるエネルギーによって，新生鎖の伸長が進む。

なお，ヌクレオシドは，塩基と糖が結合した物質で，ヌクレオチドは，ヌクレオシドの糖部分にリン酸が結合した物質である。

問4. ①誤文。鋳型鎖と，その鋳型鎖から合成された新しいヌクレオチド鎖とが対合し，新たなDNAとなる。

②誤文。④正文。DNAポリメラーゼ（DNA合成酵素）は，伸長中のヌクレオチド鎖の末端に位置する3' の炭素と，別のヌクレオチドのリン酸（5' の炭素に結合している）を結合させるため，DNAの合成は5' 末端から3' 末端の方向（5'→3' 方向）へのみ進行する。

③誤文。DNA複製の開始時にはまず，鋳型鎖に対して相補的な短いRNAが合成される。このRNAをプライマーといい，プライマーを起点としてDNAポリメラーゼが新生鎖を伸長させていく。

⑤正文。DNAのほどけていく方向とは逆方向に伸長・複製されるラギング鎖では，岡崎フラグメントというDNA断片を，DNAリガーゼという酵素でつなげることで合成される。

問5・問6. ¹⁵Nの重いDNA鎖を ｜，¹⁴Nの通常のDNA鎖を ｜ と表現すると，1回目の細胞分裂の前（大腸菌内の窒素をほぼ全て¹⁵Nにおきかえたとき）の状態の2本鎖DNAは ‖ と表せる。1回目の細胞分裂で

は，^{15}N の鋳型鎖から，^{14}N の新生鎖ができて，鋳型鎖（^{15}N）と対合して新たな 2 本鎖 DNA ができる。このように，2 回目，3 回目と細胞分裂していくと，新生鎖のできる流れは次のように考えられる。

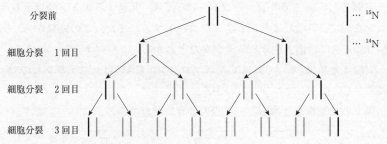

上図より，下表のように整理できる。

	^{15}N のみ	:	^{14}N と ^{15}N	:	^{14}N のみ
分裂前	1	:	0	:	0
1 回目	0	:	1	:	0
2 回目	0	:	1	:	1
3 回目	0	:	1	:	3

問 8 . ①正文。転写や翻訳も 5'→3' 方向に起こる。

②誤文。RNA 合成は，終止コドンで合成が終了する。テロメアとは真核生物の DNA の末端にある特定の塩基の繰り返しの配列であり，この部分には遺伝情報は含まれていない。

③誤文。RNA の塩基配列は，DNA の鋳型鎖と相補的な塩基配列となる。

④誤文。真核生物において，転写は核内で行われる。その後，mRNA は核膜孔から細胞質に出て，翻訳が細胞質基質内で行われる。

⑤誤文。原核生物では，関連する複数の遺伝子が隣り合って存在し，まとめて転写されることが多い。このような遺伝子群をオペロンといい，RNA 合成酵素（RNA ポリメラーゼ）が結合するのはプロモーターと呼ばれる領域である。

問 9 ・問10. 実験 1 より，CCC はプロリンをコードする。

　実験 2 より，CAC と ACA は，トレオニンまたはヒスチジンをコードする。

　実験 3 より，AAC と ACA と CAA は，アスパラギンまたはグルタミ

ンまたはトレオニンをコードする。

実験4およびリード文より，CCAはプロリンをコードする。また，CACとACCは，トレオニンまたはヒスチジンをコードする。

実験2と実験3で共通するコドンはACA，共通するアミノ酸はトレオニンなので，ACAはトレオニンをコードする。また，この結果から，実験2のCACは消去法でヒスチジンだとわかる。　……（＊）

実験4と結果（＊）から，CCAはプロリン，CACはヒスチジンなので，残るACCはトレオニンだとわかる。

以上の結果をまとめると，下表のように整理できる。

コドン	アミノ酸	関係する実験
CCC	プロリン	実験1
CAC	ヒスチジン	実験2・4
ACA	トレオニン	実験2・3
AAC	アスパラギンまたはグルタミン	実験3
CAA		実験3
CCA	プロリン	実験4・リード文
ACC	トレオニン	実験4

これをふまえて，CCCACCCA…の塩基配列をもつ人工RNAからコードされるコドンを考えると，CCC，ACC，CAC，CCAを繰り返しながら配列することがわかる。

上記の結果から，CCCはプロリン，ACCはトレオニン，CACはヒスチジン，CCAはプロリンなので，合成されるポリペプチドには3種類のアミノ酸が含まれることがわかる。

3 解答　問1．②・④　問2．⑤　問3．②　問4．③・⑤
問5．④　問6．②

========== 解　説 ==========

《植物の光受容体，光発芽種子，花芽形成，遷移，光-光合成曲線》

問1．赤色光はクロロフィルにより吸収されるが，遠赤色光は葉を透過する。よって，他の植物の陰になっている場所は遠赤色光を多く含むことになる。光発芽種子は光合成に適した赤色光を多く含む光の下でよく発芽す

るので，①は誤文，②が正文である。また，赤色光と遠赤色光を交互に照射すると，最後に照射した光の効果が現れるので，最後に赤色光が照射されると発芽しやすく，遠赤色光が照射されると発芽しにくい。したがって，③・⑤は誤文。④が正文。

問2. リード文に「植物にとって重要な日長の情報は，日の長さではなく，夜（連続した暗期）の長さである」とあるように，「連続した暗期」が限界暗期よりも長いと短日植物が，限界暗期よりも短いと長日植物が花芽を形成する。光中断が行われると，それまでの連続した暗期が中断されることに注意して図2をみると，次のように推察できる。

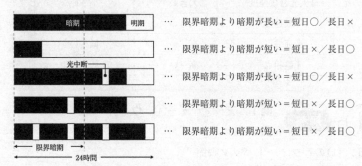

問3. 青色光の光受容体は，①フォトトロピンと②クリプトクロムがあるが，フォトトロピンは光屈性や気孔の開口，葉緑体の定位運動などに関与し，クリプトクロムは茎の伸長抑制などに関与する。

問4. ①・②・④正文。③誤文。問1でも述べたように，他の植物の陰になっている場所では，光合成に利用される赤色光や青色光の割合は低く，逆に光合成に利用されない遠赤色光の割合は多くなる。そのため，陰にいることを示す遠赤色光をフィトクロムが感知すると，陰から出ようと茎の伸長成長を促進させる。植物のこの反応は避陰反応とよばれる。

⑤誤文。茎の伸長成長に関係する，陰にいるかどうかの感知は，その植物の全フィトクロムに対するPr型（赤色光吸収型）とPfr型（遠赤色光吸収型）の割合で制御されている。

問5. ④正文。陽樹は陰樹に比べ，明るい環境下で光合成速度が高く，成長が速い。したがって，明るい草原にはまず陽樹が侵入する。やがて陽樹林が発達すると，林床では光が不足するため，陽樹の幼木は育ちにくくなり，反対に弱光環境でも成長する陰樹の幼木が生育しはじめる。やがて陽

樹と陰樹の混交林を経て陰樹林が形成され，クライマックス（極相）となる。

問6. 陰葉は弱光下での光合成効率がよく，光補償点が低いため，光の弱い場所では陰葉が有利に成長する。一方，陽葉は光飽和点（それ以上光を強くしても光合成速度が増加しない光の強さ）が高く，強光下では速く光合成を行えるので，光の強い場所では陽葉が有利に成長する。陽葉と陰葉の光-光合成曲線の比較を以下にまとめる。

	陽　葉	陰　葉
最大光合成速度	大きい	小さい
呼吸速度	大きい	小さい
光補償点	高　い	低　い
光飽和点	高　い	低　い

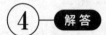

④ **解答**　**問1.** ア—⑧　イ—④　ウ—⑦　エ—⑨　オ—①
　　　　　問2. ③

問3.（負の）フィードバック調節

問4. ②　**問5.** ク—③　ケ—②　コ—⑧　サ—⑤　シ—⑦　ス—⑥

問6. セ—①　ソ—③　**問7.** ①

＝＝＝＝　解　説　＝＝＝＝

《自律神経系と内分泌系，フィードバック調節，血糖濃度の調節》

問2. ①・②誤文。交感神経は脊髄（胸髄，腰髄）から，副交感神経は中脳，延髄，脊髄（仙髄）から伸びている。

③正文。交感神経が立毛筋に作用することで立毛筋が収縮（立毛）し，放熱量が減少する。

④誤文。心臓の拍動促進は交感神経のはたらきである。

⑤誤文。交感神経と副交感神経は，互いに拮抗的にはたらく。

問4. ①誤文。間脳の視床下部から放出される甲状腺刺激ホルモン放出ホルモンは，脳下垂体前葉にはたらき，甲状腺刺激ホルモンの分泌を促すことでチロキシンの分泌を促進する。

③誤文。甲状腺刺激ホルモンを分泌するのは，視床下部ではなく脳下垂体前葉である。

④誤文。血液中のチロキシン濃度が低くなると，甲状腺刺激ホルモンの分泌量が増加し，チロキシンの分泌を促進する。

問6. インスリンは，グルコースの細胞内への取り込みの促進や，グルコースからのグリコーゲン・脂肪・タンパク質の合成促進に作用することで血糖濃度を下げる。一方，グルカゴンは，肝臓でのグリコーゲンの分解促進や，糖新生（脂質やアミノ酸など糖質以外の物質からのグルコース合成）に作用することで血糖濃度を上げる。

問7. ①適切。健康な人の場合，糖摂取直後から血糖濃度が急激に上昇し，それに合わせてインスリン濃度も上昇する。その後，インスリンの作用によって血糖濃度が元に戻ろうとするのに合わせてインスリン濃度も元に戻っていく。

②不適。血糖濃度の上昇から遅れてインスリン濃度が上昇している。

③不適。血糖濃度，インスリン濃度ともに，上昇後に元の濃度に戻ろうとしていない。

④不適。糖摂取後に血糖濃度が上昇していない。

また，健康な人の空腹時の血糖濃度はおよそ 100〔mg/100 mL〕なので，③，④は空腹時の時点で血糖濃度がかなり高いことがうかがえる。

⑤ 解答 **問1.** ア—① イ—⑥ ウ—⑦ エ—⑤ オ—⑧ カ—⑨

問2. 自然免疫

問3. ③ **問4.** ③・⑤ **問5.** ④

問6. コ—③ サ—③ シ—④

━━ 解 説 ━━

《免疫と血球，マウスの皮膚移植実験と拒絶反応》

問2. 自然免疫とは，生まれながらに身についている先天性の免疫である。また，多様な受容体で異物を特異的に排除する獲得免疫（適応免疫）に対し，自然免疫では少数の受容体で多様な異物を認識して排除している。

問3. ①誤文。リンパ球に限らず，血球は骨髄に存在する造血幹細胞から分化する。

②誤文。リンパ球のヘルパー T 細胞は，マクロファージの食作用の活性化にも関与している。

④誤文。B細胞が形質細胞（抗体産生細胞）に分化し，抗体を産生・分泌する。

⑤誤文。抗原を認識した樹状細胞は，リンパ節に移動し，T細胞に抗原を提示する。

問4．下線部(B)は免疫記憶に関する記述である。獲得免疫が誘導された際につくられた記憶細胞は，同じ抗原が再び侵入した場合に，1回目の侵入時よりもすばやく強力に免疫反応を起こすことができる。これを二次応答とよぶ。このシステムを利用し，弱毒化または無毒化させた病原体や毒素を接種してあらかじめ記憶細胞を体内につくり，感染症を予防することができる。このような接種用の病原体や毒素を⑤ワクチンといい，感染症予防目的でワクチンを接種することを予防接種という。

　一方で，このような免疫反応が過剰に起こり，生体に不利にはたらくことをアレルギーという。また，特定の食品等のアレルゲンが原因で急激なアレルギーが生じ，激しい症状を引き起こすことを③アナフィラキシー（アナフィラキシーショック）といい，迅速に適切な処置をしなければ死に至ることもある。

①2型糖尿病は，ウイルス感染などが引き金となり，ランゲルハンス島B細胞が自己免疫疾患によって破壊され，血糖値が正常に低下しなくなった糖尿病を1型糖尿病とよぶのに対し，1型糖尿病以外の原因でインスリンの分泌量が減少したり，標的細胞に対してインスリンが作用しにくくなったりして起こる糖尿病のことである。

②血液凝固は，血小板や血ぺいのはたらきにより傷口が塞がれる一連の過程。

④パンデミックは，ウイルスや細菌などによる世界規模の感染爆発のことである。

⑥好中球やマクロファージの貪食作用は自然免疫である（問2）。

問5．血球のうち，胸腺で分化・成熟するのはT細胞である。胸腺を除去したことでキラーT細胞がないマウスにおいて拒絶反応がみられなかったことから，この拒絶反応に直接関与していたのはキラーT細胞による細胞性免疫だと考えられる。

問6．A系統とB系統の交配により得られたcマウスは，AとBの両方の形質をもち，それに伴い両形質に対する免疫寛容も有すると考えられる。

実　験	処理内容	結果または推測
リード文	皮膚片 A $\xrightarrow{移植}$ A マウス	定着
リード文	皮膚片 B $\xrightarrow{移植}$ B マウス	定着
リード文	皮膚片 B $\xrightarrow{移植}$ A マウス ⇩ a マウス	10 日後に脱落　B に対する記憶 T 細胞ができる
実験 1	皮膚片 B $\xrightarrow{移植}$ a マウス	二次応答が起こり，10 日より短い期間で脱落
実験 2	T 細胞 $\xrightarrow{注射}$ 皮膚片 B $\xrightarrow{移植}$ A マウス	B に対する記憶 T 細胞の獲得　二次応答が起こり，10 日より短い期間で脱落
実験 3	皮膚片 B $\xrightarrow{移植}$ c マウス	B に対して免疫寛容を有する→細胞性免疫が生じない→生着する

2024年度　一般B方式　生物

問題と解答

■学校推薦型選抜一般公募制（併願制）：基礎学力試験

問題編

▶試験科目・配点

区　分	教　科	科　　　　　　目	配　点
併願制	選　択	「コミュニケーション英語Ⅰ・Ⅱ・Ⅲ，英語表現Ⅰ・Ⅱ」，「数学Ⅰ・Ⅱ・Ａ・Ｂ」，「化学」，「生物」から 2 科目選択（理科 2 科目の組み合わせは不可）。	各 100 点

▶備　考

- 基礎学力試験，個別面接（10 分），出願書類（推薦書，調査書，自己推薦書）を総合的に評価し，合格者を決定する。面接および書類審査の配点は合計 40 点。
- 数学は，数列，三角・指数・対数関数，微分積分を中心に出題する。
- 理科はそれぞれ「化学基礎」，「生物基礎」より出題する。

■■■■基礎学力試験■■■■

◀英　語▶

（2 科目 100 分）

【1】 1~8 の各文の（　　　）内に入れるのに最も適切な語（句）を a~d から 1 つ選び，その記号を解答欄にマークしなさい.

1. There (　　　) a beautiful tree by the entrance.

    a. used to be

    b. is used to be

    c. use to be

    d. used to being

2. I'll see you (　　　) two weeks.

    a. in

    b. by

    c. on

    d. at

3. (　　　) student in the classroom stood up when the guest speaker came in.

    a. The every

    b. An every

    c. Every

    d. Every few

4. It was the most delicious meal (　　　).

    a. have I ever had

    b. I have ever have

    c. I had ever have

　　　d. I had ever had

5. "What (　　　　) she like?" "She is talented and very easy-going."

　　　a. is

　　　b. does

　　　c. would

　　　d. will

6. Jo, a friend of mine, is lucky because his job involves (　　　　) a lot of chocolate.

　　　a. eating

　　　b. to eat

　　　c. in eat

　　　d. having eat

7. Next time, you need to bring this document (　　　　) your passport.

　　　a. instead

　　　b. in spite of

　　　c. as long as

　　　d. in addition to

8. Angkor Wat is believed (　　　　) built in the 12th century.

　　　a. it were

　　　b. to have been

　　　c. being had

　　　d. having

【2】　9~16 の各文の（　　　　）内に入れるのに最も適切な語句を a~d から 1 つ選び，
その記号を解答欄にマークしなさい.

9.　The temple is (　　　　　　　　) in that area.

　　　a.　popular of the most tourist sites

　　　b.　one of the most popular tourist site

　　　c.　popular of the most tourist site

　　　d.　one of the most popular tourist sites

10.　Do you know (　　　　　　　) now?

　　　a.　where is she travelling

　　　b.　is she travelling where

　　　c.　where she is travelling

　　　d.　does she be travelling

11.　It's pouring outside. We (　　　　　　　　) for the train.

　　　a.　are going to be late

　　　b.　are to going late

　　　c.　will be going to late

　　　d.　will go to be late

12.　He is quite a (　　　　　　　) on TV.

　　　a.　successful singer but appear rarely

　　　b.　successful singer but rarely appears

　　　c.　singer but appear rarely successful

　　　d.　rarely singer but successful appears

13.　My doctor told me (　　　　　　　).

　　　a.　to follow a healthy diet

　　　b.　that I need to eat for healthy

　　　c.　to have myself following a healthy diet

　　　d.　that following a healthy diet

14.　Many people at the station complained that (　　　　　　　　) the train for hours.

a. before they waited for

b. they may wait for

c. they would waited for

d. they had been waiting for

15. The test was not easy at first, but in the end I (　　　　　　　) answer all the questions.

a. could barely

b. was successfully

c. could possibly to

d. somehow managed to

16. (　　　　　　　　) in the accident, he could have become a pianist.

a. If not injured his fingers

b. If he had not injured his fingers

c. If his fingers did not injure

d. If he avoided having his fingers injure

【3】　Read the following conversation and answer the questions 17~26 by marking the most appropriate answer choice.

Paul:　　Look at this video my cousin just sent me.

Yuka:　　What is that little (　17　) with the white face in the tree? Is it a rat or a mouse?

Paul:　　Nope. It's an opossum. (　18　)

Yuka:　　Never. With that pink nose, big ears and long tail, it (　19　) related to a rat.

Paul:　　No. It's a marsupial. You know, those animals that carry their young in a (20)marsupium, or pouch.

Yuka:　　Like kangaroos and koalas? (21)Your cousin must live in Australia!

Paul:　　She doesn't. The opossum is the only marsupial found in North America.

Yuka:　　How big is it?

Paul:　　Well, it's (22)hard to tell from this video, but according to my cousin, it's about the size of a cat.

Yuka:　　What's that thing on its underside?

Paul:　　That's a baby. Watch carefully now and you'll see it try to (23)crawl onto its mother's back.

Yuka: Oh, wow. It's so cute! How does it hang on?

Paul: Look at the mother's back feet. Each one has four fingers and an opposable thumb that works just like a human thumb.

Yuka: You mean (24)one that's placed opposite the fingers so we can grab things. Right?

Paul: Exactly! Because of their thumbs, opossums can pick up things easily and hang onto things like thin branches and their mother's fur. (25)They can also use their tails in the same way.

Yuka: What a (　26-i　) animal!

Paul: They are (　26-ii　) in other ways, too. For example, they have fifty needle-like teeth and eat almost everything, even dead animals and poisonous snakes!

Yuka: They sound helpful to humans.

Paul: Right! Generally, neighborhoods with opossums are cleaner than those without them.

　　　marsupial　哺乳類有袋目の小動物

17. Which choice fits gap (17) the best?

    a. creature

    b. living

    c. item

    d. substance

18. Which choice fits gap (18) the best?

    a. Did you visit them in your childhood?

    b. When did you first find out about it?

    c. Have you ever heard of that animal before?

    d. This is your first time to see one, isn't it?

19. Which choice does NOT fit gap (19)?

    a. could be

    b. supposed to be

    c. must be

    d. is likely to be

20. What does the underlined word (20) mean?

    a. opossum

    b. back

  c. animal

  d. pocket

21. Based on the underlined part (21), what does Yuka imply?

  a. Marsupials are usually found in Australia.

  b. Paul's cousin is not Australian.

  c. She has never been to Australia before.

  d. Paul's cousin likes kangaroos and koalas.

22. Which choice can replace the underlined part (22)?

  a. fairly obvious

  b. quite dark

  c. somewhat clear

  d. difficult to see

23. Which choice can replace the underlined word (23)?

  a. bring into

  b. move to

  c. swim to

  d. make into

24. What does the underlined word (24) refer to?

  a. a human

  b. a foot

  c. a baby

  d. a thumb

25. What can be understood from the underlined part (25)?

  a. The opossum's tail has thumbs on it just like their feet.

  b. Opossums can pick up things and hang from branches with their tails.

  c. Their tails are like thin tree branches for grabbing their mothers with.

  d. Opossum mothers use their tails to swing their babies.

26. Which choice fits both gaps (26-i) and (26-ii) the best?

a. miserable

b. frightened

c. unique

d. comfortable

【4】 Read the following passage and answer the questions 27~34 by marking the most appropriate answer choice.

The SDGs, the Sustainable Development Goals suggested by the United Nations, are the fruit of decades of work by the organization and participating nations. At the 1992 Earth Summit in Rio de Janeiro, Agenda 21 was adopted. It is a plan of action to build a worldwide partnership for sustainable development to improve human lives and protect the environment. The 2000 Millennium Summit proposed 8 MDGs, the Millennium Development Goals, and the most recent 2030 Agenda for Sustainable Development has 17 SDGs at its core. The 17 goals are (27)an urgent call for action by all countries in a global partnership.

(28) is first and foremost the important issue. Because of the Covid-19 pandemic, an additional 120 million people (29)were obliged to live under extreme poverty in 2020. (30) is also a major goal to be achieved. It can be realized when food security is guaranteed. In other words, (31) all people have physical and economic access to sufficient, safe and nutritious food that this second goal can be achieved. What can be done to secure the food supply? The promotion of sustainable agriculture is the key. In May 2021, a workshop was organized by the UN Department of Economic and Social Affairs. The workshop aimed at enhancing the knowledge and (32) the national capacities of developing countries to improve their policies and programs supporting sustainable agriculture.

Apart from the (33) goals introduced in the previous paragraph, SDGs include other goals such as Good health and well-being, Quality education, and Sustainable cities and communities.

27. What does the underlined part (27) mean?

a. an appeal for quick goals

b. an emergency phone call requested

c. a quickly proposed action

d. a request to act immediately

28. Which choice fits gap (28) the best?

    a. Energy crisis

    b. Ending poverty

    c. Clean air

    d. Population control

29. Which phrase replaces the phrase (29) the best?

    a. disliked living

    b. were forced to live

    c. had an option to live

    d. did not have a choice to live

30. Which choice fits gap (30) the best?

    a. Social security

    b. Water supply

    c. Food education

    d. Zero hunger

31. Which choice fits gap (31) the best?

    a. only when it is

    b. when it is only

    c. it is only when

    d. only it is when

32. Which choice fits gap (32) the best?

    a. to strong

    b. strength

    c. strengthening

    d. to strength

33. Which choice fits gap (33) the best?

    a. two

    b. three

    c. four

    d. five

34. Choose the goal that is NOT mentioned in the above passage.

    a. Good health and well-being

    b. Zero hunger

    c. Clean water and sanitation

    d. No poverty

    e. Sustainable cities and communities

【5】 Read the following passage and answer the questions 35~41 by marking the most appropriate answer choice.

Not all of us enjoy riding a roller coaster, crossing a high bridge, or looking out of the windows of Tokyo Skytree. There are people who enjoy such activities and can repeat them many times. Why are some of us afraid of heights and some are not? What is the difference?

Fear of heights is very common among us. In some studies, one out of three people might be sensitive to visual heights and feel afraid. Two to five percent of people are said to have acrophobia, the condition of having extreme fear of heights. The name is (35) from the Greek language, *acron* (height) and *phobos* (fear). Acrophobia used to be regarded as the result of an excessive response to normal things in life such as stairs, bridges, and roller coasters. (36), scientists today have a different opinion. People with extreme fear of heights might have difficulty in judging vertical dimensions – actual heights – of things.

People develop fear of heights when they are young, and the condition tends to become worse as they get older. Many studies suggest that older people have more fear of heights than younger people. The (37) fear seems to be due to their loss of ability in judging vertical distances correctly and of confidence in keeping their body balance. As a result, they feel that they are at heights higher than reality and are not sure they can keep from falling.

Though having acrophobia makes life difficult, if you do not have any fear of heights, you might encounter various dangers and troubles. Every year, some people (38) at the Grand Canyon trying to take pictures of themselves on rocks about 1600 meters from the bottom of the canyon. Such accidents happen when people (39) necessary attention to heights.

Acrophobia used to be regarded as (40)a lifetime companion that can lower your quality of life, but we now have new tools to make things easier for people with acrophobia. Therapists help their patients using virtual reality technologies to face the fear in a safe environment. Through the process, the patients gradually learn that their fear of heights can be managed, and they can lead a normal life.

Greek　ギリシアの　　　excessive　過度の　　　dimension　大きさ・広がり

35. Which choice fits gap (35) the best?

    a.　deleted

    b.　derived

    c.　discovered

    d.　delivered

36. Which choice fits gap (36) the best?

    a.　According to that

    b.　In addition

    c.　However

    d.　Therefore

37. Which choice fits gap (37) the best?

    a.　reducing

    b.　aging

    c.　passing

    d.　growing

38. Which choice fits gap (38) the best?

    a.　climb

    b.　fall

    c.　meet

    d.　camp

39. Which choice fits gap (39) the best?

    a.　are not taken

    b.　do not spend

    c.　are not given

    d.　do not pay

40. What does the underlined part (40) mean in this passage?

    a. your pet such as a dog or a cat

    b. an inexperienced therapist

    c. a curable disease

    d. a condition you have to live with

41. Which choice is NOT true according to the passage?

    a. People with acrophobia need not worry too much because it can be controlled by virtual reality technologies.

    b. People with acrophobia tend to feel that they are in a higher place than they actually are.

    c. About 33% of people have some fear of heights, but the fear does not always bother their daily lives.

    d. Although young people often have severe fear of heights, the fear tends to get milder as they grow older.

◀数　学▶

（2 科目 100 分）

（注）　解答欄には，結果だけでなく解答に至る根拠も示すこと．

1 　自然数 n に対して，

$$a_n = \sum_{k=0}^{n} \frac{1}{k!} = 1 + \frac{1}{1!} + \frac{1}{2!} + \cdots + \frac{1}{n!}$$

とする．

(1) 任意の自然数 n に対して，$a_n < a_{n+1}$ が成り立つことを示しなさい．

(2) $n > 2$ のとき，$\frac{1}{n!} < \frac{1}{2^{n-1}}$ が成り立つことを示しなさい．

(3) n の値に関係なく，$a_n < 3$ が成り立つことを示しなさい．

2 　$\log_2 \dfrac{\sqrt[4]{8}}{\sqrt[6]{8}}$ の値を計算しなさい．

3 　座標空間において A(2,0,0)，B(0,2,0)，C(0,0,$\sqrt{6}$)のとき，線分 AB の中点を D とする．

(1) 線分 CD の長さを求めなさい．

(2) ∠ACD= α とおくとき，$\sin\alpha$ を求めなさい．

(3) ∠ACB= β とおくとき，$\sin\beta$ を求めなさい．

(1) $f(x) = (3x-1)^2$ のとき $f'(x)$ を求めなさい.

(2) $\int_0^{\frac{2}{3}}(3x-1)^2\,dx$ を計算しなさい.

◀化　学▶

（2 科目 100 分）

必要があれば次の数値を用いなさい.

原子量：H=1.0, C=12, O=16, Na=23, S=32, Ca=40 とする.

1 以下の問 1～問 5 に答えなさい.

問 1　次の記述①～⑥のうち, <u>誤っている</u>ものを<u>二つ</u>選びなさい.

① ^{12}C と ^{13}C は互いに同位体である.
② ^{15}N と ^{16}O の中性子の数は同じである.
③ H_2O と CH_4 の電子の数は同じである.
④ アンモニアとアンモニウムイオンは互いに同素体である.
⑤ 元素の周期表においてヘリウムとアルゴンは同族元素である.
⑥ 窒素とリンは元素の周期表の同じ周期に属する元素である.

問 2　次の原子やイオンの組み合わせ①～⑥のうち, 電子配置が<u>異なる</u>ものを<u>二つ</u>選びなさい.

① Li^+ と Na^+　　② K^+ と S^{2-}　　③ Ne と O^{2-}
④ Al^{3+} と Cl^-　　⑤ Mg^{2+} と F^-　　⑥ Be^{2+} と He

問 3　次の a～f の分子のうち, 極性分子であるものの数を①～⑦から一つ選びなさい.

a.　四塩化炭素　　b.　アンモニア　　c.　二酸化炭素　　d.　水
e.　フッ化水素　　f.　塩素

① 1　　② 2　　③ 3　　④ 4　　⑤ 5　　⑥ 6　　⑦ 0

問4 次の記述①～⑥のうち，誤っているものを二つ選びなさい．

① ナトリウムと塩素は，ともに典型元素である．

② ナトリウム原子の最外殻電子は L 殻に，塩素原子の最外殻電子は M 殻にある．

③ ナトリウム原子と塩素原子では，ナトリウム原子の方が第一イオン化エネルギーの値が大きい．

④ ナトリウムイオンと塩化物イオンでは，塩化物イオンの方が半径が大きい．

⑤ 塩化ナトリウムの結晶は，ナトリウムイオンと塩化物イオンが静電気的な引力で多数結合したものである．

⑥ 塩化ナトリウムの固体は電気を通さないが，水溶液は電気を通す．

問5 ある金属 M の酸化物（M_2O_3）x グラム中に含まれる，金属 M の原子の数を表す式として適するものを，次の①～⑥から一つ選びなさい．ただし，金属 M の原子量を m，アボガドロ定数を N_A とする．

① $\dfrac{xN_A}{m+24}$ ② $\dfrac{xN_A}{2m+48}$ ③ $\dfrac{m+24}{xN_A}$

④ $\dfrac{2m+48}{xN_A}$ ⑤ $\dfrac{N_A}{x(m+24)}$ ⑥ $\dfrac{x}{N_A(2m+48)}$

2　ペンタン C_5H_{12}　0.150 mol と酸素 25.6 g を混合し，ペンタンを燃焼させたところ，生成物として二酸化炭素 CO_2 と水 H_2O が得られた．以下の問 1〜問 4 に答えなさい．なお，有効数字は 3 桁で求めなさい．

問 1　このとき起こった化学反応を化学反応式で示しなさい．

問 2　25.6 g の酸素の物質量は何 mol か．

問 3　発生した水の質量は何 g か．

問 4　反応せずに残った物質は何か．また，その物質量は何 mol か．

3　以下の問 1〜問 4 に答えなさい．

問 1　ブレンステッド・ローリーの定義に基づき，各反応式において，水 H_2O はそれぞれ酸・塩基のどちらのはたらきをしているか答えなさい．
(1)　$NH_3 + H_2O \rightleftarrows NH_4^+ + OH^-$
(2)　$CO_3^{2-} + H_2O \rightleftarrows HCO_3^- + OH^-$
(3)　$CH_3COOH + H_2O \rightleftarrows CH_3COO^- + H_3O^+$

問 2　以下の文章中の（　a　）〜（　c　）に当てはまる語句の組み合わせとして適するものを，次の①〜⑧から選びなさい．

　　二酸化炭素 CO_2 を純水に溶かすと炭酸を生じる．炭酸は（　a　）して（　b　）を生じるため，二酸化炭素が溶けた水溶液は（　c　）を示す．

選択肢	（ a ）	（ b ）	（ c ）
①	電離	水素イオン	塩基性
②	電離	水素イオン	酸性
③	電離	水素分子	塩基性
④	電離	水素分子	酸性
⑤	遊離	水素イオン	塩基性
⑥	遊離	水素イオン	酸性
⑦	遊離	水素分子	塩基性
⑧	遊離	水素分子	酸性

問3　0.28 mL の濃硫酸（質量パーセント濃度 98%，密度 1.8 g/cm³）を水に溶かして 200 mL としたとき，得られる希硫酸のモル濃度（mol/L）を有効数字 2 桁で求めなさい．

問4　以下のa〜cの溶液について，pHの値が小さい順に並べるとどうなるか．適するものを①〜⑥から一つ選びなさい．

a.　0.1 mol/L の酢酸水溶液（ただし，電離度は 0.02 とする）

b.　0.1 mol/L の水酸化ナトリウム水溶液 10 mL を中和するのに，1000 mL を要する希塩酸

c.　0.004 mol/L の希塩酸 100 mL に，0.001 mol/L の水酸化ナトリウム水溶液 100 mL を加えた水溶液

①　a < b < c　　②　a < c < b　　③　b < a < c
④　b < c < a　　⑤　c < a < b　　⑥　c < b < a

4　酸化・還元に関する以下の問1〜問4に答えなさい.

問1　次の化学式で表される物質について, 下線の原子の酸化数を求めなさい.

（1）$\underline{N}H_3$　（2）$H_2\underline{O}_2$　（3）$KC\underline{l}O_4$　（4）$Na\underline{H}$

問2　次のa〜fの反応について, 設問（1）と（2）に答えなさい.

a. $\underline{Cu}SO_4 + 2NaOH \rightarrow Cu(OH)_2 + Na_2SO_4$
b. $2C_2H_6 + 7\underline{O}_2 \rightarrow 4CO_2 + 6H_2O$
c. $Fe_2O_3 + 2\underline{Al} \rightarrow 2Fe + Al_2O_3$
d. $2H_2S + \underline{S}O_2 \rightarrow 3S + 2H_2O$
e. $BaCl_2 + \underline{H_2SO_4} \rightarrow BaSO_4 + 2HCl$
f. $\underline{Cu} + 4HNO_3 \rightarrow Cu(NO_3)_2 + 2H_2O + 2NO_2$

（1）酸化還元反応ではないものを二つ選びなさい.

（2）下線で示す物質が酸化剤としてはたらいているものを二つ選びなさい.

問3　次の記述①〜⑥のうち, 誤っているものを二つ選びなさい.

①　還元剤は, 相手の物質を還元すると同時にそれ自身は酸化される.

②　酸化還元反応では, 酸化された原子の酸化数の増加量の総和と還元された原子の酸化数の減少量の総和は等しくなる.

③　イオン化傾向が大きい金属は, イオン化傾向が小さい金属よりも電子を受け取って陰イオンになりやすく, 還元作用が強い.

④　水素 H_2 よりイオン化傾向が大きいマグネシウムや亜鉛は, 希硫酸や希塩酸と反応して水素 H_2 を発生させる.

⑤　電池の負極では酸化反応が, 正極では還元反応が起きており, 電流は正極から負極へと流れる.

⑥　充電によってくり返し使うことができる電池を一次電池といい, 鉛蓄電池やリチウムイオン電池などがある.

問 4　次の記述を読み，設問（1）と（2）に答えなさい．

　　濃度不明の過マンガン酸カリウム水溶液の濃度を求めるために，次の実験操作 1〜3 を行った．なお，硫酸酸性水溶液における過マンガン酸カリウム水溶液とシュウ酸水溶液の反応は，次の式で表される．

$$2KMnO_4 + 3H_2SO_4 + 5(COOH)_2 \rightarrow 2MnSO_4 + 8H_2O + 10CO_2 + K_2SO_4$$

実験操作 1.　まず，シュウ酸二水和物の粉末をはかり取り，純水に溶かし，（　a　）に移した．標線まで純水を入れて，正確に 0.030 mol/L のシュウ酸標準溶液を調製した．

実験操作 2.　実験操作 1 で調製したシュウ酸標準溶液 20 mL を，（　b　）を用いて正確にはかり取り，（　c　）に入れた．

実験操作 3.　実験操作 2 の（　c　）に少量の希硫酸を加え，反応を速めるために加熱しながら，濃度不明の過マンガン酸カリウム水溶液を（　d　）から滴下したところ，反応の終点までに 12 mL を要した．

（1）上記の実験操作において，（　a　）から（　d　）に入る最も適した器具を，次の①〜⑧からそれぞれ一つずつ選びなさい．

　　① 分液ろうと　　　② 枝付きフラスコ　　　③ コニカルビーカー
　　④ ビュレット　　　⑤ メスフラスコ　　　　⑥ ホールピペット
　　⑦ メスシリンダー　⑧ るつぼ

（2）過マンガン酸カリウム水溶液のモル濃度は何 mol/L であったか．最も適するものを，次の①〜⑥から一つ選びなさい．

　　① 0.010　② 0.020　③ 0.025　④ 0.028　⑤ 0.125　⑥ 0.175

◀生　物▶

（2 科目 100 分）

1　生物の特徴に関する以下の文章［Ⅰ］と［Ⅱ］を読み，問 1 ～ 1 1 に答えな
　　さい.

［Ⅰ］　地球上には多様な生物が存在するが，すべての生物は共通の祖先をもつ
　　ため，基本的な特徴には共通性がみられる. 例えば，いずれの生物も細胞か
　　らできていること，（　ア　）を利用して生命活動を行うことなどである.
　　細胞には，核をもつ真核細胞ともたない原核細胞があるが，ともに（　イ　）
　　と DNA をもつという特徴は共通している.
　　　染色液で染色した真核細胞を光学顕微鏡で観察すると，核以外にも (A) さ
　　まざまな構造体があることがわかる. これらの構造体はそれぞれが特定の機
　　能を分担している. 例えば，（　ウ　）では（　エ　）により有機物から（　ア　）
　　を取り出す反応が行われている. また植物細胞などには，（　ウ　）に加え
　　て，（　オ　）を用いて無機物のみから有機物をつくる（　カ　）を行う場
　　である（　キ　）が観察される.

問1　（　ア　）と（　イ　）にあてはまる最も適切な語を次の①～⑤から 1 つ
　　ずつ選びなさい.

① 液胞　　　　　　② エネルギー　　　　③ 細胞壁

④ 細胞膜　　　　　⑤ 熱

問2　現在の生物に見られる多様性は，生物が遺伝情報を伝えて世代を重ねて
　　いくうちに，生物の性質が変化していくことによって生み出されたと考えら
　　れている. この変化のことを何というか，最も適切な語を答えなさい.

問3　生物が生命活動を行うために利用する（　ア　）は，ある物質を仲介して

受け渡しされている．その物質の名称を答えなさい．

問4　下線部（A）を総称して何というか，最も適切な語を答えなさい．

問5　（　ウ　）～（　キ　）にあてはまる最も適切な語を次の①～⑧から１ずつ選びなさい．

① 核　　　　　　　② 光合成　　　　　　③ 呼吸
④ 細胞膜　　　　　⑤ 熱　　　　　　　　⑥ 光エネルギー
⑦ ミトコンドリア　⑧ 葉緑体

問6　（　エ　）のように，複雑な物質を簡単な物質に分解する過程を何というか，最も適切な語を答えなさい．

問7　植物の（　カ　）速度は，単位時間あたりに植物が吸収したある無機物の量を測定することで求められる．その無機物の物質名を答えなさい．

［Ⅱ］　生体内で行われているさまざまな化学反応の全体を（　ク　）という．これらの化学反応を効率的に進める物質が酵素である．酵素の主成分は（　ケ　）であり，細胞内で合成される．(B) それぞれの酵素は，特定の物質にのみ作用する．また，酵素は (C) 反応の前後で変化せずに，化学反応を促進する．酵素による化学反応は，(D) 温度や pH により影響を受ける．

問8　（　ク　）と（　ケ　）にあてはまる最も適切な語を答えなさい．

問9　下線部（B）の性質を示す最も適切な語を答えなさい．

問10　下線部（C）の性質を示す物質のことを総称して何というか，最も適切な語を答えなさい．

問11　下線部（D）に関して，ヒトの細胞内ではたらく一般的な酵素の反応速

度と温度の関係を表すグラフとして，図1のグラフ①〜④のうち，最も適切なものを選びなさい．

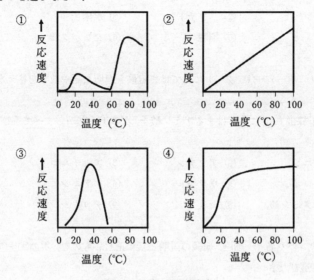

図1　温度と反応速度

2　遺伝情報とタンパク質の合成に関する以下の文章 [I] 〜 [III] を読み，問1〜8に答えなさい．

[I]タンパク質は，多数のアミノ酸が（　ア　）結合によって鎖状につながって構成されている．自然界にはたくさんのアミノ酸が存在しているが，細胞内の(A)タンパク質の材料として使われるアミノ酸は（　イ　）種類である．アミノ酸は，炭素原子に（　ウ　）基と（　エ　）基，水素原子，さまざまな構造をもつ側鎖が結合してできている．タンパク質を構成するアミノ酸の配列は，遺伝子の本体である DNA の情報によって決められる．タンパク質の合成の過程では，まず(B) DNA の情報は（　オ　）に写し取られる．この過程を（　カ　）という．次に，（　オ　）の情報に基づいて，タンパク質が合成される．この過程を（　キ　）という．（　キ　）の過程では，（　ク　）が，（　オ　）のコドンに対応するアミノ酸を運んでくる．このようにしてタンパク質が合成される．

問1　（　ア　）にあてはまる最も適切な語を次の①〜⑥から選びなさい.

① イオン　　　　　　　② ペプチド　　　　　　③ 水素

④ 金属　　　　　　　　⑤ 細胞　　　　　　　　⑥ タンパク質

問2　（　イ　）〜（　ク　）にあてはまる最も適切な語や数字を答えなさい.

問3　下線部（A）にあてはまるアミノ酸を, 次の①〜⑨からすべて選びなさい.

① アラニン　　　　　　② アクチン　　　　　　③ アセチルコリン

④ イソロイシン　　　　⑤ ウラシル　　　　　　⑥ グアニン

⑦ グルタミン酸　　　　⑧ セリン　　　　　　　⑨ チロキシン

問4　タンパク質や, 細胞, 組織の説明として正しいものを, 次の①〜⑤からすべて選びなさい.

① 脳下垂体の前葉から放出される成長ホルモンは骨の発育の促進などに関与する.

② ヒトの細胞では DNA の複製に関与するタンパク質である DNA ポリメラーゼは細胞質ではたらいている.

③ 脳は多くのニューロンというタンパク質が集まっている器官であり, 視床下部とよばれる部分が自律神経系の中枢としてはたらいている.

④ ヒトゲノム計画により, 2003 年にヒト遺伝子の解読が完了した. これによって, ヒトの全てのタンパク質の機能が明らかになった.

⑤ ヒトの赤血球は, 血球の一種で, 酸素の運搬に関与しているタンパク質であるヘモグロビンをもち, 有核の細胞である.

問5　下線部（B）のような DNA からタンパク質への遺伝情報の一方向の流れのことを何というか, 最も適切な語を答えなさい.

[II] ヒトのゲノムサイズは約 30 億塩基対であり, タンパク質を指定する遺伝

子が約 20,000 個存在すると推定されている.

問6　ヒトの染色体1本あたりの平均塩基対の数は何個になるか，[Ⅱ]の文中
　　　の内容から，式と答えを記しなさい. 答えの値の有効数字は2桁とする.

問7　[Ⅱ]の文の内容から，ヒトゲノムの中で，タンパク質を指定する遺伝子
　　　としてはたらく領域は，全DNAの何%になるか. それぞれの遺伝子が，平
　　　均して約 2,000 個の塩基対からなりたっているとした場合，式と答えを記し
　　　なさい. 答えの値の有効数字は2桁とする.

[Ⅲ] DNAの構造は，（　ケ　）と（　コ　）という科学者によって提唱され
　　　た. この2人は，1953 年に DNA が二重らせん構造であることを科学雑誌
　　　「Nature」に発表した. DNAを構成する基本単位は，（　サ　），（　シ　），
　　　（　ス　）からなる物質で（　セ　）と呼ばれる. 多数の（　セ　）が規則
　　　的につながって（　サ　）と（　シ　）が交互に並んだ鎖ができる。2本の
　　　鎖の（　セ　）から，互いに向き合うように配置された（　ス　）が（　ソ　）
　　　をつくることにより DNA の二重らせん構造ができる. DNA の（　ス　）
　　　の並び方を（　タ　）という.（　ス　）はA, C, G, Tの4種類がある. 4
　　　種類の（　ス　）の中には相補性のある組み合わせがあるために，一方の鎖
　　　の（　タ　）が決まれば，もう一方の鎖の（　タ　）は必ず一つに決まる.
　　　すなわち，向き合った（　ス　）は，必ず（　チ　）と（　ツ　）が対にな
　　　って結合し，（　テ　）と（　ト　）が対になって結合して，（　ソ　）を
　　　形成する. 向かい合った（　ス　）同士は，（　ナ　）結合で結合している.

問8　[Ⅲ]の文章中の（　ケ　）～（　ナ　）に当てはまる最も適切な語を答
　　　えなさい. なお，（　チ　）～（　ト　）には，A, C, G, Tのいずれかのアル
　　　ファベットが入る.

3 血糖に関する以下の文章を読み，問1〜6に答えなさい.

　　ヒトを含む多くの動物では，（　ア　）をエネルギー源として利用している.
血液中に含まれる（　ア　）の濃度を血糖濃度という. 血糖濃度は高すぎて
も低すぎても正常な生命活動を維持することが困難となるため，(A) 厳密に調
節されている.

　　（　イ　）は血糖濃度を下げる代表的なホルモンである. 食事などで血糖
濃度が上昇すると，すい臓の（　ウ　）島に存在する（　エ　）が血糖濃度の
上昇を感知し，（　イ　）を分泌する.（　イ　）は，（　ア　）の細胞内への
取込みや，細胞中での消費・分解を促進する. さらに，（　イ　）は肝臓や筋
肉における（　オ　）の合成や，肝臓や脂肪組織における脂肪の合成を促進
し，これらの結果として血糖濃度が低下する. (B) （　イ　）による血糖濃度を
低下させるしくみがうまくはたらかなくなることで起こる，慢性的に血糖濃
度が高い状態が続く疾患は（　カ　）と呼ばれる.

問1　（　ア　）〜（　ウ　）にあてはまる最も適切な語を答えなさい.

問2　下線部（A）に関して，健康な人が食事を摂取したときの血糖濃度の変化
　　を表すグラフとして最も適切なものを図2の①〜⑤の中から選びなさい.

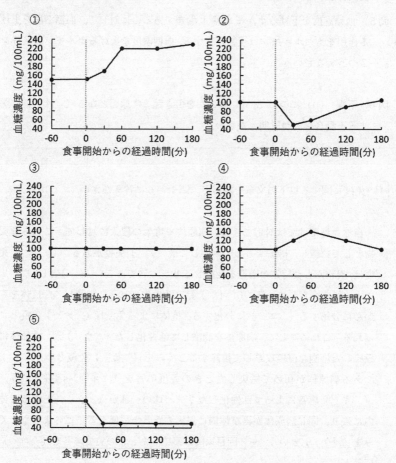

図 2　食事開始からの経過時間と血糖濃度の変化

問 3 （　エ　）〜（　オ　）にあてはまる最も適切な語を次の①〜⑧から 1 つず
　つ選びなさい.

　　① A 細胞　　　　② B 細胞　　　③ 神経細胞　　　④ マクロファージ

　　⑤ タンパク質　　⑥ ビタミン　　⑦ 脂肪　　　　　⑧ グリコーゲン

問 4 （　カ　）に当てはまる最も適切な語を答えなさい.

問5 血糖濃度を下げるホルモンが 1 種類であるのに対して，血糖濃度を上げる作用をもつホルモンは複数存在する．血糖濃度を上げるホルモンの名称を 2 つ答えなさい．

問6 下線 （B）について，（ カ ）を引き起こす原因となる（ イ ）に関する不具合を 2 つ説明しなさい．

---

4 免疫に関する以下の文章を読んで，問 1 ～ 6 に答えなさい．

　　自然免疫だけでは対応できない病原体や毒素の侵入に対して，これらを異物として認識し，排除するしくみとして（ ア ）免疫がある．（ ア ）免疫は，異物がもつ特定の構造を認識するリンパ球である（ イ ）と（ ウ ）によって支えられている．（ イ ）は，活性化されると増殖し，(A) 抗体をさかんに分泌する（ エ ）に分化する．抗体による免疫は（ オ ）免疫とよばれる．これに対して，病原体を認識して活性化した（ ウ ）が，病原体に感染した細胞を直接攻撃して排除するしくみを（ カ ）免疫という．

　　ある病原体が初めて感染したときの免疫応答を（ キ ）応答という．（ キ ）応答によって活性化したリンパ球の一部が（ ク ）となって体内に残り，同じ病原体が再び体内に侵入したときに備える．このようなしくみを（ ケ ）という．(B) 2 回目以降に感染したときの免疫応答を（ コ ）応答という．

問1 （ ア ）～（ カ ）にあてはまる最も適切な語を，次の①～⑨から 1 つずつ選びなさい．

① 適応（獲得）　　② 体液性　　③ 細胞性

④ T 細胞　　⑤ B 細胞　　⑥ NK 細胞

⑦ 形質細胞　　⑧ 腸管　　⑨ 恒常性

問2 下線部 （A）の抗体に関する記述として間違っているものを次の①～⑤からすべて選びなさい．

　　① 抗体は特定の抗原と特異的に結合する.

　　② 免疫グロブリンと呼ばれる.

　　③ 抗体が抗原に結合する反応を抗原抗体反応という.

　　④ １つの抗体産生細胞から種々の抗原に対する抗体が分泌される.

　　⑤ 特異的に毒素に結合することで, 毒素のはたらきを抑制することがある.

問3 （キ）～（コ）にあてはまる最も適切な語を答えなさい.

問4　下線部（B）に関して, ある病原体に対する２回目以降の感染に対する免疫反応についての記述として適切なものを次の①～④から<u>すべて</u>選びなさい.

　　① １回目の感染に比べて抗体産生の反応が遅い.

　　② １回目の感染に比べて抗体産生の反応が早い.

　　③ １回目の感染に比べて産生される抗体の量が多い.

　　④ １回目の感染に比べて産生される抗体の量が少ない.

問5　下線部（B）の反応を利用したものとして, さまざまな疾患に対するワクチンがある. ワクチンに関する記述として, 適切なものを次の①～④から<u>すべて</u>選びなさい.

① 弱毒化した病原体がワクチンとして用いられることはない.

② 重症化を防ぐ効果が期待される.

③ 未感染で接種する場合, ワクチン接種は２回目の感染刺激に相当する.

④ 発症を未然に防ぐ効果が期待される.

問6　リンパ球は骨髄中に存在する造血幹細胞に由来する. リンパ球と同様に造血幹細胞に由来する細胞として適切なものを次の①～⑥から<u>すべて</u>選びなさい.

① 樹状細胞　　　　② 赤血球　　　　③ 血小板

④ 肝細胞　　　　　⑤ 好中球　　　　⑥ 骨細胞

解答編

基礎学力試験

◀英　語▶

1 **解答** 1−a　2−a　3−c　4−d　5−a　6−a
7−d　8−b

◀解　説▶

1. used to *do*「以前は〜だった」

4. 主節が過去時制なので，過去完了を選ぶ。

5. 「彼女はどのような人ですか」「才能があって，とてもおおらかな人です」 be like 〜「〜のような」

6. involve *doing*「〜することを含む」

8. be believed to have *done*「〜だったと信じられている」

2 **解答** 9−d　10−c　11−a　12−b　13−a　14−d
15−d　16−b

◀解　説▶

10. know の目的語となる間接疑問文なので，平叙文と同じ語順になる。

12. 主語が he なので三人称単数現在の appears となる。rarely は「めったに〜ない」という副詞。

13. tell *A* to *do*「*A* に〜しろと言う」

15. 「テストは，初めは簡単ではなかったが，結局何とか全問答えることができた」 manage to *do*「何とか〜することができる」

16. 仮定法過去完了の基本的な形である。

3 解答 17－a 18－c 19－b 20－d 21－a 22－d
23－b 24－d 25－b 26－c

◆全 訳◆

≪フクロネズミ≫

ポール：いとこが今送ってきたこの動画を見て。

ユカ ：木にいるあの白い顔の小さな生き物は何？ クマネズミ？ それともハツカネズミ？

ポール：違うよ。フクロネズミだよ。フクロネズミのこと，聞いたことがあるかい？

ユカ ：ないよ。ピンクの鼻で，耳が大きくて尻尾が長いから，ネズミの親戚だね。

ポール：違うよ。有袋類だよ。卵のう，つまり体にある袋みたいなものに子供を入れて運ぶ，あの種の動物の仲間だよ。

ユカ ：カンガルーやコアラみたいな？ あなたのいとこって，オーストラリアに住んでいるんだね！

ポール：違うよ。フクロネズミは北アメリカで見つかる，唯一の有袋類だよ。

ユカ ：どのくらいの大きさなの？

ポール：そうだね。この動画からはわからないけど，いとこによれば，猫くらいの大きさだって。

ユカ ：下の方に映っているのは何？

ポール：赤ん坊だよ。さあよく見てごらん。母親の背中によじ登ろうとしているのがわかるから。

ユカ ：わあ。とってもかわいい！ どうやってぶら下がるの？

ポール：母親の後ろ脚を見て。どちらの後ろ脚も4本の指と，向かい合わせにちょうど人間の親指と同じように動く親指がある。

ユカ ：物がつかめるように，4本の指の反対についている指のことだね。そうでしょ？

ポール：その通りだよ！ 親指のおかげで，フクロネズミは物を簡単につまみ上げたり，細い枝とか母親の毛皮のようなものにぶら下がったりできるんだ。同じように尻尾を使うこともできるよ。

ユカ ：何て独特な動物でしょう！

ポール：ほかの点でも独特だよ。たとえば 50 本の針のような歯を持って
　　　　いて，ほとんど何でも食べることができる。死んだ動物や，毒へ
　　　　ビさえもね！
ユカ　：人間にも役立ちそうだね。
ポール：その通りさ！　一般にフクロネズミのいる一帯は，いない一帯よ
　　　　りもきれいなんだよ。

━━━━━━━ ◀解　説▶ ━━━━━━━

18.　直後のユカの答えが Never. であることから，d ではなく c を選ぶ。

19.　suppose to be で「～だと仮定する」という意味なので，b は受動態
の形の is supposed to be でなくてはならない。

20.　直後の or pouch は「つまり袋のようなもの」という説明である。

21.　有袋類はオーストラリアの動物と思い込んでいるので，写真を送って
きたいとこはオーストラリアに住んでいるにちがいない，と考えたのだと
推測できる。

24.　one は前述の名詞を受け，that 以下の関係詞節の修飾を受ける。
that's placed opposite the fingers「4 本の指の反対についているもの」

25.　下線部⑵の「同じように尻尾を使う」は，直前の pick up … mother's
fur の内容を受ける。

4　解答　27— d　28— b　29— b　30— d　31— c　32— c
　　　　　　33— a　34— c

〜〜〜〜〜◆全　訳◆〜〜〜〜〜

≪SDGs（持続可能な開発目標）≫

　国連によって提案された SDGs（持続可能な開発目標）は，国連とその
参加国の何十年もの努力の成果である。1992 年リオデジャネイロで開催
された地球サミットで，アジェンダ 21 が採択された。人間の生活を改善
し，環境を保護するための，持続可能な開発を目指す世界的な連携を構築
する行動計画である。2000 年のミレニアムサミットは 8 つの MDGs，す
なわちミレニアム開発目標を提案し，もっとも最近の「持続可能な開発の
ための 2030 アジェンダ」では，17 の SDGs が中核となっている。その 17
の目標は，世界的に連携したすべての国が行動を起こすことを，緊急に要
求するものである。

　貧困に終止符を打つことが，まず最も重要な問題である。新型コロナウイルスの世界的流行のために，2020 年には 1 億 2000 万の人々が極端な貧困状態で生きることを余儀なくされた。飢餓をなくすこともまた，達成されるべき重要な目標である。それは食料の確保が保証されて，はじめて実現できる。言い換えれば，すべての人が十分で安全で栄養価の高い食物へ，物理的にも経済的にも手が届くようになってはじめて，この 2 番目の目標が達成できる。食料供給を確保するために何ができるか？　持続可能な農業の推進がカギとなる。2021 年 5 月に，国連経済社会局によって研究会が組織された。この研究会は，発展途上国が持続可能な農業を支える政策と計画を改善するために，それらの国々の知識を高め，国力を強化することを目指した。

　前段落で紹介した 2 つの目標とは別に，SDGs には健康と幸福，質の高い教育，持続可能な都市や地域社会のような目標も含まれる。

■━━━━━━◀解　説▶━━━━━━■

28. 空所を含む文の次の文に extreme poverty「極度の貧困」とあり，貧困問題に触れている。

30. 空所を含む文の次の文に「それは食料安全が保障されたときに実現する」とあり，食料問題に触れている。

31. it is only when 〜 that … 「〜してはじめて…する」強調構文である。

32. aimed at の目的語として，enhancing と strengthening が並列する形になる。aim at *doing*「〜することを目指す」

33. 第 2 段（（　28　）is …）で，貧困問題および食料問題を解決する目標に触れている。

34. a・e は最終段（Apart from the …），b は第 2 段第 3 文（（　30　）is …），d は第 2 段第 1 文（（　28　）is …）で言及されており，c に関する記述はない。

5　**解答**　35― b　36― c　37― d　38― b　39― d　40― d
　　　　　41― d

◆━━━◆全　訳◆━━━◆

≪高所恐怖症≫

　私たち全員がローラーコースターに乗ったり，高い橋を渡ったり，東京

スカイツリーの窓から外を見たりするのを，楽しいと思うわけではない。そうした行動を楽しんで，何回も繰り返すことができる人々がいるのだ。どうして高所を怖がる人もいれば，そうでない人もいるのだろう？　その違いは何なのだろう？

　高所に対する恐れは，私たち人間にはとても普通なものだ。いくつかの研究によると，3人に1人が視覚的高さに敏感で，怖いと感じるという。人間の2〜5％は高所恐怖症，つまり高所を極端に恐れる症状を持つと言われている。その名称はギリシャ語の acron（高さ）と phobos（恐怖）に由来する。高所恐怖症はかつて階段や橋やローラーコースターのような普通の物に対する，過剰反応の結果であると見なされていた。しかしながら，今日の科学者は違う意見を持っている。高所に対する極端な恐怖心を持つ人は，物の垂直方向の寸法——つまり実際の高さ——を判断するのが苦手なのだ。

　人は幼いころに高所への恐怖心を持つようになり，成長するにつれて症状が悪化する傾向がある。大人になればなるほど，年少のときよりも恐怖心が増す，と多くの研究が示唆している。恐怖心が増す原因は，垂直方向の距離を正確に判断する能力と，体のバランスを保てるという確信を失うことであるらしい。その結果彼らは自分が実際よりも高い所にいると感じ，転落せずにいられるという確信が持てなくなるのだ。

　高所恐怖症があると生活は困難になるが，高所がまったく怖くなければ，さまざまな危険やトラブルに遭遇するかもしれない。毎年グランドキャニオンで，峡谷の底から1600メートルほどの岩の上で自撮りをしようとして，転落する人がいる。高所に対する必要な注意を払わないと，そのような事故が起こるのである。

　高所恐怖症はかつては一生付き合わねばならず，生活の質を下げかねないと考えられていたが，今では高所恐怖症を患う人の生活を容易にしてくれる，新しい手段がいくつもある。セラピストがバーチャルリアリティー技術を使って，安全な環境で，患者が恐怖に立ち向かう手助けをする。この過程を通じて，患者は自分の高所に対する恐怖心に対処できるということを次第に学び，普通の生活を送れるようになるのだ。

◀━━━━━━ ◀解　説▶ ━━━━━━▶

36. 前文に対して，空所を含む文の後半に different opinion とあるので，

空所には逆接の However が入る。

37.　前文の more fear of heights を受ける。

38.　次文に Such accidents happen … とあるので，転落事故と考える。

40.　下線部(40)を直訳すると「一生の伴侶」という意味なので，d の「ともに暮らさなくてはいけない症状」が対応。

41.　d.「若者はしばしば高所への激しい恐怖を抱くが，大人になるにつれてその恐怖心は緩和される傾向がある」第 3 段第 1 文（People develop …）に，成長するにつれて症状が悪化する傾向があると書かれているので，矛盾する。なお，第 2 段第 1 〜 3 文（Fear of … of heights.）にある通り，3 人に 1 人が経験する恐怖は生活に支障のないもので，2 〜 5 ％の人が持つ「高所恐怖症」という病気とは区別されているので，c は本文に一致している。

◀数　学▶

1 　解答　(1)　$n \geq 1$ のとき

$$a_{n+1} - a_n$$

$$= \left\{ 1 + \frac{1}{1!} + \frac{1}{2!} + \cdots + \frac{1}{n!} + \frac{1}{(n+1)!} \right\} - \left\{ 1 + \frac{1}{1!} + \frac{1}{2!} + \cdots + \frac{1}{n!} \right\}$$

$$= \frac{1}{(n+1)!} > 0$$

よって任意の自然数 n に対して，$a_n < a_{n+1}$ が成り立つ。　　　（証明終）

(2)　$\dfrac{1}{n!} < \dfrac{1}{2^{n-1}}$　……① が $n > 2$ のとき成り立つことを数学的帰納法を用いて示す。

(i)　$n = 3$ のとき　　（左辺）$= \dfrac{1}{3!} = \dfrac{1}{6}$，（右辺）$= \dfrac{1}{2^2} = \dfrac{1}{4}$

　よって（左辺）<（右辺）となるから，$n = 3$ のとき①は成り立つ。

(ii)　$n = k(k \geq 3)$ のとき，$\dfrac{1}{k!} < \dfrac{1}{2^{k-1}}$ が成り立つと仮定すると

$$\frac{1}{(k+1)!} = \frac{1}{(k+1)k!}$$

$$< \frac{1}{k+1} \cdot \frac{1}{2^{k-1}}$$

$$\leq \frac{1}{3+1} \cdot \frac{1}{2^{k-1}}$$

$$= \frac{1}{2^{k+1}}$$

$$< \frac{1}{2^k}$$

　よって $n = k+1$ のときも①は成り立つ。

以上，(i)，(ii)より，$n > 2$ のとき，任意の自然数 n に対して①は成り立つ。

　　　　　　　　　　　　　　　　　　　　　　　　　　　　　　（証明終）

(3)　$n = 1$ のとき，$a_1 = 1 + \dfrac{1}{1!} = 2 < 3$ が成り立つ。

$n = 2$ のとき，$a_2 = 1 + \dfrac{1}{1!} + \dfrac{1}{2!} = \dfrac{5}{2} < 3$ が成り立つ。

$n \geqq 3$ のとき(2)より,　$\dfrac{1}{n!} < \dfrac{1}{2^{n-1}}$ が成り立つから,辺々和をとって

$$\sum_{k=3}^{n} \dfrac{1}{k!} < \sum_{k=3}^{n} \dfrac{1}{2^{k-1}}$$

ゆえに　　$\displaystyle\sum_{k=3}^{n} \dfrac{1}{k!} < \dfrac{1}{2^2} \cdot \dfrac{1-\left(\dfrac{1}{2}\right)^{n-2}}{1-\dfrac{1}{2}} = \dfrac{1}{2} - \dfrac{1}{2^{n-1}}$

となるから,両辺に $1 + \dfrac{1}{1!} + \dfrac{1}{2!}$ を加えて,

$$1 + \dfrac{1}{1!} + \dfrac{1}{2!} + \sum_{k=3}^{n} \dfrac{1}{k!} < 1 + \dfrac{1}{1!} + \dfrac{1}{2!} + \left(\dfrac{1}{2} - \dfrac{1}{2^{n-1}}\right) = 3 - \dfrac{1}{2^{n-1}} < 3$$

よって,$a_n < 3$ が成り立つ。

ゆえに,自然数 n の値に関係なく,$a_n < 3$ が成り立つ。　　　　　（証明終）

━━━━━━◀解　説▶━━━━━━

≪数学的帰納法による不等式の証明≫

(1)　（右辺）－（左辺）>0 となることを示せばよい。

(2)　数学的帰納法を用いて証明できる。

(3)　(2)の結果を用いて,辺々和をとることにより証明できる。

---

[2]　**解答**　　$\log_2 \dfrac{\sqrt[4]{8}}{\sqrt[6]{8}} = \log_2 2^{\frac{3}{4}} - \log_2 2^{\frac{3}{6}}$

$$= \dfrac{3}{4} - \dfrac{3}{6}$$

$$= \dfrac{1}{4} \quad \cdots\cdots (答)$$

━━━━━━◀解　説▶━━━━━━

≪累乗根の指数と対数の値の計算≫

底が 2 であることに着目して,$8 = 2^3$ で表されることと指数法則を用いて対数の計算を進める。単純な計算問題だが丁寧に処理しよう。

---

[3]　**解答**　　(1)　線分 AB の中点 D の座標は,D$(1,\ 1,\ 0)$ であるから,線分 CD の長さは

$$CD = \sqrt{(1-0)^2 + (1-0)^2 + (0-\sqrt{6})^2} = \sqrt{1+1+6}$$
$$= \sqrt{8} = 2\sqrt{2} \quad \cdots\cdots (答)$$

(2) $\quad CA = \sqrt{(2-0)^2 + (0-0)^2 + (0-\sqrt{6})^2} = \sqrt{10}$

$\quad\quad CB = \sqrt{(0-0)^2 + (2-0)^2 + (0-\sqrt{6})^2} = \sqrt{10}$

より, 三角形 ABC は $CA = CB = \sqrt{10}$ の二等辺三角形であるから, CD⊥AB であり

$$AB = \sqrt{(0-2)^2 + (2-0)^2 + (0-0)^2} = 2\sqrt{2}$$

より, 右図のようになる。

ゆえに求める値は

$$\sin\alpha = \frac{AD}{AC} = \frac{\sqrt{2}}{\sqrt{10}} = \frac{1}{\sqrt{5}} = \frac{\sqrt{5}}{5} \quad \cdots\cdots (答)$$

(3) $\quad \cos\alpha = \frac{CD}{CA} = \frac{2\sqrt{2}}{\sqrt{10}} = \frac{2}{\sqrt{5}}$

右図より, $\beta = 2\alpha$ であるから, 求める値は

$$\sin\beta = \sin 2\alpha = 2\sin\alpha\cos\alpha$$

$$= 2 \cdot \frac{1}{\sqrt{5}} \cdot \frac{2}{\sqrt{5}} = \frac{4}{5} \quad \cdots\cdots (答)$$

━━━━◀解 説▶━━━━

≪座標空間内の二等辺三角形における三角比の値≫

(2)・(3) △ABC が $CA = CB$ なる二等辺三角形であることより, △ACD が ∠CDA = 90° の直角三角形であることに着目して, $\sin\alpha$, $\cos\alpha$ の値を求める。

次に 2 倍角の公式を使って $\sin\beta = \sin 2\alpha$ の値を求める。

$\boxed{4}$ (1) $\quad f(x) = (3x-1)^2 = 9x^2 - 6x + 1$ となるから

$\quad\quad f'(x) = 18x - 6 \quad \cdots\cdots (答)$

(2) $\quad \displaystyle\int_0^{\frac{2}{3}} (3x-1)^2 dx = \int_0^{\frac{2}{3}} (9x^2 - 6x + 1) dx$

$$= \left[3x^3 - 3x^2 + x \right]_0^{\frac{2}{3}}$$

$$= 3 \cdot \frac{8}{27} - 3 \cdot \frac{4}{9} + \frac{2}{3} = \frac{2}{9} \quad \cdots\cdots (答)$$

━━━━━◀解　説▶━━━━━

≪2次関数の導関数の方程式と定積分の値≫

与えられた式を展開して，微分，および積分をする。

◀化　学▶

$\boxed{1}$ 　解答

問 1．④・⑥　問 2．①・④　問 3．③
問 4．②・③　問 5．①

◀解　説▶

≪周期表，同位体と同素体，電子配置，極性分子，イオン結合，物質量≫

問 1．④誤文。同素体は同じ元素からなる性質の異なる単体。

⑥誤文。窒素とリンは同じ周期ではなく，同族体である。

問 2．①電子数は，Li^+ が 2 個，Na^+ が 10 個。

④電子数は，Al^{3+} が 10 個，Cl^- が 18 個。

問 4．②誤文。ナトリウム原子も塩素原子も最外殻電子は M 殻にある。

③誤文。同一周期では，アルカリ金属の第一イオン化エネルギーが最も小さい。

問 5．x〔g〕の金属 **M** の酸化物の物質量は　$\dfrac{x}{2m+48}$〔mol〕

よって，金属 **M** の原子の数は

$$\frac{x}{2m+48}\times2\times N_{\mathrm{A}}=\frac{xN_{\mathrm{A}}}{m+24}$$

$\boxed{2}$ 　解答

問 1．$C_5H_{12}+8O_2 \longrightarrow 5CO_2+6H_2O$
問 2．0.800 mol　問 3．10.8 g

問 4．物質名：ペンタン　物質量：5.00×10^{-2} mol

◀解　説▶

≪化学反応式と反応量≫

問 2．$\dfrac{25.6}{32}=0.800$〔mol〕

問 3．

	$C_5H_{12}+$	$8O_2$	$\longrightarrow$	$5CO_2$	$+6H_2O$
（電離前）	0.150	0.800		0	0
（反応量）	−0.100	−0.800		+0.500	+0.600
（電離後）	0.0500	0		0.500	0.600

$0.600\times18=10.8$〔g〕

問 4．上式より，反応せずに残ったのは，C_5H_{12}（ペンタン）。

$\boxed{3}$ 　$\boxed{\text{解答}}$　問 1．(1)酸　(2)酸　(3)塩基

問 2．②

問 3．2.5×10^{-2} mol/L　問 4．②

◀解　説▶

≪酸・塩基の定義，モル濃度，pH≫

問 1．ブレンステッド・ローリーの定義では，水素イオンを放出すれば酸，受け取れば塩基。

問 3．$(密度) \times 1000 \times \dfrac{(\%)}{100} \times \dfrac{1}{(分子量)} = (モル濃度)$ なので

$$1.8 \times 1000 \times \frac{98}{100} \times \frac{1}{98} = 18 \, [\text{mol/L}]$$

この濃硫酸を 0.28 mL 取り，水で薄めて 200 mL にするので

$$18 \times \frac{0.28}{1000} \times \frac{1000}{200} = 0.0252 \fallingdotseq 2.5 \times 10^{-2} \, [\text{mol/L}]$$

問 4．pH が小さい順なので，$[\text{H}^+]$ の大きい順に並べればよい。

a．$[\text{H}^+] = 0.1 \times 0.02 = 2 \times 10^{-3} \, [\text{mol/L}]$

b．希塩酸のモル濃度を $x \, [\text{mol/L}]$ とすると，中和の公式より

$$0.1 \times \frac{10}{1000} \times 1 = x \times \frac{1000}{1000} \times 1 \quad \therefore \quad x = 0.001$$

よって　$[\text{H}^+] = 1 \times 10^{-3} \, [\text{mol/L}]$

c．水酸化ナトリウムと反応した物質量を引いた後の希塩酸のモル濃度は

$$\left(0.004 \times \frac{100}{1000} \times 1 - 0.001 \times \frac{100}{1000} \times 1 \right) \times \frac{1000}{200} = 1.5 \times 10^{-3} \, [\text{mol/L}]$$

以上より，a＜c＜b となる。

$\boxed{4}$ 　$\boxed{\text{解答}}$　問 1．(1)－3　(2)－1　(3)＋7　(4)＋1

問 2．(1)－a・e　(2)－b・d

問 3．③・⑥

問 4．(1)a－⑤　b－⑥　c－③　d－④　(2)－②

◀解　説▶

≪酸化数，酸化剤と還元剤の性質，酸化還元滴定≫

問 1．(1)　NH_3：酸化数は全体が 0，H が ＋1 なので，N は －3。

(2)　H_2O_2：酸化数は全体が 0，H が ＋1 なので，O は －1。

(3) $KClO_4$：酸化数は全体が 0，K が +1，O が −2 なので，Cl は +7。

(4) NaH：酸化数は全体が 0，H が −1 なので，Na は +1。

問 2．(1) 単体が存在するのは，酸化還元反応なので，b・c・d・f は酸化還元反応である。

(2) 酸化剤としてはたらいているものは，自身は還元されている。

b．O が酸化数 0 から −2 へと還元されているので，酸化剤。

d．S が酸化数 +4 から 0 へと還元されているので，酸化剤。

問 3．③誤文。イオン化傾向の大きい金属は，電子を放出して陽イオンになりやすい。

⑥誤文。充電によってくり返し使用できるのは，二次電池である。

問 4．(2) 過マンガン酸カリウム水溶液のモル濃度を x[mol/L] とすると，還元剤の与える電子の数と酸化剤の受け取る電子の数が等しいときに反応が終了するので

$$0.030 \times \frac{20}{1000} \times 2 = x \times \frac{12}{1000} \times 5 \quad \therefore \quad x = 0.020 \text{[mol/L]}$$

◀生　物▶

1 **解答**　問1．ア―②　イ―④　問2．進化
問3．アデノシン三リン酸（ATP）

問4．細胞小器官

問5．ウ―⑦　エ―③　オ―⑥　カ―②　キ―⑧

問6．異化

問7．二酸化炭素

問8．ク．代謝　ケ．タンパク質

問9．基質特異性

問10．触媒

問11．③

◀解　説▶

≪生物の共通性と多様性，細胞小器官，代謝，酵素とその性質≫

問3．アデノシン三リン酸（ATP）は，アデノシン（アデニンとリボース（糖）が結合したもの）に3分子のリン酸が結合した化合物である。このリン酸どうしの結合は高エネルギーリン酸結合と呼ばれ，この結合が切り離されるときに多量のエネルギーを放出する。ATP は様々な生命活動のエネルギーの受け渡しを仲立ちするので，生体におけるエネルギーの通貨と呼ばれる。

問4．小胞体やリボソーム，小さなリソソームなどは，光学顕微鏡では観察できない。

問6．呼吸や発酵など，複雑な物質を単純な物質に分解するはたらきを異化といい，エネルギーの放出をともなう。一方，光合成など，外界から取り入れた単純な物質から，からだを構成する物質や生命活動に必要な物質を合成するはたらきを同化といい，エネルギーの吸収をともなう。

問7．二酸化炭素から有機物をつくる反応は炭酸同化と呼ばれ，光エネルギーを用いた炭酸同化を光合成と呼ぶ。

問9．酵素の活性部位は特有の立体構造をしているため，基質と酵素は鍵と鍵穴のような関係にあり，他の物質とは結合しにくい。

問11．一般に，化学反応は温度が高いほど反応速度が大きくなる。酵素

には最もよくはたらく最適温度があるが，それ以上の温度になると，酵素タンパク質の立体構造が変化（熱変性）し，はたらきを失う（失活）。ヒトの体内ではたらく一般的な酵素は，ヒトの体温である 35〜40℃ あたりが最適温度になる。したがって，③が適切。

2 解答

問 1 ．②
問 2 ．イ．20

ウ・エ．アミノ，カルボキシ（カルボキシル）　（順不同）

オ．mRNA（伝令 RNA）　カ．転写　キ．翻訳

ク．tRNA（転移 RNA，運搬 RNA）

問 3 ．①・④・⑦・⑧

問 4 ．①

問 5 ．セントラルドグマ

問 6 ．30 億÷23＝1.304…億≒1.3 億塩基対

よって　　約 1.3 億個　……（答）

問 7 ．$\dfrac{20000 \times 2000}{30\ 億} \times 100 = \dfrac{2 \times 2}{3} = 1.333\cdots ≒ 1.3$

よって　　約 1.3%　……（答）

問 8 ．ケ・コ．ワトソン，クリック　（順不同）

サ・シ．デオキシリボース（糖），リン酸　（順不同）　ス．塩基

セ．ヌクレオチド　ソ．塩基対　タ．塩基配列

チ・ツ．A，T　（順不同）　テ・ト．C，G　（順不同）　ナ．水素

━━━━◀解　説▶━━━━

≪アミノ酸とタンパク質，転写と翻訳，ヒトゲノム，DNA の構造≫

問 1 ．2 つのアミノ酸間で，片方のアミノ酸のカルボキシ基と，他方のアミノ基との間で，1 分子の水がとれてできる −CO−NH− の結合をペプチド結合という。

問 3 ．①アラニン，④イソロイシン，⑦グルタミン酸，⑧セリンがアミノ酸である。

②アクチン：アクチンフィラメントとして細胞骨格や筋原繊維を構成するタンパク質である。

③アセチルコリン：副交感神経や運動神経の末端（終末）から分泌される

神経伝達物質である。

⑤ウラシル：RNA のヌクレオチドを構成する塩基の 1 つである。

⑥グアニン：DNA や RNA のヌクレオチドを構成する塩基の 1 つである。

⑨チロキシン：甲状腺から内分泌され，代謝の促進にはたらくホルモンである。

問 4．①正しい。成長ホルモンは，成長促進（特に骨）やタンパク質の合成促進，グリコーゲンの分解促進による血糖濃度の上昇などに作用するホルモンである。

②誤り。ヒトの細胞では，DNA の複製は核内で行われるため，DNA ポリメラーゼも細胞質ではなく核内ではたらく。

③誤り。ニューロンはタンパク質ではなく細胞（神経細胞）である。

④誤り。ヒトゲノム計画によって，ヒトゲノムの全塩基配列や様々なことが明らかになったが，その塩基配列に含まれている情報（タンパク質の機能など）などの解析は，現在も様々な研究が行われている途中である。

⑤誤り。赤血球は無核の細胞である。

問 6．ゲノムとは，1 つの生殖細胞（精子や卵など）に含まれる遺伝子全体のことであり，その生物が自分を形成，維持するのに必要な最小限の遺伝情報の 1 セットである。ヒトの場合，生殖細胞には 23 本の染色体（22 本の常染色体＋1 本の性染色体）が含まれている。リード文より，ヒトのゲノムサイズは約 30 億塩基対とあるので，ヒトの染色体 1 本あたりの平均塩基対数を求めるには，30 億塩基対を 23 本で割ればよい。有効数字に気をつけること。

問 7．タンパク質を指定する遺伝子が約 20,000 個あり，それぞれの遺伝子が平均 2,000 個の塩基対から成り立っているので，タンパク質を指定する遺伝子の全塩基対数は 20000×2000 個である。この数が 30 億塩基対（ヒトゲノムの全塩基対数）の何％にあたるのかを計算すればよいので

$$\frac{20000 \times 2000}{30\ 億} \times 100 = \frac{2 \times 2}{3} = 1.333\cdots \fallingdotseq 1.3\%$$

問 8．A と T は 2 つの水素結合で，C と G は 3 つの水素結合で結合し，塩基対をつくっている。

3 解答

問1．ア．グルコース　イ．インスリン
ウ．ランゲルハンス

問2．④

問3．エー②　オー⑧

問4．糖尿病

問5．グルカゴン，アドレナリン，糖質コルチコイドなどから2つ。

問6．・インスリンが正常に分泌されない。
・インスリンが正常に標的細胞に作用しない。

──────◀解　説▶──────

≪血糖濃度の調節とホルモン，糖尿病とインスリン≫

問2．健康な人の場合，食後の血糖濃度は一時的に上昇するが，インスリン分泌量の増加とグルカゴン分泌量の減少により正常値に戻る。空腹時の血糖濃度の正常値（グルコース量）はおよそ 100 mg/100 mL である。

問4．血糖濃度が 180 mg/100 mL を超えると，腎臓で原尿に高濃度のグルコースが含まれるようになり，細尿管での再吸収が間に合わなくなる。そしてグルコースが尿中に排出され，糖尿となる。血糖濃度が高い状態が続くと，のどの渇きが生じ，細菌抵抗性が低下する。また，体のだるさ，動脈硬化，心筋梗塞，脳梗塞，失明など様々な合併症を引き起こす可能性がある。

問5．下表は血糖濃度を上げる作用をもつホルモンをまとめたものである。

内分泌腺	ホルモン	血糖濃度の上昇方法
すい臓ランゲルハンス島 A 細胞	グルカゴン	グリコーゲンの分解
副腎髄質	アドレナリン	
脳下垂体前葉	成長ホルモン	
甲状腺	チロキシン	
副腎皮質	糖質コルチコイド	タンパク質からの糖合成(糖新生)

問6．糖尿病は，高血糖になる原因に基づいて1型と2型に大別される。

1型糖尿病：ウイルス感染などが引き金となり，ランゲルハンス島 B 細胞が自己の免疫細胞によって破壊され（自己免疫疾患），インスリンが正常に分泌されなくなったり，B 細胞が血糖の上昇に反応できなくなる。

2型糖尿病：1型糖尿病以外の原因でインスリンの分泌量が減少したり，筋肉や脂肪細胞などの標的細胞に対してインスリンが作用しにくくなった

りして起こる。日本人の糖尿病患者のほとんどは 2 型糖尿病であり，生活習慣（運動不足や食事など）にも関わりがあると考えられている。

<big>4</big>　**解答**　問 1．ア—①　イ—⑤　ウ—④　エ—⑦　オ—②
　　　　　　　　　カ—③

問 2．④

問 3．キ．一次　ク．記憶細胞　ケ．免疫記憶　コ．二次

問 4．②・③　問 5．②・④　問 6．①・②・③・⑤

━━━━◀解　説▶━━━━

≪適応免疫，抗体，二次応答とワクチン，造血幹細胞≫

問 1．⑥NK 細胞（ナチュラルキラー細胞）はリンパ球だが自然免疫ではたらき，がんなどの腫瘍細胞やウイルスに感染した細胞を攻撃する。

問 2．②正しい。抗体は免疫グロブリンと呼ばれるタンパク質でできており，長い H 鎖と短い L 鎖がそれぞれ 2 本ずつ，S–S 結合でつながった Y 字形の構造をしている。抗原と結合する部分を可変部，それ以外の部分を定常部という。

④誤り。1 つの抗体産生細胞（B 細胞）からは 1 種類の免疫グロブリンしかつくれない。ただし，B 細胞は多くの種類が存在し，それぞれが異なる種類の免疫グロブリンをつくるため，全体的にみれば多くの異なる種類の抗原に対応することができる。

⑤正しい。他の動物に病原体や毒素を注射して抗体をつくらせ，その抗体が含まれた血清を治療に用いる方法を血清療法という。ハブなどの毒蛇に噛まれた場合，ヘビ毒を体内で取り除くのに効果的な治療法である。

問 3～問 5．一次応答の際に，活性化した T 細胞や B 細胞の一部が記憶細胞として体内に残り，同じ抗原の 2 回目以降の感染時に素早く強力にはたらく免疫応答を二次応答という。この二次応答を利用した病気の予防法として，予防接種がある。予防接種では，死滅または弱毒化した病原体をワクチンとして体に少量注射（接種）することで，弱い一次応答を人工的に引き起こして記憶細胞を体内につくらせる。その後，実際の病原体に感染したときにすぐに二次応答がはたらき，発症を未然に防いだり，発症しても重症化を防ぐ効果が期待できる。未感染で接種する場合，ワクチン接種は 1 回目の感染刺激に相当する。

問6．すべての血球や血小板は，骨髄にある造血幹細胞（血球芽細胞）から分化してできる。

■一般選抜B方式Ⅰ期

問題編

▶試験科目・配点

教　科	科　　　　　目	配　点
英　語	コミュニケーション英語Ⅰ・Ⅱ・Ⅲ，英語表現Ⅰ・Ⅱ	100点
数　学	「数学Ⅰ・Ⅱ・Ａ・Ｂ」および選択問題として「数学Ⅲ」を含む問題と含まない問題を用意。	100点
理　科	「物理基礎・物理」，「化学基礎・化学」，「生物基礎・生物」から1科目選択。	100点

▶備　考

- 上記の学力試験の成績および調査書により，入学志願者の能力・適性等を総合的に評価し，合格者を決定する。
- 「数学Ａ」は「場合の数と確率」と「図形の性質」から出題する。
- 「数学Ｂ」は「数列」と「ベクトル」から出題する。
- 理科には，理数系の基礎的な思考能力や技能を判断するため，一部記述式問題がある。

英語

(60 分)

1　1 ～ 10 の空欄に入れるのに最も適切なものを a ～ d からそれぞれ 1 つ選び，解答欄 1 ～ 10 にマークしなさい.

1.　'Why don't we get together on Friday night?'
　　'Sorry, but （　　） my grandmother in Shizuoka this weekend.'
　　a.　I'm checked
　　b.　I'll be got
　　c.　I'm going
　　d.　I'll be visiting

2.　Everyone knows if they （　　）, they can achieve their goals.
　　a.　enough hard work
　　b.　work hard enough
　　c.　hardly work enough
　　d.　enough work hardly

3.　Before I got this job （　　） use a computer.
　　a.　I couldn't have
　　b.　I haven't been able to
　　c.　I'm not able to
　　d.　I couldn't

4.　I didn't make （　　） calls yesterday.
　　a.　any
　　b.　a lot
　　c.　no
　　d.　much

5. Simon seems to enjoy （　　） new classmates.

   a. talking to

   b. to talk to

   c. talking

   d. to talk

6. My sister is right here （　　） of the first row in this photo.

   a. in the middle

   b. at middle

   c. among middle

   d. on the middle

7. This dish （　　） wonderful! Did you make it on your own?

   a. is tasted

   b. was tasting

   c. tastes

   d. has tasted

8. I need to go to the dentist （　　） a check-up.

   a. for make

   b. to have

   c. with getting

   d. on going

9. We decided not to go out to eat （　　） we had plenty of food at home.

   a. because of

   b. so

   c. as

   d. unless

10. I haven't been feeling well lately, but I feel a little （　　） than yesterday.

   a. good

   b. finer

   c. better

   d. nicest

2 以下はプレゼンテーションの原稿である．1〜7の問に答えなさい．

One of the most well-known Japanese dishes is *tempura*. While it can be bought at supermarkets, made at home, or eaten at inexpensive restaurants, (　　1　　). Today, I would like to talk about *tempura*, one of the most popular foods for Japanese people, focusing on (　　2　　).

The history of *tempura* in Japan, like the history of Tokyo-style *sushi* and *sukiyaki*, is not very long. According to literature, Portuguese sailors brought a dish called *peixinhos da horta*—deep-fried green beans and other vegetables—to Japan in the 16th century, which developed into *tempura*. (　　3　　), since oil was precious at that time, it did not spread to the common people.

(　　4　　)Edo began to eat it. Because of the abundance of fresh fish from Tokyo Bay, *tempura* using those fish became very popular. This type of *tempura* seems to have become the base of *tempura* today. Compared to the light-colored *tempura* we are familiar with, *tempura* in Edo was slightly darker in color because it was cooked at a high temperature using sesame oil. Today, Edo-style *tempura* is only available at a few long-established restaurants in Asakusa.

(　　5　　) During the Meiji period, *tempura* specialty restaurants were established in Tokyo, and *tempura* became a luxury food eaten on special occasions. Some say that *tempura* spread throughout Japan after the Great Kanto Earthquake of 1923. (　　6　　), *tempura* chefs in Tokyo who lost their jobs in the earthquake moved to other parts of Japan and spread *tempura* in various parts of the country. However, until the middle of the Showa period, *tempura* was considered a special dish.

(7)

Today, it has established itself as both a fast food and a luxury food, which can be enjoyed not only by Japanese people but also by people all around the world.

1.　空欄(　1　)に入れるのに最も適切なものを a 〜 d から1つ選び, 解答欄1にマークしなさい.

a. *tempura* has become the most familiar dish for many generations of Japanese

b. eating *tempura* is nothing special for most people as it is almost like a fast food

c. *tempura*, as it was always the food for poor people, can be made from any vegetable

d. *tempura* can also be enjoyed freshly prepared at high-end restaurants or at formal dinners

2. 空欄(2)に入れるのに最も適切なものを a ～ d から 1 つ選び, 解答欄 2 にマークしなさい.

a. its history

b. how it received its name

c. *tempura* during World War II

d. the best recipe for Tokyo-style *tempura*

3. 空欄(3)に入れるのに最も適切なものを a ～ d から 1 つ選び, 解答欄 3 にマークしなさい.

a. Therefore

b. Moreover

c. Or

d. However

4. 空欄(4)に入れるのに, 以下の a ～ h を並べ替えて文を完成し, 4番目にくるものを解答欄 4 にマークしなさい. 文頭に来る文字も小文字にしてある. 全ての選択肢を使うこと.

a. people   e. that

b. until   f. not

c. the Edo period   g. was

d. it   h. in

5. 空欄(5)に入れるのに最も適切なものを a ～ d から 1 つ選び, 解答欄 5 にマークしなさい.

a. The Meiji period was the best time for *tempura* lovers, because *tempura* was inexpensive in Tokyo then.

 b. The history of *tempura* dramatically changed during the Meiji period, as many people moved to Tokyo to enjoy *tempura*.

 c. Because of the amazing development of *tempura* during the Meiji period, people are able to enjoy *tempura* in Tokyo now.

 d. From the Meiji period to the early Showa period, *tempura* became popular not only in Tokyo but in many parts of Japan.

6. 空欄（　6　）に入れるのに最も適切なものを a 〜 d から 1 つ選び,解答欄 6 にマークしなさい.

 a. Once *tempura* remained popular

 b. According to this explanation

 c. No matter how much they spread

 d. Ever since the development

7. 空欄（　7　）に入れるのに,　以下の a 〜 d を並べ替え,　2 番目にくるものを解答欄 7 にマークしなさい.

 a. During World War II, *tempura* was treated as a luxury food due to food shortages.

 b. These include ice cream *tempura*, egg *tempura*, cheese *tempura*, and beef fillet *tempura*.

 c. While traditional *tempura* with fresh seafood and vegetables remains unchanged, new types of *tempura* have appeared.

 d. After the war, when the economy recovered, *tempura* became the food of the common people.

3 Read the following conversation and answer the questions by marking the most appropriate answer choice.

Sam: Hey, Ririko! Has your little brother chosen his summer science project?

Ririko: (　1　) He's found several interesting ideas, but there seem to be problems with each of them.

Sam: Oh, that's a shame. (　2　)

Ririko: Various things. They take too long, or it's difficult to get all the materials, or the procedure is beyond his ability, or his teacher doesn't approve of them.

Sam: Tell me about (　3-i　).

Ririko: Okay, well, last week he found (　3-ii　) where you can make rubber erasers out of dandelions.

Sam: That sounds pretty cool! So many of our everyday products are made out of rubber. I read that most of the world's natural rubber comes from trees that are (　4　) in Southeast Asia, but many forests are being cut down to plant more rubber trees.

Ririko: That's right. In addition, some things are made from rubber that is produced from oil.

Sam: It sounds like finding an alternative source of rubber from a species (5) close at hand, like dandelions, could be really helpful.

Ririko: Yes, but unfortunately this project requires the dried roots of the Russian dandelion — (6) not just any dandelion.

Sam: That's too bad. Still, I'm curious, how do you make rubber from the roots?

Ririko: (7) Surprisingly, it doesn't seem that difficult to do. You can either grind the roots into a powder to take out the tiny rubber pieces, or you can use a chemical to break up the wood-like parts of the root. What remains from that are very thin strings of rubber that can be used to make an eraser.

Sam: Has he tried ordering Russian dandelion seeds online?

Ririko: No, because his teacher said there might be a law against growing them in Japan — they could become an invasive species.

Sam: Oh, I hadn't thought about that. Dandelions spread really quickly, (　8　)? But even if growing them is allowed, would vacation be long enough?

Ririko:　Well, that's (9) <u>another problem</u>.

Sam:　I see what you mean about all sorts of problems.

Ririko:　Yes, my brother is pretty discouraged. He's worried he won't find a project in time.

Sam:　Tell him to think positive. I'm sure a good project will (　10　)!

　　　　dandelion たんぽぽ　　grind すりつぶす　　invasive species 侵略的外来種

1. Which choice fits gap (1) the best?
   a. Exactly, but it's so hard to decide.
   b. Yes, he's found the perfect one!
   c. No, he's given up.
   d. Not yet. He's still looking.

2. Which choice fits gap (2) the best?
   a. How about it?
   b. What's wrong?
   c. That's why?
   d. What else?

3. Which choice fits both gaps (3-i) and (3-ii) the best?
   a. it
   b. one
   c. some
   d. them

4. Which choice does NOT fit gap (4)?
   a. grown
   b. raised
   c. established
   d. cultivated

5. Which choice could replace the underlined phrase (5)?
   a. close by
   b. in our hands

c.　handy

d.　closely related

6.　What does Ririko mean by the underlined part (6)?

　　a.　no dandelions can make rubber

　　b.　all dandelion species will work

　　c.　only common species can be used

　　d.　not all dandelions can produce rubber

7.　From the underlined part (7), what can we understand?

　　a.　From the start, Ririko thought making dandelion rubber would be easy.

　　b.　Ririko had assumed making rubber would be more difficult.

　　c.　Ririko hadn't considered how to make rubber before.

　　d.　Ririko is surprised by how complicated the rubber-making process is.

8.　Which choice fits gap (8) the best?

　　a.　do they

　　b.　don't they

　　c.　have they

　　d.　haven't they

9.　In the underlined part (9), which problem is Ririko referring to?

　　a.　the amount of time the project takes

　　b.　the difficulty of obtaining all of the materials

　　c.　the complexity of the procedure

　　d.　getting permission from the teacher

10.　Which choice fits gap (10) the best?

　　a.　turn down

　　b.　turn in

　　c.　turn off

　　d.　turn up

4 次の文章を読み，1〜7の問に答えなさい．

Most people are familiar with mold as that black, green, or white stuff found on stale bread, but some do not know that mold is a living organism that grows and reproduces. The following experiment confirms the theory that （　1　）.

(2)The following items are needed to conduct this experiment: two pieces of white bread (fresh bread works best), a small glass of tap water, an eyedropper, and two (3)resealable plastic bags. As mold does not grow overnight, this experiment works best over a period of at least one week.

After placing the slices of bread side by side on a flat surface, use the eyedropper to sprinkle about 20 drops of tap water on each slice. Next, place one slice of bread in a plastic bag. After ensuring that the bag is properly sealed, place it in a warm, dark place, such as a kitchen cupboard. Put the other slice of bread in another plastic bag, sealing the bag tightly. Place this second bag in the refrigerator.

Seven days later, collect both bags, keeping them sealed. （　4　） the slices of bread. If the experiment is done correctly, plenty of mold should appear on the slice of bread from the cupboard, but far less mold should cover the slice of bread from the refrigerator. After the experiment has been completed, （　5　） as mold can grow on other things.

　　　mold かび　　　stale 新鮮でない、古くなった　　　eyedropper スポイト

1. 空欄（　1　）に入れるのに最も適切なものをa〜dから1つ選び，解答欄1にマークしなさい．
   a. mold will probably grow on the bread a week after the experiment is begun
   b. mold is a living organism that can easily be found on earth, but humans do not pay enough attention to it
   c. mold is likely to grow in a kitchen cupboard, but not in a refrigerator
   d. mold reproduces on food that is not refrigerated more quickly than on food that is refrigerated

出典追記：Timed Readings Plus in Social Studies Book 7 by McGraw-Hill-Jamestown Education, McGraw-Hill

2.　下線部 (2) を言い換えるのに最も適切なものを a～d から 1 つ選び, 解答欄 2 に
　　マークしなさい.

　　a.　The experimental procedure is as follows

　　b.　The following experiment is very necessary

　　c.　The following is what we need for the experiment

　　d.　The experiment needs to conduct the following

3.　下線部 (3) を言い換えるのに最も適切なものを a～d から 1 つ選び, 解答欄 3 に
　　マークしなさい.

　　a.　plastic bags that can be closed repeatedly

　　b.　plastic bags with labels on them

　　c.　plastic bags for scientific research

　　d.　capable plastic bags

4.　空欄(　4　)に入れるのに最も適切なものを a～d から 1 つ選び, 解答欄 4 にマー
　　クしなさい.

　　a.　Examine

　　b.　Experiment

　　c.　Try

　　d.　Correct

5.　空欄(　5　)に入れるのに最も適切なものを a～d から 1 つ選び, 解答欄 5 にマー
　　クしなさい.

　　a.　you can use the bags to keep new slices of bread

　　b.　put the bread with mold in the refrigerator so that the mold will disappear

　　c.　take the bread out of the bags immediately to keep it fresh

　　d.　the bags should be thrown away without being opened

6.　下の①～⑥は文中の実験の手順です. 正しい順番に並べ替えたものを a～d か
　　ら 1 つ選び, 解答欄 6 にマークしなさい.

　　① Put the bread into the bags and seal them.

　　② Collect the bags and check the condition of the bread.

　　③ Place the bread on a flat surface.

④　Leave the bags for a week.

⑤　Place the bags in different places.

⑥　Sprinkle water on the bread.

a.　⑥-③-②-①-④-⑤

b.　③-⑥-①-⑤-④-②

c.　⑥-⑤-①-③-②-④

d.　③-①-⑥-④-②-⑤

7.　本文の内容と合致するものを一つ選び，解答欄7にマークしなさい．

a.　From this experiment, we understand that mold grows in dark and dry spaces.

b.　This experiment proves humidity plays the key role for mold to grow on bread.

c.　This experiment suggests that temperature is the key factor for mold to grow on bread.

d.　The purpose of this experiment is to show that bacteria cause mold to grow on bread.

5 次の文章を読み，1〜7の問に答えなさい．

When you go to a Chinese, Thai, or Mexican restaurant and look at the menu, how do you feel about those chili pepper marks next to menu items? Do you go for items that have three or four marks? Or, do you avoid them?

The number of peppers next to a dish indicates a meal's spiciness. Unlike the five basic tastes—sweet, sour, bitter, salty, and *umami* —spicy is something different. Spice gives animals and humans an immediate reaction, often causing pain and numbness. (1), humans have been using spicy things for centuries to treat pain. Scientists are trying to find out what spiciness actually is and (2)what distinguishes it from taste. With a better understanding, we could find even better ways to use it to treat pain and other disorders.

Spiciness and taste are processed differently by our bodies. The latter comes specifically from taste buds on the tongue. Taste buds contain many receptors. When substances such as sugar or salt touch the tongue, (3)the corresponding receptors turn on and send signals to the brain. The signals tell the brain which taste it is. On the other hand, our bodies detect spiciness using a completely different system than the one for taste. The part of the nervous system that sends touch, pain, and temperature feelings to our brain interprets it. In this way, (4)spiciness is not a taste so much as it is a sensation. Spice actually irritates the tongue, and then the brain receives signals that the mouth is having contact with something potentially harmful, such as a toxin. After that, the brain responds by temporarily giving numbness to the tongue, which is the sensation we get when we eat spicy food. It might be a body's (5).

The molecule responsible for causing this irritation is capsaicin, an active element in chili peppers. One possible way that capsaicin evolved in plants was as a defense against animals. Chili peppers used capsaicin as a way to avoid being eaten. Animals would eat them but immediately spit them out because (6)the shock could mean poison. Capsaicin has actually been used as a painkiller for many centuries. It reduces the sensitivity to pain after it is removed. Imagine there is hot sauce on your tongue. Your mouth will experience a burning sensation. After you remove it, your tongue starts to feel numb. As you repeat this process, you get used to a higher level of spiciness because the nerve endings on your tongue become less sensitive, stopping pain signals.

As scientists continue research on capsaicin, they are finding it useful to treat pain, and possibly pain caused by cancers.

numb しびれた　　　　　　　taste buds 味蕾（みらい）　　　　receptors 受容器

irritate 痛みをともなって刺激する　　　　　toxin 毒

1. 空欄（　1　）に入らないものをa～dから1つ選び，解答欄1にマークしなさい.
   a. Actually
   b. In addition
   c. Indeed
   d. In fact

2. 下線部（2）を言い換えるのに最も適切なものをa～dから1つ選び，解答欄2にマークしなさい.
   a. what enables us to taste spiciness in food enjoyably
   b. what causes us to feel pain and numbness from tastes
   c. what makes us realize spiciness is something we should avoid
   d. what makes us recognize spiciness as different from the five basic tastes

3. 下線部（3）の説明として最も適切なものをa～dから1つ選び，解答欄3にマークしなさい.
   a. the receptors that came into contact with sugar or salt
   b. the receptors that react specifically to sweetness or saltiness
   c. the receptors that get brain signals as sweet or as salty
   d. the receptors that respond to sugar or salt by sending signals to the tongue

4. 下線部（4）を言い換えるのに最も適切なものをa～dから1つ選び，解答欄4にマークしなさい.
   a. spiciness does not have any taste so it does not cause any sensation
   b. spiciness causes a sensation that is close to those caused by tastes
   c. spiciness is not exactly a taste but is more like a sensation
   d. spiciness is not as much a sensation, such as pain, as a taste

5. 下線部（5）に入れるのに最も適切なものをa～dから1つ選び，解答欄5にマー

出典追記：Spiciness isn't a taste, and more burning facts about the mysterious sensation, Popular Science on September 27, 2021 by Elana Spivack

クしなさい．

a. protection mechanism

b. reward for finding food

c. entertaining sensation

d. emotional response

6. 下線部 (6) の説明として最も適切なものを a ～ d から 1 つ選び, 解答欄 6 にマークしなさい．

a. Spicy things make animals spit out capsaicin contained in chili peppers.

b. Shocking pain and the following numbness can keep animals from getting eaten.

c. Poisons cause the shocking spiciness that confuses animals eating them.

d. The reaction caused by capsaicin might be similar to the one caused by poison.

7. 本文の内容と合致するものを a ～ f から <u>2 つ</u>選び, 解答欄 7 にマークしなさい．

a. Spiciness is indicated as three or four pepper marks on the menu at many European restaurants.

b. Our brains send signals to reduce pain and numbness when we eat spicy things.

c. Plants such as chili peppers produce capsaicin to irritate animals' tongues and sometimes make the animals spit them out.

d. Our brain interprets signals for spiciness in the same way that our nervous system sends signals for basic tastes.

e. Spicy things can be used to treat pain by reducing sensitivity through repeated use.

f. Animals and humans have specific taste buds to detect spiciness to avoid danger.

■■■■数学■■■

(60 分)

(注) 選択問題④と⑤はどちらか一方を選択してマーク欄にマークし，選択した方の問題を解答すること（マーク欄にマークがない場合は採点されない）。

解答上の注意

1. 分数形で解答するときは，既約分数（それ以上約分ができない分数）で答えなさい.

   たとえば，$\dfrac{3}{4}$ と答えるところを，$\dfrac{6}{8}$ のように答えてはならない.

2. 根号を含む形で解答するときは，根号の中に現れる自然数が最小となる形で答えなさい.

   たとえば，$\boxed{ア}\sqrt{\boxed{イ}}$，$\dfrac{\sqrt{\boxed{ウ}}}{\boxed{エ}}$ に $4\sqrt{2}$，$\dfrac{\sqrt{2}}{2}$ と答えるところを，$2\sqrt{8}$，$\dfrac{\sqrt{8}}{4}$ のように

   答えてはならない.

3. たとえば，$-\boxed{オ}x^2 + \boxed{カ}$ に $-x^2 + 3$ と答えるときは，$\boxed{オ}$ に 1 を $\boxed{カ}$ に 3 をマークし

   なさい. また $x^{\boxed{キ}} - \boxed{ク}$ に $x - 3$ と答えるときは，$\boxed{キ}$ に 1 を $\boxed{ク}$ に 3 をマークしなさい.

   また $\dfrac{\boxed{ケ}}{\boxed{コ}}\pi$ に $\dfrac{\pi}{3}$ と答えるときは，$\boxed{ケ}$ に 1 を $\boxed{コ}$ に 3 をマークしなさい.

1 　以下の空欄 ア ～ シ には入る数字を, ス , セ には入る選択肢の番号を解答欄にマークしなさい.

問 1

$$\sum_{k=1}^{8} \frac{1}{k(k+1)} = \frac{\boxed{ア}}{\boxed{イ}}$$

問 2　$f(x) = 2(\log_3 x)^2 - \log_3 x^4 - 2$　$(1 \leqq x \leqq 27)$ は, $x = \boxed{ウ}$ のとき

最小値 $-\boxed{エ}$ をとり, $x = \boxed{オカ}$ のとき最大値 $\boxed{キ}$ をとる.

問 3　ある学年 100 人のテストの結果を次の表にまとめた.

点数	0	1	2	3	4	5	計
人数	20	7	15	8	23	27	100

これら 100 人の点数の最頻値（モード）は $\boxed{ク}$, 中央値（メジアン）は

$\boxed{ケ}.\boxed{コ}$ である. また, 平均値は $\boxed{サ}.\boxed{シ}$ である. 小数第 2 位以下が発生した

場合は小数第 2 位を四捨五入しなさい.

問 4　実数 x に関する 2 つの条件

　　　$p: x = 2,$　$q: |x| = 2$

について, p, q の否定をそれぞれ $\bar{p}, \bar{q}$ とする.

このとき, p は q であるための $\boxed{ス}$. また, $\bar{p}$ は $\bar{q}$ であるための $\boxed{セ}$.

　　① 必要十分条件である　　② 必要条件でも十分条件でもない

　　③ 必要条件だが十分条件でない　　④ 十分条件だが必要条件でない

2　図のように，原点を O とする xy 平面上に
1辺の長さが a の正三角形 OAB がある．辺 OA
が x 軸の正の向きとなす角度を θ とする．正三
角形 OAB の内接円を C とする．以下の空欄
ア ～ タ に入る数字を解答欄にマークしな
さい．

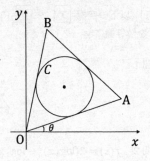

問1　$\overrightarrow{\mathrm{OA}}$ と $\overrightarrow{\mathrm{OB}}$ の内積は，$\dfrac{a^{\boxed{\text{ア}}}}{\boxed{\text{イ}}}$ である．

また，正三角形 OAB の面積は $\dfrac{\sqrt{\boxed{\text{ウ}}}}{\boxed{\text{エ}}}\,a^{\boxed{\text{オ}}}$ である．

問2　円 C の半径を r，中心の座標を (x_0, y_0) とすると，$r = \dfrac{\sqrt{\boxed{\text{カ}}}}{\boxed{\text{キ}}}\,a$，

$x_0 = \dfrac{a\left(\boxed{\text{ク}}\cos\theta - \sqrt{\boxed{\text{ケ}}}\sin\theta\right)}{\boxed{\text{コ}}}$，$y_0 = \dfrac{a\left(\boxed{\text{サ}}\sin\theta + \sqrt{\boxed{\text{シ}}}\cos\theta\right)}{\boxed{\text{ス}}}$ である．

問3　$\theta = 15°$ のとき，点 A と点 B を通る直線の方程式は，

$y = -\boxed{\text{セ}}\,x + \dfrac{\sqrt{\boxed{\text{ソ}}}}{\boxed{\text{タ}}}\,a$ である．

3 図のように，半径 3 の円形の紙から中心角 θ の
扇形を切り取り，直円錐の側面をつくる．以下の空欄
ア ～ セ に入る数字を解答欄にマークしなさい．

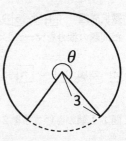

問1　直円錐の底面の半径 a を高さ h で表すと，

$a = \left(\boxed{ア} - h^2 \right)^{\frac{1}{\boxed{イ}}}$ である．

問2　直円錐の体積 V を高さ h で表すと，

$V = \dfrac{\pi}{3} \left(\boxed{ウ} h^{\boxed{エ}} - h^{\boxed{オ}} \right)$ である．

問3　直円錐の体積が最大となるときの高さ h_0 は $h_0 = \sqrt{\boxed{カ}}$，切り取った扇形

の中心角 θ は $\dfrac{\boxed{キ}\sqrt{\boxed{ク}}}{\boxed{ケ}}\pi$ である．

問4　直円錐の高さが問3の h_0 であるとき，直円錐に内接する円柱の体積の最

大値は $\dfrac{\boxed{コ}\sqrt{\boxed{サ}}}{\boxed{シ}}\pi$，そのときの円柱の高さは $\sqrt{\dfrac{\boxed{ス}}{\boxed{セ}}}$ である．ただし，直円錐の底

面と円柱の一つの底面は同一平面上にあるものとする．

選択問題　（4 か 5 の，いずれか 1 問を選んで解答しなさい．解答用紙に選んだ問題の番号をマークしなさい．）

4　空欄 ア ～ ス に入る数字を解答欄にマークしなさい．

問1　1個のさいころを2回投げ，出た目の和が 8 以上となる確率は $\dfrac{\boxed{ア}}{\boxed{イ\,ウ}}$ である．

問2　1個のさいころを2回投げ，1回目に出た目を a，2回目に出た目を b とする．$x^2 - ax + b$ を因数分解したときに $x - 1$ を因数にもつ確率は，$\dfrac{\boxed{エ}}{\boxed{オ\,カ}}$ である．

問3　1個のさいころを3回投げ，少なくとも1回は出た目が 3 の倍数である確率は $\dfrac{\boxed{キ\,ク}}{\boxed{ケ\,コ}}$ である．

問4　1個のさいころを3回投げ，出た目の積が 16 の倍数である確率は $\dfrac{\boxed{サ}}{\boxed{シ\,ス}}$ である．

5　実数 x に対して，$f(x) = (1 - x^2)e^{-x}$ とする.

以下の空欄　ア　～　ソ　に入る数字を解答欄にマークしなさい.

問1　$f(0) =$　ア　である.

また，$f(x) = 0$ のとき，$x =$　イ，$-$　ウ　である.

問2　小数第2位を四捨五入した e の近似値　エ.7 を用いて，$f(2)$ を

計算し，小数第2位を四捨五入すると，$-0.$　オ　である.

問3　$f'(x) = (x^2 -$　カ　$x -$　キ　$)e^{-x}$ である.

問4　$f(x)$ は $x =$　ク　$- \sqrt{\boxed{ケ}}$ で極大値，$x =$　コ　$+ \sqrt{\boxed{サ}}$ で極小値を

とる.

問5　$\int f(x)dx = (x^2 +$　シ　$x +$　ス　$)e^{-x} + C$ である.

ただし，C は積分定数である.

問6　$y = f(x)$ のグラフの $y \geqq 0$ の部分と x 軸で囲まれた図形の面積は，

セ　$e^{-\boxed{ソ}}$ である.

■物理■

(60分)

1　図1−1のように，2つの斜面が，90°の角度をなして水平面に固定されている．左斜面に物体Aが，右斜面に物体Bが滑車を介して糸でつながっている．左斜面が水平面となす角を θ（ $0 < \theta <$ 90°）とする．また，斜面に沿って物体Aが下降する向きを p，物体Bが上昇する

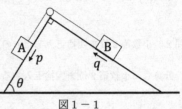

図1−1

向きを q とする．滑車および糸の質量は無視でき，滑車は滑らかに動き，糸は伸び縮みせず，たるむこともないとする．また，重力加速度の大きさを g とする．

【I】物体Aの質量を $2M$，物体Bの質量を M とする．物体A，物体Bと斜面の間には摩擦はないとする．物体Aと物体Bが動かないように手で押さえておく．時刻 $t = 0$ で手を離したところ，物体Aは左斜面を下り，物体Bは右斜面を上がり始めた．

問1　物体Aにはたらく力の p 方向の成分を F_A，物体Aにかかる張力の大きさを T_A とすると F_A は　ア　となる．一方，物体Bにかかる張力の大きさを T_B とすると，物体Bにはたらく力の q 方向の成分 F_B は　イ　で表される．このとき，物体Aの p 方向の加速度 a は　ウ　となる．　ア　～　ウ　にあてはまる最も適切なものを次の選択肢からそれぞれ1つ選び，解答欄にマークしなさい．

アの選択肢

⓪ $Mg\sin\theta - T_A$ 　① $Mg\cos\theta - T_A$ 　② $Mg\sin\theta + T_A$ 　③ $Mg\cos\theta + T_A$

④ $2Mg\sin\theta - T_A$ 　⑤ $2Mg\cos\theta - T_A$ 　⑥ $2Mg\sin\theta + T_A$ 　⑦ $2Mg\cos\theta + T_A$

⑧ $g\sin\theta - T_A$ 　⑨ $g\cos\theta - T_A$

イの選択肢

⓪ $T_B - g\sin\theta$ 　① $T_B - g\cos\theta$ 　② $T_B + Mg\sin\theta$ 　③ $T_B + Mg\cos\theta$

④ $T_B - Mg \sin\theta$　　⑤ $T_B - Mg \cos\theta$　　⑥ $Mg \sin\theta - T_B$　　⑦ $Mg \cos\theta - T_B$

⑧ $-Mg \sin\theta$　　⑨ $-Mg \cos\theta$

ウの選択肢

⓪ $\dfrac{\sin\theta - \cos\theta}{2}$　　① $\dfrac{2\sin\theta - \cos\theta}{2}$　　② $\dfrac{\sin\theta - 2\cos\theta}{2}$　　③ $\dfrac{g(\sin\theta - \cos\theta)}{2}$

④ $\dfrac{g(2\sin\theta - \cos\theta)}{2}$　　⑤ $\dfrac{g(2\sin\theta - \cos\theta)}{3}$　　⑥ $\dfrac{g(\sin\theta - 2\cos\theta)}{3}$

⑦ $\dfrac{g(2\sin\theta + \cos\theta)}{3}$　　⑧ $\dfrac{2g\sin\theta}{3}$　　⑨ $\dfrac{2g\cos\theta}{3}$

問2　物体Aは時刻 t までに斜面に沿って距離 L だけ移動した．L は左斜面の長さより十分短いとする．また，時刻 t までに物体Bは滑車と衝突しないとする．物体Aの時刻 t での速度 v_t を L と a を用いて表すと v_t は エ となる．一方，t は オ となる．　また，このときの物体Aの運動量の大きさは，物体Bの運動量の大きさの カ 倍である．エ ～ カ にあてはまる最も適切なものを次の選択肢からそれぞれ1つ選び，解答欄にマークしなさい．

エの選択肢

⓪ aL　　① $2aL$　　② $3aL$　　③ $\dfrac{a}{L}$　　④ $\dfrac{2a}{L}$

⑤ $\dfrac{3a}{L}$　　⑥ $\dfrac{L}{a}$　　⑦ $\sqrt{aL}$　　⑧ $\sqrt{2aL}$　　⑨ $\sqrt{3aL}$

オの選択肢

⓪ $\dfrac{a}{L}$　　① $\dfrac{2a}{L}$　　② $\dfrac{3a}{L}$　　③ $\dfrac{L}{a}$　　④ $\dfrac{2L}{a}$

⑤ $\sqrt{\dfrac{L}{a}}$　　⑥ $\sqrt{\dfrac{2L}{a}}$　　⑦ $\sqrt{\dfrac{a}{L}}$　　⑧ $\sqrt{\dfrac{2a}{L}}$　　⑨ $\sqrt{\dfrac{3a}{L}}$

カの選択肢

⓪ 0　　① 1　　② 2　　③ 3　　④ 4

⑤ $\dfrac{1}{2}$　　　　⑥ $\dfrac{1}{3}$　　　　⑦ $\dfrac{1}{4}$　　　　⑧ $\dfrac{1}{5}$　　　　⑨ $\dfrac{1}{6}$

【Ⅱ】　物体 A と B の質量をそれぞれ M とする．左斜面と物体 A の間には摩擦がないとする．右斜面と物体 B の間には摩擦があり，静止摩擦係数を μ，動摩擦係数を μ' とする．$\theta = \theta_1$ のとき，物体 A と物体 B は静止している．$\theta > \theta_1$ のとき，物体 A は左斜面を p 方向に下り，物体 B は右斜面を q 方向に上がり始めた．

問3　図1－2を解答用紙の解答欄 A に書き写し，$\theta = \theta_1$ のときに物体 B にかかる力を矢印で示しなさい．それぞれの力の矢印の横に「張力」など名称を書くこと．

図1－2

問4　静止摩擦係数 μ として最も適切なものを次の選択肢から 1 つ選び，解答欄（キ）にマークしなさい．

⓪ $\dfrac{1}{\tan\theta_1}$　　① $\dfrac{1}{2\tan\theta_1}$　　② $\dfrac{\tan\theta_1}{2}$　　③ $1 - \dfrac{\tan\theta_1}{2}$　　④ $1 + \dfrac{\tan\theta_1}{2}$

⑤ $1 - \tan\theta_1$　　⑥ $\dfrac{\tan\theta_1 + 1}{\tan\theta_1}$　　⑦ $\dfrac{\tan\theta_1 - 1}{\tan\theta_1}$　　⑧ $\sqrt{\dfrac{\tan\theta_1 + 1}{\tan\theta_1}}$　　⑨ $\sqrt{\dfrac{\tan\theta_1 - 1}{\tan\theta_1}}$

問5　$\theta > \theta_1$ のときの物体 A の p 方向の加速度 a' として最も適切なものを次の選択肢から 1 つ選び，解答欄（ク）にマークしなさい．

⓪ $g\mu'\sin\theta$　　　　　　　　　　① $g\mu'\cos\theta$

② $g\{(1 - \mu')\cos\theta + \sin\theta\}$　　　③ $g\{(1 - \mu')\cos\theta - \sin\theta\}$

④ $g\{(1 - \mu')\sin\theta + \cos\theta\}$　　　⑤ $g\{(1 - \mu')\sin\theta - \cos\theta\}$

⑥ $\dfrac{g}{2}\{(1 - \mu')\cos\theta + \sin\theta\}$　　⑦ $\dfrac{g}{2}\{(1 - \mu')\cos\theta - \sin\theta\}$

⑧ $\dfrac{g}{2}\{(1 - \mu')\sin\theta + \cos\theta\}$　　⑨ $\dfrac{g}{2}\{(1 - \mu')\sin\theta - \cos\theta\}$

2　図2−1のように，起電力
V の電池，抵抗 R_1，R_2（抵抗の
大きさがそれぞれ R, $2R$ であ
る），抵抗率 ρ，長さ L，断面
積 S の円柱型の抵抗 R_3，抵抗
の大きさが不明の抵抗 R_4，電
気容量 C のコンデンサー，ス
イッチ S_1〜S_5，検流計を導線で
接続する．電池，検流計，導線
の内部抵抗は無視できるとす

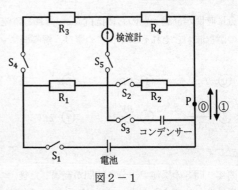

図2−1

る．初め全てのスイッチは開いたままにされており，コンデンサーも充電されて
いない．これを「初期状態」とする．

問1　初期状態からスイッチ S_1, S_2 だけを接続し，他を全て開いたままにした．
このとき，抵抗 R_1 に流れる電流として最も適切なものを次の選択肢から 1 つ選
び，解答欄（ア）にマークしなさい．

⓪ 0　　　① VR　　　② $\dfrac{V}{R}$　　　③ $\dfrac{V}{2R}$　　　④ $\dfrac{V}{3R}$

⑤ $\dfrac{2RV}{3}$　　　⑥ $\dfrac{RV}{2}$　　　⑦ $2RV$　　　⑧ $3RV$　　　⑨ $\dfrac{2R}{V}$

問2　初期状態からスイッチ S_1, S_3 だけを接続し，他を全て開いたままにした．
これらのスイッチ S_1, S_3 を接続した直後に抵抗 R_1 へ流れる電流(イ)，十分に時
間が経過したのちに抵抗 R_1 へ流れる電流(ウ)として最も適切なものを次の選択
肢からそれぞれ 1 つずつ選び，解答欄にマークしなさい．

⓪ 0　　　① VR　　　② $\dfrac{V}{R}$　　　③ $\dfrac{V}{2R}$　　　④ $\dfrac{V}{3R}$

⑤ $\dfrac{2RV}{3}$　　　⑥ $\dfrac{RV}{2}$　　　⑦ $2RV$　　　⑧ $3RV$　　　⑨ $\dfrac{2R}{V}$

問3　初期状態からスイッチ S_1, S_2, S_3 だけを接続し，他を全て開いたままにし
た．これらのスイッチ S_1, S_2, S_3 を接続した直後に抵抗 R_2 へ流れる電流(エ)，十

分に時間が経過したのちに抵抗 R_2 へ流れる電流(オ)として最も適切なものを次の選択肢からそれぞれ1つずつ選び，解答欄にマークしなさい.

⓪ 0　　　① VR　　　② $\dfrac{V}{R}$　　　③ $\dfrac{V}{2R}$　　　④ $\dfrac{V}{3R}$

⑤ $\dfrac{2RV}{3}$　　　⑥ $\dfrac{RV}{2}$　　　⑦ $2RV$　　　⑧ $3RV$　　　⑨ $\dfrac{2R}{V}$

問4　問3の操作で十分に時間が経過した後, コンデンサーの電気量(カ)とコンデンサーに蓄えられたエネルギー(キ)として最も適切なものを次の選択肢からそれぞれ1つずつ選び，解答欄にマークしなさい.

カの選択肢

⓪ 0　　　① $\dfrac{CV}{3}$　　　② $\dfrac{CV}{2}$　　　③ $\dfrac{2CV}{3}$　　　④ CV

⑤ $\dfrac{C}{V}$　　　⑥ $\dfrac{3}{CV}$　　　⑦ $\dfrac{2}{CV}$　　　⑧ $\dfrac{3}{2CV}$　　　⑨ $\dfrac{1}{CV}$

キの選択肢

⓪ 0　　　① $3CV^2$　　　② $2CV^2$　　　③ CV^2　　　④ $\dfrac{8CV^2}{9}$

⑤ $\dfrac{2CV^2}{3}$　　　⑥ $\dfrac{CV^2}{3}$　　　⑦ $\dfrac{CV^2}{2}$　　　⑧ $\dfrac{2CV^2}{9}$　　　⑨ $\dfrac{CV^2}{6}$

問5　問3の実験の後, スイッチ S_1 を開いた. このとき, コンデンサーの電気量は時間と共に減少した. 図2-1の点Pにおけるコンデンサーの放電による電流の向きが上向き(⓪)か下向き(①)の適切な方を選び，解答欄(ク)にマークしなさい.

また, コンデンサーが放電するときの時間 t とコンデンサーの電圧 V_c の関係を表すグラフの概形として最も適切なものを次の選択肢から1つ選び，解答欄(ケ)にマークしなさい. ただしスイッチ S_1 を開いた時刻を $t = 0$ とし, そのときの電圧を V_0 とする.

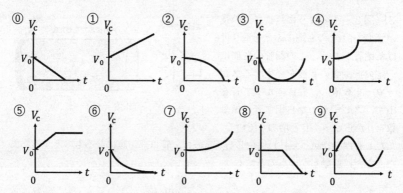

問6 初期状態からスイッチ S_1, S_2, S_4, S_5 を接続し，スイッチ S_3 は開いたままにした．このとき，検流計に流れる電流が 0 であった．R_4 の抵抗の大きさとして最も適切なものを次の選択肢から選び，解答欄(コ)にマークしなさい．

⓪ $\dfrac{\rho S}{3L}$　　① $\dfrac{\rho S}{2L}$　　② $\dfrac{\rho S}{L}$　　③ $\dfrac{2\rho S}{L}$　　④ $\dfrac{\rho L}{2S}$

⑤ $\dfrac{2\rho L}{S}$　　⑥ $\dfrac{3\rho L}{S}$　　⑦ $\dfrac{2RL}{\rho S}$　　⑧ $\dfrac{2L}{R\rho S}$　　⑨ $\dfrac{R\rho S}{2L}$

③ 図3-1のように，長さ L の長い管 (パイプ) の右端にふたを取り付けた閉管がある．この閉管の左側に一定の振動数の音波を発生するスピーカーを設置し，管に向かって音を出す．スピーカーから出す音の振動数を0からゆっくりと増加していく．

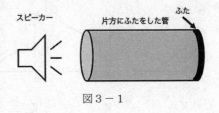

図3-1

ただし管内の空気 (気柱) に生じる定常波は，管口部が腹になるものとする．また，ふたは振動しないものとする．

問1 スピーカーと気柱の間で，はじめて共鳴が起こった．このとき，気柱に生じた定常波の波長 λ_1 として最も適切なものを次の選択肢から1つ選び，解答欄 (ア) にマークしなさい．

⓪ $\dfrac{2L}{5}$ ① $\dfrac{4L}{9}$ ② $\dfrac{L}{2}$ ③ $\dfrac{4L}{7}$ ④ $\dfrac{2L}{3}$

⑤ $\dfrac{4L}{5}$ ⑥ L ⑦ $\dfrac{4L}{3}$ ⑧ $2L$ ⑨ $4L$

問2 問1からさらに振動数を増すと一旦共鳴は止み，さらに増やしていくと再び共鳴が起こった．このとき気柱に生じている定常波の波長 λ_2 (イ)，振動数 f_2 (ウ)，周期 T_2 (エ) として最も適切なものを次の選択肢からそれぞれ1つ選び，解答欄にマークしなさい．ただし音速を V とする．

イの選択肢

⓪ $\dfrac{2L}{5}$ ① $\dfrac{4L}{9}$ ② $\dfrac{L}{2}$ ③ $\dfrac{4L}{7}$ ④ $\dfrac{2L}{3}$

⑤ $\dfrac{4L}{5}$ ⑥ L ⑦ $\dfrac{4L}{3}$ ⑧ $2L$ ⑨ $4L$

ウの選択肢

⓪ $\dfrac{V}{4\lambda_2}$ ① $\dfrac{V}{2\lambda_2}$ ② $\dfrac{3V}{4\lambda_2}$ ③ $\dfrac{V}{\lambda_2}$ ④ $\dfrac{5V}{4\lambda_2}$

⑤ $\dfrac{V\lambda_2}{4}$ ⑥ $\dfrac{V\lambda_2}{2}$ ⑦ $\dfrac{3V\lambda_2}{4}$ ⑧ $V\lambda_2$ ⑨ $\dfrac{5V\lambda_2}{4}$

エの選択肢

⓪ $\dfrac{Vf_2}{4}$　　① $\dfrac{Vf_2}{2}$　　② $\dfrac{3Vf_2}{4}$　　③ Vf_2　　④ $\dfrac{5Vf_2}{4}$

⑤ $\dfrac{1}{4f_2}$　　⑥ $\dfrac{1}{f_2}$　　⑦ $\dfrac{4}{3f_2}$　　⑧ $\dfrac{2}{f_2}$　　⑨ $\dfrac{4}{f_2}$

問3　問1, 2で述べたように, 気柱の振動が定常波となる場合に, スピーカーと気柱の間で共鳴が起こる. ここで管の軸方向の座標に沿って気柱の振動に注目すると, 音波は オ であるので, 各々の座標における空気の振動の変位の影響を受け, 空気の密度も変化する. 例えば気柱に生じる定常波の カ では, 時間と共に空気は大きく変位するが密度はほとんど変化しない. 一方, キ では空気は変位しないが, 密度は大きく変化する. オ ～ キ にあてはまる最も適切な語を次の選択肢からそれぞれ1つ選び, 解答欄にマークしなさい.

⓪ 振動数　　① 波長　　② 固有振動　　③ 節　　④ 腹

⑤ 倍振動　　⑥ うなり　　⑦ 縦波　　⑧ 横波　　⑨ 可聴音

問4　問2のとき, 気柱の平均密度が最大となる時刻を t_0 とする. このとき, 次の(a), (b), (c)の時刻における気柱の振動の変位を表す曲線をそれぞれ描き, グラフを作成しなさい.

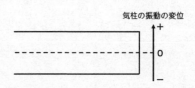

(a) t_0 のとき
(b) $t_0 + T_2/4$ のとき
(c) $t_0 + T_2/2$ のとき

図3-2

　その際, 図3-2を解答用紙の解答欄Bに書き写し, その中にそれぞれの時刻の対応する気柱の変位を表す曲線を描き, (a), (b), (c)の記号を付けて区別しなさい. ただし管の軸方向に対して右向きの変位を縦軸の正に, 左向きの変位を負にとるものとする.

問5　問2の状態からふたを外し, さらに振動数を増していった. 次に共鳴が起

こるときの振動数 f_3 として最も適切なものを次の選択肢から 1 つ選び,解答欄（ク）にマークしなさい.

⓪ $\dfrac{V}{4L}$　　① $\dfrac{V}{2L}$　　② $\dfrac{3V}{4L}$　　③ $\dfrac{V}{L}$　　④ $\dfrac{5V}{4L}$

⑤ $\dfrac{3V}{2L}$　　⑥ $\dfrac{7V}{4L}$　　⑦ $\dfrac{2V}{L}$　　⑧ $\dfrac{9V}{4L}$　　⑨ $\dfrac{5V}{2L}$

問 6　次に,スピーカーの振動数を $99V/2L$ に設定し,一定の速さ v で開管に近づけたところ共鳴が起こり,開管内に定常波の節となる場所が 100 箇所生じた.このとき,スピーカーの速さ v として最も適切なものを次の選択肢から 1 つ選び,解答欄（ケ）にマークしなさい. ただしスピーカーは管と衝突しないものとする.

⓪ 0　　① $\dfrac{V}{200}$　　② $\dfrac{V}{198}$　　③ $\dfrac{V}{150}$　　④ $\dfrac{2V}{297}$

⑤ $\dfrac{V}{100}$　　⑥ $\dfrac{V}{99}$　　⑦ $\dfrac{2V}{99}$　　⑧ $\dfrac{V}{50}$　　⑨ $\dfrac{V}{49}$

■■■ 化学 ■■■

(60 分)

必要があれば次の数値を用いなさい.

原　子　量：H = 1.00, C = 12.0, N = 14.0, O = 16.0, Na = 23.0, Cl = 35.5, K = 39.0

1 以下の問 1 〜問 5 に答えなさい.

問 1　次の記述 a 〜 c の正誤について最も適する組み合わせを, 表 1 の①〜⑧から一つ選びなさい.(解答欄 1 − ア)

a 酸素と硫黄は周期表の同じ族に属する同素体である.

b ^{14}N は陽子, 中性子, 電子の数が同じである.

c F^- と Cl^- は電子配置が同じである.

表 1

	a	b	c
①	正	正	正
②	正	正	誤
③	正	誤	正
④	正	誤	誤
⑤	誤	正	正
⑥	誤	正	誤
⑦	誤	誤	正
⑧	誤	誤	誤

問 2　次の記述 a 〜 c の正誤について最も適する組み合わせを, 表 2 の①〜⑧から一つ選びなさい.(解答欄 1 − イ)

a アンモニア分子では, 電気陰性度が大きい窒素原子に共有電子対が引き寄せられている.

b 周期表第 3 周期の元素の原子のうち, 第一イオン化エネルギーが最も大きいナトリウムは陽イオンになりやすい.

c 典型元素はすべて金属元素であり, 遷移元素は金属元素と非金属元素から構成される.

表 2

	a	b	c
①	正	正	正
②	正	正	誤
③	正	誤	正
④	正	誤	誤
⑤	誤	正	正
⑥	誤	正	誤
⑦	誤	誤	正
⑧	誤	誤	誤

問3　次の記述 a〜c の正誤について最も適する組み合わせを，表3の①〜⑧から一つ選びなさい.(解答欄 1 - ウ)

a　イオン結晶に含まれる陽イオンの数と陰イオンの数は必ず等しい.

b　塩化ナトリウム水溶液中の Na^+ と Cl^- は，それぞれが水分子と共有結合することで安定な水和状態になっている.

c　水，0.1 mol/kg 塩化ナトリウム水溶液，0.1 mol/kg グルコース水溶液では，凝固点，沸点ともに 0.1 mol/kg 塩化ナトリウム水溶液が最も低い.

表3

	a	b	c
①	正	正	正
②	正	正	誤
③	正	誤	正
④	正	誤	誤
⑤	誤	正	正
⑥	誤	正	誤
⑦	誤	誤	正
⑧	誤	誤	誤

問4　次の操作ア〜ウで発生する気体に関する，以下の記述 a〜c の数について最も適する組み合わせを，表4の①〜⑧から一つ選びなさい.ただし，発生する水蒸気は考慮しなくてよい.(解答欄 1 - エ)

操作ア：炭酸カルシウムに塩酸を加える.

操作イ：塩化ナトリウムに濃硫酸を加えて加熱する.

操作ウ：硫化鉄(Ⅱ)に希硫酸を加える.

a　極性がある気体分子の数

b　有色かつ有臭の気体の数

c　水溶液が酸性を示す気体の数

表4

	a	b	c
①	1	0	2
②	1	0	3
③	1	1	2
④	1	1	3
⑤	2	0	2
⑥	2	0	3
⑦	2	1	2
⑧	2	1	3

問5　ある金属は，質量数 a と質量数 b の二つの同位体のみからなり，その構成比は質量数 a の原子が x〔%〕，質量数 b の原子が y〔%〕である.この金属の単体 1g 中に含まれる，原子の数を表す式として適するものを，次の①〜⑧から一つ選びなさい.ただし，それぞれの同位体の相対質量は質量数と等しいものとし，アボガドロ定数を N_A とする.(解答欄 1 - オ)

①　$\dfrac{ax+by}{N_A}$　　②　$\dfrac{N_A}{ax+by}$　　③　$\dfrac{100N_A}{(a+b)xy}$

④　$\dfrac{100N_A}{ax+by}$　　⑤　$\dfrac{100}{(ax+by)N_A}$　　⑥　$\dfrac{(ax+by)N_A}{100}$

⑦ $\dfrac{N_A(x+y)}{a+b}$　　　⑧ $\dfrac{N_A(a+b)}{x+y}$

2　水素の水上捕集に関する次の文章を読み，以下の問1～問4に答えなさい．なお，気体はすべて理想気体としてふるまうものとし，気体定数は $8.30×10^3$ Pa·L/(K·mol)，液体に対する気体の溶解は無視できるものとする．

ある金属 M は希塩酸と式1)のように反応する．

$$M + 2HCl \rightarrow MCl_2 + H_2 \qquad 1)$$

　この金属 1.30 g をすべて希塩酸と反応させ，図のような装置を用いて，発生した水素をすべてメスシリンダー内に捕集した．その結果，メスシリンダー内の気体の体積は 522 mL，水面の高さの差は 10.0 cm となった．このときの大気圧は $1.00×10^5$ Pa，温度は 27 ℃，27 ℃における水の飽和蒸気圧は $3.60×10^3$ Pa とする．

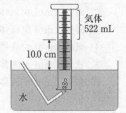

気体
522 mL

10.0 cm

水

問1　10.0 cm の水柱がその底面に及ぼす圧力は何 Pa に相当するか．最も近い値を次の①～⑥から一つ選びなさい．なお，水柱が及ぼす圧力は水柱の高さに比例し，高さ 1.00 cm の水柱が及ぼす圧力は 98.0 Pa とする．（解答欄2－ア）

①　98.0　　　　　　②　196　　　　　　③　294
④　522　　　　　　⑤　720　　　　　　⑥　980

問2　メスシリンダー内に存在する水蒸気の物質量は何 mol か．最も近い値を次の①～⑥から一つ選びなさい．（解答欄2－イ）

①　$3.60×10^{-4}$　　②　$7.55×10^{-4}$　　③　$1.60×10^{-3}$
④　$3.20×10^{-3}$　　⑤　$3.60×10^{-3}$　　⑥　$7.20×10^{-3}$

問3　捕集した水素の分圧は何 Pa か．最も近い値を次の①～⑥から一つ選びなさい．（解答欄2－ウ）

①　$3.60×10^3$　　　②　$7.20×10^3$　　　③　$9.81×10^3$
④　$3.60×10^4$　　　⑤　$7.20×10^4$　　　⑥　$9.54×10^4$

問4　この金属 M の原子量はいくつか．最も近い値を次の①～⑥から一つ選びなさ

い.(解答欄 2 - エ)

① 23　　　② 24　　　③ 27　　　④ 39　　　⑤ 56　　　⑥ 65

3 以下の問 1 ～問 4 に答えなさい.

問 1　状態変化にともなう熱の出入りに関する記述のうち,「凝縮熱」を表すものはどれか. 最も適するものを次の①～⑥から一つ選びなさい.(解答欄 3 - ア)

① 液体 1 mol が気体になるときに吸収する熱量
② 固体 1 mol が気体になるときに吸収する熱量
③ 固体 1 mol が液体になるときに吸収する熱量
④ 気体 1 mol が液体になるときに放出する熱量
⑤ 液体 1 mol が固体になるときに放出する熱量
⑥ 気体 1 mol が液体になるときに吸収する熱量

問 2　化学変化とエネルギーに関する記述として<u>誤っているもの</u>を, 次の①～⑥から<u>二つ</u>選びなさい.(解答欄 3 - イ)

① 物質が変化するときの反応熱の総和は, 変化の前後の物質の種類と状態だけで決まり, 変化の経路や方法には関係しない.
② 反応物がもつエネルギーの総和が, 生成物がもつエネルギーの総和より小さい場合, 発熱反応となる.
③ 気体分子中の原子間の共有結合 1 mol を切断するのに必要なエネルギーを結合エネルギーといい, 結合が強いほどその結合エネルギーの値は大きくなる.
④ 燃焼熱とは, 物質 1 mol が完全に燃焼するときの反応熱であり, 発熱反応と吸熱反応とがある.
⑤ 化学反応では, 反応物がもつエネルギーと生成物がもつエネルギーの差が, おもに熱の出入りとして現れるが, 光や電気エネルギーとして現れる場合もある.
⑥ 物質のもつ化学エネルギーは, 物質の状態によって異なるため, 熱化学方程式では, 固体, 液体などの状態を付記する.

問 3　エタノール C_2H_5OH が完全燃焼するときの熱化学方程式は, 次のように表される.

$$C_2H_5OH（液）+ 3O_2（気）= 2CO_2（気）+ 3H_2O（液）+ Q〔kJ〕$$

　　エタノール（液），二酸化炭素（気）および水（液）の生成熱が，それぞれ 277，394 および 286 kJ/mol であるとき，4.6 g のエタノール（液）が完全燃焼したときに発生する熱量は何 kJ になるか．最も近い値を次の①〜⑥から一つ選びなさい．なお，エタノールの燃焼により生成する水は液体とする．（解答欄 3 - ウ）

①　40　　　　②　80　　　　③　137　　　　④　403　　　　⑤　797　　　　⑥　1369

問4　H-H および C-H 結合の結合エネルギーを，それぞれ 436 および 413 kJ/mol，C（黒鉛）の昇華熱を 718 kJ/mol とするとき，次の熱化学方程式における，エタン C_2H_6 分子中の C-C 結合の結合エネルギーは何 kJ/mol か．最も近い値を次の①〜⑥から一つ選びなさい．（解答欄 3 - エ）

$$2C（黒鉛）+ 3H_2（気）= C_2H_6（気）+ \quad 84 kJ$$

①　86　　　　②　143　　　　③　182　　　　④　266　　　　⑤　350　　　　⑥　368

4　次の I 〜 V の記述を読み，以下の問1〜問4に答えなさい．

I　エステル A，B，C および D の分子量は 88 である．

II　エステル A，B，C および D の分子式は $C_xH_yO_2$ である．

III　エステル A および C を加水分解して生じたカルボン酸は，どちらも還元性を示したが，エステル B および D を加水分解して生じたカルボン酸は，どちらも還元性を示さなかった．

IV　エステル A および C を加水分解して生じたアルコールを適切な酸化剤を用いて酸化したところ，エステル A から生じたアルコールはアルデヒドとなり，エステル C から生じたアルコールはケトンとなった．

V　エステル B を加水分解して生じたアルコールは，ヨードホルム反応を示したが，エステル D を加水分解して生じたアルコールは，ヨードホルム反応を示さなかった．

問1　記述 II の分子式 $C_xH_yO_2$ の x，y として適切な数字を次の①〜⑧からそれぞれ選びなさい．（x：解答欄 4 - ア），（y：解答欄 4 - イ）

① 1　　　② 2　　　③ 3　　　④ 4　　　⑤ 5　　　⑥ 6　　　⑦ 7　　　⑧ 8

問2　440 mg のエステル A を完全に加水分解するために最低限必要な水酸化ナトリウムの質量は何 mg か．最も近い値を次の①〜⑧から一つ選びなさい．（解答欄 4 －ウ）

① 100　② 200　③ 300　④ 400　⑤ 500　⑥ 600　⑦ 700　⑧ 800

問3　エステル A, B, C, D の構造式をそれぞれ解答用紙裏面の<u>解答欄 C, D, E, F</u> に書きなさい．

エステル A（解答欄 C に書きなさい）
エステル B（解答欄 D に書きなさい）
エステル C（解答欄 E に書きなさい）
エステル D（解答欄 F に書きなさい）

問4　エステル D を加水分解して生じたアルコールに金属ナトリウムを加えたところ水素が発生した．このときの化学変化を化学反応式で示し，解答用紙裏面の解答欄 G に書きなさい．

5　以下の問1〜問3に答えなさい．

問1　アミノ酸に関する記述として<u>誤っているもの</u>を，次の①〜⑥から<u>二つ</u>選びなさい．（解答欄 5 －ア）

① アラニンは，分子内に－COOH と－NH₂ をもち，酸と塩基の両方の性質を示す．
② アラニンにニンヒドリン水溶液を加えて温めると，紫色を呈する．
③ アラニンは，水溶液中では陽イオン，双性イオン，陰イオンの平衡状態として存在し，各イオンの存在比は pH によらず一定である．
④ アラニンは不斉炭素原子をもち，鏡像異性体が存在する．
⑤ アミノ酸の中には，複数のアミノ基を有するものが存在する．
⑥ pH 8 の緩衝液中では，大部分のグルタミン酸は陽イオンになる．

問2　糖類に関する記述として<u>誤っているもの</u>を，次の①〜⑥から<u>二つ</u>選びなさい．（解答欄 5 －イ）

① グルコースは，炭素6個からなる単糖であり，分子式は$C_6H_{12}O_6$である．

② フルクトースは，グルコースの構造異性体であり，甘味のある単糖である．

③ デンプンを希硫酸と加熱して十分に加水分解すると，最終的にグルコースとなる．

④ デンプン水溶液は，還元性を示す．

⑤ セルロースは，還元性はないが，ヨウ素デンプン反応を示す．

⑥ アミロースとアミロペクチンでは，アミロペクチンの方が枝分かれが多い構造を有する．

問3　表5に示した五つの異なるアミノ酸①〜⑤が一つずつペプチド結合によって直鎖状に縮合したペプチドXがある．このペプチドに関する次のⅠ〜Ⅴの記述を読み，以下の(1)〜(3)に答えなさい．

表5

アミノ酸	構造式	等電点	分子量
①グリシン	H-CH-COOH ┊ NH₂	6.0	75
②アラニン	CH₃-CH-COOH ┊ NH₂	6.0	89
③システイン	HS-CH₂-CH-COOH ┊ NH₂	5.1	121
④グルタミン酸	HOOC-(CH₂)₂-CH-COOH ┊ NH₂	3.2	147
⑤リシン	H₂N-(CH₂)₄-CH-COOH ┊ NH₂	9.7	146

Ⅰ　ペプチドXのN末端(アミノ基のある方)のアミノ酸は，酸性アミノ酸であった．また，C末端(カルボキシ基のある方)は，不斉炭素原子をもたないアミノ酸であった．

Ⅱ　塩基性アミノ酸のC末端側のペプチド結合を切断する酵素を作用させると，ペプチドAとBに分かれた．

Ⅲ　ペプチドAとBの各水溶液に，それぞれ水酸化ナトリウム水溶液を加えて加熱後，酢酸鉛(Ⅱ)水溶液を加えると，ペプチドAのみ黒色沈殿が生じた．

Ⅳ　ペプチドAにN末端から順次アミノ酸を遊離させる酵素を作用させて最初に得られたアミノ酸は硫黄原子を含んでおり，2分子のアミノ酸の硫黄原子どうしで（　a　）を生成した．

Ⅴ　ペプチドAとBの各水溶液に，それぞれ水酸化ナトリウム水溶液を加えて塩基

性にした後，薄い硫酸銅 (II) 水溶液を加えるとペプチド A は赤紫色になったが，B はならなかった.

（1）（　a　）に入るものとして最も適するものを，次の①～④から一つ選びなさい.（解答欄 5 －ウ）

　　① 水素結合　　　　　② グリコシド結合　　　③ エステル結合
　　④ ジスルフィド結合

（2）このペプチド X は，N 末端から C 末端の方向にどのような順序でアミノ酸が結合しているか. 上の I ～ V の記述を読み，空欄 b ～ f に最も適したアミノ酸を表 5 に示した①～⑤から選びなさい.（b：解答欄 5 －エ），（c：解答欄 5 －オ），（d：解答欄 5 －カ），（e：解答欄 5 －キ），（f：解答欄 5 －ク）

　　　　　　　N 末端　　b － c － d － e － f　　C 末端

（3）ペプチド B 0.275 g をエタノールと反応させ，分子内のカルボキシ基を完全にエステル化すると，何 g の化合物が得られるか. 最も近い値を次の①～⑥から一つ選びなさい.（解答欄 5 －ケ）

　　① 0.281　　② 0.292　　③ 0.313　　④ 0.321　　⑤ 0.331　　⑥ 0.351

生物

(60分)

1 遺伝子組換え技術に関する以下の文章 [I] ～ [IV] を読み，問1～7に答えなさい（解答欄 ア ～ コ ）.

[I] ある遺伝子を含む DNA 断片を取り出し，それを別の DNA につないで細胞に導入することを遺伝子組換えという．遺伝子組換えを行うには，(A) DNA の特定の塩基配列を識別してその部分を切断，(B) 別の DNA との連結，さらに (C) 組換えた DNA を細胞へ導入する技術が必要になる．遺伝子組換えでは，目的の遺伝子の DNA をベクターとよばれる遺伝子の運び手の DNA につなぎ換えることが多い．ベクターは遺伝子を特定の細胞へ運び込み，増やす役割をする．

問1　下線部 (A) と (B) の反応に必要な最も適切な酵素の名前を，次の①～⑦から1つずつ選び，(A) を解答欄 ア に，(B) を解答欄 イ にマークしなさい.

① RNA 合成酵素　　　② DNA 合成酵素　　　③ DNA リガーゼ
④ RNA 分解酵素　　　⑤ 制限酵素　　　　　⑥ DNA 分解酵素
⑦ 逆転写酵素

問2　下線部 (C) に関する記述として適切でないものを，次の①～④から1つ選び，解答 ウ にマークしなさい.

① 植物ではアグロバクテリウムとよばれる細菌を用いた遺伝子導入が一般的である.
② プラスミドは，細菌などの細胞の DNA に組みこまれなければ増殖できないベクターである.
③ 受精卵に DNA を注入して，外来遺伝子を細胞の DNA に入れる技術がある.
④ ウイルスの DNA に外来遺伝子を組みこみ，そのウイルスを感染させることで細胞に遺伝子を導入する方法がある.

問3　下線部 (A) の酵素は，DNA 中にある 4～8 塩基からなる特定の塩基配列を認識し，その部分で DNA の 2 本鎖を切断する．DNA の塩基配列がランダムで

あるとするとき，特定の 4 塩基からなる塩基配列が DNA 中に出現する頻度を，次の①〜⑧から 1 つ選び，解答欄 エ にマークしなさい．

① 16 分の 1　　　② 32 分の 1　　　③ 64 分の 1　　　④ 128 分の 1
⑤ 256 分の 1　　⑥ 512 分の 1　　⑦ 1024 分の 1　　⑧ 2048 分の 1

[II]　目的の遺伝子などと同一の塩基配列をもつ DNA 断片を，試験管内で短時間で何百万倍に増やすことができる方法が PCR 法（ポリメラーゼ連鎖反応法）とよばれる技術である．具体的には，鋳型 DNA にプライマー，耐熱性 DNA ポリメラーゼおよび A, T, G, C の塩基をそれぞれもつ 4 種類のヌクレオチドを加え，(D) 95℃で加熱，(E) 50 〜 60℃へ冷却，(F) 72℃で加熱のサイクルを繰り返すことで，DNA 鎖を増幅させる．

問 4　下線部（D）〜（F）でどのような反応が起きているか最も適切なものを，次の①〜⑤から 1 つずつ選び，下線部（D）の反応を解答欄 オ に，下線部（E）の反応を解答欄 カ に，下線部（F）の反応を解答欄 キ にマークしなさい．

① 4 種類のヌクレオチドが結合し，鋳型に相補的なプライマーを形成する．
② 鋳型 DNA にプライマーが結合する．
③ DNA ポリメラーゼにより 3' → 5' 方向に新生鎖が伸長する．
④ 2 本鎖 DNA の塩基どうしの水素結合が切れて，1 本鎖に分かれる．
⑤ 1 本鎖 DNA が鋳型となって複製が行われ，2 本鎖 DNA が合成される．

[III] 環状でない 1000 塩基対の 2 本鎖 DNA 1 個を鋳型として PCR を 1 サイクル行ったとき，600 塩基を含むヌクレオチド鎖と 1000 塩基を含むヌクレオチド鎖が結合した DNA が 2 個得られた．

問 5　上記の PCR 反応が正常に進むと仮定したとき，この PCR 反応を 10 サイクル行ったときに得られる最も多く増幅された DNA 鎖の塩基対の数はいくつか．最も適切なものを，次の①〜⑦から 1 つ選び，ク にマークしなさい．考え得る最小の塩基対の数を答えよ．

① 100　　② 200　　③ 300　　④ 400　　⑤ 500　　⑥ 800　　⑦ 1000

問 6　問 5 の PCR 反応で最も多く増幅された 2 本鎖 DNA の個数として最も適切なものを次の①〜⑧から 1 つ選び，ケ にマークしなさい．

① 16　　　　② 32　　　　③ 64　　　　④ 128　　　　⑤ 240
⑥ 988　　　　⑦ 1004　　　　⑧ 1024

[Ⅳ] DNA の長さや量を調べるためには，電気泳動というアガロースゲルの中で電気的に DNA を分離する方法がよく用いられる．(G) 電気泳動するための緩衝液を満たした装置のプラス電極とマイナス電極の間にアガロースゲルを置き，アガロースゲルの端にある小さな溝に DNA の試料を入れて電圧をかけると，DNA は一方の電極側へ移動する．アガロースゲルは特殊な構造をしており，長さの異なる DNA をゲルの中で分けることができる．

問7　下線部 (G) に関する記述のうち，適切なものを，次の①～⑤から 2 つ選び，解答欄 コ にマークしなさい．

① DNA はプラスに荷電しており，マイナス極に向かって移動する．
② DNA はマイナスに荷電しており，プラス極に向かって移動する．
③ 分子量の大きい DNA は電荷が大きいため，分子量の小さい DNA より早く移動する．
④ 分子量の小さい DNA はゲルが形成している網目構造に入ることができるため，分子量の大きい DNA よりゆっくり移動する．
⑤ 分子量の大きい DNA はゲルが形成している網目構造に妨げられ，分子量の小さい DNA よりゆっくり移動する．

2 動物の発生のしくみに関する以下の文章 [Ⅰ] 〜 [Ⅲ] を読み，問 1 〜 9 に答え
　なさい（解答欄 [A]，[B]，[ア] 〜 [ケ]）．

[Ⅰ] 生物が複雑なからだを構築するためには，さまざまな遺伝子が協調して発現す
　　ることが重要である．ショウジョウバエの突然変異の原因となる遺伝子を探る研
　　究から，形態形成は，調節遺伝子が段階的にはたらくことによって制御されてい
　　ることがわかってきた．
　　　(A) ショウジョウバエの卵形成の過程で，mRNA が卵に蓄積され，胚の形成に
　　重要な役割をもつ遺伝子がある．(B) ビコイドという調節遺伝子は，その 1 つで，
　　ビコイド遺伝子の mRNA は卵細胞質の（ア）に蓄えられる．
　　　ショウジョウバエ胚は受精後，まず（イ）分裂だけが進行する．13 回目の分
　　裂の後，表層部に細胞の層ができる．その後，（ウ）から原腸陥入が起こり，14
　　体節からなる幼虫のからだができる．

問 1　本文中の（ア）〜（ウ）にあてはまる最も適切な語を，次の①〜⑨から 1 つず
　　つ選び，解答欄 [ア] 〜 [ウ] にマークしなさい．

　　① 核　　　　　　② 後方　　　　　③ 細胞
　　④ 細胞膜　　　　⑤ 背側　　　　　⑥ 前方
　　⑦ 中心体　　　　⑧ 腹側　　　　　⑨ ミトコンドリア

問 2　下線部（A）のような遺伝子を一般に何とよぶか，解答欄 [A] に記しなさい．

問 3　下線部（B）に関する記述として最も適切なものを，次の①〜⑤から 1 つ選び，
　　解答欄 [エ] にマークしなさい．ただし，ショウジョウバエの染色体構成は 2 n = 8
　　であり，1 つのビコイド遺伝子に，機能が欠失するような変異をもつメスと，全
　　てのビコイド遺伝子が野生型であるオスを交配させて生じる幼虫は，全ての個体
　　が正常であるものとする．

　　① 翻訳が始まると，ビコイドタンパク質は核から細胞質に向かって拡散する．
　　② 1 つのビコイド遺伝子に，機能が欠失するような変異をもつメスと，1 つの
　　　ビコイド遺伝子に，機能が欠失するような変異をもつオスを交配させて生じ
　　　る幼虫は，25%の個体で前方部が欠失している．
　　③ 1 つのビコイド遺伝子に，機能が欠失するような変異をもつメスと，1 つの
　　　ビコイド遺伝子に，機能が欠失するような変異をもつオスを交配させて生じ
　　　る幼虫は，25%の個体で後方部が欠失している．
　　④ 全てのビコイド遺伝子に，機能が欠失するような変異をもつメスと，全ての

ビコイド遺伝子が野生型であるオスを交配させて生じる幼虫は，全ての個体
において前方部が欠失している．

⑤ 全てのビコイド遺伝子に，機能が欠失するような変異をもつメスと，全ての
ビコイド遺伝子が野生型であるオスを交配させて生じる幼虫は，全ての個体
において後方部が欠失している．

[Ⅱ] ショウジョウバエの発生では，前後軸に沿って異なった領域で複数の調節遺伝
子が順々に発現し，胚は前後軸に沿って節が並んだ状態になる．それぞれの節(体
節)が，どのような形態になるかは，ホメオティック遺伝子と呼ばれる複数の調
節遺伝子がはたらくことによって決まる．(c) あるホメオティック遺伝子の突然
変異体は，胸の第3体節が第2体節におきかわり，4枚の大きなはねをもつ．
　　脊椎動物を含む多くの動物で，ショウジョウバエのホメオティック遺伝子とよ
く似た塩基配列をもつ遺伝子群が発見された．それらは，ショウジョウバエのも
のも含めて，(D) ホックス遺伝子とよばれる．

問4　下線部 (C) の遺伝子として最も適切なものを，次の①〜⑥から1つ選び，解
答欄 オ にマークしなさい．

① アンテナペディア遺伝子　　　　② コーディン遺伝子
③ ウルトラバイソラックス遺伝子　④ ソックス遺伝子
⑤ ノギン遺伝子　　　　　　　　　⑥ ノーダル遺伝子

問5　下線部 (D) ホックス遺伝子に関する記述として正しいものを，次の①〜④か
ら2つ選び，解答欄 カ にマークしなさい．

① ヒトのゲノムにも，ショウジョウバエのアンテナペディア遺伝子に対応する
遺伝子がある．
② ヒトのホックス遺伝子は，中枢神経の前後軸に沿った領域ごとの性質を決め
るはたらきがある．
③ ヒトのホックス遺伝子は，脊椎を構成する脊椎骨の前後軸に沿った特徴を決
めるはたらきはない．
④ ヒトのホックス遺伝子は，肢芽の形成には関わらない．

[Ⅲ] 胚の細胞の発生運命は，いつ確定するのだろうか．この疑問に答える実験が，
(E) 20世紀前半にシュペーマンらによって行われている．この実験の結果から，
イモリの胚の予定神経域と予定表皮域については，発生が進むと，発生運命の変
更は困難になることがわかった．

問6 下線部(E)の実験において,スジイモリの初期神経胚の神経板の領域を切り取り,クシイモリの初期神経胚の腹側の予定表皮域と交換移植した. この実験結果の記述として適切なものを,次の①～④から**2つ**選び,解答欄 キ にマークしなさい.

① 尾芽胚期のクシイモリを調べると,移植片は神経に分化していた.
② 尾芽胚期のクシイモリを調べると,移植片は表皮に分化していた.
③ 尾芽胚期のスジイモリを調べると,移植片は神経に分化していた.
④ 尾芽胚期のスジイモリを調べると,移植片は表皮に分化し,神経板からはがれた.

問7 シュペーマンらは,クシイモリの初期原腸胚の原口の動物極側の領域を切り取り,スジイモリの初期原腸胚の腹側の予定表皮域に移植した. この実験結果の記述として適切なものを,次の①～④から**2つ**選び,解答欄 ク にマークしなさい.

① スジイモリに生じた二次胚を調べると,脊索は主にクシイモリの移植片由来であった.
② スジイモリに生じた二次胚を調べると,腸管は主にクシイモリの移植片由来であった.
③ スジイモリに生じた二次胚を調べると,脊索は主にスジイモリの細胞由来であった.
④ スジイモリに生じた二次胚を調べると,神経管は主にスジイモリの細胞由来であった.

問8 シュペーマンらが発見した,原口背唇部のような誘導作用をもつ領域の名称を,解答欄 B に記しなさい.

問9 発生が進むと,胚ではより複雑な構造がつくられるようになる. 複雑な構造の形成においては,ある部分の誘導を受けて分化した組織が,さらに別の組織の誘導を引き起こす. 図1は,両生類の眼の形成における誘導の連鎖について示したものである. 図1の(a),(b),(c),(d)にあてはまる語の組み合わせとして最も適切なものを,次の①～⑧から1つ選び,解答欄 ケ にマークしなさい.

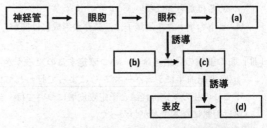

図1 両生類の眼の形成における誘導の連鎖

① (a) 角膜　　　(b) 表皮　　　(c) 水晶体　　　(d) 網膜

② (a) 網膜　　　(b) 表皮　　　(c) 角膜　　　(d) 水晶体

③ (a) 角膜　　　(b) 表皮　　　(c) 網膜　　　(d) 水晶体

④ (a) 網膜　　　(b) 表皮　　　(c) 水晶体　　　(d) 角膜

⑤ (a) 角膜　　　(b) 神経管　　(c) 水晶体　　　(d) 網膜

⑥ (a) 網膜　　　(b) 神経管　　(c) 角膜　　　(d) 水晶体

⑦ (a) 角膜　　　(b) 神経管　　(c) 網膜　　　(d) 水晶体

⑧ (a) 網膜　　　(b) 神経管　　(c) 水晶体　　　(d) 角膜

3 植物ホルモンに関する以下の文章 [I] と [II] を読み，問1〜5に答えなさい（解答欄 ア 〜 キ ）．

[I] 植物の成長には，縦方向に伸びる伸長成長や，横方向に太くなる肥大成長などがある．成長の調節には複数の植物ホルモンがはたらいている．なかでもオーキシンが重要なはたらきを担っている．オーキシンとは，植物細胞の成長を促進するはたらきのある一群の化学物質の総称である．植物が合成する天然のオーキシンは，(ア) という物質である．植物細胞は (イ) 繊維を主成分とする細胞壁をもっている．細胞が大きくなるためには (A) 細胞壁の構造をゆるめる必要があり，このはたらきにオーキシンが関与している．また，細胞が大きくなる際に細胞壁の (イ) 繊維が (B) どのような方向に配列されているかによって，細胞が大きくなる方向が決まる．

問1　本文中の（ア）と（イ）にあてはまる最も適切な語を，次の①〜⑨から1つずつ選び，解答欄 ア と イ にマークしなさい．

① セルラーゼ　　　　② インドール酢酸　　　③ 酢酸エチル

④ オキサロ酢酸　　　⑤ ラフィノース　　　　⑥ セルロース

⑦ クリプトクロム　　⑧ アミラーゼ　　　　　⑨ フィトクロム

問2　下線部（A）に関するオーキシンが合成されてから細胞が伸長するまでの過程として，次の (a) 〜 (h) の記述から最も適切なものを4つ選び，適切な順序に並びかえたものを，次の①〜⑧から1つ選び，解答欄 ウ にマークしなさい．

(a) 細胞壁を構成する繊維どうしを結びつけている多糖類を繊維から分離する酵素が活性化される．

(b) 細胞壁を構成する繊維どうしを結びつけている多糖類を繊維から分離する酵

素が不活性化される.

(c) オーキシンは植物体の基部側から決まった方向に極性移動して, 先端側の組織の細胞に作用する.

(d) オーキシンは植物体の先端側から決まった方向に極性移動して, 基部側の組織の細胞に作用する.

(e) オーキシンはおもに成長している植物体の基部で合成される.

(f) オーキシンはおもに成長している植物体の先端部で合成される.

(g) 細胞壁がゆるんだ細胞では, 細胞が吸水して伸長する.

(h) 細胞壁がゆるんだ細胞では, 細胞が脱水して伸長する.

① (a) → (e) → (c) → (g)　　② (a) → (f) → (d) → (h)

③ (b) → (e) → (c) → (g)　　④ (b) → (f) → (d) → (h)

⑤ (e) → (c) → (a) → (g)　　⑥ (e) → (c) → (b) → (h)

⑦ (f) → (d) → (a) → (g)　　⑧ (f) → (d) → (b) → (h)

問3　下線部 (B) に関する記述として適切でないものを, 次の①～④から1つ選び, 解答欄 エ にマークしなさい.

① ジベレリンは, 細胞壁の繊維を横方向に揃えることで, 細胞の肥大成長を抑え, 茎の伸長成長を促進する.

② ブラシノステロイドは, 細胞壁の繊維を横方向に揃えることで, 細胞の肥大成長を抑え, 茎の伸長成長を促進する.

③ 接触刺激などによって合成されるエチレンは, 細胞の伸長成長を抑え, 茎の肥大成長を促進する.

④ サイトカイニンは, 細胞壁の繊維を縦方向に揃えることで, 細胞の伸長成長を抑え, 茎の肥大成長を促進する.

[Ⅱ] 植物の芽ばえを暗所で水平におくと, 茎は負の重力屈性を示し, 根は正の重力屈性を示す. このように, 同じ重力環境におかれた茎と根が異なる応答を示すのは, (C) 成長を促進するオーキシンの最適濃度が植物の器官によって異なるからである.

根において, 重力の方向は根の先端にある (オ) によって感知される. 根を水平におくと, (オ) の細胞内の (カ) という細胞小器官が, 重力方向へ移動する.

問4　本文中の (オ) と (カ) にあてはまる最も適切な語を, 次の①～⑧から1つずつ選び, 解答欄 オ と カ にマークしなさい.

　　① 皮層　　　　　　② アミロプラスト　　　③ 離層
　　④ 根冠　　　　　　⑤ 中心柱　　　　　　　⑥ プロトプラスト
　　⑦ ミトコンドリア　⑧ ゴルジ体

問5　下線部（C）に関連して，図2は，茎と根のオーキシンに対する感受性の違い
　　を示したものである．茎と根のオーキシンに対する感受性として最も適切なもの
　　を，図2の①〜⑧から1つ選び，解答欄 キ にマークしなさい．

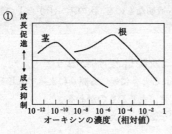
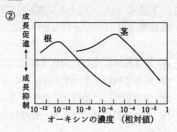
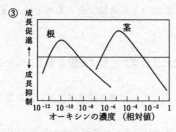
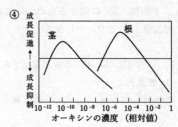
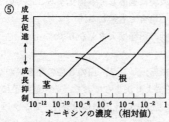
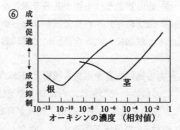
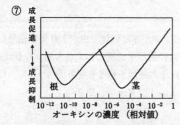
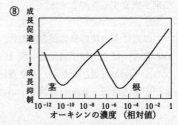

図2　茎と根のオーキシンに対する感受性の違い

④ 生物の進化に関する以下の文章 [I] ～ [Ⅲ] を読み, 問 1～7 に答えなさい (解答欄 ア ～ サ).

[I] 生物学における「進化」とは, 生物の形質が世代を経るにつれて変化していくことである. 進化は, 生物集団の中で (A) 突然変異が起こり, それが (B) 自然選択や遺伝的浮動といった要因によって広がることで起こると考えられている.

問 1　下線部 (A) に関する記述として最も適切なものを, 次の①～④から 1 つ選び, 解答欄 ア にマークしなさい.

① 生物個体に生じた突然変異は, すべて次世代に受け継がれる.
② 突然変異は, すべて DNA が転写されるときに起こる誤りによって生じる.
③ 突然変異には染色体の数や構造に変化が生じるものがある.
④ 突然変異の多くは生存や繁殖に有利な影響を与える.

問 2　下線部 (B) に関する次の①～⑤の記述のうち適切でないものを 1 つ選び, 解答欄 イ にマークしなさい.

① 外的要因が集団内の対立遺伝子の遺伝子頻度の変動に影響を与えることを自然選択という.
② 自然選択が起こるためには, 変異に応じて生存率や繁殖率に違いがあることが必要である.
③ 適応放散とは生物が共通の祖先から環境に適応して多様化することをいう.
④ 遺伝的浮動は自然選択がはたらかない場合でも起こる.
⑤ 一般的に, 大きな集団ほど遺伝的浮動の影響は大きくなりやすい.

[Ⅱ] ある島に生息するある植物は個体ごとに赤, ピンク, 白の 3 色の花を咲かせる. この植物の花の色は, ある単一の遺伝子により決まっており, その遺伝子には A と a の 2 種類の対立遺伝子のみが存在する. 赤い花の個体は AA, ピンクは Aa, 白は aa の遺伝子型をもつ. ただし, この集団は (C) ハーディ・ワインベルグの法則が成立するものとする.

問 3　この島に赤い花の個体が 500 個体, ピンクが 400 個体, 白が 100 個体生息しているとき, 対立遺伝子 A と a のそれぞれの遺伝子頻度として最も適切な数値を, 次の①～⑨から選びなさい. 対立遺伝子 A の遺伝子頻度を解答欄 ウ に, 対立遺伝子 a の遺伝子頻度を解答欄 エ に 1 つずつマークしなさい.

① 0.1　　　② 0.2　　　③ 0.3　　　④ 0.4　　　⑤ 0.5

⑥ 0.6　　　⑦ 0.7　　　⑧ 0.8　　　⑨ 0.9

問4　この島で赤, ピンク, 白の個体の間で任意に交配が起こった場合, 次世代(子世代)の遺伝子型 AA, Aa, aa それぞれの頻度として最も適切な数値を, 次の①〜⑨から選びなさい. 遺伝子型 AA の頻度を解答欄 オ に, 遺伝子型 Aa の頻度を解答欄 カ に, 遺伝子型 aa の頻度を解答欄 キ に1つずつマークしなさい.

① 0.04　　② 0.09　　③ 0.16　　④ 0.32　　⑤ 0.36

⑥ 0.42　　⑦ 0.48　　⑧ 0.49　　⑨ 0.64

問5　子世代の対立遺伝子 A と a のそれぞれの遺伝子頻度として最も適切な数値を, 次の①〜⑨から選びなさい. 対立遺伝子 A の遺伝子頻度を解答欄 ク に, 対立遺伝子 a の遺伝子頻度を解答欄 ケ に1つずつマークしなさい.

① 0.1　　　② 0.2　　　③ 0.3　　　④ 0.4　　　⑤ 0.5

⑥ 0.6　　　⑦ 0.7　　　⑧ 0.8　　　⑨ 0.9

問6　下線部 (C) が成立する条件として次の①〜⑤の記述のうち適切でないものを1つ選び, 解答欄 コ にマークしなさい.

① 自由な交配で有性生殖をする.

② 注目する形質において自然選択がはたらいている.

③ この遺伝子座には新たな突然変異が起こらない.

④ 集団の大きさが十分に大きい.

⑤ ほかの集団との間で個体の移入や移出がない.

[Ⅲ] 進化の道筋は, 遺伝子の本体である DNA やタンパク質などの分子の比較からも探ることができる. 近縁の種間で, (D) 特定の遺伝子の塩基配列やタンパク質のアミノ酸配列を比較すると, 種間で違いが見られる. この違い, すなわち, 変化した塩基やアミノ酸の数は, それらの種が共通の祖先から分かれてからの時間に比例して増える傾向があり, それらの種が進化の過程で枝分かれした年代を探るための目安となり得る.

問7　下線部 (D) に関する記述として最も適切なものを, 次の①〜④から1つ選び, 解答欄 サ にマークしなさい.

① 代謝などの重要な機能をもつ遺伝子の塩基配列ほど変化速度が大きい.

② タンパク質のはたらきに重要な部位のアミノ酸配列は,その他の部位と比較して変化が多い.

③ アミノ酸の種類を決める mRNA のコドンにおいて,コドンの1番目の塩基にあたる DNA の塩基の変化は,2番目や3番目の塩基と比較して変化する速度が大きい.

④ イントロンの塩基配列は,エキソンの配列に比べ,変化速度が大きい.

5 生物の系統に関する以下の文章 [I] ～ [Ⅲ] を読み,問1～6に答えなさい(解答欄 C , ア ～ オ).

[I] 生物の間には,いろいろな面において多様性が見られる一方で,共通性も見られる.こうした共通性にもとづいて多様な生物が分類される. (A) <u>分類の基本となる単位は種で,種は共通した形態的・生理的特徴をもつ個体の集まりである.</u> (B) <u>新しい種が生じるためには集団どうしの間に何らかの隔離が生じる必要がある.</u>

問1 下線部 (A) に関する記述として最も適切なものを,次の①～⑥から1つ選び,解答欄 ア にマークしなさい.

① 生物の階層的分類では,よく似た科が種にまとめられる.

② 生物の階層的分類において,綱の一つ上位の階級は目である.

③ 生物の階層的分類において,亜種の一つ上位の階級は種である.

④ テッポウユリ(学名 *Lilium longiflorum*)の種小名は *Lilium* である.

⑤ テッポウユリ(学名 *Lilium longiflorum*)とササユリ(学名 *Lilium japonicum*)は異なる属に分類される.

⑥ 学名と同様に,和名からも種の類縁関係がわかる.

問2 下線部 (B) に関する次の①～④の記述のうち適切でないものを1つ選び,解答欄 イ にマークしなさい.

① 生殖的隔離を基準に生物学的種を定義する場合が多い.

② 地理的隔離が長く続くと集団間に遺伝的変化が蓄積する.

③ 植物では染色体の倍数化により短期間に種分化が進むことがある.

④ ガラパゴス諸島のダーウィンフィンチ類の適応放散は,異所的種分化の例ではない.

[Ⅱ] 表1はヒトとその他の生物（種A～種C）のある遺伝子における塩基配列の違いの数を示したものである．このデータに基づき分子系統樹を作成すると，図3のように書くことができる．ただし，これらの生物において，この遺伝子からつくられるタンパク質は同じ機能をもち，塩基の変化速度は一定とする．また，これらの生物種間で地理的隔離は生じなかったものとする．

表1　ある遺伝子における種間の塩基配列の違いの数

種A	20		
種B	28	28	
種C	44	44	44
	ヒト	種A	種B

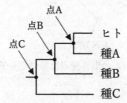

図3　塩基配列の違いの数をもとに作成した分子系統樹

問3　ヒトと種Aの共通の祖先（点A）とヒトを比べたときの塩基配列の違いの数の推定値として最も可能性が高いものを，次の①～⑨から1つ選び，解答欄 ウ にマークしなさい．

①　4　　　　　②　8　　　　　③　10　　　　　④　12　　　　　⑤　14
⑥　20　　　　⑦　22　　　　⑧　34　　　　⑨　68

問4　ヒト，種A，種Bの共通の祖先（点B）と，ヒト，種A～種Cの共通の祖先（点C）を比べたときの塩基配列の違いの数の推定値が8であり，ヒトと種Aが共通の祖先（点A）から分岐したのが5000万年前であった場合，種Cが点Cから分岐したのは何年前か，計算式とともに，解答欄 Ｃ に記しなさい．

[Ⅲ] 地球上に生息する多様な生物は，細菌，古細菌，真核生物の3つのドメインに分けられる．図4はすべての生物が共通してもつrRNAの塩基配列をもとに描かれた分子系統樹である．

　これら3つのドメインのうち，ヒトは真核生物ドメインの動物界に分類される．動物の古典的な分類や系統では，体腔の有無や胚葉数など発生様式が重視されてきたが，DNAの塩基配列に基づく系統解析の結果，現在では，その系統樹は図

5のように描かれている.

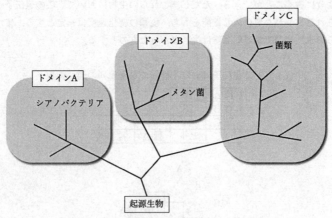

図 4　rRNA の塩基配列に基づく分子系統樹

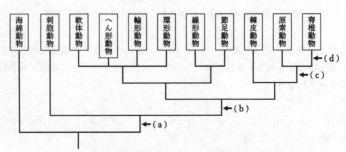

図 5　DNA の塩基配列に基づく動物の分子系統樹

問 5　図 4 のドメイン A, B, C に関する記述として適切なものを, 次の①〜⑥から 2つ選び, 解答欄 エ にマークしなさい.

① ドメイン A に属するすべての生物は核膜をもたない.
② ドメイン A に属する生物は極限環境に生育しているものが多い.
③ ドメイン B に属する生物のうち, 光合成を行うものはクロロフィル a をもつ.
④ ドメイン B には多様な多細胞生物が属する.
⑤ ドメイン C に属する生物の一部はバクテリオクロロフィルをもつ.
⑥ ドメイン C に属する生物の一部は配偶子をつくる.

問6 図5の（a）～（d）に入る動物分類上の特徴の組み合わせとして最も適切な
ものを，次の①～⑧から1つ選び，解答欄 オ にマークしなさい．

	(a)	(b)	(c)	(d)
①	脊索の獲得	脊椎の獲得	三胚葉	胚葉分化
②	脊索の獲得	脊椎の獲得	胚葉分化	三胚葉
③	脊椎の獲得	脊索の獲得	三胚葉	胚葉分化
④	脊椎の獲得	脊索の獲得	胚葉分化	三胚葉
⑤	三胚葉	胚葉分化	脊索の獲得	脊椎の獲得
⑥	三胚葉	胚葉分化	脊椎の獲得	脊索の獲得
⑦	胚葉分化	三胚葉	脊索の獲得	脊椎の獲得
⑧	胚葉分化	三胚葉	脊椎の獲得	脊索の獲得

解答編

英語

1 解答
1 — d 2 — b 3 — d 4 — a 5 — a 6 — a
7 — c 8 — b 9 — c 10 — c

◀解 説▶

2. hard「一生懸命に」 hardly「ほとんど〜ない」 副詞を修飾する enough は後ろに置く。

4. not any 〜「まったく〜ない」 calls は可算名詞なので much は使えない。

5. enjoy *doing*「〜を楽しむ」 talk は自動詞で to が必要。

6. in the middle of 〜「〜の真ん中に」

9. as S V「〜なので」(= because) 理由を表す接続詞。a の because of は後ろに名詞が続くので不適。

10. than が続くので比較級の c を選ぶ。b の fine は比較変化しない形容詞。

2 解答
1 — d 2 — a 3 — d 4 — b 5 — d 6 — b
7 — d

◆全 訳◆

≪天ぷらの歴史≫

日本料理の中でもっとも有名なものの一つは,天ぷらである。スーパーで買うことも,家で作ることも,格安レストランで食べることもできるが,高級料理店や正式なディナーで揚げたてを楽しむこともできる。今日私は,日本人にもっとも人気のある食べ物の一つである天ぷらについて,その歴史に焦点を当てて話してみたいと思う。

日本の天ぷらの歴史は,江戸前の寿司やすき焼きの歴史と同じように,それほど長いものではない。文献によれば,ポルトガルの船乗りが16世

紀に，日本に peixinhos da horta という，サヤマメなどの野菜を油で揚げた料理を持ち込んで，それが天ぷらに発展したらしい。しかしながら，当時は油が貴重だったので，一般庶民には広まらなかった。

　江戸時代になって初めて，江戸の人々が天ぷらを食べるようになった。東京湾から豊富に魚が取れたので，その魚を利用した天ぷらはとても人気になった。このタイプの天ぷらが，今日の天ぷらの元となったようだ。私たちになじみの明るい色の天ぷらと比べて，江戸の天ぷらはごま油を使って高温で揚げられたので，少し色が暗かった。今日では江戸風の天ぷらは，浅草の数少ない老舗料理店でしか食べられない。

　明治から昭和初期にかけて，天ぷらは東京だけでなく日本の多くの地域で有名になった。明治時代に天ぷら専門店が東京に作られ，天ぷらは特別な場合に食べられる，ぜいたくな食べ物となった。1923 年の関東大震災後に日本中に天ぷらが広まった，と言う人もいる。この説明によれば，東京の天ぷら料理店の板前が地震で職を失って，日本の他の地方に引っ越して，国の様々な地域に天ぷらを広めたのだ。しかしながら，昭和の中期までは，天ぷらは特別な料理と思われていた。

　第二次世界大戦中は食料不足のために，天ぷらはぜいたくな食べ物として扱われた。戦後，経済が回復すると，天ぷらは庶民の食べ物となった。取れたての魚と野菜の伝統的な天ぷらはそのままに，新しいタイプの天ぷらも現れた。これらの中にはアイスクリーム天ぷら，たまご天ぷら，チーズ天ぷら，牛ヒレの天ぷらも含まれる。今日では天ぷらはファーストフードとしても，高級料理としてもその地位を確立した。日本人だけでなく，世界中の人々がそれを楽しむことができるのだ。

◀解　説▶

1．空所を含む文は，While 〜, …「〜だが一方…」の構文なので，直前と逆の内容が入る。

2．第1段が，文章全体の内容を予告する位置づけになっている。

3．直前の「天ぷらとして発展した」と，直後の「庶民には広まらなかった」をつなぐので，逆接の However が適切。

4．並べ替えた英文は次の通り。It was not <u>until</u> the Edo period that people in (Edo began to eat it.)　It was not until … that 〜「…して初めて〜した」

5．空所を含む段落では，明治から昭和にかけて，天ぷらが東京から日本各地へ広まっていった様子が書かれている。よって，段落の内容と合致するdが最適。

7．bの These が c の new types of *tempura* に対応していることから c →bとなり，dの the war がaの World War Ⅱ に対応していることから a→dとなる。また，bとcに現在時制が用いられていることから，a→d→c→bの順番になる。

3 解答

1—d　2—b　3—b　4—c　5—a　6—d
7—b　8—b　9—a　10—d

◆全　訳◆

≪夏の自由研究≫

サム　：やあ，リリコ！　君の弟はもう，夏の理科の自由研究の課題は決めたかい？

リリコ：まだ。まだ探している最中だよ。いくつかおもしろいアイデアは見つけたけど，それぞれに問題があるみたいなんだ。

サム　：そうか，それは残念だね。何が問題なの？

リリコ：いろいろあるんだ。時間がかかりすぎたり，材料を全部そろえるのが大変だったり，実験の手順が弟には難しすぎたり，先生が認めてくれなかったり。

サム　：一つ候補のアイデアを教えてよ。

リリコ：わかった，そうだね，先週弟は，タンポポから消しゴムを作れる，という研究を見つけたよ。

サム　：おもしろそうだね！　ゴムからできている日用品はとても多いからね。世界の天然ゴムのほとんどは，東南アジアで栽培される木から作られているけれど，より多くのゴムの木を植えるために多くの森林が伐採されていると本で読んだことがあるよ。

リリコ：その通りだよ。それ以外にも，石油から作られたゴムでできたものもあるよ。

サム　：タンポポのような身近な生物の種から，代わりのゴムの採取源を見つけられれば，とても役に立ちそうだね。

リリコ：そうだね。でも残念ながらこの計画には，ロシアタンポポの乾燥

　　　　　　した根が必要で，どんなタンポポでもいいわけではないんだ。

サム　　：それは残念だね。でもどうやって，根っこからゴムをとるのか知りたいね。

リリコ：意外にも，むずかしくなさそうだよ。根をすりつぶして粉にして，小さなゴムの断片を取り出してもいいし，化学薬品を使って根の木部を砕いてもいいんだ。そこから残ったものがゴムのとても細い糸で，消しゴムを作るのに使えるんだよ。

サム　　：試しにロシアタンポポの種を，ネットで取り寄せてみたのかな？

リリコ：いいえ。日本でロシアタンポポを育ててはいけないという法律があると，弟の先生が言ったから。侵略的外来種になる可能性があるって。

サム　　：へえ，それは考えなかったな。タンポポは本当にすぐにあちこちに広がるよね。でもタンポポを育てる許可が出たとしても，夏休みの期間で足りるかな？

リリコ：そうだね。それもまた問題だね。

サム　　：君がいろいろと問題があると言った意味がわかったよ。

リリコ：そうなの。弟はかなりくじけているよ。研究課題を見つけるのが，間に合わないんじゃないかって心配している。

サム　　：前向きに考えろ，と言ってやって。いい研究課題がきっと現れるよ！

━━━━━◀解　説▶━━━━━

1．候補となるアイデアは見つけたが，まだ選べていない，という状況なので，d が正解。a は，exactly が肯定の返事であるため，もう選んだことになってしまうので，不適。

3．one＝an idea of his summer science project と考える。(3-ii)のほうは where 以下の修飾を受けていることに注意する。

6．not just any ～「どんな～でもいいわけではない」

7．surprisingly「驚くべきことに」と言っているので，it doesn't 以下の内容がリリコの想定とは違ったことになる。

8．肯定文には，否定形の付加疑問を付ける。

9．下線部(9)の前の that とは，直前のサムの would vacation be long enough? を受ける。「休みは十分長いだろうか？」とは，研究のための時

間が足りないのでは，という意味。

4 **解答** 1－d　2－c　3－a　4－a　5－d　6－b
7－c

━━━━━━━◆全　訳◆━━━━━━━

≪カビの生えやすさの実験≫

　ほとんどの人はカビをよく知っているが，それは古くなったパンの上にある，黒や緑や白の物質としてである。カビが成長し繁殖する生物であるということは，知らない人もいる。次の実験で，カビは冷蔵した食べ物よりも，冷蔵していない食べ物の方により早く生える，という説が正しいことを確かめる。

　この実験を行うためには，次の品物が必要である。2枚の精白パン（出来たてのものが一番いい），小さなコップ1杯分の水道水，スポイト，ジッパーのついたビニール袋2枚である。カビは一晩では生えないから，この実験は少なくとも一週間の期間にわたって行うと一番うまくいくだろう。

　平らなものの表面に2枚のパンを並べたあとで，スポイトを使ってそれぞれのパンに水道水を20滴ほど振りかける。次に1枚をビニール袋に入れる。袋の口がジッパーでちゃんと閉じていることを確認してから，台所の棚のような暖かくて暗い場所に置く。もう1枚のパンは別のビニール袋に入れて，しっかりと口を閉じる。こちらの袋の方は冷蔵庫に入れる。

　7日後に両方の袋を，封はしたまま回収する。2枚のパンを調べてみてほしい。この実験が正しい手順で行われれば，戸棚から取り出したパンにはたくさんのカビが現れるが，冷蔵庫のパンにははるかに少ない量のカビしかつかないはずだ。実験が完了したら，袋は開封せずに捨てた方がいい。カビは他のものに移って広がる可能性があるからだ。

━━━━━━━◀解　説▶━━━━━━━

1．最終段第3文（If the …）に far less とあるように，冷蔵庫に入れた方のパンにもカビは多少生えているので，比較表現になっているdを選ぶ。cでは，冷蔵庫に入れたパンにはまったくカビが生えないことになるため，不適。

2．c．「以下が実験に必要なものである」 what は関係代名詞で「～なもの」の意。

３．resealable とは，re-「再び」，seal「封印する」，-able「～することができる」の合成語である。

４．examine には「～を調べる」という意味がある。

５．d.「袋は開けずに捨てた方がよい」　直後の as 以下に「カビは他のものに移って広がる可能性があるからだ」と書かれている。

６．第３段～第４段第２文（After placing the … slices of bread.）に実験の手順が書かれている。

７．c.「カビがパンに生えるのに，温度がカギとなる要因であることを，この実験は示唆している」　冷蔵庫に入れたものと，そうでないものを比較した実験である。

5 解答

1—b　2—d　3—b　4—c　5—a　6—d
7—c・e

◆全　訳◆

≪辛さとは≫

　中国やタイやメキシコのレストランに行ってメニューを見たとき，メニューの項目の横にある，右の図のような唐辛子マークについて，あなたはどう思うだろうか？　３つや４つマークのついた料理を選ぶだろうか？それともそういうものは避けるだろうか？

　料理の横の唐辛子の数は，その料理の辛さを示す。甘味，酸っぱさ，苦味，塩味，うまみ——この５つの基本的な味と違って，辛さは別のものだ。スパイスを口にすると，動物や人間は即座に反応する。痛みを感じたり，舌がしびれてしまったりすることもよくある。実際，人間は何世紀にもわたって，痛みを治すために辛い物を使ってきた。科学者は辛さとは本当は何なのか，味覚とはどう違うのかを解明しようとしている。もう少し理解が深まれば，痛みや他の体の不調を治すためにそれを用いる，さらによい方法を見つけることができるかもしれない。

　辛さと味とは，私たちの体によって違ったやり方で処理される。後者は厳密には，舌の上にある味蕾から来るものである。味蕾には多くの受容体がある。砂糖や塩のような物質が舌に触れると，それらに対応した受容体が活性化して，脳に信号を送る。その信号が，それがどの味であるかを脳に教えるのである。一方，私たちの体は，味の場合のシステムとはまった

く異なるシステムを使って辛味を見つける。神経系の中で触覚や，痛覚や，温度の感覚を脳に伝える部分が，辛さを判断する。このように，辛さは味というよりも，むしろ感覚なのである。実際スパイスは舌を刺激し，すると脳は，口が何か害がある可能性のある，たとえば毒のような物質に触れた，という信号を受け取る。その後で，脳は一時的に舌を麻痺させることで対応するのだが，それが辛い物を食べたときの，あの感覚となるのである。それは体の防御メカニズムなのかもしれない。

　こうした刺激を引き起こす原因となる分子は，唐辛子の中の作用成分であるカプサイシンである。カプサイシンが植物の中でどのように進化したか，考えうる仮説は，動物に対する防御である。唐辛子は食べられてしまうことを避ける手段として，カプサイシンを使ったのだ。動物は唐辛子を食べただろうが，その刺激が毒を意味するので，すぐに吐き出してしまった。実際カプサイシンは何世紀もの間，鎮痛剤として使われてきた。カプサイシンが一度触れたあと取り除かれると，痛みに対する感受性は減少する。舌に辛いソースが乗っていると想像してほしい。口は焼けるような感覚を経験する。ソースを取り除くと，舌はしびれを感じ始める。この過程を繰り返すにつれて，より高いレベルの辛みに慣れていく。なぜなら舌の神経の末端が鈍感になり，痛みの信号を送らなくなるからだ。科学者がカプサイシンの研究を続けるにつれて，カプサイシンが痛みの治療に役立つことがわかってきた。ひょっとしたらガンが引き起こす痛みの治療にも，役立つかもしれない。

■■■■◀解　説▶■■■■

1．情報を付加しているわけではないので，bの「それに加えて」は入らない。

2．distinguish *A* from *B*「*A* を *B* と区別する」

3．correspond「対応する」から，砂糖や塩などそれぞれの味に対応する受容体を指す。

4．辛さが味であるのか，感覚であるのか，その程度を比較している文。「辛さは味というよりも，むしろ感覚なのである」not *A* so much as *B*「*A* というよりむしろ *B*」

5．2つ前の文（Spice actually irritates …）にある，有毒なものに触れたときの反応を述べている。

6．d．「カプサイシンによって引き起こされる反応は，毒によって引き起こされる反応に似ているかもしれない」 one は reaction を受け，caused by poison に修飾される。

7．c．「唐辛子のような植物は，動物の舌を刺激して時には動物に吐き出させるために，カプサイシンを作る」 第4段第3・4文（Chilli peppers … mean poison.）から合致。

e．「辛いものは，繰り返し使うことで感受性を減らすことによって，痛みを治療するのに使われる」 最終段第5文（Capsaicin has …）以降の内容から合致。

数学

1 解答

問1.　ア.　8　イ.　9
問2.　ウ.　3　エ.　4　オカ.　27　キ.　4
問3.　ク.　5　ケ.　3　コ.　5　サ.　2　シ.　9　問4.　ス.　④　セ.　③

◀ 解　説 ▶

≪小問 4 問≫

問1.　$\displaystyle\sum_{k=1}^{8}\frac{1}{k(k+1)}=\sum_{k=1}^{8}\left(\frac{1}{k}-\frac{1}{k+1}\right)$

$$=\left(\frac{1}{1}-\frac{1}{2}\right)+\left(\frac{1}{2}-\frac{1}{3}\right)+\cdots+\left(\frac{1}{8}-\frac{1}{9}\right)$$

$$=1-\frac{1}{9}=\frac{8}{9}\quad\rightarrow\text{ア・イ}$$

問2.　$\log_3 x = t$ とおくと，$1 \leqq x \leqq 27$ より，$0 \leqq t \leqq 3$
であるから

$$f(x)=2(\log_3 x)^2-\log_3 x^4-2$$
$$=2(\log_3 x)^2-4\log_3 x-2$$
$$=2t^2-4t-2=2(t-1)^2-4$$

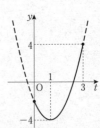

したがって

　　$t=1$，よって $x=3$ のとき，最小値 -4 をとり　→ウ・エ

　　$t=3$，よって $x=27$ のとき，最大値 4 をとる。　→オ〜キ

問3.　最頻値（モード）は，人数が 27 のときであるから　　5　→ク

中央値（メジアン）は点数が低い方から 50 番目と 51 番目の平均より

$$\frac{3+4}{2}=3.5\quad\rightarrow\text{ケ・コ}$$

また，平均値は

$$\frac{0\times20+1\times7+2\times15+3\times8+4\times23+5\times27}{100}=2.88$$

となるから，小数第 2 位を四捨五入して　　2.9　→サ・シ

問4.　条件 $q：x=\pm2$ であるから，命題「p ならば q」は真であり，「q ならば p」は偽である。

ゆえに，p は q であるための十分条件だが必要条件でないので，④ →ス

命題「p ならば q」は真であり，命題「q ならば p」は偽である。

もとの命題と対偶の真偽は一致するため，命題「$\bar{q}$ ならば $\bar{p}$」は真であり，

命題「$\bar{p}$ ならば $\bar{q}$」は偽である。

したがって，$\bar{p}$ は $\bar{q}$ であるための必要条件だが十分条件でないので，③

→セ

2 **解答** 問1．ア．2 イ．2 ウ．3 エ．4 オ．2
　　　　　　 問2．カ．3 キ．6 ク．3 ケ．3 コ．6

サ．3 シ．3 ス．6

問3．セ．1 ソ．6 タ．2

◀解　説▶

≪三角形の面積，加法定理を用いた点の座標と直線の方程式≫

問1．求める内積は

$$\overrightarrow{OA}\cdot\overrightarrow{OB}=a\cdot a\cdot\cos60°=\frac{a^2}{2} \quad →ア・イ$$

また，正三角形 OAB の面積を S とすると

$$S=\frac{1}{2}\cdot OA\cdot OB\cdot\sin60°=\frac{\sqrt{3}}{4}a^2 \quad →ウ〜オ$$

問2．内接円の半径 r は，$\frac{1}{2}r(OA+OB+AB)=S$ をみたすから

$$\frac{1}{2}r\cdot3a=\frac{\sqrt{3}}{4}a^2 \quad \therefore \quad r=\frac{\sqrt{3}}{6}a$$

→カ・キ

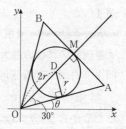

また，内接円の中心を D とすると右図より

OD$=2r$ であり，直線 OD が x 軸の正の向きとな

す角は $\theta+30°$ であるから

$$x_0=2r\cos(\theta+30°)$$

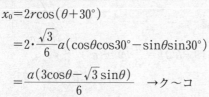

$$=2\cdot\frac{\sqrt{3}}{6}a(\cos\theta\cos30°-\sin\theta\sin30°)$$

$$=\frac{a(3\cos\theta-\sqrt{3}\sin\theta)}{6} \quad →ク〜コ$$

$$y_0 = 2r\sin(\theta + 30°)$$
$$= 2 \cdot \frac{\sqrt{3}}{6} a (\sin\theta\cos30° + \cos\theta\sin30°)$$
$$= \frac{a(3\sin\theta + \sqrt{3}\cos\theta)}{6} \quad \rightarrow \text{サ〜ス}$$

問3. $\theta = 15°$ のとき,直線 OD が x 軸の正の向きとなす角は $45°$ である
から傾きは 1 であり,直線 AB は OD と直交するので,直線 AB の傾き
は -1 である。

また,線分 AB の中点を M(s, t) とすると

$$s = 3r\cos45° = 3 \cdot \frac{\sqrt{3}}{6} a \cdot \frac{\sqrt{2}}{2} = \frac{\sqrt{6}}{4} a$$

$$t = 3r\sin45° = 3 \cdot \frac{\sqrt{3}}{6} a \cdot \frac{\sqrt{2}}{2} = \frac{\sqrt{6}}{4} a$$

となる。したがって,求める直線 AB の方程式は

$$y = -\left(x - \frac{\sqrt{6}}{4}a\right) + \frac{\sqrt{6}}{4}a$$

$$\therefore \quad y = -x + \frac{\sqrt{6}}{2}a \quad \rightarrow \text{セ〜タ}$$

③ 解答

問1. ア. 9 イ. 2
問2. ウ. 9 エ. 1 オ. 3
問3. カ. 3 キ. 2 ク. 6 ケ. 3
問4. コ. 8 サ. 3 シ. 9 ス. 3 セ. 3

◀解 説▶

≪直円錐の体積の最大値と内接する円柱の体積の最大値≫

問1. 右図の直角三角形において三平方の定理より

$$a^2 = 3^2 - h^2$$

となるから $0 < h < 3$ のとき

$$a = \sqrt{9 - h^2} = (9 - h^2)^{\frac{1}{2}} \quad \rightarrow \text{ア・イ}$$

問2. 体積 $V = \frac{1}{3}\pi a^2 h = \frac{\pi}{3}(9 - h^2)h = \frac{\pi}{3}(9h - h^3)$

$$\rightarrow \text{ウ〜オ}$$

問3. V を h で微分すると

$$V' = \frac{\pi}{3}(9-3h^2) = \pi(3-h^2) = -\pi(h-\sqrt{3})(h+\sqrt{3})$$

となるから右の増減表より

$h_0 = \sqrt{3}$　→カ

h	(0)	$\cdots$	$\sqrt{3}$	$\cdots$	(3)
V'		$+$	0	$-$	
V		↗	最大	↘	

また，もとの扇形の弧の長さは円錐の底面の円周と一致するので

$$3\theta = 2\pi a$$

$$\therefore\ \theta = \frac{2\pi}{3}\sqrt{9-{h_0}^2} = \frac{2\sqrt{6}}{3}\pi \quad \text{→キ～ケ}$$

問4. $h_0 = \sqrt{3}$，$a = \sqrt{6}$ であるから，題意の円柱の底面の半径を $x\ (0 < x < \sqrt{6})$ とすると，その高さ k は右図より

$$(\sqrt{6}-x) : k = \sqrt{6} : \sqrt{3} \quad \therefore\ k = \frac{\sqrt{6}-x}{\sqrt{2}}$$

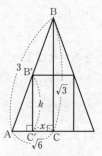

$\triangle \mathrm{AB'C'} \backsim \triangle \mathrm{ABC}$
（真横から見た図）

であるから，円柱の体積を V_0 とすると

$$V_0 = \pi x^2 k = \pi x^2 \frac{\sqrt{6}-x}{\sqrt{2}} = \frac{\sqrt{6}x^2 - x^3}{\sqrt{2}}\pi$$

となる。

$$f(x) = \frac{\sqrt{6}x^2 - x^3}{\sqrt{2}}\pi$$

とすると

$$f'(x) = \frac{2\sqrt{6}x - 3x^2}{\sqrt{2}}\pi = \frac{x(2\sqrt{6}-3x)}{\sqrt{2}}\pi$$

となるから，右の増減表より，円柱の体積の最大値は

$$\frac{8\sqrt{3}}{9}\pi \quad \text{→コ～シ}$$

x	(0)	$\cdots$	$\dfrac{2\sqrt{6}}{3}$	$\cdots$	$(\sqrt{6})$
$f'(x)$		$+$	0	$-$	
$f(x)$		↗	$\dfrac{8\sqrt{3}}{9}\pi$	↘	

そのときの円柱の高さは

$$\frac{\sqrt{6}-\dfrac{2\sqrt{6}}{3}}{\sqrt{2}} = \frac{\sqrt{3}}{3} \quad \text{→ス・セ}$$

$\boxed{4}$ **解答** 問1. ア. 5　イウ. 12　問2. エ. 5　オカ. 36
問3. キク. 19　ケコ. 27　問4. サ. 7　シス. 54

◀解　説▶

≪さいころを投げて出た目の和や積についての確率≫

問1. 出た目の和が8以上となる場合は，2+6，3+5，4+4，5+3，6+2，3+6，4+5，5+4，6+3，4+6，5+5，6+4，5+6，6+5，6+6 の15通りあるから，求める確率は

$$\frac{15}{6 \cdot 6} = \frac{5}{12} \quad \rightarrow \text{ア〜ウ}$$

問2. $P(x) = x^2 - ax + b$ が $x-1$ を因数にもつとき因数定理より，$P(1) = 0$ となるから

$$1 - a + b = 0 \quad \therefore \quad b = a - 1$$

をみたせばよい。このとき (a, b) の組は

$$(2, 1), (3, 2), (4, 3), (5, 4), (6, 5)$$

の5組だから，求める確率は　$\dfrac{5}{36}$　→エ〜カ

問3. 求める場合の余事象は，3回とも1，2，4，5の目が出ることだから

求める確率は　$1 - \left(\dfrac{4}{6}\right)^3 = 1 - \dfrac{8}{27} = \dfrac{19}{27}$　→キ〜コ

問4. 出た目の積が16の倍数であるのは，次の3つの場合である。

(i)　3回とも4の目が出るとき　　1通り

(ii)　2回だけ4の目が出て1回は他の目が出るとき，順序の入れ替えも考えて

$$1 \times 5 \times {}_3C_1 = 15 \text{ 通り}$$

(iii)　1回だけ4の目が出て，2回は2または6の目が出るとき

4，2，2のとき　　3通り

4，2，6のとき　　3! = 6通り

4，6，6のとき　　3通り

ゆえに　　3+6+3 = 12通り

これらは互いに排反だから，求める確率は

$$\frac{1 + 15 + 12}{6 \cdot 6 \cdot 6} = \frac{28}{6 \cdot 6 \cdot 6} = \frac{7}{54} \quad \rightarrow \text{サ〜ス}$$

5 解答　問1．ア．1　イ．1　ウ．1
　　　　　　問2．エ．2　オ．4
問3．カ．2　キ．1　問4．ク．1　ケ．2　コ．1　サ．2
問5．シ．2　ス．1　問6．セ．4　ソ．1

━━ ◀解　説▶ ━━

≪関数の微分と極値，グラフと x 軸で囲まれた図形の面積≫

問1．$f(0)=1\cdot e^{-0}=1\cdot 1=1$　→ア

また，$f(x)=0$ のとき $(1+x)(1-x)e^{-x}=0$ より

　　$x=1,\ -1$　→イ・ウ

問2．自然対数の底 $e=2.718\cdots$ より，近似値は 2.7 となるから　→エ

　　$f(2)=-3e^{-2}=\dfrac{-3}{7.29}=-0.41\cdots$

ゆえに四捨五入すると　　-0.4　→オ

問3．$f'(x)=(-2x)e^{-x}-(1-x^2)e^{-x}=(x^2-2x-1)e^{-x}$　→カ・キ

問4．$f'(x)=0$ のとき $x^2-2x-1=0$ より，$x=1\pm\sqrt{2}$ となるから，右の増減表より

x	$\cdots$	$1-\sqrt{2}$	$\cdots$	$1+\sqrt{2}$	$\cdots$
$f'(x)$	$+$	0	$-$	0	$+$
$f(x)$	↗	極大	↘	極小	↗

　　$x=1-\sqrt{2}$ で極大値，

　　$x=1+\sqrt{2}$ で極小値をとる。　→ク～サ

問5．$\displaystyle\int f(x)dx=\int(e^{-x}-x^2e^{-x})dx$

　　　　　　　　$\displaystyle=\int e^{-x}dx-\int x^2e^{-x}dx$

　　　　　　　　$\displaystyle=-e^{-x}+x^2e^{-x}-\int 2xe^{-x}dx$　（部分積分法より）

　　　　　　　　$\displaystyle=-e^{-x}+x^2e^{-x}+2xe^{-x}-2\int e^{-x}dx$

　　　　　　　　$=(x^2+2x+1)e^{-x}+C$　→シ・ス

問6．求めるのは右のグラフの網かけ部分の面積であり

$y=(1-x^2)e^{-x}\geqq 0$ のとき，$-1\leqq x\leqq 1$ であるから

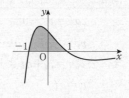

　　$\displaystyle\int_{-1}^{1}f(x)dx=\Big[(x^2+2x+1)e^{-x}\Big]_{-1}^{1}$

　　　　　　　　$=4e^{-1}$　→セ・ソ

▰ ▰ ▰ 物理 ▰ ▰ ▰

⬛1⬛ 解答

【Ⅰ】 問1. ア―④ イ―⑤ ウ―⑤
問2. エ―⑧ オ―⑥ カ―②

【Ⅱ】 問3. 右図。

問4. ⑦

問5. ⑨

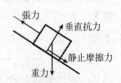

━━━ ◀解 説▶ ━━━

≪斜面上で連結された2物体の運動, 運動方程式≫

【Ⅰ】 問1. ア. 物体Aにはたらくp方向の力 F_A は, 右図より

$$F_A = 2Mg\sin\theta - T_A$$

イ. 同様に物体Bにはたらくq方向の力 F_B は

$$F_B = T_B - Mg\sin(90° - \theta)$$
$$= T_B - Mg\cos\theta$$

ウ. 糸の張力は等しく $T_A = T_B = T$, AとBの加速度 a の大きさも等しいので, 運動方程式をたてると

$$\begin{cases} A : 2M \times a = 2Mg\sin\theta - T \\ B : M \times a = T - Mg\cos\theta \end{cases}$$

辺々足して a を求めると

$$a = \frac{g}{3}(2\sin\theta - \cos\theta)$$

問2. エ. 等加速度直線運動の公式 $2ax = v^2 - v_0{}^2$ より

$$2aL = v_t{}^2 - 0^2$$

$$\therefore\ v_t = \sqrt{2aL} \quad \cdots\cdots①$$

オ. 公式 $v = v_0 + at$ より

$$v_t = at$$

①を代入して

$$t=\frac{v_t}{a}=\frac{\sqrt{2aL}}{a}=\sqrt{\frac{2L}{a}}$$

カ．A と B の速さは同じなので

$$\frac{2Mv_t}{Mv_t}=2$$

【Ⅱ】　問 3．B には，重力，垂直抗力，張力，静止摩擦力の 4 力がはたらき，〔解答〕のようになる。

問 4．張力を T，B の垂直抗力を N として，A と B のつり合い条件は

$$\begin{cases}A：Mg\sin\theta_1-T=0 & \cdots\cdots② \\ B：(q\text{ 方向}) \qquad T-Mg\cos\theta_1-\mu N=0 & \cdots\cdots③ \\ \quad (q\text{ と直角方向}) \quad Mg\sin\theta_1-N=0 \end{cases}$$

これより，$N=Mg\sin\theta_1$ なので，③に代入して，②と③を辺々足して T を消去すると

$$Mg\sin\theta_1-Mg\cos\theta_1-\mu Mg\sin\theta_1=0$$

$$\tan\theta_1-1-\mu\tan\theta_1=0$$

$$\therefore \quad \mu=\frac{\tan\theta_1-1}{\tan\theta_1}$$

問 5．A と B の加速度の大きさを a'，張力を T' として運動方程式をたてると

$$\begin{cases}A：M\times a'=Mg\sin\theta-T' & \cdots\cdots④ \\ B：M\times a'=T'-Mg\cos\theta-\mu' Mg\sin\theta & \cdots\cdots⑤\end{cases}$$

④+⑤ より

$$2Ma'=Mg\sin\theta-Mg\cos\theta-\mu' Mg\sin\theta$$

$$\therefore \quad a'=\frac{g}{2}\{(1-\mu')\sin\theta-\cos\theta\}$$

[2]　解答　問 1．④　問 2．(イ)―②　(ウ)―⓪
問 3．(エ)―⓪　(オ)―④　問 4．(カ)―③　(キ)―⑧
問 5．(ク)―①　(ケ)―⑥　問 6．⑤

■■■■ ◀解　説▶ ■■■■

≪コンデンサーを含む直流回路，ホイートストンブリッジ≫

問1．流れる電流をIとすると，オームの法則より

$$V=(R+2R) \cdot I \quad \therefore \quad I=\frac{V}{3R}$$

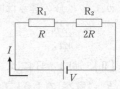

問2．スイッチを入れた直後，コンデンサーには電荷が蓄えられていないので，流れる電流Iは，

$$V=R \cdot I より \quad I=\frac{V}{R}$$

十分時間がたつと，コンデンサーに電荷がたまり，抵抗R_1へ流れる電流は0となる。

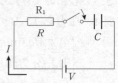

問3．スイッチを入れた直後，電流はコンデンサーにすべて流れるので，R_2を流れる電流は0となる。

十分時間がたつとコンデンサーに電荷がたまり，電流はR_2だけを流れるので，回路を流れる電流Iは，$V=(R+2R) \cdot I$ より

$$I=\frac{V}{3R}$$

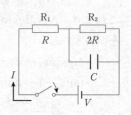

問4．㋑　R_2での電圧降下V'は

$$V'=2R \cdot I=\frac{2}{3}V$$

コンデンサーに蓄えられる電気量Qは

$$Q=CV'=\frac{2}{3}CV$$

㋕　コンデンサーに蓄えられる静電エネルギーUは

$$U=\frac{1}{2}QV'=\frac{1}{2} \times \frac{2}{3}CV \times \frac{2}{3}V=\frac{2}{9}CV^2$$

問5．㋗　コンデンサーには右図のように電荷が蓄えられているので，点Pの電流は下向きに流れる。

㋘　コンデンサーの電荷は次第に減少するので，V_Cは減少する。よって次のグラフのようになる。

問6．抵抗R_3の抵抗の大きさをR_3とすると

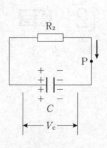

$$R_3 = \rho \frac{L}{S}$$

ホイートストンブリッジ回路なので，抵抗 R_4 の抵抗の大きさを R_4 として

$$\frac{R_3}{R_1} = \frac{R_4}{R_2}$$

が成り立つ。よって

$$R_4 = \frac{R_3}{R_1}R_2 = \frac{\rho \dfrac{L}{S}}{R}2R = \frac{2\rho L}{S}$$

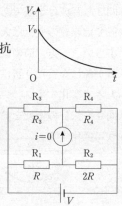

3　**解答**　問 1．⑨　問 2．(イ)—⑦　(ウ)—③　(エ)—⑥
　　　　　　　問 3．オ—⑦　カ—④　キ—③

問 4．

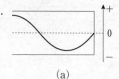 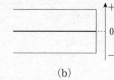 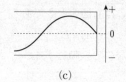

　　(a)　　　　　　　　　　(b)　　　　　　　　　　(c)

問 5．③　問 6．⑤

━━━━━◀解　説▶━━━━━

≪気柱の共鳴，開管と閉管内の定常波，ドップラー効果≫

問 1．振動数を 0 から増加させるので，音波の波長は次第に短くなる。最も波長が長く共鳴するのは右図のときなので

$$\lambda_1 = 4L$$

問 2．次に共鳴するのは右図の状態なので

$$\lambda_2 = \frac{4}{3}L$$

$V = f_2 \cdot \lambda_2$ より

$$f_2 = \frac{V}{\lambda_2}$$

周期は　　$T_2 = \dfrac{1}{f_2}$

問3．音波は縦波である。定常波の腹（オ）の位置では媒質の変位は大きいが密度の変化は小さい。一方，節（キ）の位置では変位は0であるが疎になったり密になったりして密度は大きく変化する。

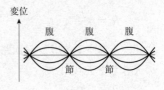

問4．気柱の密度を調べると，定常波の状態により管内の密度は下図のように変化する。

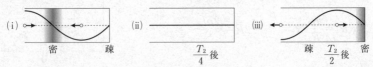

最も密度が高くなる t_0 の時刻のときの定常波の状態は(i)なので，〔解答〕のようになる。

問5．問2のときより波長が短く，開管で共鳴が生じるのは右図のときである。この波長 λ_3 は

$$\lambda_3 = L$$

なので振動数 f_3 は

$$f_3 = \frac{V}{\lambda_3} = \frac{V}{L}$$

問6．長さ L の開管に100個の節が生じるとき波長 λ_{100} は

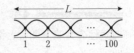

$$\lambda_{100} = \frac{L}{100} \times 2 = \frac{L}{50}$$

なので開管の受けとる振動数 f_{100} は

$$f_{100} = \frac{V}{\lambda_{100}} = \frac{50V}{L}$$

よって，ドップラー効果の公式より

$$f_{100} = f\frac{V-0}{V-v}$$

$$\frac{50V}{L} = \frac{99V}{2L} \cdot \frac{V}{V-v}$$

$$\therefore \quad v = \frac{V}{100}$$

化学

1 解答 問1. ⑥　問2. ④　問3. ⑧　問4. ⑥　問5. ④

◀解　説▶

≪周期表と電子配置，イオン結晶，気体の性質，平均分子量≫

問1．a．誤文。酸素と硫黄は同素体ではなく，同族体。

b．正文。陽子，中性子，電子の数はすべて7個である。

c．誤文。F^- はネオン型，Cl^- はアルゴン型の電子配置。

問2．b．誤文。イオン化エネルギーは，同一周期内でアルカリ金属が一番小さく，陽イオンになりやすい。

c．誤文。遷移元素はすべて金属元素である。

問3．a．誤文。CaF_2 のように陽イオンと陰イオンの数の比が1:2の化合物もある。

b．誤文。Na^+ と Cl^- は共有結合ではなく，静電気力で引き付けられる。

c．誤文。NaCl は電離するので，生じたイオン全体の質量モル濃度は NaCl の質量モル濃度の2倍になる。よって，非電解質のグルコース水溶液と比べると，NaCl 水溶液の沸点はより高くなり，凝固点はより低くなる。

問4．操作アでは CO_2，操作イでは HCl，操作ウでは H_2S が発生。極性があるのは，HCl と H_2S。有色の気体はなく，すべての気体は酸性。

問5．原子量を M とする。存在比率より

$$M = a \times \frac{x}{100} + b \times \frac{y}{100} = \frac{ax+by}{100}$$

よって，1g 中の原子の数は

$$\frac{1}{M} \times N_A = \frac{100N_A}{ax+by}$$

2 解答 問 1. ⑥　問 2. ②　問 3. ⑥　問 4. ⑥

◀解　説▶

≪水上置換法と気体の状態方程式≫

問 1. 水柱の高さ 1.00 cm が 98.9 Pa なので，10.0 cm では

$98.9 \times 10.0 = 989$ [Pa] よって，近い値となるのは⑥。

問 2. 水蒸気の物質量を n [mol] とすると，気体の状態方程式より

$$3.60 \times 10^3 \times \frac{522}{1000} = n \times 8.30 \times 10^3 \times 300$$

∴ $n = 7.546 \times 10^{-4} \fallingdotseq 7.55 \times 10^{-4}$ [mol]

問 3. (大気圧)＝(水素の圧力)＋(水蒸気圧)＋(水柱の圧力) なので

(水素の圧力)＝$1.00 \times 10^5 - 3.60 \times 10^3 - 980$

$= 9.542 \times 10^4 \fallingdotseq 9.54 \times 10^4$

問 4. 発生した水素の物質量と金属の物質量は等しいので，水素の物質量を x [mol] とすると，気体の状態方程式より

$$9.542 \times 10^4 \times \frac{522}{1000} = x \times 8.30 \times 10^3 \times 300$$

∴ $x = 0.0200$ [mol]

よって，金属 M の原子量を m とすると

$$\frac{1.3}{m} = 0.0200 \quad ∴ \quad m = 65$$

3 解答 問 1. ④　問 2. ②・④　問 3. ③　問 4. ⑤

◀解　説▶

≪化学変化と熱量，熱化学方程式と結合エネルギー≫

問 2. ②誤文。生成物がもつエネルギーの総和が反応物がもつエネルギーの総和より大きければ，吸熱反応である。

④誤文。燃焼熱はすべて発熱反応である。

問 3. (反応熱)＝(右辺の生成熱の和)－(左辺の生成熱の和) なので

$Q = 2 \times 394 + 3 \times 286 - 277 = 1369$ [kJ/mol]

よって，4.6 g のエタノールが完全燃焼したときの熱量は

$$1369 \times \frac{4.6}{46} = 136.9 \fallingdotseq 137 \text{[kJ]}$$

問4．（反応熱）＝（右辺の結合エネルギーの和）－（左辺の結合エネルギーの和）であり，昇華熱は結合エネルギーと同等と考えられることから，C–C の結合エネルギーを x [kJ/mol] とすると

$$84 = (x + 413 \times 6) - (2 \times 718 + 3 \times 436)$$

$$\therefore \quad x = 350 \text{[kJ/mol]}$$

---

④ 解答

問1．x—④　　y—⑧

問2．②

問3．エステル A：H–C–O–CH$_2$–CH$_2$–CH$_3$
　　　　　　　　　‖
　　　　　　　　　O

エステル B：CH$_3$–C–O–CH$_2$–CH$_3$
　　　　　　　　　‖
　　　　　　　　　O

エステル C：H–C–O–CH–CH$_3$
　　　　　　　　‖　　｜
　　　　　　　　O　　CH$_3$

エステル D：CH$_3$–CH$_2$–C–O–CH$_3$
　　　　　　　　　　　‖
　　　　　　　　　　　O

問4．$2CH_3OH + 2Na \longrightarrow 2CH_3ONa + H_2$

────◀解　説▶────

≪C$_4$H$_8$O$_2$ の構造決定と反応量≫

問1．分子式が C$_x$H$_y$O$_2$，分子量は 88 なので

$$12x + y + 32 = 88$$

$$12x + y = 56$$

$0 < y \leqq 2x + 2$ より，あてはまる値は，$(x, y) = (4, 8)$ しかない。

問2．エステル C$_4$H$_8$O$_2$ にはエステル結合が 1 個だけなので，エステル 1 mol を加水分解するために必要な NaOH は，1 mol である。水酸化ナトリウムの質量を w [mg] とおくと

$$\frac{440 \times 10^{-3}}{88} = \frac{w \times 10^{-3}}{40} \qquad \therefore \quad w = 200 \text{[mg]}$$

問3．A，C のエステルを加水分解して生じたカルボン酸は，還元性を示すので，ギ酸である。そのとき生じるアルコールは，炭素数が 3 のアルコ

ールとなる。また，**A** から生じたアルコールは酸化するとアルデヒドになるので，第一級アルコールである 1-プロパノールとわかる。**C** から生じたアルコールは酸化するとケトンになることから，第二級アルコールである 2-プロパノールとわかる。これらのことより **A** はギ酸プロピル，**C** はギ酸イソプロピル。

A：H-C-O-CH₂-CH₂-CH₃　　**C**：H-C-O-CH-CH₃
　　　　‖　　　　　　　　　　　　　　　‖　　｜
　　　　O　　　　　　　　　　　　　　　O　　CH₃

B，D のエステルを加水分解して生じたカルボン酸は，還元性を示さないので，ギ酸ではない。よって，酢酸かプロピオン酸である。カルボン酸が酢酸であれば，**B，D** を加水分解して生じるアルコールは炭素数が 2 となり，エタノール。カルボン酸がプロピオン酸であれば，**B，D** を加水分解して生じるアルコールは炭素数が 1 となり，メタノール。このうち，ヨードホルム反応を示すのは，エタノールである。これらのことより，**B** は酢酸エチル，**D** はプロピオン酸メチル。

B：CH₃-C-O-CH₂-CH₃　　**D**：CH₃-CH₂-C-O-CH₃
　　　　　‖　　　　　　　　　　　　　　　　　　‖
　　　　　O　　　　　　　　　　　　　　　　　　O

5 解答

問 1．③・⑥　問 2．④・⑤
問 3．(1)—④

(2) b—④　c—⑤　d—③　e—②　f—①　(3)—⑤

◀解　説▶

≪アミノ酸の性質，糖類の性質，アミノ酸の配列決定，反応量≫

問 1．③誤文。pH によって各イオンの存在比率は変化する。酸性付近では陽イオン，塩基性付近では陰イオン，中性付近では双性イオンの存在比率が高い。

⑥誤文。グルタミン酸の等電点は表 5 より 3.2 なので，pH 8 では陰イオンになっている。

問 2．④誤文。多糖類は，還元性を示さない。

⑤誤文。セルロースはヨウ素デンプン反応を示さない。

問 3．(1)・(2) N 末端（左端）は，酸性アミノ酸なので，グルタミン酸。C 末端（右端）は，不斉炭素原子をもたないので，グリシン。

塩基性アミノ酸, すなわちリシンの C 末端側で切断するとペプチド A,
B が生じ, 記述 V より, ビウレット反応陽性を示すのが A, 陰性を示す
のが B なので, A はトリペプチド, B はジペプチドである。

また, 記述 III より A には, 硫黄を含むアミノ酸であるシステインがあり,
記述 IV より N 末端がシステイン。よって, ペプチド X は左から順番に
グルタミン酸—リシン—システイン—アラニン—グリシンが結合している。

⑶　ペプチド B は, グルタミン酸—リシンが結合しているので, 分子量
は

$$147+146-18=275$$

である。このペプチド B には, カルボキシ基が 2 個あるため, エタノー
ルでエステル化するとエタノールのジエステルとなる。

$$\text{H}_2\text{N}-\overset{\overset{\displaystyle |}{\text{CH}_2}}{\text{CH}}-\overset{\overset{\displaystyle \|}{\text{O}}}{\text{C}}-\overset{\overset{\displaystyle |}{\text{H}}}{\text{N}}-\overset{\overset{\displaystyle |}{(\text{CH}_2)_4-\text{NH}_2}}{\text{CH}}-\overset{\overset{\displaystyle \|}{\text{O}}}{\text{C}}-\text{O}-\text{C}_2\text{H}_5$$

$$\text{CH}_2-\overset{\overset{\displaystyle \|}{\text{O}}}{\text{C}}-\text{O}-\text{C}_2\text{H}_5$$

よって, ジエステルの分子量は　　　$275+28\times2=331$

このジエステルの質量を w 〔g〕とすると, ペプチド B と物質量は同じな
ので

$$\frac{0.275}{275}=\frac{w}{331}\qquad \therefore\quad w=0.331\,\text{〔g〕}$$

生物

$\boxed{1}$ **解答** 問 1．アー⑤ イー③
問 2．② 問 3．⑤
問 4．オー④ カー② キー⑤
問 5．② 問 6．⑦ 問 7．②・⑤

◀解 説▶

≪ベクター，PCR 法，電気泳動法≫

問 2．①適切。アグロバクテリウムとは植物に感染する細菌であり，この細菌がもつプラスミドに導入したい遺伝子を組み込んで利用する。これをアグロバクテリウム法という。

②不適。プラスミドとは，原核細胞内で染色体とは異なる小型の環状 DNA のことであり，自己増殖して子に伝わる。

③適切。受精卵の雄性前核中に導入したい DNA を細いガラス針で注入し，仮親の卵管へ受精卵を移植する方法で，マイクロインジェクション法（顕微注入法）と呼ばれる。

④適切。プラスミドよりも大きい DNA 断片を運べるので，導入したい遺伝子のサイズが大きいときに用いられる。

問 3．DNA のヌクレオチドを構成する塩基は A，T，G，C の 4 種類であり，これらが 4 つ並んだときの組合せは $4×4×4×4=256$ 通り。よって，塩基配列の出現頻度は 256 分の 1 となる。

問 5・問 6．1 サイクル後に 600 塩基を含むヌクレオチド鎖と 1000 塩基を含むヌクレオチド鎖が結合した DNA が 2 個得られたことから，プライマーの位置は次図のように推測できる。したがって，2 サイクル目以降は 200 塩基対をもつ DNA 鎖が増えていく。また，元の DNA 鎖をヌクレオチド鎖の塩基数から "1000−1000 鎖" と表すとすると，n サイクル後に得られる各 DNA 鎖の数は次のようになる。

1000−600 鎖 … 1 本

600−1000 鎖 … 1 本

200−600 鎖 … $(n-1)$ 本

$600-200$ 鎖 … $(n-1)$ 本
$200-200$ 鎖 … (2^n-2n) 本

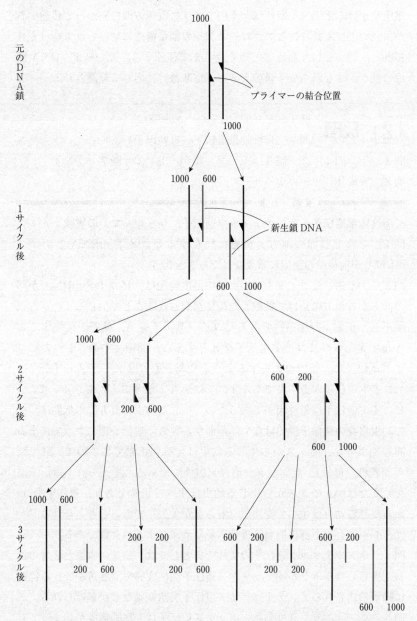

問 7．DNA や RNA を構成するヌクレオチドにはリン酸基が含まれているため，緩衝液中ではマイナスに荷電している。そのため，電気泳動法で電圧をかけると DNA 断片はゲル内をプラス電極方向に向かって移動するが，長い DNA 断片ほどアガロースゲルの網目構造に妨げられてゆっくり移動し，短い DNA 断片ほど速く遠くまで移動する。その結果，DNA 断片の長さ，すなわち分子量の大きさ（塩基数）に応じて分離される。

2　解答

問 1．ア—⑥　イ—①　ウ—⑧
問 2．母性効果遺伝子（母性因子）
問 3．④　問 4．③　問 5．①・②　問 6．①・④　問 7．①・④
問 8．形成体（オーガナイザー）　問 9．④

◀解　説▶

≪母性効果遺伝子，ホメオティック遺伝子，シュペーマンの実験≫

問 1．それぞれ卵の前方と後方に局在するビコイド mRNA とナノス mRNA が前後軸の決定に重要なはたらきを担う。

問 3．①不適。ビコイドタンパク質の濃度勾配は，ビコイド mRNA が卵の前方から後方にかけて拡散した後に翻訳されることで生じる。

②不適。正常（野生型）であるビコイド遺伝子を A，機能が欠失するような変異をもつビコイド遺伝子を a とすると，問題文中の「1 つのビコイド遺伝子に，機能が欠失するような変異をもつメス」は Aa，「全てのビコイド遺伝子が野生型であるオス」は AA と表すことができる。また，ビコイド遺伝子は母性因子であるため，生じる幼虫の前方部の状態は，その幼虫自身の遺伝子型ではなく，産卵するメスの遺伝子型によって決まる。問題文より Aa のメスから生じる幼虫はすべて正常であるので，野生型 A が顕性（優性），変異型 a が潜性（劣性）であると考えられ，遺伝子型 AA または Aa のメスから生じる幼虫はすべて正常であり，遺伝子型 aa から生じる幼虫はすべて変異型（前方部が欠失）であると考えられる。

③・⑤不適。後方部に関わる母性因子はナノスタンパク質である。

問 4．ホメオティック遺伝子の突然変異としては，二重の胸部と 2 対のはねが生じるウルトラバイソラックス遺伝子突然変異や，触角ができる位置に脚が形成されるアンテナペディア遺伝子突然変異などが挙げられる。

問 5．③・④誤り。脊椎動物のホックス遺伝子は，原腸形成が始まって脊

椎動物としての体制が明らかになるころにはたらいて，前後軸に沿った胚の各場所が何になるかを決める。脊椎骨の決定もそのはたらきの１つである。また，肢芽の形成にも関与している。

問６．シュペーマンによる，イモリの胚を用いた交換移植実験の結果，各部分の予定運命は原腸胚後期から徐々に決められていき，神経胚初期には変更できなくなることが解明された。本問も絵を描いて整理すると解答しやすいだろう。

問７．原口の動物極側の領域（原口背唇）自身は脊索になり，脊索が外胚葉を誘導することで神経管が生じる。よって，スジイモリの二次胚の脊索は，移植元のクシイモリ移植片由来であり，その脊索によって誘導されてできた神経管は移植先のスジイモリの細胞由来である。

3 **解答** 問１．アー②　イー⑥　問２．⑦　問３．④
　　　　　問４．オー④　カー②　問５．②

◀解　説▶

≪植物ホルモンと細胞の伸長成長，重力屈性，オーキシンの感受性≫

問２．オーキシンは植物体の先端部で合成され基部側へ移動（極性移動）して基部側の細胞に作用する。また，オーキシンが作用すると，細胞膜に存在する H^+ をくみ出すポンプが活性化し，細胞壁中に H^+ が放出され，pH が低下する。すると，細胞壁を構成するセルロース繊維どうしを結合させている多糖類を繊維から分離する酵素が活性化し，セルロース繊維間の結合が緩む。この状態で細胞が吸水すると，細胞壁を押し広げる圧力（膨圧）によって細胞壁が伸び，細胞が伸長する。これを酸成長説と呼ぶ。

問３．ジベレリンとブラシノステロイドは，細胞骨格の微小管の方向を制御して，細胞壁の繊維を横方向に揃えることで，細胞の肥大成長（横方向の成長）を抑え，縦方向に伸長しやすいように作用する。一方，植物が風で揺すられ続けたり，障害物などに接触した状態が続いたりすると，エチレン合成が増大する。エチレンも細胞骨格の微小管に影響するが，細胞壁の繊維を縦方向に揃え，細胞が縦方向ではなく横方向に肥大成長しやすいように作用する。そうすることで茎が太く短くなった植物体は力学的に強く，風で倒れにくくなり，障害物による負荷に抵抗できるようになる。

問４．根における重力刺激は，根の先端の根冠にあるコルメラ細胞（平衡

細胞)内のアミロプラストが重力方向に沈降することで感知される。

問5．茎などの地上部と比較して，根はオーキシンの感受性が高いため，オーキシンの最適濃度が茎よりも低くなる。また，根も茎も，オーキシン最適濃度を超えると成長が阻害（抑制）される。

④ 解答
問1．③　問2．⑤　問3．ウ—⑦　エ—③
問4．オ—⑧　カ—⑥　キ—②
問5．ク—⑦　ケ—③　問6．②　問7．④

━━━━◀解　説▶━━━━

≪進化と突然変異，ハーディ・ワインベルグの法則，分子進化≫

問1．①不適。生殖細胞の染色体やDNAに生じた突然変異は，接合（受精）を通して次世代に受け継がれることもあるが，体細胞の染色体やDNAに生じた突然変異は次世代に伝えられない。

②不適。突然変異の多くは，DNAが複製されるときの誤りで生じる。また，紫外線や熱，人為的にもたらされた特定の化学物質などによっても生じる。

③適切。突然変異には，DNAの塩基配列が変化する遺伝子突然変異と，染色体の数や構造が変化する染色体突然変異がある。

④不適。生存や繁殖に有利な影響を与える突然変異（自然選択）ももちろんあるが，突然変異の多くは，自然選択に対して有利でも不利でもない中立のものがほとんどである。この考えを中立説という。

問2．⑤不適。一般的に，小さな集団ほど遺伝的浮動の影響が大きくなりやすく，偶然によって遺伝子頻度が変化する可能性が大きい。

問3．対立遺伝子 A と a のそれぞれの数は次の通り。

AA が 500 個体⇒A の数は　　500×2＝1000

Aa が 400 個体⇒A の数が400，a の数も400

aa が 100 個体⇒a の数は　　　100×2＝200

したがって

$$対立遺伝子 A の遺伝子頻度＝\frac{1000+400}{1000+400+400+200}＝\frac{1400}{2000}＝0.7$$

$$対立遺伝子 a の遺伝子頻度＝\frac{400+200}{1000+400+400+200}＝\frac{600}{2000}＝0.3$$

問 4．この島で任意に交配が起こった場合，子世代の遺伝子型の頻度は次のように計算できる。

$$(0.7A+0.3a)^2=0.49AA+2\times0.21Aa+0.09aa$$
$$=0.49AA+0.42Aa+0.09aa$$

問 5．子世代の対立遺伝子 A と a のそれぞれの数は次の通り。

AA が 0.49⇒A の数は　　　0.49×2＝0.98

Aa が 0.42⇒A の数が 0.42,　a の数も 0.42

aa が 0.09⇒a の数は　　　0.09×2＝0.18

したがって

$$対立遺伝子 A の遺伝子頻度＝\frac{0.98+0.42}{0.98+0.42+0.42+0.18}=\frac{1.4}{2}=0.7$$

$$対立遺伝子 a の遺伝子頻度＝\frac{0.42+0.18}{0.98+0.42+0.42+0.18}=\frac{0.6}{2}=0.3$$

このように，ハーディ・ワインベルグの法則が成り立つとき，遺伝子頻度は変化しない。したがって，進化も起こらない。

問 6．②不適。ハーディ・ワインベルグの法則が成立する条件は次の 5 つである。(1)個体数が十分に多い。(2)突然変異が起こらない。(3)自然選択が起こらない。(4)集団外部との移出入が起こらない。(5)集団内で自由に交配が起こる。

問 7．自然選択を受ける（受けやすい）変化は淘汰されやすいため，変化速度は小さい（変化が少ない）。一方，自然選択を受けない（受けにくい）中立的な変化は，変化速度は大きい（変化が多い）。このことと，各選択肢の内容をまとめると，下表のようになる。

		変化した部位（塩基配列，アミノ酸配列）	
		自然選択を受ける 淘汰されやすい	中立的 淘汰されにくい
変化速度		変化速度が小さい＝変化が少ない	変化速度が大きい＝変化が多い
選択肢	①	重要な機能をもつ	重要な機能ではない
	②	重要な部位	その他の部位
	③	コドンの 1 番目の塩基	コドンの 2，3 番目の塩基
	④	エキソン	イントロン

よって，④の記述が適切である。

5 解答 問1．③ 問2．④ 問3．③

問4．$5000 万 \times \dfrac{\{(44+44+44) \div 3\} \div 2}{10} = 1 億 1000 万$

よって　　1 億 1000 万年前　……（答）

問5．①・⑥　問6．⑦

━━━━━◀解　説▶━━━━━

≪分類の階級，種分化，分子系統樹，ドメイン，動物の分類≫

問1．①・②不適。③適切。分類群（分類の階級）は，上位→下位の順に

ドメイン→界→門→綱→目→科→属→種→亜種（変種，品種）

となる。

④・⑤・⑥不適。学名の命名法は国際規約により定められており，現在は
リンネが確立した，属名と種小名を併記する二名法が採用されている。た
とえば，テッポウユリ（*Lilium longiflorum*）の属名は *Lilium*，種小名
は *longiflorum* であり，ササユリ（*Lilium japonicum*）の属名は *Lilium*，
種小名は *japonicum* である。これに対して，日本で一般に用いられてい
る和名には規約がなく，慣用的に使用されているため，和名からは種の類
縁関係を推測することは難しい。

問2．③適切。染色体の倍数化や異数化などにより短期間で新しい種が誕
生することは植物でよく見られ，二倍体（$2n=14$）のヒトツブコムギ，四
倍体（$2n=28$）のマカロニコムギ，六倍体（$2n=42$）のパンコムギの例な
どが挙げられる。

④不適。生息地が異なると（地理的隔離），それぞれの場所で独自の進化
が進むことがあり，これを異所的種分化という。一方，生息地が同じでも，
行動的隔離や時間的隔離などの様々な要因により種分化が進むことがある。
これを同所的種分化という。ガラパゴス諸島は約 20 の島からなる小群島
である。ダーウィンフィンチはそれぞれの島で地理的に隔離され，突然変
異と，環境の違いによる自然選択や遺伝的浮動による変異の蓄積によって
種分化していった，異所的種分化の例として考えられている。

問3．塩基の置換が均等に起こったと考えると，塩基の置換数÷2 が共通
祖先からのそれぞれの塩基置換数となる。よって，ヒトと種 A の共通の
祖先（点 A）との塩基配列の違いの数は

　　　　$20÷2＝10$

また，同様に考えると，点 B と種 B との塩基配列の違いの数は，（ヒト－種 B 間の置換数，および種 A－種 B 間の置換数の平均）÷2 で求められる。

　　　　$\{(28＋28)÷2\}÷2＝14$

点 B と点 A との塩基配列の違いの数は，点 B と種 B との塩基配列の違いの数－点 A とヒトとの塩基配列の違いの数で求められる。

　　　　$14－10＝4$

点 C と種 C，および点 C と点 B の塩基配列の違いの数は，次の問 4 で求められる。これらを整理すると右図のようになる。

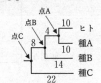

問 4．点 C と種 C との塩基配列の違いの数は，（ヒト－種 C 間の置換数，種 A－種 C 間の置換数，および種 B－種 C 間の置換数の平均）÷2 で求められる。よって

　　　　$\{(44＋44＋44)÷3\}÷2＝22$

ヒトと種 A が共通の祖先（点 A）から分岐したのが 5000 万年前であることから，塩基が 10 置換するのに 5000 万年かかると推定できる。よって，種 C が点 C から分岐したのを x 万年前とおくと，次のように計算できる。

　　　　10 塩基置換：5000 万年＝22 塩基置換：x 万年

　　　　$x＝\dfrac{22×5000 万年}{10}＝11000 万年＝1 億 1000 万年$

よって，1 億 1000 万年前に分岐した。

問 5．ドメイン A は細菌（バクテリア），ドメイン B は古細菌（アーキア），ドメイン C は真核生物（ユーカリア）である。

①適切。原核生物である細菌ドメインの生物は核（核膜）をもたず，細胞質基質中に染色体が存在する。

②不適。極限環境に生育しているものが多いのは，ドメイン A ではなく，ドメイン B の古細菌に属する生物である。

③不適。クロロフィル a をもつ原核生物であるシアノバクテリアは，ドメイン A に属する。

④不適。原核生物は単細胞生物である。

⑤不適。バクテリオクロロフィルをもつのは，ドメイン A に属する光合

成細菌（緑色硫黄細菌や紅色硫黄細菌）である。

⑥適切。ヒトを含め，ドメイン C に属する有性生殖を行う生物が有性生殖の際につくる，合体することで新しい個体が生じる生殖細胞を配偶子という。

問 6．下図は図 5 をまとめたものである。

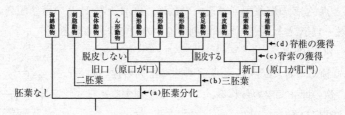

■学校推薦型選抜一般公募制（併願制）：基礎学力試験

▶試験科目・配点

区　分	教　科	科　　　　目	配　点
併願制	選　択	「コミュニケーション英語Ⅰ・Ⅱ・Ⅲ，英語表現Ⅰ・Ⅱ」，「数学Ⅰ・Ⅱ・Ａ・Ｂ」，「化学」，「生物」から２科目選択（理科２科目の組み合わせは不可）。	各 100 点

▶備　考

- 基礎学力試験，面接，推薦書，調査書，および自己推薦書を総合的に評価し，合格者を決定する。
- 数学は，数列，三角・指数・対数関数，微分積分を中心に出題する。
- 理科はそれぞれ「化学基礎」，「生物基礎」より出題する。

基礎学力試験

◀英　語▶

（2科目100分）

【1】 1~8 の各文の（　　　）内に入れるのに最も適切な語（句）を a~d から1つ選び，その記号を解答欄にマークしなさい.

1.　Not (　　　) video game on the list can be purchased with this gift card.

    a.　some

    b.　each

    c.　every

    d.　all

2.　We don't know the exact date, but the package should arrive (　　　) a week.

    a.　about

    b.　for

    c.　on

    d.　within

3.　Night light settings for the computer display make its brightness (　　　).

    a.　less strong

    b.　more stronger

    c.　more strong

    d.　less stronger

4.　(　　　) the doctor tomorrow morning, so I may not be able to have lunch with you.

    a.　I'm meeting to

    b.　I'm going

    c. I'll visiting

    d. I'll be seeing

5. The new neighbor (　　　) me of my favorite high school teacher.

    a. recalls

    b. remembers

    c. reminds

    d. represents

6. When you visit your friend in Japan, make sure to take your shoes (　　　) before you enter the house.

    a. off

    b. out

    c. with

    d. on

7. I was born in Okinawa, but I (　　　) up in Tokyo.

    a. was grown

    b. was grew

    c. growed

    d. grew

8. My father wrote a book, (　　　) I haven't read, when he was a college student.

    a. what

    b. which

    c. that

    d. when

【2】 9~16 の各文の （   ） 内に入れるのに最も適切な語句を a~d から 1 つ選び，
その記号を解答欄にマークしなさい．

9. It seems that prices (   ) from that time.

    a. doesn't decline a lot

    b. don't decline really

    c. haven't declined very much

    d. didn't decline very

10. I found (   ) chest at the shop.

    a. an antique wooden beautiful

    b. a wooden beautiful antique

    c. an antique beautiful wooden

    d. a beautiful antique wooden

11. There were two old ladies talking (   ) in the park.

    a. themselves

    b. to each other

    c. with one to the other

    d. to other

12. The elephant is (   ) the world.

    a. one of the heaviest animals in

    b. one in the heaviest animals of

    c. the one heaviest animal in

    d. the one heaviest animal of

13. I would have bought a faster computer if (   ).

    a. I knew all my classes had been online

    b. I had known all my classes would be online

    c. I know all my classes were online

    d. I was knowing all my classes will be online

14. How long (   ) to get to the station from your house?

　　　　a. does it take

　　　　b. it takes

　　　　c. does take

　　　　d. to take

15. It is very important (　　　　　　　　　) effective study skills.

　　　　a. that students to have

　　　　b. for students having

　　　　c. to students for having

　　　　d. for students to have

16. I (　　　　　　　　　) my friends in front of the office yesterday.

　　　　a. run into

　　　　b. happened to come up with

　　　　c. was seeing with

　　　　d. met up with

【3】 Read the following conversation and answer the questions 17-26 by marking the most appropriate answer choice.

Karen:　　(17)Come on, Taiju, stop playing around and get down to business. We've got to work on our presentation for the elementary school science club.

Taiju:　　What's our topic again? Something to do with forests and agriculture?

Karen:　　Right. We're going to (　18　) silvopasture.

Taiju:　　I think we should begin by explaining (　19　).

Karen:　　Good idea. Let's say it's a kind of agroforestry.

Taiju:　　That's not very clear. It's better to tell the kids it's a (　20　) of agriculture and forestry …

Karen:　　… where, for example, farmers integrate trees, livestock, and foraging.

Taiju:　　There you go again! (21)I don't even get what you're saying and I'm in university.

Karen:　　Okay, okay. I'll (　22　) it. How about, in silvopasture, farmers raise cows, or other domestic animals, and grow trees in a way that benefits both of (23)them?

Taiju:　　That's better. Next, we should explain how it helps.

Karen:　　The cows eat, or forage, the plants that are growing on the forest floor. This helps the trees grow better because it (24)reduces the number of plants and increases the sunlight trees get.

Taiju:　The cows benefit because the plants are very nutritious.

Karen:　Exactly! The trees also (25-i) shade in the summer, and (25-ii) the cows from wind in the winter.

Taiju:　We could also tell the kids that silvopasture has been used for thousands of years.

Karen:　The ancient Romans let pigs forage for fallen fruit in orchards. (26), did you know that "silva" means "forest" in Latin?

Taiju:　No, I had no idea. Let's show them this picture of cows grazing in the forest.

Karen:　What a cute picture—they'll love it!

silvopasture 森林放牧地　　　forestry 林業　　　foraging　(動物が) 食糧を探すこと
orchard 果樹園

17. From the underlined part (17) we can understand that

　　a. Taiju and Karen are playing a game.

　　b. Karen thinks Taiju isn't being serious.

　　c. They are working hard on their business presentation.

　　d. Taiju is in physical education class.

18. Which choice does NOT fit gap (18)?

　　a. tell the kids about

　　b. give a presentation on

　　c. become interested in

　　d. talk about

19. Which choice fits gap (19) the best?

　　a. that is what

　　b. what it is

　　c. what is it

　　d. that it is

20. Which choice fits gap (20) the best?

　　a. combination

　　b. comparing

    c.　deciding

    d.　selection

21.　Based on the underlined part (21), what does Taiju imply?

    a.　He is less intelligent than children in elementary school.

    b.　Karen is going away again, and Taiju doesn't want to stay at the university without her.

    c.　If he can't understand Karen's explanation, then the elementary school students won't be able to, either.

    d.　He's worried that elementary school kids who are very far away can't hear Karen.

22.　Which choice fits gap (22) the best?

    a.　repeat

    b.　review

    c.　rephrase

    d.　replay

23.　What does the underlined word (23) refer to?

    a.　cows and farmers

    b.　trees and farmers

    c.　cows and trees

    d.　cows, trees, and farmers

24.　Which choice can replace the underlined word (24)?

    a.　cuts up

    b.　cuts off

    c.　cuts down on

    d.　cuts out on

25.　Which choice fits gaps (25-i) and (25-ii) the best?

	(25-i)	(25-ii)
a.	get	provide
b.	make	give
c.	protect	make
d.	provide	protect

26. Which choice fits gap (26) the best?

    a. As a result

    b. That is to say

    c. In other words

    d. By the way

【4】 Read the following passage and answer the questions 27-34 by marking the most appropriate answer choice.

A pronoun is a word that is used instead of a noun or a noun phrase, and personal pronouns, such as *I, you,* or *they,* refer to people. As pronouns are one of the main constituents of a language, we tend to think that they are fixed. However, in English, they are (　27　). Recently, the pronoun *they* has been a topic of discussion as a gender-neutral pronoun to replace the pronouns *he* or *she.*

For transgender people, being referred to as *he* or *she* quite often makes them feel uncomfortable or annoyed. They do not think that their sense of personal identity and gender corresponds with their birth sex. As a result, the use of 'singular *they*' has (28)been on the rise in the transgender community. A transgender person prefers to be addressed as *they* instead of *he* or *she.*

Naturally, there are some arguments (　29　) the use of 'singular *they,*' saying it is too confusing or too ungrammatical. One of the most common complaints about 'singular *they*' is that if *they* were used to refer to people in the plural, it cannot also be used to talk about people in the singular.

Looking back on the history of the English language, (　30　), there is a case in which pronouns changed. Back in the 1600s, people spoke differently than we do today. In particular, they used *thou* when addressing a single other person, and *you* when addressing more than one other person. Then people started using *you* to address someone, (31)regardless of how many people they were talking to. People at that time had a lot to say about this. Needless to say, (32)this change in pronouns was a big deal in the 1600s.

The debates about 'singular *they*' have a lot in common with those about (　33　). Some argue that the pronoun *they* cannot be used to talk about people in the singular because it is used to refer to people in the plural, which is exactly what people said about *thou* and *you* hundreds of years ago. But as we have seen, pronouns have changed. Our grammar rules do change. All living languages will continue to change—(　34　).

出典追記：Language around gender and identity evolves（and always has），TED by Archie Crowley pronoun　代名詞　　constituent　構成要素　　singular　単数形（の）　　plural　複数形（の）

27. Which choice fits gap (27) the best?

    a. unchanging

    b. constituting

    c. changeable

    d. stable

28. Which choice replaces the underlined part (28) the best?

    a. being arise

    b. been increasing

    c. been awakened

    d. being risen

29. Which choice fits gap (29) the best?

    a. aside

    b. against

    c. along

    d. away

30. Which choice fits gap (30) the best?

    a. moreover

    b. too

    c. therefore

    d. however

31. What does the underlined part (31) mean?

    a. A lot of people they were talking to were not related.

    b. Many addressed people were not regarded well.

    c. Not regarding how many to talk to was important.

    d. The number of people they were talking to did not matter.

32. What does the underlined part (32) imply?

    a. People thought changing pronouns was a very important issue.

b. A big deal was contracted regarding the problem of changing pronouns.

c. The new use of pronouns led to a major deal.

d. Dealing with the new way of using pronouns was difficult for all.

33. Which choice fits gap (33) the best?

a. 'singular *thou*'

b. 'singular *you*'

c. 'plural *they*'

d. 'plural *you*'

34. Which choice fits gap (34) the best?

a. except for the pronouns that can be used for both singular and plural

b. changes and permanence always go side by side in languages

c. a language is a system that naturally evolves over time

d. changes in pronouns are part of the changes in grammatical rules

【5】 Read the following passage and answer the questions 35-41.

When we say that something is 'edible,' that means we can eat it. It often means that it won't kill us. Yet, toxicity is a matter of degree—almost anything in a high enough amount can kill. Many things, 'elderberries' (*Sambucus nigra*) or 'fly agaric mushrooms' (*Amanita muscaria*), (　35　), are safe to eat in one form, but harmful in another. Other factors may determine whether something is edible or not. Some of us do not consider insects as food. However, there are places in the world where people eat them often. Thus, we can say that edibility is not a natural property of organisms, but a matter of amount, technique, and especially, culture.

Returning to the example of insects, most (36)newcomers do not find insects edible. They may even think eating insects is inappropriate. Edibility is almost entirely due to cultural appropriateness. This is a strong factor for people to (　37　) what to eat and drink and when. It also goes further to decide what is appropriate to serve for our guests.

Some of the recent studies on insect foods have investigated the role of appropriateness in the acceptance of insects. Grace Tan, a researcher at Wageningen University in the Netherlands, conducted a study in which she modified burger patties with various raw ingredients, leading people to think that they contained insects. The result was that the eaters did like the taste of the modified beef patties. (　38　), they still found the patties inappropriate to eat. This indicates that there is resistance when trying to change consumers from curious tasters to regular eaters of insect foods. It takes many exposures for us to recognize (39)their place in our food culture and in our everyday diet.

There is research that shows that insects are rich in protein, fat, calcium and other minerals almost equal to red meat. Yet, raising insects does not have as much impact on the environment as raising animals. It requires less land, food, and water to produce insect foods than to produce meat. In short, insect foods are nutritious and (　40　).

Despite various attempts to put insect foods on our plates, they have yet to become popular throughout the world. In a recent survey in Europe, less than 20% of the people have tried to eat insects. In addition, those who have tried may not continue eating them as part of their regular diet. Considering the growing world population and the need for new food sources, we may have to be more flexible to cross our cultural boundaries.

toxicity　毒性　　　appropriateness　適切性　　　ingredient　材料

35.　Which choice fits gap (35) the best?

    a.　as usual

    b.　in short

    c.　at most

    d.　for example

36.　What does the underlined part (36) mean in this passage?

    a.　people who recently moved to a new place to work

    b.　people who have never eaten insects before

    c.　people who learned a new culture-specific cooking technique

    d.　people who came to taste new types of insects

37.　Which choice fits gap (37) the best?

    a.　accomplish

    b.　emphasize

    c.　determine

    d.　express

38.　Which choice fits gap (38) the best?

出典追記：On Eating Insects: Essays, Stories and Recipes by Nordic Food Lab, Joshua Evans, Roberto Flore, Michael Bom Frøst, Phaidon Press

    a. Before that

    b. Even so

    c. In case

    d. In spite

39. What does the underlined part (39) mean in this passage?

    a. that some insects are effective diet food

    b. that insects eat food from our plates every day

    c. that insects can be a food we consume in our daily life

    d. that insects are not a good choice as everyday food

40. Which choice fits gap (40) the best?

    a. friendly

    b. wealthy

    c. industrial

    d. ecological

41. Which choice is true according to the passage?

    a. Insects are much more precious as food than red meat.

    b. There are dangers in many foods if you eat them in a large amount.

    c. Insects can be accepted as food if their wings and legs are removed.

    d. All insects can be eaten because they are free from any diseases.

◀数　学▶

（2科目100分）

（注）　解答欄には，結果だけでなく解答に至る根拠も示すこと.

1 次の方程式を解きなさい. ただし x は実数とする.

(1) $\left(\dfrac{x+1}{\sqrt{2}}\right)^{-2} = \dfrac{2}{9}$

(2) $x^2 - \left(\tan\dfrac{\pi}{3}\right)x - \tan\dfrac{\pi}{4} = 0$

2 $\left(\dfrac{3}{4}\right)^{n-1} < \dfrac{1}{2^{100}}$ を満たす最小の自然数 n を求めなさい. ただし $\log_2 3 = 1.585$ とする.

3 1辺の長さ2の正六角形を A_1 とし，その面積を S_1 とおく. また A_1 の各辺の中点を6個の頂点とする正六角形を A_2 とし，その面積を S_2 とおく.

(1) S_1 と S_2 を求めなさい.

(2) $n = 3,4,5,\cdots$ に対して，A_{n-1} の各辺の中点を6個の頂点とする正六角形を A_n とし，その面積を S_n とおく. 数列 $\{S_n\}$ の一般項を求めなさい.

4 放物線$C: y = x^2$上の点$(0,0)$における接線をlとおき，C上の点$(2,4)$における接線をmとおく．

(1) 接線l, mの方程式を求め，lとmの交点の座標を求めなさい．

(2) Cとlとmで囲まれた図形の面積を求めなさい．

◀化　学▶

（2 科目 100 分）

必要があれば次の数値を用いなさい.
原子量：H=1.0，C=12，O=16，Na=23，Ca=40 とする.

1 以下の問 1 ～問 5 に答えなさい.

問 1　次の①～⑥のうち，互いに同素体の関係にある組み合わせを二つ選びなさい.

① 酸素とオゾン
② 黒鉛と亜鉛
③ 一酸化炭素と二酸化炭素
④ 斜方硫黄と単斜硫黄
⑤ 黄リンとリン酸
⑥ アンモニアとアンモニウムイオン

問 2　次の記述①～⑥のうち，正しいものを二つ選びなさい.

① 原子中の陽子の数と電子の数は等しく，陽子数と電子数の和を質量数という.
② 互いに同位体である原子は，同じ元素記号で表される.
③ Al^{3+} と S^{2-} の電子配置は同じである.
④ Mg^{2+} と F^- のイオン半径は，Mg^{2+} の方が大きい.
⑤ He と Ne は同族元素であり，原子中の価電子の数が等しい.
⑥ 周期表の 1 族元素は，すべて金属元素である.

問 3　次の a～e の分子に関する記述①～⑥のうち，正しいものを二つ選びなさい.

     a CCl_4 b CO_2 c NH_3 d N_2 e H_2O

① aとcの分子の形は, 正四面体形である.

② bとeの分子の形は, 折れ線形である.

③ cとeには, 共有電子対が2組ある.

④ dとeには, 非共有電子対が2組ある.

⑤ bとdには, 三重結合がある.

⑥ aとbは, 原子間の結合に極性があるが, 無極性分子である.

問4 次の記述①〜⑥のうち, 正しいものを二つ選びなさい.

① 金属の単体は, 常温ですべて固体であり, いずれも延性・展性がある.

② 硫酸カルシウムの結晶は, イオン結晶である.

③ 原子の最外電子殻から電子 1 個を取り去って, 一価の陽イオンにするのに必要なエネルギーをイオン化エネルギーという.

④ 陽イオンと陰イオンが引き合う静電気的な力を分子間力という.

⑤ 原子が共有電子対を引き寄せる強さを相対的な数値で表したものを電子親和力といい, フッ素が最も大きい.

⑥ オキソニウムイオンは, 水素分子に水酸化物イオンが配位結合したものである.

問5 質量パーセント濃度が x 〔%〕, 密度が d 〔g/cm³〕の硫酸(分子量 M)がある. この硫酸 y 〔mL〕を水でうすめて, 全量を v 〔mL〕にしたときのモル濃度を表すものとして, 最も適するものを次の①〜⑥から一つ選びなさい.

① $dxy / 100Mv$ ② $10xy / dMv$ ③ $10dxy / Mv$

④ $1000dxy / Mv$ ⑤ $dvxy / 1000M$ ⑥ $dxy / 100000Mv$

2 酸化・還元に関する以下の問 1 ～問 4 に答えなさい.

問 1　次の化学式で表される物質の中で，下線の原子の酸化数を求めなさい.

　　a) $\underline{N}H_4^+$　b) $\underline{Mn}O_2$　c) $K\underline{Cl}O_3$　d) $\underline{O}_3$　e) $\underline{Cu}Cl_2$

問 2　次の①～⑤の反応のうち，下線で示す物質が還元剤としてはたらいている
　　ものを二つ選びなさい.

　　①　$2\underline{H_2S} + SO_2 \rightarrow 3S + 2H_2O$
　　②　$\underline{Cl_2} + 2KBr \rightarrow 2KCl + Br_2$
　　③　$\underline{SO_2} + Br_2 + 2H_2O \rightarrow H_2SO_4 + 2HBr$
　　④　$Cu + 2\underline{H_2SO_4} \rightarrow CuSO_4 + 2H_2O + SO_2$
　　⑤　$2C_2H_6 + 7\underline{O_2} \rightarrow 4CO_2 + 6H_2O$

問 3　次の記述①～⑥のうち，誤っているものを二つ選びなさい.

　　①　一般に相手の物質から電子を奪うはたらきの強いものが酸化剤，相手
　　　の物質に電子を与えるはたらきが強いものが還元剤となる.
　　②　マグネシウムや亜鉛など水素よりもイオン化傾向の大きい金属は，希
　　　硫酸や希塩酸などと反応して酸素を発生させる.
　　③　電池は，電子が流れ出る電極を負極，電子が流れ込む電極を正極といい,
　　　電極が金属の場合，イオン化傾向の大きい方の金属が負極になる.
　　④　マンガン乾電池は，充電のできない一次電池である.
　　⑤　白金や金は，硝酸や熱濃硫酸とは反応しないが，より酸化力の強い王水
　　　には酸化されて溶ける.
　　⑥　鉄は，鉄鉱石をコークスを用いて溶鉱炉内で酸化して製造する.

問 4　次の記述を読み，設問（1）と（2）に答えなさい.

　　酸化還元反応では，酸化剤と還元剤が過不足なく一定の物質量の比で反応するため，濃度が分かっている酸化剤（あるいは還元剤）を用いて，濃度が分からない還元剤（あるいは酸化剤）の濃度を滴定によって知ることができる.

　　そこで，濃度が分かっている過マンガン酸カリウム水溶液を用いて，濃度不明の過酸化水素水の濃度を滴定によって求めた.

　　なお，硫酸酸性水溶液中での過マンガン酸イオン（MnO_4^-）と過酸化水素（H_2O_2）の反応は，それぞれ以下の e^- とイオンを含む反応式（半反応式）で表される.

$$MnO_4^- \;+\; 8H^+ \;+\; 5e^- \;\rightarrow\; Mn^{2+} \;+\; 4H_2O$$
$$H_2O_2 \;\rightarrow\; O_2 \;+\; 2H^+ \;+\; 2e^-$$

（1）硫酸酸性水溶液中における，過マンガン酸カリウムと過酸化水素の反応を，<u>化学反応式</u>で表しなさい.

（2）濃度が分からない過酸化水素水 10 mL を蒸留水で希釈し，希硫酸を加えた. この水溶液を，0.10 mol/L の過マンガン酸カリウム水溶液で滴定したところ，16 mL 加えたところで過酸化水素と過マンガン酸カリウムが過不足なく反応した. このとき，希釈前の過酸化水素水の濃度は何 mol/L であったか. 最も適するものを次の①～⑥から選びなさい.

　　① 0.025　② 0.080　③ 0.16　④ 0.40　⑤ 0.64　⑥ 0.80

3　0.50 mol の 1-プロパノール($CH_3CH_2CH_2OH$)を完全に燃焼させたところ，二酸化炭素と水が生成した．有効数字は 2 桁として，以下の問 1 〜問 5 に答えなさい．

問 1　1-プロパノール (C_3H_8O) を完全に燃焼させたときの化学反応式を書きなさい．

問 2　0.50 mol の 1-プロパノールは何 g か．

問 3　1-プロパノールの密度 d [g/cm^3] を 0.80 とすると，0.50 mol の 1-プロパノール（液体）の体積は何 cm^3 か．

問 4　0.50 mol の 1-プロパノールの完全燃焼によって生成する水は何 g か．

問 5　0.50 mol の 1-プロパノールの完全燃焼によって生成する二酸化炭素は，標準状態（0℃，$1.013×10^5$ Pa）で何 L か．

4 以下の問1〜問4に答えなさい.

問1 次の反応がそれぞれ右向きに進むとき, 下線(a)と(b)を付した分子は, ブレンステッド・ローリーの定義における酸, 塩基のいずれとしてはたらくか. また, 反応式2) の反応が左向きに進むときの下線(c)を付したイオンについてはどうか. 最も適切な組み合わせを下表の①〜⑥から選びなさい.

反応式1) CH_3COOH + (a)$\underline{H_2O}$ ⇄ CH_3COO^- + H_3O^+

反応式2) CO_3^{2-} + (b)$\underline{H_2O}$ ⇄ (c)$\underline{HCO_3^-}$ + OH^-

選択肢	下線(a)	下線(b)	下線(c)
①	酸	酸	塩基
②	酸	塩基	酸
③	塩基	酸	酸
④	酸	塩基	塩基
⑤	塩基	酸	塩基
⑥	塩基	塩基	酸

問2 (a) pH 12 の水酸化ナトリウム水溶液を純水で 100 倍に希釈したときの pH はおよそいくつか. また, (b) pH 5 の塩酸を純水で 1000 倍に希釈したときの pH はおよそいくつか. 最も適切な組み合わせを下表の①〜⑥から選びなさい. なお, 水酸化ナトリウムと塩酸の電離度は, いずれも 1 とする.

選択肢	(a)	(b)
①	10	2
②	10	7
③	10	8

④	14	2
⑤	14	7
⑥	14	8

問3　塩酸Aと酢酸水溶液Bがそれぞれ100 mLあり，どちらもpH 4である．この二つの溶液をそれぞれ0.10 mol/Lの水酸化ナトリウム水溶液で中和した．(a)このとき要した水酸化ナトリウム水溶液の量と，(b)中和点におけるpHをそれぞれ比較した．最も適切な組み合わせを下表の①～⑨から選びなさい．

選択肢	(a)	(b)
①	Aの方が多い	Aの方が大きい
②	Aの方が多い	等しい
③	Aの方が多い	Bの方が大きい
④	Bの方が多い	Aの方が大きい
⑤	Bの方が多い	等しい
⑥	Bの方が多い	Bの方が大きい
⑦	等しい	Aの方が大きい
⑧	等しい	等しい
⑨	等しい	Bの方が大きい

問4　濃度不明の希硫酸30 mLに0.20 mol/L水酸化ナトリウム水溶液を7.5 mL加えたところ，溶液は塩基性になった．この水溶液に0.10 mol/Lの塩酸を3.0 mL加えたところ，ちょうど中和した．もとの希硫酸の濃度は何mol/Lか．なお，硫酸の電離度は1.0とする．

◆生　物▶

（2科目100分）

1　生物の特徴に関する以下の文章を読み，問1〜8に答えなさい．

　　生物の体は細胞からできている．すべての細胞は，（　ア　）に包まれた構造をもち，（　ア　）が細胞の内部と外部を隔てている．この細胞の構造は，1つの細胞からなる単細胞生物でも，(A) 多数の細胞からなる多細胞生物でも，共通してみられる特徴である．真核細胞の内部には，さまざまな (B) 細胞小器官がみられる．また，細胞には生命活動を営むための遺伝情報をもった (C) DNA が含まれる．

問1　（　ア　）に入る最も適切な語を答えなさい．

問2　（　ア　）を構成する成分として適切なものを次の①〜④からすべて選びなさい．

① 塩基　　　　　　② 核酸　　　　　　③ タンパク質
④ リン脂質

問3　下線部 (A) について，多細胞生物であるものを次の①〜⑤からすべて選びなさい．

① アゾトバクター　② クロストリジウム　　③ コナラ
④ ゾウリムシ　　　⑤ パン酵母

問4　下線部（B）の細胞小器官のうち，ヒトの細胞にはみられるが，タマネギの表皮の細胞ではみられないものは何か．最も適切なものを次の①〜⑥から1つ選びなさい．

① 液胞　　　　　　② 細胞壁　　　　　③ 中心体
④ ミトコンドリア　⑤ 葉緑体　　　　　⑥ 小胞体

問5　細胞がもつ構造体についての記述として適切なものを次の①〜⑤からすべて選びなさい.

①　ヒトのすべての細胞には, 核が存在する.
②　大腸菌とヒトの細胞において, 呼吸に関与する細胞小器官は共通である.
③　植物細胞の液胞には, 色素であるクロロフィルが含まれている.
④　原核生物は, 核をもたずDNAは細胞質基質に存在する.
⑤　セルロースは, 植物細胞の細胞壁のおもな成分である.

問6　下線部(C)にあるように, タマネギの表皮の細胞にはDNAが含まれる. タマネギの表皮の細胞において, 核以外にDNAが含まれる細胞小器官は何か. 最も適切なものを次の①〜⑤から1つ選びなさい.

①　液胞　　　　②　細胞壁　　　　③　中心体
④　ミトコンドリア　⑤　リソソーム

問7　あるDNAに含まれる塩基の割合を調べたところ, グアニンの割合が22%であった. 他の3つの塩基の名称とそれぞれの割合を答えなさい.

問8　DNAについての記述として適切なものを次の①〜⑤から2つ選びなさい.

①　DNAは, リン酸, リボース, 塩基からなるヌクレオチドが構成単位となっている.
②　DNAの転写の段階では, DNAの2本鎖構造の一部分がほどけて, DNAポリメラーゼのはたらきによって元の鎖に相補的な鎖がつくられる.
③　ヒトの細胞において, ゲノムDNAのなかでタンパク質のアミノ酸配列を指定している部分は, ゲノムDNAの塩基配列全体のごく一部である.
④　ヒトのゲノムには約2000個の遺伝子があると推定されている.
⑤　ワトソンとクリックは, DNAは2重らせん構造をとっていると提唱した.

2 　細胞と細胞周期に関する以下の文章を読み，問1〜5に答えなさい.

　　ヒトを含めて脊椎動物の体には，心臓，脳，筋肉を構成する細胞をはじめとして，さまざまな種類の細胞がある．これらの細胞は，1個の受精卵が分裂を繰り返した結果，生じたものである．ある細胞が，特定の形，はたらきをもった細胞に変化することを（　ア　）という．

　　細胞によっては，（　イ　）期で (A)細胞周期を停止した後，G_0期と呼ばれる休止期に入る場合がある．（　ア　）した筋肉の細胞や神経細胞は分裂を行わないことが多い．これはこれらの細胞が G_0 期の細胞の状態にあるからである．

問1　（　ア　）に入る最も適切な語を答えなさい.

問2　リンパ球であるB細胞は抗原の存在下で（　ア　）の最終段階になると，主にどのような細胞になるか．細胞の名称を答えなさい.

問3　造血幹細胞の（　ア　）によりどのような細胞が生じるか．次の①〜⑥からすべて選びなさい.

① 肝細胞　　　　　② 好中球　　　　　③ 上皮細胞
④ 平滑筋細胞　　　⑤ マクロファージ　⑥ マスト細胞（肥満細胞）

問4　（　イ　）期は，細胞周期の中で，S期の1つ前の期間である．（　イ　）に当てはまる最も適切な語を答えなさい.

問5　下線部（A）について，一般的に動物細胞が分裂する過程において，以下の (a)〜(c) のできごとはいつ行われるか．最も適切な時期を次の①〜⑤からそれぞれ1つずつ選びなさい.
　　(a) 核膜が消える.
　　(b) 染色体が複製される.
　　(c) 各染色体が分かれて，両極に移動する.

① 間期　　　　　② 分裂期前期　　　③ 分裂期中期
④ 分裂期後期　　⑤ 分裂期終期

3　ヒトの体内環境に関する以下の文章 [I] と [II] を読み, 問 1 〜 8 に答え
　　なさい.

[I]　体内の細胞は（　ア　）と呼ばれる液体に囲まれている. 体内環境を一
　　定に保とうとする性質を（　イ　）という.（　イ　）では, 心臓, (A) 肝臓,
　　（　ウ　）などの器官が（　ア　）の状態を一定に保ったり, 絶えず（　ア　）
　　をあらゆる細胞へ循環させたりする役割を担っている. 例えば,（　ア　）
　　の塩分濃度は常に感知されている.（　ア　）が減少して, その塩分濃度が
　　上昇すると, 脳下垂体（　エ　）から（　オ　）と呼ばれるホルモンの分泌
　　が促される.（　オ　）は（　ウ　）の集合管にはたらき,（　カ　）の再吸
　　収を増加させ, 排出される尿量を減少させる. こうして（　ア　）の減少が
　　抑えられる.

問 1　（　ア　）〜（　カ　）に入る最も適切な語を答えなさい.

問 2　（　ア　）は, 3 種類の溶液に分けられる. 1 つは血液の液体成分である
　　血しょうである. 残り 2 つの名称を答えなさい.

問 3　下線部（A）について, 肝臓の機能として適切なものを, 次の①〜⑥から
　　すべて選びなさい.

　　①　血液凝固に関わるタンパク質を合成する.
　　②　血中グルコース濃度を感知し, インスリンを分泌する.
　　③　チロキシンを分泌して全身の代謝を高める.
　　④　グルコースをグリコーゲンに変えて貯蔵する.
　　⑤　胆汁を生成する.
　　⑥　血中カルシウムイオン濃度を上げるホルモンを分泌する.

[II]　血液は心臓から（　キ　）を通って全身へ送られ, 各組織に行きわた
　　っている（　ク　）へ入り, さまざまな物質のやりとりを行う. その後,
　　血液は（　ク　）から（　ケ　）を流れて心臓へ戻り, 続いて肺に運ばれ
　　る. 肺では血液中の（　コ　）内にある (B) ヘモグロビンに酸素が結合す
　　る. そのような（　コ　）を含む血液は心臓に戻ったのち, 再び全身に送
　　られる. (C) 酸素濃度が高く（　サ　）濃度が低いと, 多くのヘモグロビン
　　は酸素と結合して, 酸素ヘモグロビンとなる. 酸素ヘモグロビンを多く含
　　む血液は (D) 鮮やかな赤色をしている.

問 4　（　キ　）〜（　サ　）に入る最も適切な語を次の①〜⑨から 1 つずつ選びなさい.

① 一酸化窒素　　② 血小板　　　　　③ 静脈　　　　④ 赤血球
⑤ 動脈　　　　　⑥ 二酸化炭素　　　⑦ 肺静脈　　　⑧ 肺動脈
⑨ 毛細血管

問 5　下線部（B）の物質が含んでいる金属を答えなさい.

問 6　下線部（C）について, 酸素ヘモグロビンの割合は, 酸素濃度によって図 1 の酸素解離曲線のように変化する. 実線は（　サ　）の濃度が低いとき, 破線は（　サ　）の濃度が高いときの曲線である. 組織および肺での数値を示しているのは, それぞれ図 1 の▲, □, ○のどの記号か. 答えなさい.

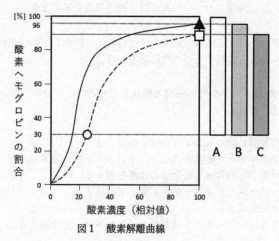

図 1　酸素解離曲線

問 7　図 1 から読み取れる「組織での酸素の解離量」を示すものを, 図 1 右の A〜C から 1 つ選びなさい.

問 8　下線部（D）について, 肺動脈と肺静脈を流れる血液のうち, 鮮やかな赤色をしているのはどちらか. 答えなさい.

4 　生態系および生命活動とエネルギーに関する以下の文章を読み，問1〜7 に答えなさい．

　　　(A) 炭素や窒素は，生物にとって必要な物質を構成する元素である．炭素や窒素を含む物質は，生物の活動などを通して，生態系の中を循環している．一方，(B) エネルギーは，光合成によって生態系に取り込まれ，食物連鎖を通して，物質の循環と呼吸に伴って生態系内を移動する．

問1　下線部（A）について，炭素が含まれない物質と窒素が含まれない物質をそれぞれ①〜⑧からすべて選びなさい．

① アミノ酸　　　② グリコーゲン　　　③ グルコース
④ タンパク質　　⑤ 水　　　　　　　　⑥ ATP
⑦ DNA　　　　　⑧ RNA

問2　図2は生態系における炭素の循環の経路を模式的に示している．図中の気体（　ア　）は主な温室効果ガスの一つと考えられている．気体（　ア　）は何か．答えなさい．

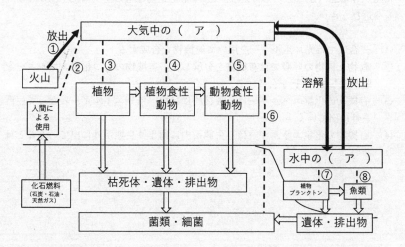

図2　炭素の循環　⟹は有機物としての移動，⬛➡と---は（　ア　）としての移動を示している．

問3　図2の①は（　ア　）が火山の噴火によって大気中へ放出されていることを示している．図中の②〜⑧では，（　ア　）の (a)放出，(b)吸収，(c)放出と吸収のうちどれがおこっているか．それぞれ(a)〜(c)から1つずつ選びなさい．

問4　図2の②〜⑧のうち，呼吸による（　ア　）の移動を含むのはどれか．また，光合成による（　ア　）の移動を含むのはどれか．それぞれすべて選びなさい．

問5　窒素についての記述として適切なものを次の①〜⑤から3つ選びなさい．

①　窒素同化とは，窒素ガスからアンモニウムイオンができることをいう．
②　根粒菌のはたらきで脱窒がおこる．
③　ネンジュモは窒素固定を行える．
④　硝化菌のはたらきでアンモニウムイオンは硝酸イオンに変えられる．
⑤　ハンノキ類は根粒菌と共生することで，土壌中の窒素が乏しい植生遷移の初期の場所にも侵入できる．

問6　下線部 (B) についての記述として最も適切なものを次の①〜④から1つ選びなさい．

①　光合成では光エネルギーを用いて無機物を合成する．
②　動物と植物の呼吸では有機物を分解して，有機物のもつ化学エネルギーを取り出して ATP を合成する．
③　有機物の化学エネルギーは，最終的にはすべて光エネルギーとなって生態系外に出ていく．
④　有機物の化学エネルギーは，生態系内に留まり生態系外に出ていくことはない．

問7　クロレラの光合成と呼吸について調べるために，容器内にクロレラ懸濁液を入れて密閉し，懸濁液中に溶けている酸素濃度（溶存酸素濃度）の変化を測定した．暗所に20分間おいた後，20分間の光照射を行ったところ，図3のような結果が得られた．この光照射条件での見かけの光合成速度（酸素発生速度），（真の）光合成速度（酸素発生速度），呼吸速度（酸素吸収速度）は，それぞれ懸濁液1L，1時間当たり何mgとなるか．答えなさい．ただし，呼吸速度は光照射の有無によらず一定であるとする．

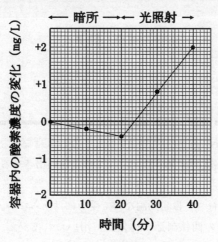

図3　容器内の酸素濃度の変化

解答編

基礎学力試験

◀英　語▶

1 　解答

1 − c　2 − d　3 − a　4 − d　5 − c　6 − a
7 − d　8 − b

◀解　説▶

1．d は all video games と複数名詞にしなければならないので不可。

5．remind A（人）of B「A（人）に B を思い出させる」

6．take off ～ / take ～ off「～を脱ぐ」

7．grow up「育つ」は自動詞なので受身にはならない。

8．非制限用法の関係詞節が挿入的に用いられている。I haven't read the book の the book が関係詞化され which となる。

2 　解答

9 − c　10 − d　11 − b　12 − a　13 − b　14 − a
15 − d　16 − d

◀解　説▶

10．いくつかの形容詞を並列する場合，beautiful のような主観的判断を示す形容詞は前に置く。

11．talk to ～「～と話す」　each other「お互い」

13．仮定法過去完了の文。

15．It is … for A to *do*「A が～するのは…である」　for A が不定詞の意味上の主語を示す。

16．meet up with ～「～に会う」　run into ～ も「～に偶然出会う」の意味だが，a は過去形になっていないので不可。

3 解答

17— b　18— c　19— b　20— a　21— c　22— c
23— c　24— c　25— d　26— d

◆全　訳◆

≪森林放牧地≫

カレン　：よしてよ，タイジュ。ふざけるのはやめて本題に入りましょう。小学校の科学クラブのためのプレゼンに取り組まなくちゃならないんだから。

タイジュ：テーマは何だっけ？　森林と農業に関係したことだっけ？

カレン　：そうよ。森林放牧地について話すつもりよ。

タイジュ：最初にそれがどんなものか，説明するべきだと思う。

カレン　：いい考えね。それは林業の一種だ，って言いましょう。

タイジュ：それじゃあまり明快じゃないね，それは農業と林業の組み合わせだ，って子供たちに教えた方がいいよ。

カレン　：…たとえば，農業経営者が木と家畜と食糧探しを一体化した場所，とか。

タイジュ：またそんな言い方をする！　何を言っているのかもわからないよ。しかも僕は大学生だというのに。

カレン　：わかった，わかった。言い換えるわ。森林放牧地では農業経営者が，どちらにもプラスになるようなやり方で，牛などの家畜を育て木を育てる，というのはどう？

タイジュ：その方がいいね。次はそれがどんな役に立つかを説明しないとね。

カレン　：牛は森林の地面に生えている植物を食べる，つまり食糧とする。このことが植物の数を減らし，木々が得る日光を増やすから，木々がよく育つのを助けるわ。

タイジュ：植物は栄養がとても豊かだから，牛の方にもプラスになるしね。

カレン　：その通りよ！　それに木は夏には日陰を与えてくれるし，冬には風から牛を守ってくれるわ。

タイジュ：森林放牧地は何千年にもわたって利用されてきたことも教えたらいいね。

カレン　：古代ローマ人は果樹園で落ちた果実を豚に食べさせていたわ。ところで "silvopasture"（森林放牧地）の "silva" はラテン語で

解答編

「森」を意味するって知っていた？

タイジュ：いや，知らなかったよ。牛が森林で草を食べているこの写真を，
　　　　　子供たちに見せよう。

カレン　：なんてかわいい写真なの——子供たちよろこぶわ！

━━━━━━━━ ◀解　説▶ ━━━━━━━━

17．play around が「遊びまわる」の意味なので，タイジュがふざけているとわかる。また，直後の and get down … school science club からも推測できる。

18．直前のタイジュの発言から，プレゼンの内容を述べる文を作る。

19．explain の目的語になる間接疑問文を作る。c は直接疑問の語順である。

21．get「～を理解する」　大学生の自分でも理解できないのだから，小学生にはとても無理だということ。

23．1つ後のカレンの発言（The cows eat …）に，牛と木の相互関係が述べられている。

24．cut down on ～「～を減らす」

4　解答

27—c　28—b　29—b　30—d　31—d　32—a
33—b　34—d

━━━━━━ ◆全　訳◆ ━━━━━━

≪代名詞の歴史的変化≫

　代名詞とは名詞ないし名詞句の代わりに使われる単語のことであり，*I, you, they* のような人称代名詞は人を表すものだ。代名詞は言語の主要な構成要素の1つなので，私たちはそれらを固定的なものだと考えがちである。しかしながら英語ではそれらは変わりやすいものだ。最近では，*they* という代名詞が *he* や *she* に代わる，性的に中立な代名詞として議論の的となってきた。

　トランスジェンダーの人にとって *he* や *she* と呼ばれることはかなりの頻度で居心地が悪く，困惑してしまう。彼らは自分たちの個人的アイデンティティと性別の意識が，生まれながらの性別と一致していないと考えている。その結果，トランスジェンダーのコミュニティーでは「単数の *they*」の使用が増加してきた。トランスジェンダーの人は *he* や *she* では

なく，*they* と呼びかけられる方を好むのだ。

　当然のことながら，「単数の *they*」の使用に対しては，あまりにも紛らわしく非文法的だ，という反対の議論がある。「単数の *they*」の使用についてのもっともよくある苦情の一つは，もし *they* が複数の人間を指すのに使われたとしたら，同時に単数の人間について語るのには使えない，というものである。

　しかしながら，英語の歴史を振り返って見ると，代名詞が変化した場合があった。1600 年代にさかのぼると，人々は今日の私たちとは違う話し方をしていた。特に，自分以外の人間一人に話しかけるときには *thou* を使い，二人以上のときに *you* を使った。その後話し相手の人数にかかわらず，誰かに話しかけるときには *you* を使うようになったのだ。当時の人々の間では，この変化についてずいぶん議論があった。言うまでもなく，この代名詞の変化は 1600 年代には大問題だったのである。

　「単数の *they*」の使用についての議論は，「単数の *you*」についての議論と共通点が多い。*they* という代名詞が単数の人間について語るのには使えないのは，複数の人間を指すのに使われているからだと主張する人がいるが，それは数百年前に人々が *thou* と *you* について言っていたこととまったく同じである。しかしここまで見てきたように，代名詞は変化するものである。文法の規則は確かに変化するのだ。すべての生きた言語は変化し続けるだろう——代名詞の変化が，文法の規則の変化の一部なのである。

■━━━━◀解　説▶━━━━■

27. 直前の we tend to think that they are fixed に対する反論なので，fixed の反対語が入る。

28. on the rise「増加して」

29. against「～に反対の」

30. 前段に述べられた，従来の用法にこだわっている人々の主張に反論している。

31. regardless of ～「～にかかわらず」

32. big deal「大したこと，重大なこと」

33. 元来複数の人だけに用いていた you が単数にも用いられるようになった変化が，単数の they の使用に相通じる，ということ。

34. 文章全体のテーマが「代名詞の変化」であることから d を選ぶ。c だ

と言語の一般論になってしまうし，evolve も単なる変化ではなく「進化する」なので不適。

5 　解答　35— d　36— b　37— c　38— b　39— c　40— d
41— b

◆━━━━━━◆全　訳◆━━━━━━◆

≪昆虫食≫

　何かが「食用」だと言うとき，そのものを食べることができる，ということを意味する。食べても死なない，という意味であることも多い。しかしながら，毒性とは程度の問題である——どんなものでもたいてい，それなりの量を食べれば命を奪われる可能性がある。多くのもの，たとえばニワトコの実やベニテングダケは，食べ方によって安全だったり，有害だったりする。食用であるかどうかを決めるのには，他の要因もあるかもしれない。昆虫を食物と考えない人もいるが，世界には頻繁に昆虫を食べるところもあるのだ。だから食用かどうかは，その生物本来の性質ではなく，食べる量と技術と，とりわけ文化の問題なのだ。

　昆虫の例に戻れば，初めての人のほとんどは昆虫が食用可能だと思わない。昆虫を食べるのは不適切と考えてさえいるかもしれない。食用可能かどうかはほぼ百パーセント文化的な妥当性に起因する。人が何を，いつ飲み食いすべきかを決める際には，これが大きな要因となる。何が客に出すのにふさわしいかを決める際にも，なおさらこの基準が役に立つ。

　最近の昆虫食についての研究の中に，昆虫を受け入れる際に妥当性が果たす役割を調べたものもある。オランダのヴァーヘニンゲン大学の研究者グレース＝タンはある実験を行った。そこで彼女は様々な原材料を加えてハンバーガーのパテの味を変えた上で，被験者にパテに昆虫が入っていると信じ込ませたのだ。実験の結果，ハンバーガーを食べた被験者は確かに味を変えたビーフパテを気に入ったが，それにもかかわらず食べるにはふさわしくない，と感じているとわかった。消費者が昆虫食を好奇心に駆られて食べてみる段階から，日常的に食べる段階に変えようとするときに抵抗があることを，この実験結果は示している。私たちの食文化と日常の食事の中で昆虫食が占める位置を理解するには，相当な慣れが必要なのだ。

　昆虫にはタンパク質や脂肪やカルシウムなどのミネラルが，ほとんど赤

身の肉と同じくらい豊かに含まれているということを示す研究がある。しかし昆虫を育てることは，動物を育てることほど環境に対する負荷がかからないのだ。肉を生産するよりも昆虫食を生産する方が，必要とする土地も餌も水も少なくてすむ。つまり，昆虫食は栄養価が高く環境にやさしいのだ。

　昆虫食を食卓に出そうというさまざまな試みにもかかわらず，昆虫食はまだ世界中に広まっているとは言いがたい。ヨーロッパの最近の研究では，昆虫食を試したことのある人は 20％に満たない。さらに試したことのある人も，日常の食事の一部として食べ続けることはないかもしれない。世界の人口の増加と新しい食料資源の必要性を考えると，より柔軟に文化的な境界を超える必要があるのかもしれない。

◀ 解　説 ▶

35. elderberries と fly agaric mushrooms は直前の Many things の具体例である。

36. 「初めての人のほとんどは昆虫が食用可能だと思わない」だから，昆虫を食べるのが初めての人である。

37. 「人が何を，いつ飲み食いすべきかを決める際には」とする。

38. Even so「それでもなお」　味は気に入ったが，それでも食べるべきではないと考える，ということ。

39. ここでの diet は「食事」の意味で，「やせること」ではない。

40. d の ecological「環境にやさしい」を選ぶ。

41. b が第 1 段第 3 文（Yet, toxicity is …）に一致。

◀ 数　学 ▶

1 解答

(1) $x \neq -1$ であり，$\dfrac{x+1}{\sqrt{2}} = \left(\dfrac{\sqrt{2}}{x+1}\right)^{-1}$ より，与えられた方程式は

$$\left\{\left(\dfrac{\sqrt{2}}{x+1}\right)^{-1}\right\}^{-2} = \dfrac{2}{9} \iff \left(\dfrac{\sqrt{2}}{x+1}\right)^{2} = \dfrac{2}{9}$$

よって　$(x+1)^2 = 9 \iff x+1 = \pm 3$

∴　$x = 2,\ -4$　……(答)

(2) $\tan\dfrac{\pi}{3} = \sqrt{3}$，$\tan\dfrac{\pi}{4} = 1$ であるから，与えられた方程式は

$$x^2 - \sqrt{3}\,x - 1 = 0$$

よって　$x = \dfrac{\sqrt{3} \pm \sqrt{3+4}}{2} = \dfrac{\sqrt{3} \pm \sqrt{7}}{2}$　……(答)

■────◀ 解　説 ▶────■

≪指数計算を含む2次方程式，係数に三角比を含む2次方程式≫

(1) 指数法則を正しく使うことができれば，2次方程式にできる。

(2) 三角関数の値を正しく求めることができれば，解が求まる。

2 解答

$\left(\dfrac{3}{4}\right)^{n-1} < \dfrac{1}{2^{100}}$ の両辺について，底を2とする対数をとると

$$(n-1)(\log_2 3 - 2) < -100$$

$\log_2 3 = 1.585$ を代入すると

$$-0.415n + 0.415 < -100 \iff n > 1 + \dfrac{100}{0.415} = 241.9\cdots$$

よって，与えられた不等式を満たす最小の自然数 n は　242　……(答)

■────◀ 解　説 ▶────■

≪指数不等式≫

$a > 1$ のとき，$A > B\ (>0)$ ならば $\log_a A > \log_a B$ であり

$0 < a < 1$ のとき，$A > B\ (>0)$ ならば $\log_a A < \log_a B$ である。

この性質を用いて，与えられた不等式の両辺の対数をとると，1 次不等式になる。

$\boxed{3}$ **解答**　(1)　3 本の対角線を引くと，正六角形 A_1 は，一辺の長さ 2 の 6 個の正三角形に分けられる。よって

$$S_1 = 6 \times \frac{1}{2} \cdot 2^2 \cdot \sin 60° = 6\sqrt{3} \quad \cdots\cdots(答)$$

A_1 のある辺の中点を M とすると

$$OM = \sqrt{2^2 - 1^2} = \sqrt{3}$$

よって，正六角形 A_2 の一辺の長さは $\sqrt{3}$ なので

$$S_2 = 6 \times \frac{1}{2} \cdot (\sqrt{3})^2 \cdot \sin 60° = \frac{9\sqrt{3}}{2} \quad \cdots\cdots(答)$$

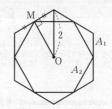

(2)　A_1, A_2, $\cdots$, A_n, $\cdots$ は相似で，(1)より相似比は $\frac{\sqrt{3}}{2}$ なので，面積比は $\left(\frac{\sqrt{3}}{2} \right)^2 = \frac{3}{4}$ だから，$\{S_n\}$ は初項 $S_1 = 6\sqrt{3}$，公比 $\frac{3}{4}$ の等比数列である。

よって　　$S_n = 6\sqrt{3} \left(\frac{3}{4} \right)^{n-1}$　$\cdots\cdots(答)$

━━━━◀解　説▶━━━━

≪相似な図形の面積による数列≫

一定の面積比で正六角形ができていくことを理解できれば，解法につながる。

$\boxed{4}$ **解答**　(1)　$y = x^2$ であるから　　$y' = 2x$

よって接線 l の方程式は

$$y - 0 = 0(x - 0)$$
$$y = 0 \quad \cdots\cdots(答)$$

接線 m の方程式は

$$y - 4 = 4(x - 2)$$
$$y = 4x - 4 \quad \cdots\cdots(答)$$

l, m の方程式を連立させて解くと，$x=1$, $y=0$ となるから

l と m の交点の座標は　　（1, 0）……（答）

(2)　2 接線 l, m および放物線 C の概形
は右図のようになるから，求める面積は図
の網かけ部分の面積である。

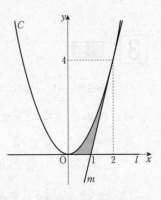

$$\int_0^1 x^2 dx + \int_1^2 \{x^2-(4x-4)\}dx$$
$$=\int_0^1 x^2 dx + \int_1^2 (x^2-4x+4)dx$$
$$=\left[\frac{1}{3}x^3\right]_0^1 + \left[\frac{1}{3}x^3-2x^2+4x\right]_1^2 = \frac{2}{3}$$

……（答）

◀解　説▶

≪放物線の接線，放物線と直線で囲まれた図形の面積≫

(1)　a は実数として，$y=f(x)$ のグラフ上の点 $(a, f(a))$ における接線
の方程式は $y-f(a)=f'(a)(x-a)$ である。

(2)　定積分を組み合わせて面積を求めればよい。

◀化　学▶

1　**解答**　問 1．①・④　問 2．②・⑤　問 3．④・⑥
　　　　　　　問 4．②・③　問 5．③

━━━━━━━━◀解　説▶━━━━━━━━

≪同素体，原子とイオンの構造，分子の構造，化学結合，溶液の濃度≫

問 1．同じ元素からなる単体で，性質が異なるものを互いに同素体という。

問 2．①誤り。質量数は陽子の数と中性子の数の和で表される。

③誤り。Al^{3+} は Ne 型，S^{2-} は Ar 型である。

④誤り。陽子をより多くもつ Mg^{2+} の半径の方が小さい。

⑥誤り。水素は非金属元素である。

問 3．①誤り。c は三角錐形である。

②誤り。b は直線形である。

③誤り。c は共有電子対を 3 組もつ。

⑤誤り。b は三重結合をもたない。

問 4．①誤り。水銀は液体として存在する。

④誤り。陽イオンと陰イオンが引き合う静電気的な引力をクーロン力という。

⑤誤り。原子が共有電子対を引き寄せる強さを表したものは電気陰性度である。

⑥誤り。オキソニウムイオンは水分子に水素イオンが配位結合をしている。

問 5．$y \times d \times \dfrac{x}{100} \times \dfrac{1}{M}$〔mol〕が v〔mL〕中に溶解しているので，モル濃度は

$$y \times d \times \frac{x}{100} \times \frac{1}{M} \times \frac{1000}{v} = \frac{10dxy}{Mv} \text{〔mol/L〕}$$

2　**解答**　問 1．a）−3　b）+4　c）+5　d）0
　　　　　　　e）+2

問 2．①・③　問 3．②・⑥

問 4．(1)　$2KMnO_4 + 5H_2O_2 + 3H_2SO_4$

　　　　　　　　　　　　$\longrightarrow 2MnSO_4 + 5O_2 + 8H_2O + K_2SO_4$

(2)—④

―――――◀解　説▶―――――

≪酸化還元反応≫

問 3 ．②誤り。発生する気体は水素である。

⑥誤り。鉄は，鉄鉱石を溶鉱炉内で還元して製造する。

問 4 ．(2)　希釈前の過酸化水素水の濃度を x[mol/L] とする。

$$5\times0.10\times\frac{16}{1000}=2\times x\times\frac{10}{1000}$$

$$x=0.40[\text{mol/L}]$$

$\boxed{3}$　**解答**　問 1 ．$2C_3H_8O+9O_2 \longrightarrow 6CO_2+8H_2O$

問 2 ．30 g　問 3 ．38 cm^3　問 4 ．36 g　問 5 ．34 L

―――――◀解　説▶―――――

≪プロパノールの完全燃焼と量的関係≫

問 2 ．$60\times0.50=30$[g]

問 3 ．$\dfrac{30}{0.80}=37.5\fallingdotseq38$[cm^3]

問 4 ．$0.50\times4\times18=36$[g]

問 5 ．$0.50\times3\times22.4=33.6\fallingdotseq34$[L]

$\boxed{4}$　**解答**　問 1 ．③　問 2 ．②　問 3 ．⑥

問 4 ．2.0×10^{-2} mol/L

―――――◀解　説▶―――――

≪酸・塩基の定義，pH，中和の量的関係≫

問 1 ．ブレンステッド・ローリーの定義によれば，水素イオンを与える物質が酸，水素イオンを受け取る物質が塩基である。

問 2 ．(b)　pH5 の塩酸をどれだけ希釈しても純水の pH7 より大きくなることはない。

問 3 ．(a)　酢酸の電離度は小さいため，同じ pH を示す塩酸 **A** と酢酸水溶液 **B** では，塩酸 **A** よりも酢酸水溶液 **B** のモル濃度が大きい。中和の量的関係では酸・塩基の電離度（強弱）は関係しない。

(b)　弱酸と強塩基の中和では，中和点の pH は塩基性を示す。

問 4．もとの希硫酸の濃度を x〔mol/L〕とすると，中和の量的関係から
次式が成り立つ。

$$2 \times x \times \frac{30}{1000} + 1 \times 0.10 \times \frac{3.0}{1000} = 1 \times 0.20 \times \frac{7.5}{1000}$$

$$x = 2.0 \times 10^{-2} \text{〔mol/L〕}$$

◀生　物▶

|1| **解答**　問1．細胞膜　問2．③・④　問3．③　問4．③
　　　　　　問5．④・⑤　問6．④

問7．アデニン：28%　チミン：28%　シトシン：22%

問8．③・⑤

━━━━━━━━━━━◀解　説▶━━━━━━━━━━━

≪細胞の構造と細胞小器官，DNA の構造とはたらき，ヒトゲノム≫

問2．細胞膜は，リン脂質の二重層中にタンパク質がモザイク状に分布した構造をしており，リン脂質もタンパク質も細胞膜中を水平方向に移動したり回転したりできる。これを流動モザイクモデルという。

問3．①・②アゾトバクターは好気性の，クロストリジウムは嫌気性の窒素固定細菌であり，単細胞の原核生物である。

③コナラは，植物に分類されるブナ科の落葉高木であり，全国の山野でよく見られる。

④ゾウリムシは，原生生物に分類される単細胞の真核生物である。

⑤パン酵母などの酵母菌は，菌類に分類される単細胞の真核生物である。

問4．植物細胞を特徴づける構造としては，葉緑体，細胞壁，発達した液胞などが挙げられる。一方，動物細胞を特徴づける構造としては中心体が挙げられるが，これは藻類の細胞や，コケ植物・シダ植物・裸子植物の一部の細胞にもみられる。

問5．①不適。ヒトの赤血球には核が存在しない。

②不適。大腸菌は原核生物であるため，ミトコンドリアをもたない。

③不適。クロロフィルが含まれるのは葉緑体である。液胞には，アントシアンなどの色素や無機塩類，糖類やタンパク質，酵素などが含まれる。

④適切。

⑤適切。植物の細胞壁はセルロースにペクチンなどが組み合わさってできた構造である。

問6．好気性細菌やシアノバクテリアが原始的な真核細胞に共生し，細胞内でそれぞれミトコンドリアや葉緑体となったと考えられており，これを細胞内共生説という。そのため，ミトコンドリアや葉緑体内には，独自の

DNA がみられる。

問 7．アデニンとチミン，グアニンとシトシンは，それぞれ DNA 中に占める割合が等しい（シャルガフの法則）。本問ではグアニンの割合が 22% とあるため，シトシンも 22% である。よって残りの $100-(22+22)=56$ %がアデニンとチミンとなる。アデニンとチミンの割合も等しいので，56 %を等分して，アデニン 28%，チミン 28% となる。

問 8．①不適。DNA のヌクレオチドは，リン酸，デオキシリボース，塩基からなる。

②不適。DNA の転写の過程では，DNA ポリメラーゼではなく RNA ポリメラーゼのはたらきによって，元の鎖に相補的な塩基配列をもつ RNA 鎖がつくられる。

③適切，④不適。ヒトゲノムの中でタンパク質のアミノ酸配列を指定している部分は，全体の約 1.5% であり，遺伝子の数は約 2 万個であると推定されている。

⑤適切。

2　解答

問 1．分化
問 2．抗体産生細胞（形質細胞）
問 3．②・⑤・⑥
問 4．G_1
問 5．(a)—②　(b)—①　(c)—④

━━━━◀解　説▶━━━━

≪細胞の分化，造血幹細胞，細胞周期≫

問 2．B 細胞がヘルパー T 細胞によって活性化され，抗体産生細胞に分化すると，抗体を盛んに合成し分泌するようになる。

問 3．赤血球や血小板，食細胞やリンパ球などの白血球といったすべての血液細胞は，骨髄の造血幹細胞から分化してできる。種々の化学物質を放出し，炎症やアレルギー反応に関わるマスト細胞（肥満細胞）も造血幹細胞に由来する。

問 4．問題文中にある「S 期の 1 つ前の期間」というヒントから推測できる。

問 5．動物細胞の体細胞分裂の過程を間期から順にまとめると，下記のよ

うになる。

①間期（G₁期）：細胞の成長と，染色体複製の準備。

　間期（S期）：染色体の複製。 ……(b)

　間期（G₂期）：分裂の準備。

②分裂期前期：染色体の凝縮。核膜が消える。 ……(a)

③分裂期中期：染色体が赤道面に並ぶ。

④分裂期後期：各染色体が分かれて，両極に移動する。 ……(c)

⑤分裂期終期：核膜の再形成。細胞質分裂が起こる。

3 解答

問1．ア．体液　イ．恒常性（ホメオスタシス）
ウ．腎臓　エ．後葉　オ．バソプレシン　カ．水

問2．リンパ液，組織液

問3．①・④・⑤

問4．キー⑤　クー⑨　ケー③　コー④　サー⑥

問5．鉄

問6．組織：○　肺：▲

問7．B

問8．肺静脈

◀解　説▶

≪恒常性，体液，肝臓，血液循環，酸素解離曲線≫

問2．体液は，血管の中を流れ体内を循環する血液と，毛細血管から血しょうが浸み出して組織の細胞の間を流れる組織液，組織液の一部がリンパ管に入り，リンパ管の中を流れるリンパ液の3つに分けられる。

問3．①適切。肝臓は，免疫グロブリンを除くほとんどの血しょうタンパク質を合成しており，血液凝固に関与するフィブリノーゲンやプロトロンビンなどの血液凝固因子も肝臓で合成されている。

②不適。血中グルコース濃度を感知し，インスリンを分泌するのはすい臓ランゲルハンス島のB細胞である。

③不適。チロキシンを分泌する内分泌腺は甲状腺である。

④適切。蓄えられたグリコーゲンは必要に応じてグルコースに分解され，血糖として供給される。

⑤適切。胆汁は，肝細胞で生成され，胆のうで貯蔵・濃縮され，十二指腸

に分泌されて，脂質を乳化する（脂質を小さな粒子にする）ことで，消化・吸収しやすい形にするはたらきをもつ。

⑥不適。骨から Ca^{2+} を血液中に溶出させ，血中 Ca^{2+} 濃度を上昇させるホルモンは，副甲状腺から分泌されるパラトルモンである。

問5．赤血球中のヘモグロビンは4つのグロビンタンパク質からなり，グロビンにはヘムとよばれる色素成分が存在し，酸素はヘムの中心にある鉄原子に結合する。

問6．肺では酸素濃度が高く，二酸化炭素濃度が低いので，▲が肺の数値を示している。一方，組織では酸素濃度が低く，二酸化炭素濃度が高いので，○が組織の数値を示している。

問7．問6より，肺で酸素と結合したヘモグロビン（酸素ヘモグロビン）の割合は▲である。このうち，体循環で組織に流入しても酸素と結合したままだった酸素ヘモグロビンの割合が○である。これは，▲のうち○以外のヘモグロビンは組織で酸素を解離したと考えることができるので，「組織での酸素の解離量」は「▲−○」を示すBである。

問8．酸素ヘモグロビンを多く含む血液は「動脈血」とよばれ，鮮紅色をしているが，肺からこの動脈血を心臓に送る血管は「肺静脈」である。血液と血管の名称が一致せず間違いやすいため，気をつけて解答したい。

④ 解答

問1．炭素が含まれない物質：⑤
　　　窒素が含まれない物質：②・③・⑤

問2．二酸化炭素

問3．②—(a)　③—(c)　④—(a)　⑤—(a)　⑥—(a)　⑦—(c)　⑧—(a)

問4．呼吸：③・④・⑤・⑥・⑦・⑧　　光合成：③・⑦

問5．③・④・⑤

問6．②

問7．見かけの光合成速度（酸素発生速度）：7.2〔mg/(L・時間)〕

（真の）光合成速度（酸素発生速度）：8.4〔mg/(L・時間)〕

呼吸速度（酸素吸収速度）：1.2〔mg/(L・時間)〕

━━━━━━━ ◀解　説▶ ━━━━━━━

≪物質の構成成分，物質循環とエネルギーの流れ，光合成速度≫

問1．選択肢①〜⑧の各物質の構成成分は下表の通り。

物質名	構成する元素	例
水	H, O	⑤水 H_2O
炭水化物	C, H, O	②グリコーゲン ($C_6H_{10}O_5)_n$ ③グルコース $C_6H_{12}O_6$
タンパク質	C, H, O, N, (S)	①アミノ酸, ④タンパク質
核　酸	C, H, O, N, P	⑦DNA, ⑧RNA, (⑥ATP)

問 3 ・問 4 ．②は化石燃料の使用（燃焼）による二酸化炭素の放出，④・⑤・⑥・⑧は従属栄養生物の呼吸による放出，③・⑦は光合成を行う独立栄養生物の光合成による吸収と呼吸による放出が起こっている。

問 5 ．①不適。窒素同化とは，外界から取り入れた無機窒素化合物から，アミノ酸やタンパク質，あるいは核酸などの有機窒素化合物を合成するはたらきである。また，窒素ガスからアンモニウムイオン（NH_4^+）をつくるはたらきは窒素固定である。

②不適，③・⑤適切。ネンジュモなどの一部のシアノバクテリアや根粒菌は窒素固定を行うことができる。また，根粒菌がハンノキ類と共生することで，ハンノキは窒素を空気中から取り入れて利用することができるようになるため，窒素が乏しい土壌にも侵入することができる。

④適切。まずは亜硝酸菌によってアンモニウムイオンが亜硝酸イオンに酸化され，次いで硝酸菌によって亜硝酸イオンが硝酸イオンに酸化される。

問 6 ．①不適。光合成では光エネルギーを用いて無機物から有機物を合成する。

②適切。

③・④不適。有機物の化学エネルギーは，生産者から消費者，分解者に移動し，最終的にはそれぞれの生物の呼吸によって熱エネルギーとして放出される。

問 7 ．クロレラは暗所では光合成ができず，呼吸しかしていない。したがって，暗所に 20 分間おいたとき，図 3 より容器内の酸素濃度が 0.4 mg/L 減少していることから，20 分間当たり 0.4 mg/L の酸素吸収（呼吸）を行っていることがわかる。これを 1 時間当たりに換算すると

呼吸速度（酸素吸収速度）＝3×0.4＝1.2〔mg/（L・時間）〕

その後の光照射では，20 分間当たり 2.4 mg/L の酸素が発生している。こ

のときクロレラは光合成と同時に呼吸も行っているので，この酸素発生速度は見かけの光合成速度である。これも 1 時間当たりに換算すると

　　　見かけの光合成速度（酸素発生速度）＝3×2.4

　　　　　　　　　　　　　　　　　＝7.2〔mg/（L・時間）〕

（真の）光合成速度は，見かけの光合成速度に呼吸速度を加えたものなので，

　　　（真の）光合成速度（酸素発生速度）＝7.2＋1.2

　　　　　　　　　　　　　　　　　＝8.4〔mg/（L・時間）〕

■一般選抜B方式Ⅰ期

問題編

▶試験科目・配点

教　科	科　　　　　目	配　点
英　語	コミュニケーション英語Ⅰ・Ⅱ・Ⅲ，英語表現Ⅰ・Ⅱ	100 点
数　学	「数学Ⅰ・Ⅱ・A・B」および選択問題として1問「数学Ⅲ」を含む問題と含まない問題を用意。	100 点
理　科	「物理基礎・物理」，「化学基礎・化学」，「生物基礎・生物」から1科目選択。	100 点

▶備　考

・上記の学力試験の成績および出身学校長の調査書等により，入学志願者の能力・適性等を総合して合格者を決定する。

・「数学A」は「場合の数と確率」と「図形の性質」から出題する。

・「数学B」は「数列」と「ベクトル」から出題する。

英語

(60 分)

1 1 ～ 10 の空欄に入れるのに最も適切なものを a ～ d からそれぞれ 1 つ選び，解答欄 1 ～ 10 にマークしなさい.

1. The government has begun to take action (　　) global warming.
   a. against
   b. of
   c. into
   d. from

2. She will meet us at the bus stop (　　).
   a. at 10 in the morning
   b. in morning 10
   c. on 10 in the morning
   d. at 10 morning

3. I grow a lot of flowers. Some are easy to take care of, but (　　) are not.
   a. the ones
   b. ones
   c. the other
   d. others

4. This week's assignment is to (　　) the first three chapters of the book.
   a. insist
   b. notify
   c. summarize
   d. correspond

5. Some of the old buildings have (　　) in the redevelopment area.

  a. been breaking down

  b. pulled up

  c. been pulled down

  d. broken up

6. People don't watch TV ( ) they used to.

  a. frequently than

  b. frequently enough

  c. as frequently as

  d. more frequently

7. I ( ) to take a day off next week, but I canceled my plan because I will be transferred to a new position soon.

  a. am expecting

  b. was going

  c. was having

  d. am going

8. He apologized ( ) an email which was addressed to another person.

  a. to me for sending

  b. me to send

  c. to send me

  d. for me to send

9. We seek to build a community ( ) we can make connections across cultural boundaries.

  a. which

  b. that

  c. why

  d. where

10. We can't have access to this news site ( ) we haven't signed up yet.

  a. so that

b. since

c. even though

d. because of

2　以下はプレゼンテーションの原稿である．1〜7の問に答えなさい．

Mosquitoes kill more people than any other animal on the planet. Mosquitoes spread viruses that cause deadly diseases such as Japanese encephalitis, dengue fever, and Zika fever. Also, mosquito bites are itchy and sometimes painful. For these reasons, nobody likes to hear the buzzing sound around their ears. (　1　) One common way is to use a mosquito coil. Did you know that mosquito coils were first produced in Japan? In this presentation, I would like to explain the (　2　) of mosquito coils, and then focus on the advantages and disadvantages of using them.

Mosquito coils were created in the late 19th century by a Japanese man, Eiichiro Ueyama, who was interested in using the chemical compounds found in a medicinal plant native to Europe. (　3　) a powder-type mosquito repellent, he developed mosquito sticks called *katori senko* (mosquito incense). In order to lengthen the burning time, his wife suggested (　4　) material. Ueyama produced the first mosquito coils and sold them in the Japanese market in the early 20th century. Mosquito coils sold very well, and soon they were exported to the overseas market. Now, mosquito coils are sold all over the world, and many companies produce similar products.

(5)

First, the coils may start fires. There was a fire caused by a mosquito coil in Korea in which more than twenty people died. Secondly, if a mosquito coil is used in a closed room, the smoke, which contains various chemical compounds, may be harmful to people. Thirdly, they are not effective enough to eliminate mosquitoes outdoors. Also, there are more effective measures such as mosquito nets treated with insecticides, chemicals that kill insects.

（　6　） the disadvantages, mosquito coils are still widely used in the world mainly because they are easy to obtain. Scientists are now investigating （　7　）. At the moment, we still do not know if mosquito coils will be widely available in the future as they are now, or if they will be a product of the past.

Japanese encephalitis 日本脳炎　　　　mosquito repellent　蚊除け

1.　空欄（　1　）に入れるのに最も適切なものをａ～ｄから１つ選び，解答欄１にマークしなさい．

a.　What are you doing when mosquitoes appear in your room?

b.　How do you get rid of mosquitoes when they are in the room?

c.　Do mosquitoes like to bite human arms?

d.　Do you like to be in the same room with mosquitoes?

2.　空欄（　2　）に入れるのに最も適切なものをａ～ｄから１つ選び，解答欄２にマークしなさい．

a.　usefulness

b.　philosophy

c.　convenience

d.　history

3.　空欄（　3　）入れるのに最も適切なものをａ～ｄから１つ選び，解答欄３にマークしなさい．

a.　After producing

b.　To produce

c.　Being produced

d.　Then, he produced

4.　以下のａ～ｇを並べ替えて空欄（　4　）に入れ，文を完成させなさい．（　4　）の中で<u>4番目</u>にくるものを解答欄４にマークしなさい．全ての選択肢を使うこと．

a.　coils

b.　he

c.　make

    d. should

    e. same

    f. the

    g. using

5. 空欄（ 5 ）に入れるのに，以下のa〜dを並べ替え，2番目にくるものを解
答欄5にマークしなさい.

    a. What about the disadvantages?

    b. The advantages include being inexpensive and easy to use.

    c. Mosquito coils have both advantages and disadvantages.

    d. Besides, you can actually kill mosquitoes if a mosquito coil is burned in the
room.

6. 空欄（ 6 ）に入れるのに最も適切なものをa〜dから1つ選び,解答欄6にマー
クしなさい.

    a. Thanks to

    b. Even so

    c. Despite

    d. Although

7. 空欄（ 7 ）に入れるのに最も適切なものをa〜dから1つ選び,解答欄7にマー
クしなさい.

    a. a good preventive measure for mosquito-related diseases, which using
mosquito coils

    b. if mosquito-related diseases can prevent if mosquito coils are used

    c. whether the use of mosquito coils is a good preventive measure for
mosquito-related diseases

    d. when mosquito coils will be used as a preventive measure for mosquito-
related diseases

3　Read the following conversation and answer the questions by marking the most appropriate answer choice.

Sumika:　Hey, Steve! How about taking my quiz?

Steve:　(1)I can't do that—that's dishonest.

Sumika:　That's not what I mean. I want you to play a guessing game.

Steve:　That's a relief! Sure, I'll try.

Sumika:　Okay. Here goes. I'll tell you three facts and then you have to guess which organism I'm talking about. Here's the first (2)one. This organism has 160,000 described species and probably has five times as many undescribed species.

Steve:　What do you mean by "described" and "undescribed"?

Sumika:　A described species is one (　3　) characteristics have been carefully studied and then explained in a scientific paper. They haven't done that for an undescribed species.

Steve:　Got it. Give me the second fact.

Sumika:　(　4　) This organism is found on all seven continents, and right now there are about 20,000,000 of them on Earth for each human.

Steve:　Wow—that's a lot! You said three facts, so do I have to guess now? I don't know what it is, but it must be something (　5　). Is it a microorganism?

Sumika:　(6)No and no. I'll tell you another fact. These organisms are important pollinators.

Steve:　Now I know—you're talking about bees!

Sumika:　Wrong! Not bees. (　7　) They eat waste, they are important to the food chain, and they can carry diseases.

Steve:　They can carry diseases? You must be talking about mosquitoes!

Sumika:　(8)You're getting warmer, Steve! Mosquitoes are members of the same order, Diptera. "Di" means "two" and "pteron" means "wing." Now can you guess?

Steve:　No, but they don't sound very nice if they eat waste and carry diseases. I (　9　).

Sumika:　Don't be a quitter, Steve. Let me give you one more fact.

Steve:　(10)This time it'd better be a good one.

Sumika:　They are popular in biomedical research because they are cheap and have short life cycles.

Steve:　　Flies!

Sumika:　Finally, Steve. I thought you'd never guess.

pollinator 花粉を運んで受粉させる媒介者　　　order 分類学上の目（もく）

1. From the underlined part (1), what can we understand?

　　a. Steve thinks that Sumika wants him to help her cheat on a quiz.

　　b. Steve doesn't want to do something that is honest.

　　c. Steve is a very busy person and can't take the quiz.

　　d. Steve thinks that he is not very good at taking quizzes.

2. What does the underlined word (2) refer to?

　　a. species

　　b. guess

　　c. fact

　　d. organism

3. Which choice fits gap (3) the best?

　　a. which

　　b. that

　　c. what

　　d. whose

4. Which choice fits gap (4) the best?

　　a. Here you were.

　　b. Here it is.

　　c. Here there are.

　　d. Here what goes.

5. Which choice fits gap (5) the best?

　　a. quite large

　　b. very tiny

c. a kind of mammal

d. organism

6. What does Sumika mean by the underlined part (6)?

a. Sumika wants to emphasize that Steve is not doing his best.

b. Steve can have more facts before he guesses the answer.

c. Steve doesn't need to guess yet and it isn't a microorganism.

d. Steve knows the third fact but not the answer.

7. Which of the following does NOT fit gap (7)?

a. Here's a bunch of facts to help you.

b. This time I'll be nice and give you lots of clues.

c. Okay, let me tell you a new theory about it.

d. Listen carefully to the following information.

8. What does Sumika mean by the underlined part (8)?

a. Steve is feeling very hot and frustrated.

b. Steve's guess this time is closer to the answer.

c. Steve might be running a temperature.

d. Sumika is telling Steve these organisms like hot places.

9. Which choice fits gap (9) the best?

a. give away

b. give back

c. give out

d. give up

10. From the underlined part (10), what can we infer?

a. Steve is not tired of this guessing game.

b. Steve doesn't think the other facts have been good.

c. He hopes that the organism is a good animal.

d. Steve is encouraging Sumika to have a better time.

4 次の文章を読み，1〜7の問に答えなさい.

　What comes to your mind when you think of English dictionaries? Something that provides official, unchanging definitions for words? When you were in school, did you ever start an essay with a sentence like, "The dictionary defines history as …"? (1)If you did, which dictionary were you talking about? Was it *The Oxford English Dictionary*? Was it *Longman Dictionary*? Did you even have a particular dictionary in mind?

　Dictionaries are often thought of as the authority on language. But dictionaries, (　2　), are changing all the time. More surprisingly, dictionaries do not provide a single definition for words. Dictionaries are living documents that track how some people are using language. Language does not originate in dictionaries. Language originates with people, and dictionaries are the documents that (3)chronicle that language use.

　(　4　) We currently use the word "awful" to talk about something that is bad or unpleasant. Before the 19th century, however, "awful" meant just the opposite. People used "awful" to talk about something that (　5　). In the mid-1900s, "awesome" was the word that took up these positive meanings. Then, eventually, dictionaries reflected these changes. This is just one example of how definitions and meanings have changed over time. To keep up with them, (　6　). In other words, dictionaries are working to keep up with us, the people who are using language creatively.

1.　下線部（1）を言い換えるのに最も適切なものを a 〜 d から1つ選び，解答欄1にマークしなさい.

　　a.　If you defined the word "history" in the dictionary

　　b.　If you started writing an essay on history at school using a dictionary

　　c.　If you began your essay using a dictionary definition before

　　d.　If you defined a dictionary to write your essay in the past

2.　空欄（　2　）に入らないものを a 〜 d から1つ選び，解答欄2にマークしなさい.

　　a.　besides

　　b.　in fact

　　c.　as it happens

出典追記：Language around gender and identity evolves (and always has), TED by Archie Crowley

d. actually

3. 下線部 (3) を言い換えるのに最も適切なものを a 〜 d から 1 つ選び，解答欄 3 にマークしなさい.

　a. originate in

　b. define in details

　c. keep records of

　d. put in order

4. 空欄（ 4 ）に入れるのに最も適切なものを a 〜 d から 1 つ選び，解答欄 4 にマークしなさい.

　a. Let's review.

　b. What's the problem?

　c. This is the result.

　d. Here's one example.

5. 空欄（ 5 ）に入れるのに最も適切なものを a 〜 d から 1 つ選び，解答欄 5 にマークしなさい.

　a. required attention and warning

　b. deserved respect or was full of awe

　c. needed positive thinking

　d. was opposite to "pleasant"

6. 空欄（ 6 ）に入れるのに最も適切なものを a 〜 d から 1 つ選び，解答欄 6 にマークしなさい.

　a. creative people define words in dictionaries

　b. dictionaries are often short of suitable examples

　c. both positive and negative definitions are necessary

　d. dictionaries are updated all the time

7. 本文の内容と合致しないものを a 〜 e から 1 つ選び，解答欄 7 にマークしなさい.

　a. Dictionaries evolve along with language.

　b. The present meaning of the word "awful" is different from that of more than 200 years ago.

c. Dictionaries try to trace and reflect how people are actually using language.

d. People use dictionaries because the languages they use originate in the dictionaries.

e. Dictionary editors always try to be aware of current language use.

5 次の文章を読み，1〜7の間に答えなさい.

When most of us hear the word chocolate, we picture a bar, a box of bonbons, or a bunny. The verb that comes to mind is probably "eat," not "drink," and the most used word for chocolate may be "sweet." However, for about 90 percent of chocolate's long history, it was strictly a beverage, and (1)sugar did not have anything to do with it.

(2)Chocolate might be the best-known food that nobody knows much about. Terms associated with chocolate can be a little confusing. Most experts these days use the word "cacao" to refer to the plant or its beans before processing, while the word "chocolate" refers to anything made from the beans. "Cocoa" generally refers to chocolate in a powdered form.

The Latin name for the cacao tree, *Theobroma cacao*, means "food of the gods." Cacao trees are native to Central and South America. Their fruits are called "pods" and each pod contains around 40 cacao beans. To create cocoa powder, beans are dried and roasted. The origin of the word "chocolate" can be traced back to the Aztec word "xocoatl," which referred to a bitter drink brewed from cacao beans.

It is not clear exactly when （ 4 ） came on the scene or who invented the chocolate drink. According to Hayes Lavis, a cultural arts curator for the Smithsonian's National Museum of the American Indian, (5)ancient Olmec pots from around 1500 B.C. were discovered with traces of theobromine, a stimulant compound found in chocolate and tea.

Spanish explorer Hernán Cortés was believed to have discovered chocolate during an expedition to the Americas. In search of gold and riches, he （ 6 ） found a cup of xocoatl given to him by the Aztec emperor. When Cortés returned home, he introduced cacao beans to the Spanish. Though still served as a drink, Spanish chocolate was mixed with sugar and honey to sweeten the naturally bitter taste.

Chocolate quickly became popular among the rich and wealthy in Europe. Even Catholic monks loved chocolate and drank it to aid religious practices. At that time, chocolate was still being produced by hand, which was a slow and difficult process, but in 1828, the invention of the chocolate press revolutionized chocolate making. This device could squeeze cocoa butter from roasted cacao beans, leaving a fine cocoa powder behind. The powder was then mixed with liquids and poured into a mold, where it solidified into a bar of chocolate. The modern era of chocolate was born.

Aztec アステカ文明の	Olmec オルメカ文明の	stimulant 興奮剤
monk 僧	revolutionize 大変革を起こす	solidify 凝固させる

1. 下線部 (1) を言い換えるのに最も適切なものを a ～ d から 1 つ選び,解答欄 1 にマークしなさい.

   a. sugar did not work to soften the bitterness

   b. sugar was not added to the beverage

   c. sugar did not dissolve in the beverage

   d. sugar did not have compounds to thicken the beverage

2. 下線部 (2) の説明として最も適切なものを a ～ d から 1 つ選び,解答欄 2 にマークしなさい.

   a. Chocolate is the most popular food for us, but we do not prepare it by ourselves.

   b. Though everybody eats chocolate all the time, they are not interested in its ingredients.

   c. Nobody knows how many different names chocolate has as a beverage.

   d. Almost everybody knows chocolate as a sweet but does not know its origin or history.

3. それぞれの語の例や説明として最も適切な組み合わせを a ～ d から 1 つ選び,解答欄 3 にマークしなさい.

	cacao	cocoa	chocolate
a.	sweet drink made from chocolate and milk	xocoatl with sugar and honey	*Theobroma cacao* beans
b.	powdered chocolate	food made from *Theobroma cacao* beans	xocoatl with sugar and honey
c.	*Theobroma cacao* plant	powdered chocolate	food made from *Theobroma cacao* beans
d.	*Theobroma cacao* beans	sweet drink made from chocolate and milk	*Theobroma cacao* plant

4. 空欄(4)に入れるのに最も適切なものを a ～ d から 1 つ選び, 解答欄 4 にマークしなさい.

   a. cacao

   b. Cortés

   c. the Aztec emperor

   d. Olmec pots

5. 下線部 (5) の説明として最も適切なものを a ～ d から 1 つ選び, 解答欄 5 にマークしなさい.

   a. Ancient Olmec pots are still used these days to prepare a stimulant compound, theobromine.

   b. More-than-3500-year-old Olmec pots were discovered with lines made by cacao beans.

   c. Ancient Olmec people might have used cacao beans or tea leaves to prepare food or drink more than 3500 years ago.

   d. Ancient Olmec people made the pots with theobromine from chocolate and tea.

6. 空欄(6)に入れるのに最も適切なものを a ～ d から 1 つ選び, 解答欄 6 にマークしなさい.

   a. also

   b. too

   c. so

   d. again

7. 本文の内容と合致するものを a ～ f から <u>2 つ</u>選び, 解答欄 7 にマークしなさい.

   a. Chocolate was named after a drink in the Aztec language and was made from cacao beans.

   b. Hernán Cortés went to the Americas to seek *Theobroma cacao* plants and took them back to his native country.

   c. Chocolate was regarded as a sweet drink in its early history, and sugar was added to make it even sweeter when it was taken to Europe.

   d. Chocolate in its present form was made possible by a technology that enabled cocoa powder and cocoa butter to be separated from cacao beans.

e. The Aztec emperor gave Cortés a cup of a bitter drink as a gift for the king of Spain.

f. *Theobroma cacao* was food of the gods, so only monks who served the gods could have it.

■■■数学■■

(60 分)

（注）選択問題④と⑤はどちらか一方を選択してマーク欄にマークし，選択した方の問題を解答すること（マーク欄にマークがない場合は採点されない）。

解答上の注意

1. 分数形で解答するときは，既約分数（それ以上約分ができない分数）で答えなさい．たとえば，$\dfrac{3}{4}$ と答えるところを，$\dfrac{6}{8}$ のように答えてはならない．

2. 根号を含む形で解答するときは，根号の中に現れる自然数が最小となる形で答えなさい．たとえば，$\boxed{ア}\sqrt{\boxed{イ}}$，$\dfrac{\sqrt{\boxed{ウ}}}{\boxed{エ}}$ に $4\sqrt{2}$, $\dfrac{\sqrt{2}}{2}$ と答えるところを，$2\sqrt{8}$, $\dfrac{\sqrt{8}}{4}$ のように答えてはならない．

3. たとえば，$-\boxed{オ}x^2+\boxed{カ}$ に $-x^2+3$ と答えるときは，$\boxed{オ}$ に 1 を $\boxed{カ}$ に 3 をマークしなさい．また $x^{\boxed{キ}}-\boxed{ク}$ に $x-3$ と答えるときは，$\boxed{キ}$ に 1 を $\boxed{ク}$ に 3 をマークしなさい．また $\dfrac{\boxed{ケ}}{\boxed{コ}}\pi$ に $\dfrac{\pi}{3}$ と答えるときは，$\boxed{ケ}$ に 1 を $\boxed{コ}$ に 3 をマークしなさい．

1 以下の空欄 $\boxed{ア}$ ～ $\boxed{コ}$ に入る数字をそれぞれ解答欄にマークしなさい.

問1. $a = \dfrac{3+\sqrt{3}}{2+\sqrt{3}}$, $b = \dfrac{3-\sqrt{3}}{2-\sqrt{3}}$ のとき,

$ab = \boxed{ア}$

$a+b = \boxed{イ}$

$a^2 + b^2 = \boxed{ウエ}$

$\dfrac{a^4 - b^4}{a^4 + b^4} = -\dfrac{\boxed{オ}\sqrt{\boxed{カ}}}{\boxed{キ}}$

問2. 1, 2, 2, 3, 3, 3, 4, 4, 4, 4 の10個の数字がある. この中の3個を用いてできる3桁の整数は全部で $\boxed{クケ}$ 個ある.

問3. $0 \leqq x < 2\pi$ の範囲で $\cos(\pi\cos x) = \dfrac{1}{2}$ を満たす x は, 全部で $\boxed{コ}$ 個ある.

2　以下の空欄 ア ～ ス に入る数字をそれぞれ解答欄にマークしなさい.

問1.　座標平面上に直線 $l_1: y = x + 12$ および $l_2: y = -2x + 24$ と,

放物線 $C: y = x^2$ がある.

いま l_1 と l_2 の交点の x 座標を a とすると $a =$ ア であり, l_1 と C の

交点の x 座標を小さい順に b, c とすると $b = -$ イ , $c =$ ウ であり, l_2 と

C の交点の x 座標を小さい順に d, e とすると $d = -$ エ , $e =$ オ である.

また $d \leqq x \leqq a$ の範囲で l_1 と l_2 と C で囲まれる部分の面積は $\dfrac{カキク}{ケ}$

である.

問2.　ある放射性物質は一定の割合で崩壊し, 12.7 年たつと最初の量の半分になるという. この放射性物質が初めて現在の量の 1% 以下になるのは コサ 年後である. ただし $\log_{10} 2 = 0.301$ とする.

問3.　実数 x, y が $x^3 + y^3 = 3xy$ を満たすとき, $x + y$ の取り得る値の範囲は,

$-$ シ $< x + y \leqq$ ス である.

3　座標空間内の5点を A$(1, 1, 1)$, B$(-1, 2, 2)$, C$(0, 1, 3)$, D$(2, 0, 2)$, E$(3, 3, 2)$ とする. 以下の空欄 ア ～ ソ に入る数字をそれぞれ解答欄にマークしなさい.

問1.　$\overrightarrow{AB} = (-$ ア , イ , ウ), $\overrightarrow{DC} = (-$ エ , オ , カ) である.

問2.　$\overrightarrow{AB}$ と $\overrightarrow{AD}$ のなす角を θ とすると, $\sin\theta = \dfrac{\sqrt{キ}}{ク}$ である.

問3.　$\overrightarrow{AB}$ と $\overrightarrow{AD}$ のいずれにも垂直な単位ベクトルは, $\pm \dfrac{1}{\sqrt{ケコ}}$ (サ , シ , 1) である.

問4.　五面体 ABCDE の体積は, $\dfrac{スセ}{ソ}$ である.

選択問題（$\boxed{4}$ か $\boxed{5}$ の, いずれか1問を選んで解答しなさい. 解答用紙に選んだ
　　　　問題の番号をマークしなさい.）

$\boxed{4}$　　以下の空欄 $\boxed{ア}$, $\boxed{イ}$, $\boxed{オ}$ に入る数字をそれぞれ解答欄にマークし, 空欄 $\boxed{ウ}$,
　　　　$\boxed{エ}$ に入る選択肢の番号を解答欄にマークしなさい.

　辺の長さが 2 と 3 の長方形のタイル T がある. このタイル n 枚を隙間なく並べて
長方形または正方形（以下, 単に長方形と記載する）を作るとき, その面積は $6n$ で
ある.

　逆に, 面積が $6n$ で辺の長さが整数の長方形 R の枠を作り, その枠内に上記のタイ
ル T を敷き詰める場合を考える. いま自然数 n に対して $ab = 6n$ を満たす 2 以上の
どんな整数 a, b に対しても, 辺の長さが a と b の長方形 R は n 枚のタイル T で隙間
なく敷き詰めることができることを証明しよう.

　$ab = 6n$ より, 次の 2 通りの場合が考えられる.

　　(1) a, b のうち, 一方が 2 で割り切れ, 他方が 3 で割り切れる.
　　(2) a, b のうち, 一方が $\boxed{ア}$ で割り切れ, 他方が 2 でも 3 でも割り切れない.

(1) の場合:
　2 で割り切れる方を a としても一般性を失わない. このとき, 長方形 R の長さ a
の辺に, タイル T の長さ $\boxed{イ}$ の辺が接するように $\boxed{ウ}$ 枚並べる（1回目）. 次にこの
タイルの列に, さらにタイル T を長さ $\boxed{イ}$ の辺が接するように $\boxed{ウ}$ 枚並べる（2回目）.
これを $\boxed{エ}$ 回目まで行うと, 長方形 R 内に n 枚のタイル T を隙間なく敷き詰めるこ
とができる.

(2) の場合:
　$\boxed{ア}$ で割り切れる方を a としても一般性を失わない. このとき, ある正の整数 m
を用いて
$$b = \boxed{オ} m + 3$$
と表すことができ, 長方形 R を, 辺の長さが a と $\boxed{オ} m$ の長方形 R_1 と, 辺の長さが
a と 3 の長方形 R_2 に分けることができる.

　このとき, R_1 と R_2 はいずれも (1) の条件を満たすので, タイル T を隙間なく敷
き詰めることができる.

$\boxed{ウ}$ と $\boxed{エ}$ の選択肢：① $\dfrac{a}{2}$　　② $\dfrac{a}{3}$　　③ $\dfrac{3a}{2}$　　④ $\dfrac{2a}{3}$

　　　　　　　　　　　⑤ $\dfrac{b}{2}$　　⑥ $\dfrac{b}{3}$　　⑦ $\dfrac{3b}{2}$　　⑧ $\dfrac{2b}{3}$

⑤　以下の空欄 $\boxed{ア}$，$\boxed{イ}$，$\boxed{オ}$ に入る選択肢の番号を解答欄にマークし，空欄 $\boxed{ウ}$，
　　$\boxed{エ}$，$\boxed{カ}$ に入る数字をそれぞれ解答欄にマークしなさい．ただし積分定数を
　　C とする．

問1.　$f(x) = \log(\sqrt{x^2+1})$ のとき，$f'(x) = \boxed{ア}$ である．

　　　$\boxed{ア}$ の選択肢： ① $\dfrac{1}{\sqrt{x^2+1}}$　　　② $\dfrac{1}{2\sqrt{x^2+1}}$　　　③ $\dfrac{2x}{\sqrt{x^2+1}}$

　　　　　　　　　　 ④ $\dfrac{x}{\sqrt{x^2+1}}$　　　⑤ $\sqrt{x^2+1}$　　　⑥ $\dfrac{1}{2(x^2+1)}$

　　　　　　　　　　 ⑦ $\dfrac{x}{x^2+1}$　　　⑧ $\dfrac{2x}{x^2+1}$

問2.　$\cos^3 x = \cos x - \cos x \sin^2 x$ より，$\displaystyle\int \cos^3 x\, dx = \boxed{イ} + C$ である．

　　　$\boxed{イ}$ の選択肢： ① $\dfrac{1}{4}\cos^4 x$　　　② $\dfrac{1}{4}\sin^4 x$　　　③ $\dfrac{1}{4}\cos^4 x \sin x$

　　　　　　　　　　 ④ $-\dfrac{1}{4}\cos^4 x \sin x$　　　⑤ $-3\cos^2 x \sin x$　　　⑥ $\sin x - \dfrac{1}{3}\sin^3 x$

　　　　　　　　　　 ⑦ $\dfrac{1}{3}\cos^3 x - \cos x$

問3.　$\dfrac{x+5}{x^2+4x+3} = \dfrac{\boxed{ウ}}{x+1} - \dfrac{\boxed{エ}}{x+3}$ より，$\displaystyle\int \dfrac{x+5}{x^2+4x+3}\, dx = \boxed{オ} + C$ である．

　　　$\boxed{オ}$ の選択肢： ① $\log|2(x+1)(x+3)|$　　　② $\log(x+1)^2|x+3|$

　　　　　　　　　　 ③ $\log \dfrac{2|x+1|}{|x+3|}$　　　④ $\log \dfrac{(x+1)^2}{|x+3|}$　　　⑤ $\log \dfrac{|x+1|}{2|x+3|}$

　　　　　　　　　　 ⑥ $\log \dfrac{|x+1|}{(x+3)^2}$

問4.　$\displaystyle\lim_{x\to 0} \dfrac{1-\cos x}{5x} = \boxed{カ}$

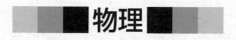

（60分）

1　図1のように，水平な床の上に質量Mの箱を置き，その中の左端付近に質量mの物体を置く．箱と物体は水平な直線上を左右に運動することができる．速度，加速度は水平右向きを正とする．空気抵抗，物体と箱との間の摩擦，および箱と床の間の摩擦は無視できるものとする．箱と物体は壊れたり変形したりすることはないものとする．

図1

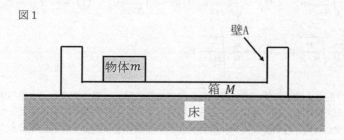

問1　箱を床に固定して，物体を右向きに滑らせた．物体の速度をv_0とするとき（$v_0 > 0$），物体の運動量（ア）と物体の運動エネルギー（イ）として最も適切なものを次の選択肢からそれぞれ1つずつ選び，各解答欄にマークしなさい．

⓪ 0　　① mv_0　　② Mv_0　　③ $(M+m)v_0$　　④ mv_0^2　　⑤ Mv_0^2

⑥ $(M+m)v_0^2$　　⑦ $\frac{1}{2}mv_0^2$　　⑧ $\frac{1}{2}Mv_0^2$　　⑨ $\frac{1}{2}(M+m)v_0^2$

問2　今度は箱を床に対して左右に動けるようにして，箱が床に対して静止している状態で，物体に右向きの撃力（短い時間の大きな力）を加え，同時に箱に左向きの撃力を加えた．このとき，物体に与えた力積と，箱に与えた力積は，大きさが等しいものとする．その直後，物体は右向きに床に対して速度v_1で動いた（$v_1 > 0$）．また，床に対する箱の速度はV_1であった．V_1として最も適切なものを次の選択肢から1つ選び，解答欄（ウ）にマークしなさい．

⓪ v_1　　　　① $-v_1$　　　　② $\dfrac{m}{M}v_1$　　　　③ $-\dfrac{m}{M}v_1$　　　　④ $\dfrac{M}{m}v_1$

⑤ $-\dfrac{M}{m}v_1$　⑥ $\sqrt{\dfrac{m}{M}}v_1$　⑦ $-\sqrt{\dfrac{m}{M}}v_1$　⑧ $\sqrt{\dfrac{M}{m}}v_1$　⑨ $-\sqrt{\dfrac{M}{m}}v_1$

問3　問2の状況において，撃力を受けた直後の物体の運動エネルギーと箱の運動エネルギーの和は，問1の場合の物体の運動エネルギー（イ）と等しかった．v_1 と V_1 を，v_0, m, M を用いて表しなさい．解答は次の選択肢からそれぞれ1つずつ選び，v_1 は解答欄（エ）に，V_1 は解答欄（オ）に，それぞれマークしなさい．

⓪ $\sqrt{\dfrac{M}{m}}v_0$　　① $-\sqrt{\dfrac{M}{m}}v_0$　　② $\sqrt{\dfrac{m}{M+m}}v_0$　　③ $-\sqrt{\dfrac{m}{M+m}}v_0$

④ $\sqrt{\dfrac{M}{M+m}}v_0$　⑤ $-\sqrt{\dfrac{M}{M+m}}v_0$　⑥ $\dfrac{M}{m}\sqrt{\dfrac{M}{M+m}}v_0$　⑦ $-\dfrac{M}{m}\sqrt{\dfrac{M}{M+m}}v_0$

⑧ $\dfrac{m}{M}\sqrt{\dfrac{M}{M+m}}v_0$　⑨ $-\dfrac{m}{M}\sqrt{\dfrac{M}{M+m}}v_0$

問4　問2と問3で述べた状況の後，物体は箱の壁Aと弾性衝突し，物体の床に対する速度は v_2，箱の床に対する速度は V_2 となった．弾性衝突であることを使って v_2 を v_1, V_1, V_2 を用いて表した式のうち最も適切なものを次の選択肢から1つ選び，解答欄（カ）にマークしなさい．

⓪ $-V_1-V_2-v_1$　　① $-V_1-V_2+v_1$　　② $-V_1+V_2-v_1$　　③ $-V_1+V_2+v_1$

④ $V_1-V_2-v_1$　　⑤ $V_1-V_2+v_1$　　⑥ $V_1+V_2-v_1$　　⑦ $V_1+V_2+v_1$

⑧ $2V_1+V_2+v_1$　　⑨ $V_1+2V_2+v_1$

問5　問4の結果と運動量保存則を使い，v_2 と V_2 のそれぞれを，v_1 または V_1 を用いて最も簡単な形で表しなさい．また $V_1=-2$ m/s のときの V_2 の値を答えなさい．答えは解答用紙裏面の解答欄Cに導出過程とその説明を含めて記すこと．

2 図 2-1 のように xy
平面上の $0 \leqq x \leqq 4L$,
$-2L \leqq y \leqq 2L$ の領域に
磁束密度の大きさが B
の一様な磁場が xy 平面
から垂直上向き（記号◉）
に貫いている. また, 一辺
の長さが $2L$ で抵抗 R の
一巻きの正方形 pqrs のコ
イルがある. コイルの中心

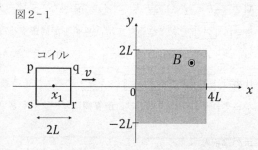

図 2-1

の x 座標を x_1 とする. コイルの一辺 qr が y 軸に平行になるように, コイルの中
心を x 軸上に置く（最初は $x_1 < -L$）. コイルの中心は常に x 軸上に存在する.
このコイルを x 軸の正の向きに一定の速さ v で動かし, コイルの一辺 qr が y 軸
と重なったときを時刻 $t = 0$ とする. コイルは回転しないものとし, その質量は
無視できるものとする.

問1　$-L < x_1 < L$ のとき, 時間 Δt の間にコイルを貫く磁束の変化は 　ア　 で表
される. また, コイルに生じる誘導起電力の大きさ V_1 は 　イ　 で表される. この
とき, コイルに流れる電流の大きさ I_1 は 　ウ　 となる. 　ア　 ～ 　ウ　 にあてはま
る最も適切なものを次の選択肢からそれぞれ 1 つずつ選び, 解答欄にマークしな
さい.

ア, イの選択肢

⓪ 0　　　　① BLv　　　　② $\dfrac{BLv}{2}$　　　　③ $2BLv$　　　　④ $4BLv$

⑤ $BL\Delta t$　　　⑥ $BLv\Delta t$　　　⑦ $\dfrac{BLv\Delta t}{2}$　　　⑧ $2BLv\Delta t$　　　⑨ $4BLv\Delta t$

ウの選択肢

⓪ 0　　　　① $\dfrac{Bv}{2RL}$　　　② $\dfrac{2Bv}{RL}$　　　③ $\dfrac{BLv}{2R}$　　　④ $\dfrac{2BLv}{R}$

⑤ $\dfrac{R}{2BLv}$　　　⑥ $\dfrac{2R}{BLv}$　　　⑦ $\dfrac{B}{2RLv}$　　　⑧ $\dfrac{2B}{RLv}$　　　⑨ $\dfrac{RL}{Bv}$

問2　$-L < x_1 < L$のとき，コイルが磁場から受ける力の向きは $\boxed{\text{エ}}$ で，その大きさは $\boxed{\text{オ}}$ で表される．また，コイルが消費する電力は $\boxed{\text{カ}}$ で表される．コイルを $t = 0$ から $t = \frac{2L}{v}$ まで一定速度で動かすために外力が行なった仕事は $\boxed{\text{キ}}$ となる．$\boxed{\text{エ}}$ ～ $\boxed{\text{キ}}$ にあてはまる最も適切なものを次の選択肢からそれぞれ1つずつ選び，解答欄にマークしなさい．

エの選択肢

⓪ x軸の正の向き　　　① x軸の負の向き　　　② y軸の正の向き

③ y軸の負の向き　　　④ xy平面から垂直上向き

オ，カの選択肢

⓪ $\dfrac{BLI_1}{4}$　　① $\dfrac{BLI_1}{2}$　　② BLI_1　　③ $2BLI_1$　　④ $4BLI_1$

⑤ $\dfrac{BLvI_1}{4}$　　⑥ $\dfrac{BLvI_1}{2}$　　⑦ $BLvI_1$　　⑧ $2BLvI_1$　　⑨ $4BLvI_1$

キの選択肢

⓪ B^2LI_1　　① BL^2I_1　　② BLI_1^2　　③ $2B^2LI_1$　　④ $2BL^2I_1$

⑤ $2BLI_1^2$　　⑥ $4B^2LI_1$　　⑦ $4BL^2I_1$　　⑧ $4BLI_1^2$　　⑨ $8B^2LI_1$

問3　$L < x_1 < 3L$のとき，時間Δtの間にコイルを貫く磁束の変化は $\boxed{\text{ク}}$ となる．また，このとき流れる電流の大きさは $\boxed{\text{ケ}}$ となる．$\boxed{\text{ク}}$，$\boxed{\text{ケ}}$ にあてはまる最も適切なものを次の選択肢からそれぞれ1つずつ選び，解答欄にマークしなさい．

ク，ケの選択肢

⓪ 0　　① $\dfrac{BLv}{R}$　　② $\dfrac{2BLv}{R}$　　③ $\dfrac{4BLv}{R}$　　④ $\dfrac{BLv\Delta t}{2}$

⑤ $BLv\Delta t$　　⑥ $2BLv\Delta t$　　⑦ $4BLv\Delta t$　　⑧ $Lv\Delta t$　　⑨ $2Lv\Delta t$

問4　図2-2を解答用紙裏面の解答欄Dに書き写し，コイルの中心点 x_1 が $-L < x_1 < 5L$ まで移動するときの時間 t とコイルを流れる電流 I の関係を表すグラフの概形を書きなさい．ただし，図2-1のコイルにおいて，電流が p→q→r→s の向きのときに，I が正の値とする．

図2-2

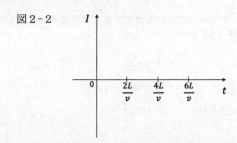

3　風船を浮かせるために，通常は空気より
も軽い気体を風船の中に入れる．しかし，ここ
では空気（1 mol あたりの質量m_A）よりも重
い気体であるアルゴン（1 mol あたりの質量
m_B）を入れてみた．図3-1に示すように，
空気の温度を一定値に保ったまま圧力を変化
させることができる部屋がある．気体定数を
R，重力加速度をgとする．質量Mの風船に
n [mol] のアルゴンを入れ，床の上に置いた．
風船は断熱材でできており，気体を通さず，厚
みは無視できる．風船の内部と外部の圧力は

図3-1

空気
圧力　P_0
温度　T_0

風船

アルゴン
圧力　P_0
温度　T_0
n [mol]

床

等しく，風船の体積は部屋の圧力に応じて変化することができ，割れたりはしな
い．また，空気，アルゴンともに理想気体とする．温度は全て絶対温度を表すも
のとする．

【I】　図3-1に示すような初期状態の空気とアルゴンの圧力をP_0，温度をT_0
とする．

問1　初期状態の部屋の空気1 mol の体積として最も適切なものを次の選択肢か
ら1つ選び，解答欄（ア）にマークしなさい．さらに，このときの部屋の空気
の密度として最も適切なものを次の選択肢から1つ選び，解答欄（イ）にマー
クしなさい．

⓪ 0　　　　① $\dfrac{P_0}{RT_0}$　　② $\dfrac{m_A P_0}{RT_0}$　　③ $\dfrac{m_B P_0}{RT_0}$　　④ $\dfrac{P_0}{nRT_0}$

⑤ $\dfrac{RT_0}{m_A P_0}$　　⑥ $\dfrac{RT_0}{m_B P_0}$　　⑦ $\dfrac{RT_0}{P_0}$　　⑧ $\dfrac{nRT_0}{P_0}$　　⑨ $\dfrac{m_A RT_0}{P_0}$

問2　初期状態の風船内のアルゴンにかかる重力として最も適切なものを次の選択肢から1つ選び，解答欄（ウ）にマークしなさい．

⓪ 0　　　　　① nm_Ag　　　　② nm_Bg　　　　③ m_Ag

④ m_Bg　　　⑤ Mg　　　　　⑥ $(nm_A + M)g$

⑦ $(nm_B + M)g$　⑧ $(m_A + M)g$　⑨ $(m_B + M)g$

問3　図3—2を解答用紙裏面の解答欄Eに書き写し，初期状態の風船（中の気体を含む）にかかる力を大きさとともに矢印で示しなさい．また，つり合いの式も記入しなさい．ただし，必要であれば，風船が受ける浮力の大きさを F，床からの抗力の大きさを N として用いなさい．

図3-2

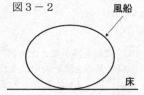

【Ⅱ】次に，空気の温度を一定値 T_0 に保ったまま部屋の圧力を高くしていくと，圧力が P_1 になったとき，図3-3に示すように風船は床から離れて浮き始めた．このときのアルゴンの温度は T_1 であった．

図3-3

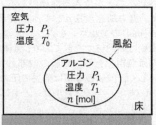

問4　このときのアルゴンの体積として最も適切なものを次の選択肢から1つ選び，解答欄（エ）にマークしなさい．

⓪ 0　　① $\dfrac{P_1}{RT_1}$　　② $\dfrac{m_AP_1}{RT_1}$　　③ $\dfrac{m_BP_1}{RT_1}$　　④ $\dfrac{P_1}{nRT_1}$

⑤ $\dfrac{nRT_0}{P_1}$　⑥ $\dfrac{P_1}{RT_0}$　　⑦ $\dfrac{RT_0}{P_1}$　　⑧ $\dfrac{nRT_1}{P_1}$　　⑨ $\dfrac{m_ART_0}{P_1}$

問5　このときの風船（中の気体を含む）にかかる浮力として最も適切なものを次の選択肢から1つ選び，解答欄（オ）にマークしなさい．

⓪ 0　　① $\dfrac{nm_AT_1g}{T_0}$　② $\dfrac{nm_BT_1g}{T_0}$　③ $\dfrac{nm_AT_0g}{T_1}$　④ $\dfrac{m_AT_1g}{T_0}$

⑤ $\dfrac{m_BT_1g}{T_0}$　⑥ $\dfrac{T_0g}{nm_AT_1}$　⑦ $\dfrac{T_1g}{nm_AT_0}$　⑧ $\dfrac{T_0g}{m_AT_1}$　⑨ $\dfrac{T_1g}{m_AT_0}$

問6 このときのアルゴンの温度 T_1[K]として最も近い数値を次の選択肢から選び,解答欄(カ)にマークしなさい.ただし,$M = 1.0 \times 10^{-3}$ kg,$m_A = 2.9 \times 10^{-2}$ kg/mol,$m_B = 4.0 \times 10^{-2}$ kg/mol,$n = 1.0$ mol,$T_0 = 2.9 \times 10^2$ K とする.

⓪ 1.5×10　　① 1.5×10^2　　② 2.0×10　　③ 2.0×10^2

④ 4.1×10　　⑤ 4.1×10^2　　⑥ 6.2×10　　⑦ 6.2×10^2

⑧ 8.2×10　　⑨ 8.2×10^2

問7 気体の圧力を上昇させるとき,単原子分子理想気体の断熱変化と等温変化を比較すると,等温変化の場合よりも断熱変化の場合の方が,同じ圧力変化に対する体積変化が小さくなる.図3−4には,理想気体の温度T_0での等温変化をあらわす圧力pと体積Vの関係の概略を示すグラフが示されている.解答用紙裏面の解答欄Fにこの図を書き写し,次に,この気体の温度T_1での等温変化の概略を示す曲線を点線で書き入れなさい.なお,温度T_0とT_1の大きさの関係は問6と同様である.さらに,圧力p_0,温度T_0の状態から圧力p_1,温度T_1の状態へ変化したときの断熱変化の概略を示す線を実線矢印で記入しなさい.ただし,$p_1 > p_0$である.

図3−4

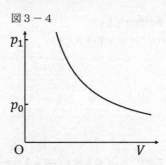

化学

(60分)

必要があれば次の数値を用いなさい.
原子量：H = 1.0, C = 12, N = 14, O = 16, K = 39

1 以下の問1〜問5に答えなさい.

問1　次の記述a〜cの正誤について最も適する組み合わせを, 表1の①〜⑧から一つ選びなさい. (解答欄1-ア)

a ^{12}Cの陽子数と電子数は, ^{13}Cの陽子数と電子数と同じである.

b Mg^{2+}とS^{2-}の電子の数は等しい.

c Na^+よりもAl^{3+}の方がイオン半径が大きい.

表1

	a	b	c
①	正	正	正
②	正	正	誤
③	正	誤	正
④	正	誤	誤
⑤	誤	正	正
⑥	誤	正	誤
⑦	誤	誤	正
⑧	誤	誤	誤

問2　次の記述a〜cの正誤について最も適する組み合わせを, 表2の①〜⑧から一つ選びなさい. (解答欄1-イ)

a ジメチルエーテルとエタノールでは, エタノールの方が沸点が高い.

b ネオンとアルゴンでは, アルゴンの方が沸点が高い.

c フッ化水素と塩化水素では, フッ化水素の方が沸点が高い.

表2

	a	b	c
①	正	正	正
②	正	正	誤
③	正	誤	正
④	正	誤	誤
⑤	誤	正	正
⑥	誤	正	誤
⑦	誤	誤	正
⑧	誤	誤	誤

問3 次の記述 a～c の正誤について最も適する組み合わせを，表3の①～⑧から一つ選びなさい．(解答欄 1 － ウ)

a 周期表の第2周期の元素のうち，単体が常温・常圧で気体の元素は4つである．

b 周期表の第3周期の元素の原子のうち，イオン化エネルギーが最も大きいのはナトリウムである．

c 周期表の第3周期の2族元素の原子と17族元素の原子は，共有結合して分子を形成する．

表3

	a	b	c
①	正	正	正
②	正	正	誤
③	正	誤	正
④	正	誤	誤
⑤	誤	正	正
⑥	誤	正	誤
⑦	誤	誤	正
⑧	誤	誤	誤

問4 分子量 M の物質 x 〔g〕が溶けた y 〔mL〕の溶液について，モル濃度〔mol/L〕と質量パーセント濃度〔%〕を表す式として最も適するものを，表4の①～⑨から一つ選びなさい．ただし，溶液の密度は d 〔g/cm^3〕とする．(解答欄 1 － エ)

表4

	モル濃度〔mol/L〕	質量パーセント濃度〔%〕
①	$1000x/My$	x/dy
②	$1000x/My$	$100x/dy$
③	$1000x/My$	$100x/d(x+y)$
④	x/My	x/dy
⑤	x/My	$100x/dy$
⑥	x/My	$100x/d(x+y)$
⑦	$xy/1000M$	x/dy
⑧	$xy/1000M$	$100x/dy$
⑨	$xy/1000M$	$100x/d(x+y)$

問5 次の記述 a～c の金属ア～オ(Ag, Cu, Mg, Na, Zn のいずれかとする)について，ア，ウ，エにあてはまる金属として最も適する組み合わせを，表5の①～⑧から一つ選びなさい．(解答欄 1 － オ)

a オは常温で水と激しく反応した．ア，イ，ウ，エは水とは反応しなかったが，アだけは熱水と反応した．

b ア，ウ，オは希硫酸と反応して水素を発生したが，イとエは反応しなかった．

c イの陽イオンを含む水溶液にエを入れたところ，エの表面にイが析出した．

表5

	ア	ウ	エ
①	Na	Zn	Ag
②	Na	Ag	Cu
③	Na	Cu	Ag
④	Na	Zn	Cu
⑤	Mg	Zn	Ag
⑥	Mg	Ag	Cu
⑦	Mg	Cu	Ag
⑧	Mg	Zn	Cu

$\boxed{2}$ エタン C_2H_6 0.060 g と酸素 0.32 g の混合気体を，容積 1.0 L の真空密閉容器に入れて (a)エタンを完全燃焼させた後，27 ℃に保った．以下の問1〜問5に答えなさい．ただし，液体の体積と液体に対する気体の溶解は無視できるものとし，気体定数 R は 8.3×10^3 Pa・L/(mol・K)，27 ℃における水の飽和蒸気圧は 3.5×10^3 Pa とし，気体は理想気体としてふるまうものとする．

問1　下線部 (a) の化学反応式を解答欄 A に示しなさい．(解答欄 A)

問2　燃焼後の二酸化炭素の物質量は何 mol か．最も近い値を次の①〜⑥から一つ選びなさい．(解答欄 2 − ア)

①　2.0×10^{-3} 　　　②　2.4×10^{-3} 　　　③　3.6×10^{-3}

④　4.0×10^{-3} 　　　⑤　4.5×10^{-3} 　　　⑥　6.0×10^{-3}

問3　燃焼後の酸素の分圧は何 Pa か．最も近い値を次の①〜⑥から一つ選びなさい．(解答欄 2 − イ)

①　5.0×10^3 　　　②　7.5×10^3 　　　③　1.0×10^4

④　1.7×10^4 　　　⑤　2.5×10^4 　　　⑥　3.6×10^4

問4　燃焼後の全圧は何 Pa か．最も近い値を次の①〜⑥から一つ選びなさい．(解答欄 2 − ウ)

① 8.3×10^3 　　　② 1.0×10^4 　　　③ 1.7×10^4

④ 2.1×10^4 　　　⑤ 3.2×10^4 　　　⑥ 3.6×10^4

問5　燃焼後の液体の水の質量は何 g か. 最も近い値を次の①〜⑥から一つ選びなさい. (解答欄2 − エ)

① 1.2×10^{-3} 　　　② 1.2×10^{-2} 　　　③ 8.3×10^{-2}

④ 4.6×10^{-1} 　　　⑤ 7.2×10^{-1} 　　　⑥ 9.2×10^{-1}

3　以下の問1〜問3に答えなさい.

問1　次の熱化学方程式(a) 〜 (g)の各反応が平衡状態にあるとき, 以下の(ア)と(イ)の両方に当てはまるものの組み合わせとして正しいものを, 次の①〜⑤から一つ選びなさい. (解答欄3 − ア)

(a) $2NO$ (気) $= N_2$(気)$+ O_2$(気)$+ 181$ kJ

(b) CH_3OH (気) $= CO$ (気)$+ 2H_2$(気)$- 91$ kJ

(c) C_2H_4(気)$+ H_2$(気)$= C_2H_6$(気)$+ 137$ kJ

(d) $2CO_2$(気)$= 2CO$ (気)$+ O_2$(気)$- 566$ kJ

(e) $2HI$ (気)$= H_2$(気)$+ I_2$(気)$- 9$ kJ

(f) N_2(気)$+ 3H_2$(気)$= 2NH_3$(気)$+ 92$ kJ

(g) C (固)$+ H_2O$ (気)$= H_2$(気)$+ CO$ (気)$- 131$ kJ

(ア)　圧力一定で温度を上げると平衡が右に移動する

(イ)　温度一定で圧力を上げると平衡が左に移動する

① (c), (f) 　　　② (a), (c), (f) 　　　③ (b), (d), (e)

④ (b), (d) 　　　⑤ (b), (d), (g)

問2　化学平衡に関する記述として誤っているものを, 次の①〜⑥から二つ選びなさい. (解答欄3 − イ)

① ある反応が平衡状態にあるとき，正反応と逆反応の反応速度をそれぞれ v_a および v_b とすると，$v_a = v_b = 0$ が成り立つ.

② 平衡定数は，温度一定であれば，濃度や圧力が異なっても一定の値となる.

③ 一般に，強酸とその塩の混合水溶液，または強塩基とその塩の混合水溶液には，緩衝作用がある.

④ 酸由来の陰イオンと塩基由来の陽イオンからなる化合物を塩といい，塩の水溶液には，中性を示すものばかりではなく，酸性や塩基性を示すものもある.

⑤ 不可逆反応とは，双方向に進行する可逆反応に対し，一方向にだけ進行する反応である.

⑥ 触媒を加えることによって，平衡に達する時間は変化するが，平衡定数は変わらない.

問3 次の文章を読み，以下の問に答えなさい.

溶解度積は，水溶液中に沈殿せずに存在するイオンのモル濃度〔mol/L〕から得られる値であり，溶解度の目安となる. 難溶性の塩であるクロム酸銀は，わずかに水に溶け，次のような平衡が成り立つ.

$$Ag_2CrO_4(固) \rightleftarrows 2Ag^+ + CrO_4^{2-}$$

ある温度におけるクロム酸銀の飽和水溶液のモル濃度は，1.0×10^{-4} mol/L であった. このときの溶解度積はいくらになるか. 最も近い値を次の①〜⑥から一つ選びなさい. (解答欄3 −ウ)

① 4.0×10^{-4} $(mol/L)^2$ ② 2.0×10^{-4} $(mol/L)^2$ ③ 2.0×10^{-12} $(mol/L)^2$

④ 4.0×10^{-4} $(mol/L)^3$ ⑤ 4.0×10^{-12} $(mol/L)^3$ ⑥ 2.0×10^{-12} $(mol/L)^3$

4 次の I～IV の記述を読み,以下の問1～問4に答えなさい.

I 安息香酸,アニリン,ニトロベンゼン,フェノールをジエチルエーテルに溶かして,4種類の芳香族化合物を含む溶液とした.

II 記述 I の溶液に水酸化ナトリウム水溶液を加え,水層を塩基性にした後,分液ろうとを用いてよくふり混ぜた.静置した後,エーテル層と水層を分離した.

III 記述 II で得られたエーテル層に希塩酸を加え,水層を酸性にした後,分液ろうとを用いてよくふり混ぜた.静置した後,エーテル層 A と水層 B に分離した.

IV 記述 II で得られた水層に二酸化炭素を十分に吹き込み,溶質を炭酸と反応させた.そこへジエチルエーテルを加えた後,分液ろうとを用いてよくふり混ぜた.静置した後,エーテル層 C と水層 D に分離した.

問1 安息香酸,アニリン,ニトロベンゼン,フェノールを得るための操作として,最も適切なものを次の①～⑧から一つずつ選びなさい.安息香酸については(解答欄4－ア)に,アニリンについては(解答欄4－イ)に,ニトロベンゼンについては(解答欄4－ウ)に,フェノールについては(解答欄4－エ)にそれぞれマークしなさい.

① ベンゼンとプロペンを反応させ,酸素で酸化した後,希硫酸で処理する.
② ベンゼンに紫外線を照射しながら塩素と反応させる.
③ ベンゼンと水素をニッケル触媒存在下,高圧で反応させる.
④ 濃硝酸と濃硫酸の混合物(混酸)をベンゼンに加えて反応させる.
⑤ トルエンを過マンガン酸カリウムで酸化した後,希硫酸で処理する.
⑥ 触媒に酸化バナジウム(V)V_2O_5を用いて,o-キシレンを酸化する.
⑦ ベンゼンに濃硫酸を加えて加熱する.
⑧ スズと濃塩酸によりニトロベンゼンを還元した後,塩基で処理する.

問2 エーテル層 A,水層 B,エーテル層 C,水層 D におもに含まれる芳香族化合物の構造式を,それぞれ解答用紙裏面の<u>解答欄 C, D, E, F</u> に書きなさい.

エーテル層 A に含まれる芳香族化合物(解答欄 C に書きなさい)
水層 B に含まれる芳香族化合物(解答欄 D に書きなさい)
エーテル層 C に含まれる芳香族化合物(解答欄 E に書きなさい)
水層 D に含まれる芳香族化合物(解答欄 F に書きなさい)

問3　水層 D に含まれる芳香族化合物と塩酸を混合させたときの化学変化を化学反応式で示し，解答用紙裏面の解答欄 G に書きなさい．ただし，芳香族化合物は構造式で記しなさい．

問4　次の①～⑧の芳香族化合物をそれぞれジエチルエーテル溶液とした後，記述Ⅱと Ⅳ の操作を行なった場合，エーテル層 C に含まれる芳香族化合物を二つ選びなさい．(解答欄 4 － オ)

⑤ 以下の問1～問3に答えなさい．

問1　糖類に関する記述として誤っているものを，次の①～⑥から二つ選びなさい．(解答欄 5 － ア)

① グルコースは，水溶液中では環状構造と鎖状構造で存在し，鎖状構造に含まれるホルミル基(アルデヒド基)により還元性を示す．

② スクロースは，水によく溶け，甘味がある $C_6H_{12}O_6$ で表せる単糖である．

③ セルロースは，還元性はないが，ヨウ素デンプン反応を示す．

④ アミロペクチンは，α-1,6- グリコシド結合による分枝 (枝分かれ) 構造を含む水に溶けにくいデンプンである．

⑤ デンプンを希硫酸と加熱して十分に加水分解すると，最終的にグルコースとなる．

⑥ ヨウ素デンプン反応により呈色したデンプン水溶液は，加熱すると色が消え，冷却すると再び呈色する．

問2　天然のタンパク質を構成するアミノ酸に関する記述として誤っているものを，次の①～⑥から二つ選びなさい．(解答欄 5 － イ)

① アラニンは，不斉炭素原子を有し，鏡像異性体が存在する.

② アミノ酸の中には，複数のカルボキシ基を有するものが存在する.

③ アミノ酸は，水溶液中では陽イオン，双性イオン，陰イオンの平衡状態として存在し，各イオンの存在比は pH によらず一定である.

④ グリシン水溶液の電気泳動において，等電点より pH を小さくすると，グリシンはより陰極側に移動するようになる.

⑤ アミノ酸にアルコールと酸触媒を作用させると，アミノ基がアセチル化され，塩基としての性質を失う.

⑥ アミノ酸にニンヒドリンの水溶液を加えて加熱すると，赤紫～青紫色を呈する.

問3　油脂に関する以下の(1) ～ (3)に答えなさい.

(1)以下の記述の (a) ～ (d) に入る語として最も適するものを，次の①～⑦からそれぞれ一つずつ選びなさい. ただし,同じ記号を繰り返し選んでもよい.
(a:解答欄5－ウ),(b:解答欄5－エ),(c:解答欄5－オ),(d:解答欄5－カ)

　　油脂は，(a)とさまざまな脂肪酸がエステル結合した化合物であり，その性質は，構成する脂肪酸により異なる. 油脂の融点は，構成する脂肪酸の炭素原子の数が多いほど(b)なり，C＝C 結合が多いほど(c)なる.
　　油脂のエステル結合を塩基で加水分解することをけん化といい，1 mol の油脂を完全にけん化するためには1価の塩基が(d) mol 以上必要である.

① エチレングリコール　　　② グリセリン　　　③ 低く
④ 高く　　　　⑤ 1　　　　⑥ 2　　　　⑦ 3

(2)油脂1 g を完全にけん化するのに必要な水酸化カリウムの質量〔mg〕をけん化価という. 油脂 A は，構成する脂肪酸がパルミチン酸 (分子量 256) のみである. 油脂 A のけん化価はいくらになるか. 最も近い値を次の①～⑥から一つ選びなさい.(解答欄5－キ)

① 190　　② 195　　③ 208　　④ 232　　⑤ 254　　⑥ 263

(3)油脂 B と油脂 C のけん化価は，それぞれ 190 と 193 であった. 油脂 B と油脂 C の分子量に関する記述に関して，最も適するものを次の①～④から一つ選びなさい.(解答欄5－ク)

① 油脂 B の分子量は，油脂 C よりも大きい.

② 油脂 C の分子量は，油脂 B よりも大きい.

③ 油脂 B と油脂 C の分子量は，等しい.

④ 油脂 B と油脂 C の分子量の大小は，けん化価からは分からない.

生物

(60 分)

1　細胞分画および細胞骨格に関する以下の文章 [I] と [II] を読み，問1～5に
答えなさい（解答欄 ア ～ ク ， A ）．

[I]　図1は，等張のスクロース水溶液中で破砕した植物細胞の細胞分画の過程を
示したものである．

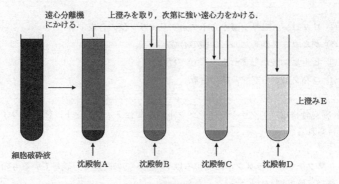

図1　細胞分画

問1　細胞を破砕するために水でなく等張のスクロース水溶液を用いた理由として
最も適切なものを，以下の①～⑥から1つ選び，解答欄 ア にマークしなさい．

① 細胞小器官が酸化されるのを防ぐため．
② 細胞小器官が還元されるのを防ぐため．
③ 細胞小器官から水分が流出するのを防ぐため．
④ 細胞小器官へ水分が流入するのを防ぐため．
⑤ 細胞小器官のエネルギー源とするため．
⑥ 細胞小器官の pH を保つため．

問2　以下の（イ）〜（カ）に記載した特徴がある沈殿物として最も適切なものを 1
　　つ選び，解答欄 $\boxed{イ}$ 〜 $\boxed{カ}$ にマークしなさい．なお，沈殿物 A は①を，沈殿物
　　B は②を，沈殿物 C は③を，沈殿物 D は④をマークしなさい．また，同じ番号を
　　複数回選んでもかまわない．

　　（イ）タンパク質合成の場となる構造体が豊富に含まれる沈殿物
　　（ウ）クエン酸回路ではたらく酵素が豊富に含まれる沈殿物
　　（エ）染色体が含まれる沈殿物
　　（オ）呼吸の過程のうち，電子伝達系ではたらく酵素が豊富に含まれる沈殿物
　　（カ）カルビン・ベンソン回路ではたらく酵素が豊富に含まれる沈殿物

問3　上澄み E に含まれる成分によって行われる反応として最も適切なものを，以下
　　の①〜④から 1 つ選び，解答欄 $\boxed{キ}$ にマークしなさい．

　　① リブロース二リン酸からホスホグリセリン酸の合成
　　② グルコースからピルビン酸の合成
　　③ ピルビン酸からアセチル CoA の合成
　　④ コハク酸からフマル酸の合成

[Ⅱ] 細胞骨格は，アクチンフィラメント，中間径フィラメント，微小管の 3 つに分
　　けられる．

問4　アクチンフィラメントに関する以下の①〜⑦の記述で，誤っているものを 3 つ
　　選び，解答欄 $\boxed{ク}$ にマークしなさい．

　　① 鞭毛の運動に関わる．
　　② 原形質流動に関わる．
　　③ 筋収縮に関わる．
　　④ 細胞骨格で直径が最も大きい．
　　⑤ 細胞骨格で直径が最も小さい．
　　⑥ 細胞分裂の際，染色体が両極に移動する過程に関わる．
　　⑦ 細胞分裂の際，細胞質分裂に関わる．

問5　微小管は細胞内の物質および細胞小器官の移動に関わる細胞骨格であり，その
　　移動には 2 種類のモータータンパク質が関わっている．その 2 種類のモータータ
　　ンパク質の名称を，解答欄 $\boxed{A}$ に記載しなさい．

2 有機窒素化合物の合成に関する以下の文章を読み，問1〜7に答えなさい（解答
欄 ア 〜 テ ）．

　生物は体外から窒素化合物を取り込み，それを窒素源とし，生命活動を営む上で必
要な有機窒素化合物の合成に用いる．これは（ア）と呼ばれる．植物の場合，地中に
溶けている無機窒素化合物である NO_3^- や NH_4^+ が主な窒素源となる．このうち NH_4^+
は，生物の遺体や排出物に含まれる有機窒素化合物の分解過程で生成する．一方，
NO_3^- は，(A) 硝化菌のはたらきにより NH_4^+ が（イ）されることで生成する．つまり，
NH_4^+ は（ウ）のはたらきで NO_2^- へと変換され（反応1），さらに NO_2^- は（エ）の
はたらきを受け，NO_3^- が生成する（反応2）．

　　反応1　（カ）NH_4^+ +（キ）O_2　→　（ク）NO_2^- +（ケ）H_2O +（コ）H^+
　　反応2　（サ）NO_2^- +（シ）O_2　→　（ス）NO_3^-

　これら NO_3^- や NH_4^+ は植物の根から吸収され，このうち NO_3^- は植物の体内で
NH_4^+ まで（セ）される．一方，マメ科植物の場合，(B) N_2 から NH_4^+ を生成する細菌
が共生し，その細菌から NH_4^+ を受け取ることができる．その後，NH_4^+ は植物体内
において有機窒素化合物の合成に利用される（図2）．すなわち，NH_4^+ はグルタミン
酸と結合し，（ソ）となる．次いで（ソ）は（タ）と反応し，2分子のグルタミン酸
が生成する．(C) ある種の酵素のはたらきにより，グルタミン酸は各種有機酸と反応し，
これにより各種アミノ酸が合成される．これらのアミノ酸は，様々な有機窒素化合物
の合成に利用される．

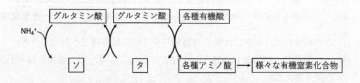

図2　植物における有機窒素化合物の合成

　一方，(D) 動物は，窒素源を食物から得る．動物はこれらをそのまま利用するか，
あるいは分解し，必要とされる有機窒素化合物につくり変えて利用する．

問1　文中の（ア）〜（エ）に当てはまる最も適切な語を，次の①〜⑨から1つずつ
　　選び，解答欄 ア 〜 エ にマークしなさい．

　　①　硝酸菌　　　　②　根粒菌　　　　③　アンモニア菌
　　④　窒素異化　　　⑤　窒素同化　　　⑥　還元

⑦ 酸化　　　　　　⑧ 窒素固定　　　　⑨ 亜硝酸菌

問 2　下線部 (A) の硝化菌に関する説明として適切なものを，次の①〜⑤から 2 つ選び，解答欄 オ にマークしなさい．

① 硝化菌は光合成細菌と同じく光合成を行う．
② 硝化菌は鉄細菌と同じく化学合成を行う．
③ 硝化菌は紅色硫黄細菌と同じく化学合成を行う．
④ 硝化菌はカルビン・ベンソン回路をもつ．
⑤ 硝化菌は脱窒の作用も示す．

問 3　反応 1 と反応 2 の反応式中の (カ)〜(ス) に当てはまる最も小さな一桁の数字を，解答欄 カ 〜 ス にマークしなさい．ただし，同じ数字を選んでも良い．また，当てはまる数字が不要な場合は「1」を入れること．

問 4　文中の (セ)〜(タ) に当てはまる最も適切な語を，次の①〜⑨から 1 つずつ選び，解答欄 セ 〜 タ にマークしなさい．なお，図 2 中の ソ ， タ は文中と同じものとする．

① アラニン　　　　　② グルタミン　　　　③ アスパラギン
④ アスパラギン酸　　⑤ α−ケトグルタル酸　⑥ オキサロ酢酸
⑦ 異化　　　　　　　⑧ 還元　　　　　　　⑨ 酸化

問 5　下線部 (B) の，マメ科植物に共生し，N_2 から NH_4^+ を生成する細菌に関する説明として適切なものを，次の①〜⑤から 2 つ選び，解答欄 チ にマークしなさい．

① この細菌のはたらきにより，植物体の全体に粒状の構造が形成される．
② この細菌は，植物体に NH_4^+ を一方的に供給するだけで，植物とは片利共生の関係である．
③ この細菌のはたらきにより，植物体の根に粒状の構造が形成される．
④ この細菌と同じく，他の生物と共生し，N_2 から NH_4^+ を生成する細菌として，アゾトバクターが挙げられる．
⑤ この細菌は，植物体から有機化合物を受け取るため，植物とは相利共生の関係である．

問 6　下線部 (C) の酵素のはたらきとして最も適切な説明を，次の①〜⑤から 1 つ選び，解答欄 ツ にマークしなさい．

① 各種有機酸のアミノ基をグルタミン酸に転移させる．

  ② グルタミン酸のアミノ基を各種有機酸に転移させる.

  ③ グルタミン酸のカルボキシ基を各種有機酸に転移させる.

  ④ 各種有機酸のカルボキシ基をグルタミン酸に転移させる.

  ⑤ グルタミン酸,各種有機酸および NH_4^+ の三者を反応させ,各種アミノ酸を
   合成する.

問7 下線部 (D) の動物が食物から得る窒素源として適切なものを,次の①〜⑨か
  ら**2つ**選び,解答欄 テ にマークしなさい.

 ① グリコーゲン ② デンプン   ③ アミノ酸

 ④ 脂肪   ⑤ NO_3^- ⑥ 脂肪酸

 ⑦ タンパク質   ⑧ 尿酸   ⑨ 尿素

3 遺伝情報の発現に関する以下の文章 [Ⅰ] と [Ⅱ] を読み,問1〜7に答えなさ
 い(解答欄 ア 〜 コ , B).

[Ⅰ] DNA 複製の開始時には,鋳型鎖に相補的な短いヌクレオチド鎖である(ア)
  が合成され,つづいて DNA ポリメラーゼが(ア)につなげて新生ヌクレオチ
  ド鎖を伸長する.DNA ポリメラーゼは(イ)方向にだけヌクレオチド鎖を伸長
  することができる.したがって,DNA 2 本鎖の一方の鋳型鎖は DNA がほどけ
  ていく方向に新生鎖が伸長する.これを(ウ)鎖という.これに対し,もう一方
  の鋳型鎖では,DNA がほどけてある程度1本鎖の部分が長くなると,(ア)が合
  成された後,DNA ポリメラーゼが,DNA のほどける方向とは逆方向に新生ヌ
  クレオチド断片をつくる.できた断片は,(エ)という酵素によって,それまで
  につくられた断片と結合する.このような,短く不連続な新生ヌクレオチド断片
  をつなぎ合わせることで複製される新生鎖を(オ)鎖という.

問1 本文中の(ア)〜(オ)に当てはまる最も適切な語句を,次の①〜⑨から1つ
  ずつ選び,解答欄 ア 〜 オ にマークしなさい.

 ① 5′ → 3′   ② 3′ → 5′   ③ プライマー

 ④ プロモーター ⑤ リーディング ⑥ ラギング

 ⑦ 岡崎フラグメント ⑧ DNAリガーゼ ⑨ DNAヘリカーゼ

問2 DNA はアデニン,グアニン,シトシン,チミンの4種類の塩基で構成される.
  大腸菌の染色体 DNA に占めるシトシンの割合が 26% だった場合,チミンの割
  合(%)として最も適切な数値を,次の①〜⑤から1つ選び,解答欄 カ にマー
  クしなさい.

① 13 　　② 24 　　③ 26 　　④ 38 　　⑤ 76

問3　DNA ポリメラーゼには，ヌクレオチドを伸長するだけでなく，ヌクレオチド鎖の3′末端からヌクレオチドを除去する機能がある．このようなはたらきの意義として最も適切なものを，次の①〜⑤から1つ選び，解答欄 キ にマークしなさい.

① 相補的でない塩基をもつヌクレオチドが結合した場合に，その誤ったヌクレオチドを取り除き，正しいヌクレオチドをつなぎ直すため.

② 転写されたRNAからイントロンを取り除き，複数種類のmRNAをつくるため.

③ mRNAの3′末端に付加されたアデニンヌクレオチドを取り除き，翻訳効率を上げるため.

④ DNAポリメラーゼの進行方向に存在する余分なヌクレオチドを取り除き，複製効率を上げるため.

⑤ 細胞の正常な形態を維持しながらDNAを断片化し，アポトーシスを誘導するため.

[Ⅱ] ある二倍体の生物の毛の色は遺伝的に決定されている．野生型の黒毛を現す遺伝子は優性（顕性）形質で，白毛は劣性（潜性）形質である．毛の色を決定する野生型遺伝子のDNA塩基配列を調べたところ，構造遺伝子の始まり部分を含むセンス鎖は以下の配列であった．ただし，この配列はイントロンを含まない.

5′-AGGACCGCCATGCTGTTCAGGATTCGATTCGATCGGCGTGGCAAGTTG-3′

図3　毛の色を決定する野生型遺伝子のDNA塩基配列

UUU	フェニルアラニン	UCU		UAU	チロシン	UGU	システイン
UUC		UCC	セリン	UAC		UGC	
UUA	ロイシン	UCA		UAA	終止	UGA	終止
UUG		UCG		UAG		UGG	トリプトファン
CUU		CCU		CAU	ヒスチジン	CGU	
CUC	ロイシン	CCC	プロリン	CAC		CGC	アルギニン
CUA		CCA		CAA	グルタミン	CGA	
CUG		CCG		CAG		CGG	
AUU	イソロイシン	ACU		AAU	アスパラギン	AGU	セリン
AUC		ACC	トレオニン	AAC		AGC	
AUA		ACA		AAA	リシン	AGA	アルギニン
AUG	メチオニン	ACG		AAG		AGG	
GUU		GCU		GAU	アスパラギン酸	GGU	
GUC	バリン	GCC	アラニン	GAC		GGC	グリシン
GUA		GCA		GAA	グルタミン酸	GGA	
GUG		GCG		GAG		GGG	

表1　遺伝暗号表

問4 転写された mRNA をもとに 5′ 側からタンパク質が合成される. タンパク質合成は最初に出現するメチオニンに対応するコドンから開始される. 最初に出現するメチオニンを1番目のアミノ酸としたとき, 上記の DNA の塩基配列より翻訳されるタンパク質の5番目と8番目のアミノ酸の組み合わせとして最も適切なものを, 以下の①〜⑧から1つ選び, 解答欄 ク にマークしなさい. なお, 表1の遺伝暗号表を参照すること.

	5番目		8番目
①	ロイシン	–	イソロイシン
②	ロイシン	–	アスパラギン酸
③	イソロイシン	–	アスパラギン酸
④	イソロイシン	–	フェニルアラニン
⑤	トレオニン	–	フェニルアラニン
⑥	トレオニン	–	イソロイシン
⑦	プロリン	–	トリプトファン
⑧	プロリン	–	アスパラギン酸

問5 白毛の個体のこの遺伝子の配列は, 25番目の塩基が C から T に変化していた. この変化はどのような結果をもたらしたか, 最も適切なものを, 以下の①〜⑧から1つ選び, 解答欄 ケ にマークしなさい. なお, 表1の遺伝暗号表を参照すること.

① メチオニンを指定するコドンが終止コドンに変化する.
② フェニルアラニンを指定するコドンが終止コドンに変化する.
③ イソロイシンを指定するコドンが終止コドンに変化する.
④ アルギニンを指定するコドンが終止コドンに変化する.
⑤ メチオニンがリシンに変化する.
⑥ フェニルアラニンがリシンに変化する.
⑦ イソロイシンがリシンに変化する.
⑧ アルギニンがリシンに変化する.

問6 ある個体では, 毛の色を決定する両方の対立遺伝子の DNA の 34番目と45番目の双方の塩基が変化していたにもかかわらず, 黒毛であった. この個体において, 34番目と45番目の塩基で起きた変化の組み合わせとして最も適切なものを, 以下の①〜⑨から1つ選び, 解答欄 コ にマークしなさい. なお, 表1の遺伝暗号表を参照すること. また, 毛色の決定に関わるタンパク質を構成するアミノ酸の一箇所にでも変化が起こると毛の色は黒色ではなくなるものとする.

	34 番目		45 番目
①	A	–	A
②	A	–	T
③	A	–	C
④	G	–	A
⑤	G	–	T
⑥	G	–	C
⑦	T	–	A
⑧	T	–	T
⑨	T	–	C

問7　毛の色を決定するタンパク質のすべての配列を調べたところ，以下のアミノ酸配列を含むことがわかった．（グルタミン）－（リシン）－（プロリン）－（ロイシン）－（セリン）－（ヒスチジン）．このアミノ酸配列を合成しうる遺伝暗号の組み合わせは何通りあるか．計算式とともに解答欄 $\boxed{B}$ に記載しなさい．なお，表1の遺伝暗号表を参照すること．

$\boxed{4}$ 有性生殖に関する以下の文章を読み，問1〜5に答えなさい（解答欄 $\boxed{ア}$ 〜 $\boxed{ケ}$）．

　遺伝子は，染色体の特定の場所に存在する．そのような場所のことを（ア）という．1つの（ア）に，異なる複数の形質を発現する遺伝子が存在する場合，それらの遺伝子のことを対立遺伝子という．たとえば，正常型赤血球のヘモグロビンに関する遺伝子と，鎌状赤血球のヘモグロビン遺伝子は染色体の同じ（ア）に存在する対立遺伝子である．同一の染色体に存在する遺伝子は（イ）しているといい，異なる染色体に存在する遺伝子は（ウ）しているという．有性生殖では，配偶子ができる過程で，染色体の数を半減させる（エ）が起こる．遺伝子 *A* と *B*，*a* と *b* が（イ）しており，染色体の乗換えが起こらないとすると，生じる配偶子は *AB* と *ab* の2種類だけであるが，染色体の乗換えが起こる場合，新たな遺伝子の組み合わせ *Ab* と *aB* ができる．乗換えによって，対をなす相同染色体で遺伝子の一部が入れかわることを，遺伝子の（オ）という．

問1　本文中の（ア）〜（オ）に当てはまる最も適切な語を，次の⓪〜⑨から1つずつ選び，解答欄 $\boxed{ア}$ 〜 $\boxed{オ}$ にマークしなさい．

　⓪ 対合　　　　① 遺伝子座　　　② 遺伝子型　　　③ 減数分裂
　④ 体細胞分裂　⑤ 独立　　　　　⑥ 連鎖　　　　　⑦ 組換え
　⑧ 再編成　　　⑨ 一塩基多型

問2 遺伝子の(オ)によって生じた配偶子の割合が20%の場合,ある染色体に2組の対立遺伝子(A, a)(B, b)をもつ母細胞($AaBb$)がつくる配偶子の組み合わせの分離比($AB : Ab : aB : ab$)として最も適切なものを,次の①~⑨から1つ選び,解答欄 カ にマークしなさい.

① (1:1:1:1) ② (1:2:2:1) ③ (2:1:1:2)
④ (1:4:4:1) ⑤ (4:1:1:4) ⑥ (1:8:8:1)
⑦ (8:1:1:8) ⑧ (1:4:2:1) ⑨ (1:2:4:8)

問3 ある相同染色体に2組の対立遺伝子(A, a)(B, b)が,また別の相同染色体に1組の対立遺伝子(E, e)が存在している生物がある.相同染色体間の乗換えが起こらない場合,何通りの配偶子ができるか.最も適切な数字を次の①~⑤から1つ選び,解答欄 キ にマークしなさい.

① 1   ② 2   ③ 4   ④ 8   ⑤ 16

問4 問3と同じ生物で相同染色体間の乗換えが起こる場合,何通りの配偶子ができるか.最も適切な数字を次の①~⑤から1つ選び,解答欄 ク にマークしなさい.

① 1   ② 2   ③ 4   ④ 8   ⑤ 16

問5 減数分裂での細胞当たりのDNA量の変化を模式化した図として最も適切なものを図4の①~⑥から1つ選び,解答欄 ケ にマークしなさい.

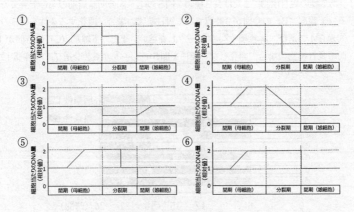

図4 減数分裂での細胞当たりのDNA量

5 植物の花芽形成に関する以下の文章を読み,問1〜5に答えなさい(解答欄 ア 〜 サ).

　植物のうち,(A) 短日植物は日長が短くなる (ア) 以降に花芽を形成し,また,長日植物は日長が長くなる (イ) に花芽を形成する.このように,生理現象が日長に反応して起こることを (ウ) という.花芽形成に重要なのは暗期の長さである.具体的には,花芽形成に必要な暗期について,短日植物では (B) 最短の長さが,また長日植物では (C) 最長の長さが観察され,これらは各々,(エ) 暗期と呼ばれる.しかし,花芽形成に対する暗期の効果は,暗期の途中,例えばその中央で短時間の光照射を行うと打ち消される.暗期の効果を打ち消す,この光照射による処理は (オ) と呼ばれ,短日植物の場合,光受容体であるフィトクロムが関わる.一方,日長に関係なく,花芽を形成する植物は (カ) 植物という.

問1　文中の (ア) 〜 (カ) に当てはまる最も適切な語を,次の①〜⑧から1つずつ選び,解答欄 ア 〜 カ にマークしなさい.

　① 春　　　　　　　② 夏　　　　　　　③ 冬　　　　　　　④ 有限
　⑤ 限界　　　　　　⑥ 中性　　　　　　⑦ 光中断　　　　　⑧ 光周性

問2　下線部 (A) の植物を,次の①〜⑨から3つ選び,解答欄 キ にマークしなさい.

　① アサガオ　　　　② カーネーション　　③ ホウレンソウ
　④ キク　　　　　　⑤ コムギ　　　　　　⑥ オナモミ
　⑦ トウモロコシ　　⑧ トマト　　　　　　⑨ エンドウ

問3　ある種の短日植物,または長日植物を図5の①〜⑧の明暗周期の条件で育てたとする.下線部 (B) の時間が9時間である短日植物の場合,開花する条件を図5の①〜⑧から4つ選び,解答欄 ク にマークしなさい.また,下線部 (C) の時間が13時間の長日植物の場合,開花しない条件を図5の①〜⑧から2つ選び,解答欄 ケ にマークしなさい.

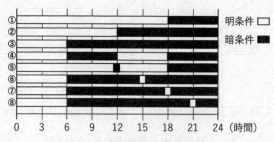

図5　植物の生育の明暗条件

問4　フィトクロムが植物の一生で関与する生理過程を，次の①〜⑧から1つ選び，解答
　　欄 コ にマークしなさい．

　　① 種子が成熟後，休眠する．
　　② 光発芽種子が発芽する．
　　③ 幼葉鞘が照射する光の方向へ屈曲する．
　　④ 根が重力屈性を示す．
　　⑤ 日中，葉において気孔が開く．
　　⑥ 土壌が乾燥し，気孔が閉じる．
　　⑦ 果実の成熟が促進される．
　　⑧ 昆虫から食害を受けると，昆虫の成長を妨げるタンパク質の合成を誘導する．

問5　短日植物のイネにおいて，花芽形成を誘導するフロリゲンは茎頂に作用し，その花
　　芽形成を誘導する．このフロリゲンの合成や移動に関する説明として最も適切なもの
　　を，次の①〜⑨から1つ選び，解答欄 サ にマークしなさい．

　　① フロリゲンは糖質として根で合成された後，道管内を移動し，茎頂に到達する．
　　② フロリゲンは糖質として茎で合成された後，道管内を移動し，茎頂に到達する．
　　③ フロリゲンは糖質として葉で合成された後，師管内を移動し，茎頂に到達する．
　　④ フロリゲンはタンパク質として根で合成された後，道管内を移動し，茎頂に
　　　到達する．
　　⑤ フロリゲンはタンパク質として茎で合成された後，道管内を移動し，茎頂に
　　　到達する．
　　⑥ フロリゲンはタンパク質として葉で合成された後，師管内を移動し，茎頂に
　　　到達する．
　　⑦ フロリゲンは脂質として根で合成された後，道管内を移動し，茎頂に到達する．
　　⑧ フロリゲンは脂質として茎で合成された後，道管内を移動し，茎頂に到達する．
　　⑨ フロリゲンは脂質として葉で合成された後，師管内を移動し，茎頂に到達する．

解答編

英語

$\boxed{1}$ **解答**　1－a　2－a　3－d　4－c　5－c　6－c
　　　　　　　7－b　8－a　9－d　10－b

◀解　説▶

1．against「～に対する，～に反対して」

3．some ～ others …「～のものもあれば…のものもある」

5．a は been broken down としなければならないので不可。

6．a や d は more frequently than でなければならないので不可。

8．apologize は自動詞で，to＋人が続く。apologize to A（人）for ～
「A（人）に～のことで謝罪する」

9．we can 以下が完全文なので，関係副詞を選ぶ。

10．since は理由を示す接続詞で「～なので」の意。d は of が不要。

$\boxed{2}$ **解答**　1－b　2－d　3－a　4－a　5－b　6－c
　　　　　　　7－c

◆全　訳◆

≪蚊取り線香≫

　蚊は地球上の他のどの動物よりも多くの人を殺します。蚊は日本脳炎やデング熱やジカ熱のような，死に至る病気を引き起こすウイルスを広めます。また蚊に刺されると痒く，時には痛みも伴います。こうした理由で，耳元でブンブンいうあの音を好きだと言う人は誰もいません。蚊が部屋にいるとき，どのようにして蚊を退治しますか？　よくある方法の1つは，蚊取り線香を使うことです。蚊取り線香は日本で最初に作られたことをご存知でしたか？　このプレゼンテーションでは，蚊取り線香の歴史を説明して，その後で蚊取り線香を使うことのメリットとデメリットに焦点を当てたいと思います。

蚊取り線香は 19 世紀後半に，上山英一郎という日本人男性によって作られました。彼はヨーロッパ原産の，ある薬用植物の中に含まれる化合物を使うことに興味がありました。彼は粉末タイプの蚊除けを作った後で，「蚊取り線香」と呼ばれる棒状の蚊除けを開発しました。燃える時間を延ばすために，彼の妻は，同じ素材を使って渦巻き状のものを作ることを提案しました。20 世紀の初めに上山は最初の渦巻き型蚊取り線香を作って，日本の市場で販売しました。蚊取り線香はとてもよく売れ，まもなく海外市場に輸出されました。今では蚊取り線香は世界中で売られ，多くの会社が同様の製品を作っています。

蚊取り線香にはメリットとデメリットの両方があります。メリットには安価で使いやすいことも含まれます。そのうえ，蚊取り線香を部屋で燃やせば，実際に蚊を殺すこともできるのです。デメリットについてはどうでしょうか？　まず蚊取り線香は火事を起こすかもしれません。蚊取り線香が原因となって，20 人以上が亡くなった火事が韓国でありました。第二に，蚊取り線香を密閉した部屋で使うと，さまざまな化合物を含んでいるその煙は，人間に有害であるかもしれません。第三に，蚊取り線香は戸外で蚊を除去するだけの効力はありません。そのうえ，虫を殺す化合物である殺虫剤で処理を施した蚊帳のような，もっと効果のある対策もあるのです。

デメリットがあるにもかかわらず，蚊取り線香が世界中で今でもまだ広く使われている主な理由は，手に入れやすいことです。化学者たちは現在，蚊取り線香の使用が，蚊によって引き起こされる病気に対する効果的な予防策なのかどうかを調査中です。現時点では，蚊取り線香が今のように将来も広く使われるか，それとも過去の産物となってしまうのかはまだわかりません。

◀解　説▶

1．a は What will you do … でなければならないので不可。

3．d は，後半の he developed 以下の節とつなげる接続詞がなくなってしまうので不可。

4．(his wife suggested) he should make <u>coils</u> using the same (material) となる。

5．besides「それに加えて」の前後には似たような内容がくるはず。また空所の直後（First, the coils …）に蚊取り線香のマイナス面が書かれて

いることに注目。c→b→d→aの順となる。

7．aは which uses mosquito coils, bは can be prevented としなければならないので不可。

3 **解答**　　1—a　2—c　3—d　4—b　5—b　6—c
　　　　　　　　7—c　8—b　9—d　10—b

◆全　訳◆

≪生物当てクイズ≫

スミカ　　：ねえ，スティーブ！　私のテストを受けない？

スティーブ：それは無理だよ。不正行為だもん。

スミカ　　：そういう意味じゃないわよ。クイズをやって遊ぼう，ってことよ。

スティーブ：ほっとしたよ！　いいよ，やってみるよ。

スミカ　　：よし，いくわよ。3つヒントを言うから，何の生物のことを言っているか当ててね。最初のヒントよ。この生物には160,000の記載種があり，未記載種はたぶんその5倍はあります。

スティーブ：「記載」とか「未記載」ってどういう意味？

スミカ　　：記載種っていうのは，その特徴が詳しく研究されて科学論文で説明されている種のことよ。未記載種ではそれがまだできてないの。

スティーブ：わかった。2番目のヒントをちょうだい。

スミカ　　：さあ，いくわよ。この生物は7つの大陸すべてにいます。そして現在，地球上でのその数は，人間の数の約20,000,000倍に当たります。

スティーブ：わあ。それは多いね！　3つのヒントと言ったから，もう当てなければだめかな？　何だかわからないけど，何かとても小さいものにちがいないね。微生物かい？

スミカ　　：どちらもノーよ。もう1つヒントを出すわ。この生物は重要な受粉媒介者なの。

スティーブ：わかった。ハチのことだね！

スミカ　　：外れ！　ハチじゃないわ。当てられるようにたくさんヒント

　　　　　を出すわよ。その生物はごみを食べ，食物連鎖に重要で，病
　　　　　気の媒介もします。

スティーブ：病気の媒介をする？　蚊のことを言っているんだね！

スミカ　　：正解に近づいているわ，スティーブ！　蚊も同じ Diptera
　　　　　（双翅目）の一種だもの。"Di" は「２」の意味で，"pteron"
　　　　　は「羽」の意味よ。さあ当てられる？

スティーブ：だめだよ。でもごみを食べて病気の媒介をするんじゃ，あま
　　　　　りいい生物ではないね。あきらめるよ。

スミカ　　：簡単にあきらめないで，スティーブ。もう１つヒントを出さ
　　　　　せて。

スティーブ：今回は良いヒントならいいんだけど。

スミカ　　：この生物は安価でライフサイクルが短いので，生化学の実験
　　　　　でよく使われます。

スティーブ：ハエか！

スミカ　　：やっと当たったわね，スティーブ。ずっと当たらないかと思
　　　　　ったわ。

━━━━━◀解　説▶━━━━━

１．quiz には「テスト」という意味があり，「クイズをやらない？」とい
うスミカの発言を，「私のテストを受けない？」という替え玉受験の依頼
と勘違いしている。

３．Its characteristics have been carefully studied … という文の its と
いう所有格が関係詞 whose となって，先行詞の one を修飾する。

４．Here it is.（＝Here you are.）「さあどうぞ」　物を差し出すときの表
現。

６．直前のスティーブの発言中にある２つの疑問文 do I have to guess
now? と Is it a microorganism? に対する答えが，両方 no であるという
こと。

７．空所の後にさらに詳細な情報が書かれているので，よりたくさんのヒ
ントを出すという旨の発言が入る。

８．get warmer「正解に近づく」　直後で「蚊も同じ種類だ」と言ってい
ることから推測したい。

10．this time は「今回は」なので，それまではそうではなかったことに

なる。

$\boxed{4}$ **解答** 1－c 2－a 3－c 4－d 5－b 6－d
7－d

◆━━━━━━━━◆全 訳◆━━━━━━━━━━━━━━━━━◆

≪辞書とは≫

　英語の辞書のことを考えるとき，何が頭に浮かぶだろうか？　何か単語の公式な，不変の定義を与えてくれるものだろうか？　学校時代に「辞書は歴史を…と定義している」のような文で，小論文を書き出したことがあるだろうか？　もしあるとしたら，どの辞書のことを言っていたのだろうか？　オックスフォード英語辞典なのか？　ロングマン辞典なのか？　特定の辞書を思い浮かべていたかどうかさえわからない？

　辞書はしばしば言語についての権威と見なされる。しかし辞書は，実際には，たえず変化している。さらに驚くことに，辞書は言葉に１つの定義を与えない。辞書はある集団の人間がどのように言葉を使っているかを追跡する，生きた文書なのだ。言葉は辞書の中に生まれるのではない。言葉は人間とともに生まれるのであって，そうした言葉の使い方を年代記的に記録する文書が辞書なのだ。

　ここに１つの例がある。現代では "awful" という言葉を，何か悪いものや不快なものについて語るときに使う。しかし 19 世紀以前には "awful" は正反対のことを意味していた。何か尊崇に値したり，畏怖に満ちたものについて語るとき，"awful" という言葉を使ったのだ。1900 年代中頃では，"awesome" という言葉がこうした肯定的な意味を担うことになった。そして最終的にこれらの変化が辞書に反映されたのである。このことは定義や意味が，時を経ていかに変化するかを示す一例にすぎない。それらについていくために辞書はたえず改訂されるのだ。言い換えれば，辞書は私たちに，つまり言葉を創造的に使っている人間に，ついていこうとたえず努力しているのだ。

━━━━━━━━◀解　説▶━━━━━━━━

２．前文と逆接の関係になっているので，besides「そのうえ」は入らない。

４．前段で述べられた辞書の定義の変化の例として，この段で awful の場

合が取り上げられる。

5．2つ前の文の bad or unpleasant と逆の内容でなくてはならない。

7．d は第2段第5文（Language does not …）に不一致。

5　**解答**　　1－b　2－d　3－c　4－a　5－c　6－a
　　　　　　　　7－a・d

◆━━◆全　訳◆━━◆

≪チョコレートの歴史≫

　チョコレートという言葉を聞くと私たちのほとんどはチョコレートバーか，箱詰めのボンボンかチョコバニーを思い描く。思い浮かぶ動詞はおそらく「食べる」であって，「飲む」ではないだろうし，チョコレートに対してもっともよく使われる言葉は「甘い」なのかもしれない。しかしチョコレートの長い歴史の約 90 パーセントにおいて，それは厳密には飲料であり，砂糖はチョコレートとまったく関係がなかったのだ。

　チョコレートはもっともよく知られていながら，誰もそれについてよくは知らない食品なのかもしれない。チョコレートに関係する用語は，時にまぎらわしい。今日の専門家のほとんどは，「カカオ」という言葉を植物か加工前のその豆を指して使い，一方「チョコレート」という言葉は，どんなものであれその豆から作られた製品を指している。「ココア」は一般に粉末の形のチョコレートを指す。

　カカオの木を表すラテン語 *Theobroma cacao* は「神の食べ物」を意味する。カカオの木は中央アメリカと南アメリカが原産である。その果実は「さや」と呼ばれ，それぞれのさやには 40 くらいのカカオの豆が入っている。ココアの粉を作るためには豆を乾燥させて煎る。「チョコレート」という言葉の起源は，アステカ文明で使われた「ショコラトル」という言葉まで遡ることができ，それはカカオ豆から煎じた苦い飲み物を指す言葉であった。

　厳密にはいつカカオが登場したのか，あるいは誰がチョコレート飲料を発明したのかは明らかではない。スミソニアン協会の国立アメリカインディアン博物館の文化芸術学芸員であるヘイズ゠ラビスによれば，チョコレートやお茶に含まれる興奮剤テオブロミンが微量に付着した，紀元前 1500 年頃の古代オルメカ文明の壺が発見されたのだ。

　スペインの探検家エルナン＝コルテスが，アメリカ遠征中にチョコレートを発見したと信じられている。金と富を探しに出かけたコルテスは，同時にまたアステカの皇帝にご馳走になることで一杯のショコラトルを発見したのだ。コルテスは帰国したとき，スペイン人にカカオ豆を紹介した。スペインのチョコレートはまだ飲料として出されていたが，本来の苦味を甘くするために砂糖とハチミツが混ぜられていた。

　チョコレートはヨーロッパの裕福な人々の間ですぐに人気になった。カトリックの僧でさえチョコレートを愛して，宗教儀式を行う助けとするためにそれを飲んだ。その当時，チョコレートはまだ手作りされていて，時間も手間もかかったが，1828 年にチョコレート圧搾機が発明されて，チョコレート製造に革命を起こした。この装置で煎ったカカオ豆からココアバターを絞り出すことができ，その後に残るのが細かいココアの粉末というわけだ。それからこの粉末を液体と混ぜて型に流し込み，固まればチョコレートバーが出来上がる。チョコレートの近現代が始まったのだ。

━━━━━◀解　説▶━━━━━

1．have anything to do with ～「～と関係がある」

2．b は all the time と ingredients が不適。

5．trace は「痕跡，わずかな量」を示す。壺にチョコレートやお茶の成分のテオブロミンが微量に付着していた，ということ。

7．a．第 3 段最終文（The origin of …）に合致。

　d．最終段第 3・4 文（At that time … cocoa powder behind.）に合致。

数学

$\boxed{1}$ **解答**　問1．ア．6　イ．6　ウエ．24　オ．4　カ．3
キ．7
問2．クケ．53　問3．コ．4

◀解　説▶

≪小問3問≫

問1．$ab=\dfrac{(3+\sqrt{3})(3-\sqrt{3})}{(2+\sqrt{3})(2-\sqrt{3})}=\dfrac{9-3}{4-3}=6$　→ア

$a+b=\dfrac{(3+\sqrt{3})(2-\sqrt{3})+(3-\sqrt{3})(2+\sqrt{3})}{(2+\sqrt{3})(2-\sqrt{3})}$

$\qquad=3-\sqrt{3}+3+\sqrt{3}=6$　→イ

$a^2+b^2=(a+b)^2-2ab$

$\qquad=6^2-2\times6=24$　→ウエ

$a-b=\dfrac{(3+\sqrt{3})(2-\sqrt{3})-(3-\sqrt{3})(2+\sqrt{3})}{(2+\sqrt{3})(2-\sqrt{3})}$

$\qquad=3-\sqrt{3}-(3+\sqrt{3})=-2\sqrt{3}$

よって

$a^4-b^4=(a^2+b^2)(a+b)(a-b)=24\times6\times(-2\sqrt{3})=-288\sqrt{3}$

$a^4+b^4=(a^2+b^2)^2-2(ab)^2=24^2-2\times36=504$

以上より　　$\dfrac{a^4-b^4}{a^4+b^4}=\dfrac{-288\sqrt{3}}{504}=-\dfrac{4\sqrt{3}}{7}$　→オ〜キ

問2．(i) 用いた3個の数がすべて同じであるものは，333 と 444 の2個である。

(ii) 用いた3個の数がすべて異なるものは，その3個の数の選び方が $_4C_3=4$ 通り，並べ方が $_3P_3=6$ 通りより，全部で $4\times6=24$ 個である。

(iii) 用いた3個の数のうち2個が同じ数であるものは，その2個の数の選び方が1以外の3通り，その各場合に，もう1個の数の選び方が3通りあり，その各場合の並べ方が3通りより，全部で $3\times3\times3=27$ 個である。

(i)〜(iii)より，求める3桁の整数は

2＋24＋27＝53 個　→クケ

問3．$\cos(\pi\cos x)=\dfrac{1}{2}$ ……①

$0\leqq x<2\pi$ より，$-1\leqq\cos x\leqq1$ であるから，$-\pi\leqq\pi\cos x\leqq\pi$ となる。

①より，$\pi\cos x=\pm\dfrac{\pi}{3}$ であり　　$\cos x=\pm\dfrac{1}{3}$

$0\leqq x<2\pi$ より，①を満たす x は全部で4個ある。　→コ

$\boxed{2}$ **解答**　問1．ア．4　イ．3　ウ．4　エ．6　オ．4
　　　　　　　　カキク．219　ケ．2
問2．コサ．85　問3．シ．1　ス．3

◀解　説▶

≪小問3問≫

問1．l_1 と l_2 の方程式から y を消去して

$x+12=-2x+24$

$x=4$

よって　　$a=4$　→ア

l_1 と C，l_2 と C についても同様にして

$x+12=x^2$

$x^2-x-12=(x-4)(x+3)=0$

よって　$x=-3,\ 4$

以上より　　$b=-3,\ c=4$　→イ・ウ

$-2x+24=x^2$

$x^2+2x-24=(x+6)(x-4)=0$

よって　　$x=-6,\ 4$

以上より　　$d=-6,\ e=4$　→エ・オ

$d\leqq x\leqq a$ の範囲で l_1，l_2，C で囲まれる部分の面積は，右図の網かけ部分の面積を求めればよく，l_2 と C で囲まれる部分の面積から l_1 と C で囲まれる部分の面積を引いて

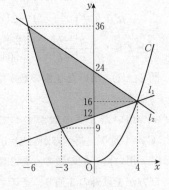

$$\int_{-6}^{4}(-2x+24-x^2)dx-\int_{-3}^{4}(x+12-x^2)dx$$

$$= -\int_{-6}^{4}(x+6)(x-4)dx + \int_{-3}^{4}(x+3)(x-4)dx$$

$$= \frac{1}{6}(4+6)^3 - \frac{1}{6}(4+3)^3$$

$$= \frac{219}{2} \quad \rightarrow カ \sim ケ$$

問 2.　現在の放射性物質の量を A（>0）とし，n 年後に初めて放射性物質の量が 1％以下になったとすると

$$A \times \left(\frac{1}{2}\right)^{\frac{n}{12.7}} \leqq \frac{1}{100}A$$

が成り立つ。両辺を A で割り，さらに 10 を底として，両辺の対数をとると

$$-\frac{n}{12.7}\log_{10}2 \leqq -2$$

$\log_{10}2 = 0.301$ を代入して，この不等式を解くと

$$n \geqq \frac{25.4}{0.301} = 84.3\cdots$$

よって，放射性物質が初めて現在の量の 1％以下になるのは

　　　85 年後　　→コサ

問 3.　$x+y=k$（k：実数）とおく。$x+y$ すなわち k の取り得る値の範囲は，次の連立方程式

$$\begin{cases} x^3+y^3=3xy & \cdots\cdots① \\ x+y=k & \cdots\cdots② \end{cases}$$

が実数解 x, y をもつような k の値の範囲といえる。

②より，$y=k-x$ を①に代入して整理すると

$$3(k+1)x^2 - 3k(k+1)x + k^3 = 0 \quad \cdots\cdots③$$

となる。

$k=-1$ のとき③の左辺は -1 となるから，③は実数解をもたない。

よって，$k \neq -1$ である。

このとき③が実数解をもてばよいので，③の判別式を D とすると

$$D = 9k^2(k+1)^2 - 12k^3(k+1) \geqq 0$$

この不等式を整理すると，$k^2(k+1)(k-3) \leqq 0$ となる。

$k^2 \geqq 0$ であるから，この不等式を解くと，$-1 \leqq k \leqq 3$ となる。

$k \neq -1$ より，求める k すなわち $x+y$ の取り得る値の範囲は

$$-1 < x+y \leq 3 \quad \rightarrow シ・ス$$

$\boxed{3}$ **解答** 問1．ア．2　イ．1　ウ．1　エ．2　オ．1
　　　　　　カ．1

問2．キ．7　ク．3　問3．ケコ．14　サ．2　シ．3

問4．スセ．11　ソ．3

━━━━━◀ 解　説 ▶━━━━━

≪空間ベクトルの成分と内積，五面体の体積≫

問1．A$(1, 1, 1)$, B$(-1, 2, 2)$, C$(0, 1, 3)$, D$(2, 0, 2)$ より

$$\overrightarrow{AB} = (-2, 1, 1) \quad \rightarrow ア \sim ウ$$

$$\overrightarrow{DC} = (-2, 1, 1) \quad \rightarrow エ \sim カ$$

問2．$\overrightarrow{AD} = (1, -1, 1)$ であるから

$$\cos\theta = \frac{\overrightarrow{AB} \cdot \overrightarrow{AD}}{|\overrightarrow{AB}||\overrightarrow{AD}|} = \frac{-2-1+1}{\sqrt{6}\sqrt{3}} = -\frac{\sqrt{2}}{3}$$

$0° \leq \theta \leq 180°$ であるから　　$\sin\theta \geq 0$

よって　　$\sin\theta = \sqrt{1-\cos^2\theta} = \dfrac{\sqrt{7}}{3}$ 　→キ・ク

問3．$\overrightarrow{AB}$, $\overrightarrow{AD}$ のいずれにも垂直なベクトルを，実数 x, y, z を用いて $\vec{n} = (x, y, z)$ とおく。

$\vec{n} \cdot \overrightarrow{AB} = 0$, $\vec{n} \cdot \overrightarrow{AD} = 0$ であるから

$-2x+y+z = 0$, $x-y+z = 0$ となり　　$x = 2z$, $y = 3z$

$\therefore \quad \vec{n} = (2z, 3z, z)$

$\quad |\vec{n}| = \sqrt{14}\,|z| = 1$

よって，求める単位ベクトルは　　$\pm\dfrac{1}{\sqrt{14}}(2, 3, 1)$ 　→ケ〜シ

問4．問1から $\overrightarrow{AB} = \overrightarrow{DC}$ より四角形 ABCD は平行四辺形で，その面積を S とすると

$$S = AB \times AD\sin\theta = \sqrt{6}\sqrt{3} \times \frac{\sqrt{7}}{3} = \sqrt{14}$$

点 E から平面 ABD に下ろした垂線の足を H とすると，実数 s, t を用いて

$$\overrightarrow{AH}=s\overrightarrow{AB}+t\overrightarrow{AC}=(-2s+t,\ s-t,\ s+t)$$

とおけて

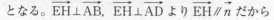

$$\overrightarrow{EH}=\overrightarrow{AH}-\overrightarrow{AE}$$
$$=(-2s+t-2,\ s-t-2,\ s+t-1)$$

となる。$\overrightarrow{EH}\perp\overrightarrow{AB}$, $\overrightarrow{EH}\perp\overrightarrow{AD}$ より $\overrightarrow{EH}/\!/\vec{n}$ だから

$$\overrightarrow{EH}=k(2,\ 3,\ 1)$$

$$\begin{cases} -2s+t-2=2k & \cdots\cdots① \\ s-t-2=3k & \cdots\cdots② \quad (k：実数) \\ s+t-1=k & \cdots\cdots③ \end{cases}$$

①+②，②+③ より

$$-s-4=5k \qquad 2s-3=4k \qquad -11=14k$$

$$\therefore \quad k=-\frac{11}{14}$$

したがって，$|\overrightarrow{EH}|=|k|\sqrt{4+9+1}=\dfrac{11}{\sqrt{14}}$ だから，求める体積は

$$\frac{1}{3}\times S\times|\overrightarrow{EH}|=\frac{1}{3}\cdot\sqrt{14}\cdot\frac{11}{\sqrt{14}}=\frac{11}{3} \quad →ス~ソ$$

$\boxed{4}$　**解答**　ア. 6　イ. 2　ウ—①　エ—⑥　オ. 2

━━━━━◀解　説▶━━━━━

≪2 数の積が 6 の倍数となるときの 2 数の性質≫

(1)の場合：a を 2 の倍数，b を 3 の倍数として考えるので，右図のように縦に $\dfrac{a}{2}$ 枚，横に $\dfrac{b}{3}$ 枚のタイル T を並べればよい。　→イ~エ

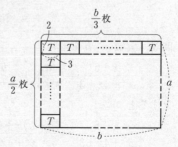

(2)の場合：$ab=6n$ が成り立ち，a が 6 の倍数，b が 2 でも 3 でも割り切れない場合を考える。　→ア

このとき b は少なくとも奇数で，最小値は5である。

よって b はある正の整数 m を用いて $b=2m+3$ と表せる。 →オ

$b=2m+3$ より $ab=a(2m+3)=a \times 2m+a \times 3$

となるから，右図のように長方形 R を辺

の長さが a と $2m$ の長方形 R_1 と，辺の長

さが a と3の長方形 R_2 に分けることがで

きる。

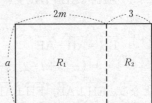

R_1 では a は3の倍数，$2m$ は2の倍数，

R_2 では a は2の倍数，3は3の倍数であるからいずれも(1)の場合の条件

を満たす。

---

5 解答

問1．ア—⑦ 問2．イ—⑥

問3．ウ．2 エ．1 オ—④ 問4．カ．0

◀解説▶

≪対数関数・無理関数の導関数，三角関数・分数関数の不定積分，極限≫

問1．$f(x)=\dfrac{1}{2}\log(x^2+1)$ より

$$f'(x)=\frac{1}{2}\cdot\frac{(x^2+1)'}{x^2+1}=\frac{x}{x^2+1} \quad →ア$$

問2．$\cos^3x=\cos x-\cos x\sin^2x$ より

$$\int\cos^3x\,dx=\int\cos x(1-\sin^2x)\,dx$$

となる。$\sin x=t$ とおくと，$\cos x\,dx=dt$ であるから

$$\int\cos x(1-\sin^2x)\,dx=\int(1-t^2)\,dt=t-\frac{1}{3}t^3+C$$

$$=\sin x-\frac{1}{3}\sin^3x+C \quad →イ$$

問3．実数 a, b を用いて

$$\frac{x+5}{x^2+4x+3}=\frac{a}{x+1}+\frac{b}{x+3}$$

とすると

$$\frac{x+5}{x^2+4x+3}=\frac{(a+b)x+(3a+b)}{x^2+4x+3}$$

となる。分子を比較すると

$$a+b=1, \quad 3a+b=5$$

となるから　　$a=2, \quad b=-1$

よって　　$\dfrac{x+5}{x^2+4x+3}=\dfrac{2}{x+1}-\dfrac{1}{x+3}$　→ウ・エ

したがって

$$\int \dfrac{x+5}{x^2+4x+3}dx=\int\left(\dfrac{2}{x+1}-\dfrac{1}{x+3}\right)dx$$

$$=2\log|x+1|-\log|x+3|+C=\log(x+1)^2-\log|x+3|+C$$

$$=\log\dfrac{(x+1)^2}{|x+3|}+C \quad →オ$$

問 4．$\displaystyle\lim_{x\to 0}\dfrac{1-\cos x}{5x}=\lim_{x\to 0}\dfrac{1-\cos^2 x}{5x(1+\cos x)}=\lim_{x\to 0}\dfrac{\sin^2 x}{5x(1+\cos x)}$

$$=\lim_{x\to 0}\dfrac{\sin x}{x}\times\dfrac{\sin x}{5(1+\cos x)}=0 \quad \left(\because \ \lim_{x\to 0}\dfrac{\sin x}{x}=1\right)$$

→カ

物理

$\boxed{1}$ **解答**　問1. (ア)—① (イ)—⑦　問2. ③
　　　　　　　問3. (エ)—④ (オ)—⑨　問4. ⑥

問5. 運動量保存則より

$$mv_1 + MV_1 = mv_2 + MV_2$$

ここで，$v_2 = V_1 + V_2 - v_1$ なので上式に代入して，V_2 を求めると

$$V_2 = \frac{2m}{M+m}v_1 + \frac{M-m}{M+m}V_1$$

問2の結果より　　$v_1 = -\frac{M}{m}V_1$

これを上式に代入すると

$$V_2 = \frac{2m}{M+m}\left(-\frac{M}{m}V_1\right) + \frac{M-m}{M+m}V_1$$

$$= -V_1 \quad \cdots\cdots(答)$$

これと v_1 の式を問4の結果に代入すると

$$v_2 = V_1 + V_2 - v_1$$

$$= V_1 + (-V_1) - v_1$$

$$= -v_1 \quad \cdots\cdots(答)$$

$V_1 = -2$〔m/s〕であるから

$$V_2 = -(-2) = 2〔\text{m/s}〕 \quad \cdots\cdots(答)$$

◀解　説▶

≪床上の箱とその中の物体の運動，力積，衝突，運動量保存則≫

問1. 運動量は mv_0，運動エネルギーは $\frac{1}{2}mv_0{}^2$ である。

問2. 一般に，力積は運動量変化に等しいので，力積を $F \cdot \Delta t$ (>0) とすると，物体と箱それぞれについて次式が成り立つ。

$$F \cdot \Delta t = mv_1 - m \cdot 0$$

$$-F \cdot \Delta t = MV_1 - M \cdot 0$$

辺々足して V_1 を求めると

$$0 = mv_1 + MV_1 \qquad V_1 = -\frac{m}{M}v_1 \quad \cdots\cdots(1)$$

問3. 条件より

$$\frac{1}{2}mv_1{}^2 + \frac{1}{2}MV_1{}^2 = \frac{1}{2}mv_0{}^2 \quad \cdots\cdots(2)$$

(2)に(1)を代入して v_1 (>0) を求めると

$$v_1 = \sqrt{\frac{M}{M+m}}\,v_0$$

(1)より

$$V_1 = -\frac{m}{M}\sqrt{\frac{M}{M+m}}\,v_0$$

問4. 弾性衝突なので反発係数 $e=1$ である。よって

$$1 = -\frac{v_2 - V_2}{v_1 - V_1}$$

$$v_2 = V_1 + V_2 - v_1 \quad \cdots\cdots(3)$$

問5. 運動量保存則の式を立てて(3)を代入してまとめる。問題文で「v_1 または V_1 を用いて」と指定されているので,問2の結果を使って v_2, V_2 を求める。

$\boxed{2}$ **解答** 問1. アー⑧　イー③　ウー④
問2. エー①　オー③　カー⑧　キー⑦

問3. クー⓪　ケー⓪

問4.

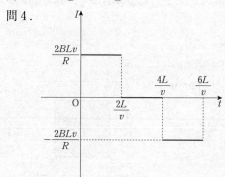

◀解　説▶

≪磁場中を通過するコイル，誘導起電力，外力のする仕事≫

問1．ア．時間 Δt でコイルを貫く磁束の増加 $\Delta\Phi$ は，右図の網かけ部分の面積増加分を貫く磁束であるから

$$\Delta\Phi = B \times 2L \times v\Delta t = 2BLv\Delta t$$

イ．誘導起電力の大きさ V_1 は，ファラデーの電磁誘導の法則より

$$V_1 = \left|\frac{\Delta\Phi}{\Delta t}\right| = 2BLv$$

ウ．オームの法則より，コイルの抵抗が R なので

$$I_1 = \frac{V_1}{R} = \frac{2BLv}{R}$$

問2．エ．電流はレンツの法則より時計回りに流れるので，辺 qr が受ける力の向きは，フレミングの左手の法則より，x 軸の負の向きとなる。

オ．力の大きさ F は

$$F = I_1 \times B \times 2L = 2BLI_1$$

カ．コイルが消費する電力 P は

$$P = I_1 V_1 = I_1 \times 2BLv = 2BLvI_1$$

キ．$t=0$ から $\dfrac{2L}{v}$ までの間，時計回りの電流が流れ続ける。外力は電流が受ける力に逆らって働き，コイルは $2L$ だけ移動するので，外力がする仕事 W は

$$W = F \times 2L = 2BLI_1 \times 2L = 4BL^2 I_1$$

問3．ク．このとき，コイル全体が磁場の中に入っているので，磁束変化は $\Delta\Phi=0$ である。

ケ．誘導起電力も $V=0$ となり，電流は流れない。

問4．次の3つに分けて考える。

(i) $-L < x_1 < L$ $\left(0 < t < \dfrac{2L}{v}\right)$

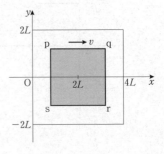

このとき，$\varDelta\varPhi>0$ で，$I_1=\dfrac{2BLv}{R}$ である。

(ⅱ)　$L\leqq x_1\leqq3L$　$\left(\dfrac{2L}{v}\leqq t\leqq\dfrac{4L}{v}\right)$

このとき，$\varDelta\varPhi=0$ で，$I=0$ である。

(ⅲ)　$3L<x_1<5L$　$\left(\dfrac{4L}{v}<t<\dfrac{6L}{v}\right)$

このとき，$\varDelta\varPhi<0$ で，Iは(ⅰ)と逆向きで同じ大きさとなる。

よって，グラフは〔解答〕のようになる。

$\boxed{3}$　解答　【Ⅰ】問1．(ア)—⑦　(イ)—②

問2．②

問3．

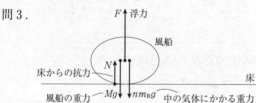

つり合いの式：$(nm_B+M)g=F+N$

【Ⅱ】問4．⑧　問5．①　問6．⑤

問7．

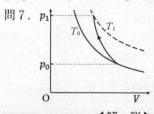

━━━━◀解　説▶━━━━

≪気体の状態方程式，風船の浮力，断熱変化と等温変化≫

【Ⅰ】問1．(ア)・(イ)　理想気体の状態方程式より，空気の体積を V とすると

$$P_0\times V=1\times R\times T_0\qquad V=\dfrac{RT_0}{P_0}$$

空気の密度を ρ_0 とおくと

$$\rho_0=\dfrac{m_A}{V}=\dfrac{m_AP_0}{RT_0}$$

問 2．アルゴンの質量は，nm_B なので重力の大きさは

$$nm_B \times g = nm_B g$$

問 3．空気からは風船の表面に垂直に圧力が働き，この力の合力は風船が受ける浮力 F に等しい。さらに風船と中の気体をあわせた重力は，大きさ $(nm_B + M)g$ で鉛直下向きであり，床からは鉛直上向きに垂直抗力 N が働くので，〔解答〕のようになる。

【Ⅱ】問 4．アルゴンの体積を V_A として，状態方程式より

$$P_1 \times V_A = nRT_1 \qquad V_A = \frac{nRT_1}{P_1} \quad \cdots\cdots(1)$$

問 5．空気 1 mol 当たりの体積を V' とおき，空気の密度 ρ_0 を求めると

$$P_1 \times V' = R \times T_0 \qquad V' = \frac{RT_0}{P_1}$$

$$\rho_0 = \frac{m_A}{V'} = \frac{m_A P_1}{RT_0} \quad \cdots\cdots(2)$$

よって，風船と中の気体にかかる浮力 F は，(1)，(2)より

$$F = \rho_0 V_A g = \frac{m_A P_1}{RT_0} \frac{nRT_1}{P_1} g = \frac{nm_A T_1 g}{T_0}$$

問 6．浮き始めるとき，問 3 で $N = 0$ なので

$$(nm_B + M)g = \frac{nm_A T_1 g}{T_0}$$

$$T_1 = \frac{(nm_B + M)T_0}{nm_A}$$

与えられた数値を代入すると

$$T_1 = \frac{(1.0 \times 4.0 \times 10^{-2} + 1.0 \times 10^{-3}) \times 2.9 \times 10^2}{1.0 \times 2.9 \times 10^{-2}} = 4.1 \times 10^2 \,[\mathrm{K}]$$

問 7．$T_1 > T_0$ なので，T_1 の等温変化を表す曲線は T_0 より外側となる。断熱圧縮では温度が上昇し等温曲線を切るように高温側に変化するので，〔解答〕のようになる。

化学

1 解答 問1. ④ 問2. ① 問3. ④ 問4. ② 問5. ⑧

◀解 説▶

≪原子の構造，物質の沸点，周期表，溶液の濃度，イオン化傾向≫

問1．b．誤り。イオンに含まれる電子の数は，Mg^{2+} は 10 個，S^{2-} は 18 個である。

c．誤り。電子配置が同じイオンでは，陽子数が多いほどイオン半径は小さい。

問2．c．正しい。フッ化水素は分子間に水素結合をつくるため沸点が高い。

問3．b．誤り。第3周期の元素の原子のうち，イオン化エネルギーが最大の原子はアルゴンである。

c．誤り。第3周期の2族元素の原子 Mg と 17 族元素の原子 Cl はイオン結合を形成し，塩化マグネシウムをつくる。

問4．モル濃度は溶液 1 L あたりに含まれる溶質の物質量を表している。

$$\frac{x}{M}(\text{mol}) \div \frac{y}{1000}(\text{L}) = \frac{1000x}{My}(\text{mol/L})$$

質量パーセント濃度は，溶液中に占める溶質の質量の割合を表している。

$$\frac{x(\text{g})}{dy(\text{g})} \times 100 = \frac{100x}{dy}(\%)$$

問5．a．常温の水と激しく反応する金属は Na，常温の水とは反応しないが，熱水と反応する金属は Mg である。Ag，Cu，Zn は常温の水や熱水とは反応しない。

b．希硫酸と反応して水素を発生する金属は Mg，Na，Zn，したがって，イとエは Ag または Cu である。

c．イオン化傾向が小さい金属のイオンが還元され析出する。

$$2Ag^+ + Cu \longrightarrow 2Ag + Cu^{2+}$$

$\boxed{2}$ **解答**　問 1．$2C_2H_6 + 7O_2 \longrightarrow 4CO_2 + 6H_2O$

問 2．④　問 3．②　問 4．④　問 5．③

◀**解　説**▶

≪気体の燃焼と気体の圧力≫

問 2．$\dfrac{0.060}{30} \times 2 = 4.0 \times 10^{-3}$〔mol〕

問 3．燃焼後に残った酸素の物質量は

$$\frac{0.32}{32} - \frac{0.060}{30} \times \frac{7}{2} = 3.0 \times 10^{-3} \text{〔mol〕}$$

酸素の分圧 P_{O_2}〔Pa〕は，気体の状態方程式より

$$P_{O_2} = \frac{3.0 \times 10^{-3} \times 8.3 \times 10^3 \times (27 + 273)}{1.0}$$

$$= 7470 \fallingdotseq 7.5 \times 10^3 \text{〔Pa〕}$$

問 4．二酸化炭素の分圧 P_{CO_2}〔Pa〕は，気体の状態方程式より

$$P_{CO_2} = \frac{4.0 \times 10^{-3} \times 8.3 \times 10^3 \times (27 + 273)}{1.0}$$

$$= 9.96 \times 10^3 \text{〔Pa〕}$$

燃焼により生成する水の物質量は

$$\frac{0.060}{30} \times 3 = 6.0 \times 10^{-3} \text{〔mol〕}$$

水がすべて水蒸気と仮定すると水蒸気の分圧 P_{H_2O}〔Pa〕は，気体の状態方程式より

$$P_{H_2O} = \frac{6.0 \times 10^{-3} \times 8.3 \times 10^3 \times (27 + 273)}{1.0}$$

$$= 1.49 \times 10^4 \fallingdotseq 1.5 \times 10^4 \text{〔Pa〕}$$

求められた水蒸気の分圧は，27℃ の飽和水蒸気圧より大きいので，仮定は誤りとわかる。水蒸気の一部は液体として存在しており，水蒸気の分圧は飽和水蒸気圧 3.5×10^3 Pa に等しい。したがって，気体の全圧は

$$7.47 \times 10^3 + 9.96 \times 10^3 + 3.5 \times 10^3 = 2.09 \times 10^4 \fallingdotseq 2.1 \times 10^4 \text{〔Pa〕}$$

問 5．水蒸気の物質量 n_{H_2O}〔mol〕は，気体の状態方程式より

$$n_{H_2O} = \frac{3.5 \times 10^3 \times 1.0}{8.3 \times 10^3 \times (27 + 273)}$$

$$=1.40\times10^{-3}\,[mol]$$

水は全体で 6.0×10^{-3} mol あるので，液体となっている水の質量は

$$(6.0\times10^{-3}-1.40\times10^{-3})\times18=8.28\times10^{-2}\fallingdotseq8.3\times10^{-2}\,[g]$$

③ 解答　問1．⑤　問2．①・③　問3．⑤

◀解　説▶

≪化学平衡，溶解度積≫

問2．①誤り。$v_a=v_b$ は成り立つが，反応速度は 0 ではない。

③誤り。緩衝作用を示すのは，弱酸とその塩の混合水溶液，または弱塩基とその塩の混合水溶液である。

問3．クロム酸銀の溶解度積 K_{sp} は $K_{sp}=[Ag^+]^2[CrO_4^{2-}]$ として求められる。

$$K_{sp}=(2.0\times10^{-4})^2\times1.0\times10^{-4}$$
$$=4.0\times10^{-12}\,(mol/L)^3$$

④ 解答　問1．アー⑤　イー⑧　ウー④　エー①

問2．**A.** ⟨benzene⟩-NO₂　　**B.** ⟨benzene⟩-NH₃Cl

C. ⟨benzene⟩-OH　　**D.** ⟨benzene⟩-COONa

問3．⟨benzene⟩-COONa+HCl ⟶ ⟨benzene⟩-COOH+NaCl

問4．④・⑧

◀解　説▶

≪芳香族化合物の分離≫

問2．安息香酸とフェノールは酸性の化合物であるため，水酸化ナトリウム水溶液と中和し水溶性の塩をつくる。アニリンは塩基性の化合物であるため，塩酸と中和し水溶性の塩をつくる。ニトロベンゼンは中性の化合物であり，水溶性の塩をつくらない。二酸化炭素の酸性は，フェノール類より強く，カルボン酸より弱い。したがって，ナトリウムフェノキシドに二酸化炭素を加えるとフェノールが遊離するが，安息香酸ナトリウムに二酸

化炭素を加えても安息香酸は遊離しない。

問4. 記述Ⅱにより，酸性の化合物③・④・⑦・⑧が塩をつくり水層に移動する。④・⑧の塩はフェノール類の塩であり記述Ⅳの二酸化炭素により遊離しエーテル層に移動する。

5 解答

問1. ②・③
問2. ③・⑤

問3. (1)(a)—②　(b)—④　(c)—③　(d)—⑦　(2)—③　(3)—①

◀解　説▶

≪糖類, アミノ酸, 油脂≫

問1. ②誤り。スクロースの分子式は $C_{12}H_{22}O_{11}$ である。

③誤り。セルロースはヨウ素デンプン反応を示さない。

問2. ③誤り。アミノ酸の陽イオン，双性イオン，陰イオンの存在比はpHによって変化する。

⑤誤り。アミノ酸にアルコールと酸触媒を作用させると，カルボキシ基がエステル化され酸としての性質を失う。

問3. (2) 油脂 **A** はグリセリン（分子量92）と3分子のパルミチン酸（分子量256）がエステル結合したものであるから，分子量は

$$92+3\times256-3\times18=806$$

よって，油脂 **A** のけん化価は

$$\frac{1}{806}\times3\times56\times10^3=208.4\fallingdotseq208$$

生物

| 1 | 解答 | 問1. ④ |

問2. (イ)—④　(ウ)—③　(エ)—①　(オ)—③　(カ)—②

問3. ②

問4. ①・④・⑥

問5. キネシン, ダイニン

◀解　説▶

≪細胞分画法, 細胞骨格≫

問1. 植物細胞を低張な溶液中で破砕した場合, 浸透現象によって細胞小器官内へ水が流入してしまう。このように, 細胞小器官が浸透現象によって変形・破壊されたり, 破砕液中の酵素によって分解されたりするのを防ぐために, 細胞分画の操作は等張なスクロース溶液を用いて低温で行う。

問2. 大きい構造で密度が大きいものほど早く沈殿する。よって, 沈殿物Aは核や細胞壁, 沈殿物Bは葉緑体, 沈殿物Cはミトコンドリア, 沈殿物Dは小胞体やリボソームなどのミクロソームが含まれている。

(イ)タンパク質合成の場となるのはリボソームである。

(ウ)・(オ)クエン酸回路と電子伝達系は, それぞれミトコンドリアのマトリックスと内膜で行われる呼吸の反応過程である。

(エ)植物細胞は真核細胞であるため, 染色体を含む核を有する。

(カ)カルビン・ベンソン回路は葉緑体のストロマで行われる光合成の反応過程である。

問3. 呼吸の反応過程のうち, グルコースをピルビン酸に分解する解糖系は細胞質基質で行われるため, その反応に関係する成分は上澄みEに含まれる。よって②が正しい。①リブロース二リン酸からホスホグリセリン酸の合成はカルビン・ベンソン回路（葉緑体のストロマ）で, ③ピルビン酸からアセチルCoAの合成や④コハク酸からフマル酸の合成はクエン酸回路（ミトコンドリアのマトリックス）で行われる反応である。

問4. 選択肢では, アクチンフィラメントに関するものが②・③・⑤・⑦の4つ, 微小管に関するものが①・④・⑥の3つである。アクチンフィラ

メントに関する内容として「誤っているもの」を選ぶことに注意する。

問5．モータータンパク質とは，ATP のエネルギーを使って細胞骨格上を移動するタンパク質である。キネシンとダイニンは微小管上を移動するモータータンパク質であり，両者は互いに微小管上を逆方向に移動し，細胞小器官などを輸送するはたらきをもつ。また，ミオシンもモータータンパク質であり，アクチンフィラメント上を移動する。

2　**解答**　問1．(ア)—⑤　(イ)—⑦　(ウ)—⑨　(エ)—①
　　　　　　　問2．②・④

問3．(カ)2　(キ)3　(ク)2　(ケ)2　(コ)4　(サ)2　(シ)1　(ス)2

問4．(セ)—⑧　(ソ)—②　(タ)—⑤

問5．③・⑤　問6．②　問7．③・⑦

◀解　説▶

≪窒素同化，窒素固定細菌≫

問2．硝化菌（硝化細菌）のように，無機物の酸化反応で放出されたエネルギーを用いて ATP を合成し，炭酸同化を行うことを化学合成といい，化学合成を行う細菌を化学合成細菌という。硝化菌以外の化学合成細菌としては，硫化水素や硫黄を酸化する硫黄細菌，鉄を酸化する鉄細菌，水素を酸化する水素細菌などが挙げられる。

①不適。硝化菌は化学合成細菌であり，光合成は行わない。

②適切。

③不適。紅色硫黄細菌は光合成細菌である。

④適切。硝化菌の化学合成では，光合成におけるカルビン・ベンソン回路と同じ反応により二酸化炭素が固定される。

⑤不適。脱窒とは，硝酸や亜硝酸を還元し，気体の窒素として空気中に放出する反応である。

問5．根の根粒中で窒素固定を行う細菌には，マメ科植物に共生するリゾビウムの他にも，ハンノキやヤマモモなどに共生するフランキアなどがいる。

①不適，③適切。根粒は，植物体全体ではなく根に形成される。

②不適，⑤適切。根粒菌とマメ科植物は相利共生の関係である。

④不適。アゾトバクターは土壌中や水中に広く分布し独立生活する窒素固

定細菌であり，他の生物と共生はしていない。他の生物と共生する窒素固定細菌としては，アナベナやネンジュモなどの一部のシアノバクテリア類が挙げられる。

問6．下線部(C)の酵素はアミノ基転移酵素（トランスアミナーゼ）であり，グルタミン酸などのアミノ酸のアミノ基（－NH₂）を各種有機酸に転移させることで様々なアミノ酸を合成する。アミノ基を外されたグルタミン酸はα-ケトグルタル酸に戻る。

$\boxed{3}$　解答　問1．(ア)―③　(イ)―①　(ウ)―⑤　(エ)―⑧　(オ)―⑥

問2．②　問3．①　問4．③　問5．④　問6．①

問7．$2 \times 2 \times 4 \times 6 \times 6 \times 2 = 1152$ 通り

━━━━◀解　説▶━━━━

≪DNA の複製，シャルガフの法則，遺伝暗号表≫

問2．アデニンとチミン，グアニンとシトシンは，それぞれ DNA 中に占める割合が等しい（シャルガフの法則）。本問ではシトシンの割合が 26 %とあるため，グアニンも 26 %である。よって，チミンの割合を求める計算式は下記のようになる。

$$\frac{100-(26+26)}{2}=24 \, (\%)$$

問3．DNA の複製では，複製時に鋳型鎖と相補的ではない塩基をもつヌクレオチドが結合する誤りが低い頻度で生じるが，この誤りを見つけ出すしくみが存在する。誤って結合したヌクレオチドは，「$3' \to 5'$ エキソヌクレアーゼ活性」と呼ばれる酵素によって $3'$ 末端から取り除かれ，その後相補的なヌクレオチドがつなぎ直される。

問4．図3の DNA の塩基配列はセンス鎖（非鋳型鎖）と明記されているので，mRNA の塩基配列と同じになる。本文に「構造遺伝子の始まり部分を含む」とあるので，この塩基配列中に開始コドンが存在することになる。開始コドンが指定するアミノ酸はメチオニンなので，メチオニンのコドン AUG（センス鎖では ATG）を探し出し，3 塩基ずつ区切っていく。下図は問4～問6に関係する部分をまとめて示したものである。

上図より，5番目はイソロイシン，8番目はアスパラギン酸になる。

問5．上図より，6番目のコドン CGA（アルギニン）が UGA になると，終止コドンになり翻訳が止まる。

問6．1塩基が変化しても同じアミノ酸を指定するコドンを遺伝暗号表から見つけ出す。34番目の塩基を含むコドン CGG は AGG になっても同じアルギニンを指定する。また，45番目の塩基を含むコドン AAG は AAA になってもリシンを指定する。

問7．それぞれのアミノ酸を指定するコドンの種類を遺伝暗号表からすべて見つけ出す。

アミノ酸	グルタミン	リシン	プロリン	ロイシン	セリン	ヒスチジン
コドンの種類	2	2	4	6	6	2

よって，このアミノ酸配列を合成しうる遺伝暗号（コドン）の組合せは

$2 \times 2 \times 4 \times 6 \times 6 \times 2 = 1152$ 通り

---

4 解答

問1．(ア)—① (イ)—⑥ (ウ)—⑤ (エ)—③ (オ)—⑦

問2．⑤ 問3．③ 問4．④ 問5．⑤

◀解　説▶

≪遺伝と組換え，減数分裂と DNA 量の変化≫

問2．以下の問2〜問4では設問中には A(a) と B(b) の連鎖関係は示されていないが，本文中に A と B，a と b が連鎖しているとあるので，これに沿って解答する。乗換えが起こらないと配偶子は AB と ab の2種類だけだが，乗換えによって Ab と aB が生じ，Ab+aB が占める割合が20%とあるので

（AB+ab の割合）＝100−（Ab+aB の割合）＝80〔％〕

AB と ab，Ab と aB の割合はそれぞれ同じだから

AB＝ab＝40〔％〕

Ab＝aB＝10〔％〕

よって，生じる配偶子の分離比は

　　　AB：Ab：aB：ab＝40％：10％：10％：40％＝4：1：1：4

問 3．乗換えが起こらない場合，A(a) と B(b) が存在する染色体からは配偶子 AB と ab，E(e) が存在する染色体からは配偶子 E と e ができる。よって，ABE，ABe，abE，abe の 4 通りの配偶子ができる。

問 4．乗換えが起こる場合，A(a) と B(b) が存在する染色体からは配偶子 AB，Ab，aB，ab が，E(e) が存在する染色体からは配偶子 E，e ができる。

よって，ABE，AbE，aBE，abE，ABe，Abe，aBe，abe の 8 通りの配偶子ができる。

問 5．減数分裂は，間期（G_1 期→S 期→G_2 期）→分裂期（第一分裂前期→中期→後期→第二分裂前期→中期→後期→終期）→間期（生殖細胞）の順に進行する。このとき，間期の S 期で染色体（DNA）が複製（倍化）され，第一分裂終期および第二分裂終期の最後でそれぞれ染色体（DNA）が半減する。そのため，細胞当たりの最終的な DNA 量は母細胞の半分となる。

5 解答

問 1．(ア)—②　(イ)—①　(ウ)—⑧　(エ)—⑤　(オ)—⑦　(カ)—⑥

問 2．①・④・⑥

問 3．(ク)—②・③・⑦・⑧　(ケ)—③・⑧

問 4．②　問 5．⑥

◀解　説▶

≪光周性，花芽形成と限界暗期，フィトクロム，フロリゲン≫

問 2．選択肢の植物を分類すると下記のようになる。

短日植物：①アサガオ，④キク，⑥オナモミ

長日植物：②カーネーション，③ホウレンソウ，⑤コムギ

中性植物：⑦トウモロコシ，⑧トマト，⑨エンドウ

問 3．連続した暗期の長さは，光中断の処理をした場合，長い方の暗期となる。①〜⑧の各条件下での連続した暗期は，① 6 時間，② 12 時間，③ 18 時間，④ 6 時間，⑤ 6 時間，⑥ 9 時間弱，⑦ 12 時間弱，⑧ 15 時間弱となる。

ク．短日植物は，限界暗期よりも長い暗期で花芽形成する。よって，本問

では連続した暗期が9時間以上得られれば開花する。したがって，②・③・⑦・⑧の4つが開花条件に当てはまる。⑥は光中断によって連続した暗期が9時間に満たないことに注意する。

ケ．長日植物は，限界暗期よりも短い暗期で花芽形成する。よって，本問では連続した暗期が13時間以上で開花しない。したがって，③と⑧の2つが開花条件に当てはまらない。

問4．①・⑥不適。種子の休眠や気孔の閉鎖にはアブシシン酸が作用している。

②適切。光発芽種子の発芽には光受容体のフィトクロムが関与している。

③・④不適。幼葉鞘の光屈性や根の重力屈性にはオーキシンが作用している。

⑤不適。気孔の開口には青色光受容体のフォトトロピンが関与している。

⑦不適。果実の成熟にはエチレンが作用している。

⑧不適。昆虫からの食害ストレス対応にはジャスモン酸が作用している。

問5．フロリゲンは低分子の物質ではなく，種特異的なタンパク質であることが最近の研究からわかってきた。イネでは Hd3a タンパク質がフロリゲンの実体であると考えられており，限界暗期よりも長い暗期になると葉で合成され，師管を通って茎頂分裂組織に達し，細胞の遺伝子発現を制御することで花芽を分化させることがわかってきている。

/////////////////// · **memo** · ///////////////////

教学社 刊行一覧

2025年版　大学赤本シリーズ

国公立大学（都道府県順）

374大学556点 全都道府県を網羅

全国の書店で取り扱っています。店頭にない場合は，お取り寄せができます。

2025年版　大学赤本シリーズ

国公立大学 その他

私立大学①

医 医学部医学科を含む
総推 総合型選抜または学校推薦型選抜を含む
DL リスニング音声配信 新 2024年 新刊・復刊

掲載している入試の種類や試験科目、収載年数などはそれぞれ異なります。詳細については、それぞれの本の目次や赤本ウェブサイトでご確認ください。

赤本 | 検索

いつも受験生のそばに──赤本

大学入試シリーズ＋α
入試対策も共通テスト対策も赤本で

入試対策
赤本プラス

赤本プラスとは、**過去問演習の効果を最大にするためのシリーズ**です。「赤本」であぶり出された弱点を、赤本プラスで克服しましょう。

- 大学入試 すぐわかる英文法 DL
- 大学入試 ひと目でわかる英文読解
- 大学入試 絶対できる英語リスニング DL
- 大学入試 すぐ書ける自由英作文
- 大学入試 ぐんぐん読める
  英語長文(BASIC) DL
- 大学入試 ぐんぐん読める
  英語長文(STANDARD) DL
- 大学入試 ぐんぐん読める
  英語長文(ADVANCED) DL
- 大学入試 正しく書ける英作文
- 大学入試 最短でマスターする
  数学Ⅰ・Ⅱ・Ⅲ・A・B・C
- 大学入試 突破力を鍛える最難関の数学
- 大学入試 知らなきゃ解けない
  古文常識・和歌
- 大学入試 ちゃんと身につく物理
- 大学入試 もっと身につく
  物理問題集(①力学・波動)
- 大学入試 もっと身につく
  物理問題集(②熱力学・電磁気・原子)

入試対策
英検® 赤本シリーズ

英検®(実用英語技能検定)の対策書。
過去問集と参考書で万全の対策ができます。

▶過去問集(2024年度版)
- 英検®準1級過去問集 DL
- 英検®2級過去問集 DL
- 英検®準2級過去問集 DL
- 英検®3級過去問集 DL

▶参考書
- 竹岡の英検®準1級マスター DL
- 竹岡の英検®2級マスター CD DL
- 竹岡の英検®準2級マスター CD DL
- 竹岡の英検®3級マスター CD DL

CD リスニングCDつき　DL 音声無料配信
新 2024年新刊・改訂

入試対策
赤本プレミアム

赤本の教学社だからこそ作れた、
過去問ベストセレクション

- 東大数学プレミアム
- 東大現代文プレミアム
- 京大数学プレミアム[改訂版]
- 京大古典プレミアム

入試対策
赤本メディカルシリーズ

過去問を徹底的に研究し、独自の出題傾向をもつメディカル系の入試に役立つ内容を精選した実戦的なシリーズ。

- [国公立大]医学部の英語[3訂版]
- 私立医大の英語[長文読解編][3訂版]
- 私立医大の英語[文法・語法編][改訂版]
- 医学部の実戦小論文[3訂版]
- 医歯薬系の英単語[4訂版]
- 医系小論文 最頻出論点20[4訂版]
- 医学部の面接[4訂版]

入試対策
体系シリーズ

国公立大二次・難関私大突破へ、自学自習に適したハイレベル問題集。

- 体系英語長文　体系世界史
- 体系英作文　体系物理[第7版]
- 体系現代文

入試対策
単行本

▶英語
- Q&A即決英語勉強法
- TEAP攻略問題集[新装版] DL 新
- 東大の英単語[新装版]
- 早慶上智の英単語[改訂版]

▶国語・小論文
- 著者に注目! 現代文問題集
- ブレない小論文の書き方 樋口式ワークノート

▶レシピ集
- 奥薗壽子の赤本合格レシピ

入試対策 / 共通テスト対策
赤本手帳

- 赤本手帳(2025年度受験用) プラムレッド
- 赤本手帳(2025年度受験用) インディゴブルー
- 赤本手帳(2025年度受験用) ナチュラルホワイト

入試対策
風呂で覚えるシリーズ

水をはじく特殊な紙を使用。いつでもどこでも読めるから、ちょっとした時間を有効に使える!

- 風呂で覚える英単語[4訂新装版]
- 風呂で覚える英熟語[改訂新装版]
- 風呂で覚える古文単語[改訂新装版]
- 風呂で覚える古文文法[改訂新装版]
- 風呂で覚える漢文[改訂新装版]
- 風呂で覚える日本史[年代][改訂新装版]
- 風呂で覚える世界史[年代][改訂新装版]
- 風呂で覚える倫理[改訂版]
- 風呂で覚える百人一首[改訂版]

共通テスト対策
満点のコツシリーズ

共通テストで満点を狙うための実戦的参考書。
重要度の高いリスニング対策は
「カリスマ講師」竹岡広信が一回読みにも
対応できるコツを伝授!

- 共通テスト英語[リスニング]
  満点のコツ[改訂版] DL 新
- 共通テスト古文 満点のコツ[改訂版] 新
- 共通テスト漢文 満点のコツ[改訂版] 新
- 共通テスト生物基礎
  満点のコツ[改訂版] 新

入試対策 / 共通テスト対策
赤本ポケットシリーズ

▶共通テスト対策
- 共通テスト日本史[文化史]

▶系統別進路ガイド
- デザイン系学科をめざすあなたへ

2025 年版　大学赤本シリーズ　No. 347

東京薬科大学（生命科学部）

編　集　教学社編集部
発行者　上原　寿明
発行所　教学社
　　　　〒606-0031
　　　　京都市左京区岩倉南桑原町56

2024 年 7 月 30 日　第 1 刷発行
ISBN978-4-325-26406-4
定価は裏表紙に表示しています

電話　075-721-6500
振替　01020-1-15695
印　刷　中央精版印刷

- 乱丁・落丁等につきましてはお取替えいたします。
- 本書に関する最新の情報（訂正を含む）は，赤本ウェブサイト http://akahon.net/ の書籍の詳細ページでご確認いただけます。
- 本書は当社編集部の責任のもと独自に作成したものです。本書の内容についてのお問い合わせは，赤本ウェブサイトの「お問い合わせ」より，必要事項をご記入の上ご連絡ください。電話でのお問い合わせは受け付けておりません。なお，受験指導など，本書掲載内容以外の事柄に関しては，お答えしかねます。また，ご質問の内容によってはお時間をいただく場合がありますので，あらかじめご了承ください。
- 本書の無断複製は著作権法上の例外を除き禁じられています。本書を代行業者等の第三者に依頼してスキャンやデジタル化することは，たとえ個人や家庭内の利用でも著作権法違反です。
- 本シリーズ掲載の入試問題等について，万一，掲載許可手続等に遺漏や不備があると思われるものがございましたら，当社編集部までお知らせください。